KB039516

하이테크 마케팅

김상훈 / 이유석 / 이지수

High-Tech
Marketing

박영사

제5판 머리말

이른바 '4차 산업혁명'을 이끌었던 사물인터넷, AR/VR, 빅데이터, 인공지능 등의 첨단 기술은 몇 년 후 빠르게 하이프 사이클hype cycle의 피크에 도달한 후 버블기에 진입할 것으로 많은 전문가들이 예상했다. 그러나 놀랍게도 이 예상은 완벽하게 빗나갔고 첨단기술은 본격적으로 산업을 변혁시키고 있다. 과연 그 사이에 무슨 일이 있었을까? 바로 코로나19로 인한 팬데믹이 찾아왔고 스마트 홈과 같은 '상상의 기술'은 '당장 필요한 기술'이 되었다. 첨단 기술과 인류의 삶이 강력하게 연결되기 시작한 것이다.

그래서인지 코로나19 발생 이후 3년 만에 정상적으로 개최된 CES 2023에서는 첨단기술 자체의 가능성과 파워를 뽐내기 보다는 인류의 삶을 지키는 데 필요한 기술을 소개하고 토론하는 장이 많이 마련되었고, 지속가능성, 디지털 헬스, 모빌리티, 그리고 인간 안보human security가 유독 강조되었다. 농업기계 기업인 존디어John Deere의 CEO가 기조연설에 참여하여 로봇기반 자율주행 비료 살포기를 통해 인류의 식량문제 해결을 돕겠다고 주장한 것이 한 예가 될 것이다.

코로나는 많은 기술이 캐즘chasm을 신속하게 빠져나오는데 결정적인 역할을 했다. 전 세계 인류는 한동안 재앙 속에 고통을 겪을 수밖에 없었지만 인공지능과 로보틱스 그리고 메타버스metaverse를 비롯한 비대면 기술은 급격하게 성장했다. 게다가 단순한 디지털 트랜스포메이션이 아닌 산업의 진정한 디지털화가 빛의 속도로 진행되고 있다. '핀테크FinTech'만 하더라도 금융산업이 첨단기술을 도입하여 혁신적인 서비스를 만들어 낸다는 관점에서 이제는 테크기업이 주도적으로 금융서비스를 제공한다는 의미의 '테크핀TechFin'으로 진화되고 있다. 금융, 자동차모빌리티 산업은 물론이고 농업 및 식품산업푸드테크, 헬스케어, 교육, 물류 서비스 등 앞으로 플랫폼 기업의 파괴적 혁신은 더욱 가속화할 것이고 이에 대한 정책적 고민이 많아질 수밖에 없다.

하지만 웹3.0, 블록체인, NFT, 메타버스, 인공지능AI 등 하이테크 산업이 해결해야 할 문제는 적지 않다. 이들이 아직도 '미래산업'이라 불리는 이유다. 미래의 엄청난 가능성에도 불구하고, 소비자의 오해와 저항, 기존 산업계의 대응, 법적인 문제, 그리고 "소비자/사용자 보호"를 내세운 정부의 규제는 첨단 기술의 산업화에 걸림돌이 되고 있다. 이 책은 정책적 논의보다 소비자의 수용adoption에 조금 더 집중하고 있지만, 하이테크 기업이 어떻게 초기시장을 만들고 혁신의 확산 속도를 높일 수 있을 것인가에 대한 현실적인 고민에 대해 상당 부분 해답을 제공할 것이라 믿는다.

〈하이테크 마케팅〉 초판이 나온 지 올해로 20년이 되었고 네 번째 개정판인 5판을 내게 되었다. 이 책은 혁신적 신상품을 가지고 시장을 '창조'하려는 기업에게 필요한 마케팅 이론과 기법을 소개하기 위해 쓴 책이고, 기존의 전통적 마케팅과의 차별화를 출발점으로 삼았다. 당시에는 생소했던 '캐즘', '파괴적 혁신', '플랫폼 전쟁' 등의 용어가 이제는 일반인들도 대부분 아는 보통명사가 되었다는 사실이 신기하기만 하다. 얼마전 블록체인 관련된 포럼에서 청중 가운데 나온 질문이 "블록체인이 아직 캐즘을 넘지 못했다고 주장하는 근거가 무엇인가요?"였다.

하이테크 마케팅은 혁신적 신상품을 통한 시장창조 기법이다. 혁신적 신상품은 혁신 기술에 기반한 신상품인데 그 기술은 빠른 속도로 진화하고 대체된다. 하지만 하이테크 마케팅의 원리principle는 어느 첨단 기술이든 상관없이 동일하게 적용된다.

이 책은 하이테크 마케팅 분야에서 지난 수십년간 주요 학술지와 서적에 발표된 핵심 연구 결과들을 체계적으로 정리하여 설명할 뿐 아니라, 수많은 기업의 성공 사례를 흥미롭게 소개하고 있다. 따라서 이론과 기법을 집중적으로 가르치는 대학 학부 및 대학원 과목의 교재로도 유용하지만, 실제 하이테크 산업 또는 전통적 산업에 종사하는 경영 관리자를 위한 실무 지침서로도 손색이 없다.

이 책에서 다루는 내용을 간략히 설명하면 다음과 같다.

제1부는 하이테크 마케팅의 기초 이론과 하이테크 시장의 경쟁역학에 대한 내용을 담고 있다. 즉, 하이테크 상품이 지니는 시장 불확실성과 기술 불확실성의 유형과

특징, 수확체증의 법칙, 캐즘 모형 등 핵심 개념과, 파괴적 혁신, 표준전쟁, 전략적 파트너십과 같은 하이테크 경쟁역학에 대한 주제를 다룬다. 특히 이번 개정판에서는 플랫폼 비즈니스에 대한 논의를 심층적으로 다루기 위해 하나의 절을 신설하여제5장 1절, 빅테크 기업을 중심으로 하는 플랫폼 비즈니스 모델을 소개하고, 성공적인 플랫폼 비즈니스 정립 방안을 제안했다.

제2부는 하이테크 상품의 개발 및 확산과 관련된 주제들을 정리하고 있다. 즉, 하이테크 상품 시장의 기회를 발견하기 위한 마케팅조사 및 수요예측 기법에는 어떤 것들이 있는지, 또 하이테크 신상품의 개발과 출시전략에서는 무엇이 중요한지 알아보고, 초기 고객 기반의 형성과 시장의 확대, 그리고 고객 고착화Lock-in 전략을 차례로 살펴본다.

제3부에서는 하이테크 상품의 마케팅믹스marketing mix 요소들에 대한 보다 구체적인 관리 방법을 논의하게 된다. 이 부분은 전통적인 마케팅에서 말하는 마케팅믹스, 즉 4P제품, 가격, 유통, 촉진에 대응되는데 본서에서는 유통관리에 대한 논의를 생략하는 대신, 하이테크 마케팅 전략의 핵심 요소 중 하나인 시간 기반 전략을 포함시켰다. 선도 진입자 우위, 패스트무버 전략, 자기잠식 및 업그레이드 전략 등 갈수록 중요해지는 시간 기반 전략의 특성을 고려하여, 이번 개정판에서는 그동안 마지막 장으로 다루었던 시간 기반 전략을 9장으로 전진 배치하였다. 제품 전략에서는 핵심전략비전, 제품 플랫폼 플랜, 차별화 전략 등을 다루고, 가격전략에서는 버저닝과 번들링을 포함한 하이테크 가격전략, 그리고 마지막 장인 커뮤니케이션 전략에서는 하이테크 상품의 브랜딩과 e-WOM 커뮤니케이션 전략 등을 차례로 논의하게 된다.

미래산업은 조만간 현재산업이 되고 또 다른 미래산업이 끊임없이 등장할 것이다. 그 과정에서 하이테크 산업의 초불확실성super uncertainty은 필연적으로 혁신기업의 부침을 가져올 것이다. 부디 본서 〈하이테크 마케팅〉이 인류의 삶을 효과적으로 발전시키고 보호하기 위한 첨단기술로 시장을 창조하고자 하는 하이테크 기업들의 노력에 작은 도움이 되기를 기대한다.

2023년 2월 3일
저자 김상훈, 이유석, 이지수

차 례

CHAPTER **3** 캐즘모형과 하이테크 마케팅 전략

PART 2 하이테크 신상품의 개발과 확산

CHAPTER **8** 시장형성 및 제품확산 전략

PART 3 하이테크 마케팅믹스 관리

CHAPTER **11** 하이테크 상품의 가격전략

CHAPTER **12** 하이테크 상품의 커뮤니케이션 전략

PART 01

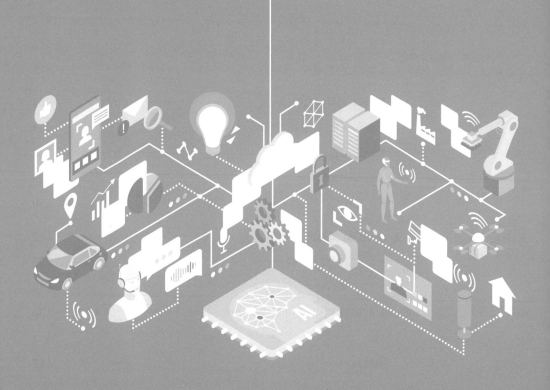

하이테크 마케팅의
원리

하이테크 마케팅의 이해

2021년 3월 10일, 메타버스 게임 플랫폼 기업 Roblox가 뉴욕증권거래소에 상장되었다. 2021년 10월 28일, Facebook의 사명이 Meta로 변경되었다. 2022년 3월, 네이버가 개발한 메타버스 플랫폼 제페토의 누적 가입자 수가 3억 명을 돌파했다. 이처럼 포스트 코로나 시대의 화두가 메타버스metaverse라는 데에 동의하지 않는 사람은 없을 것이다. 소비자 입장에서는 메타버스가 정확하게 어떤 의미인지, 그래서 메타버스가 우리의 삶을 어떻게 변화시킬 것인지 명확하게 이해하기는 어려울 수 있다. 그러나 앞으로 메타버스가 경제·사회·문화 전반에 다양한 방식으로 지대한 영향을 미칠 것임은 당연해 보인다.

메타버스란 가상과 현실이 상호작용하며 함께 진화하고, 그 속에서 경제·사회·문화 활동을 통해 가치를 창출하는 또다른 세상을 의미한다. 20세기 말 인터넷 기술이 보급된 이래 2000년대는 PC와 초고속 인터넷으로 대변되는 Web 1.0 시대, 2010년대는 모바일과 무선인터넷으로 대변되는 Web 2.0 시대를 지나왔다. 그리고 앞으로 2020년대는 메타버스 중심의 Web 3.0 시대가 펼쳐질 것으로 전망하고 있다. 시장조사업체 Emergen Research는 세계 메타버스 시장 규모가 2020년 약 57조원 수준에서 매년 40% 이상 성장해 2028년에는 약 994조원에 이를 것으로 추정했다. 글로벌 메타버스 플랫폼인 Roblox의 하루 접속자 수는 4,000만 명에 달하며, 제페토 개발사 네이버Z는 설립된 지 4년도 되지 않은 시점에서 기업가치가 1조원을 상회한다는 평가를 받고 있다.

그러나 이 같은 메타버스 열풍에도 불구하고 대부분의 소비자들과 심지어 일부 기업들조차 메타버스의 실체와 우리 삶에의 영향력에 대해 정확히 파악하지 못하고 있는 것이 사실이다. 메타버스 사업 육성을 천명하며 사명을 바꾼 Meta도 구체적인 비즈니스 모델을 제시하지 못하면서 주식시장에서 고전을 면치 못하고 있다. 메타버스의 불확실한 미래에 아직까지는 투자하기가 꺼려진다는 의미일 것이다.

그렇다면 메타버스와 관련한 불확실성에는 무엇이 있을까? 가장 먼저, 난립하고 있는 다수의 메타버스 플랫폼 중 어떤 것이 시장에서 살아남을 것인지 예측이 어렵다는 점이다. 네이버의 제페토가 성공하자 SK텔레콤은 이프랜드ifland를 출시했으며, 다시 한번 네이버에서는 인공지능 기반 메타버스 플랫폼 아크버스를 추진 중이다. 이중에 승자는 누가 될 것인지, 그리고 경쟁에서 밀린 메타버스는 소멸하는 것인지, 그 메타버스에서 구축한 나의 자산은 어떻게 되는 것인지 아직까지는 그 누구도 단언하기 어렵다. 더불어, 메타버스가 제공하는 핵심 효용이 무엇인지도 분명하지 않다. 팬데믹 이후 비대면 활동들이 보편화되면서 메타버스에 대한 수요가 급증한 것은 사실이며, 팬데믹이 종결된 이후에도 이러한 수요의 증가가 지속될 것인지는 알 수 없다. 메타버스가 기존의 게임과 같이 단순한 엔터테인먼트에 그칠 것인지, 현실 세계의 한계를 극복하며 다양한 부가가치를 창출할 것인지 예상이 쉽지 않다.

기술적인 측면에서 우려가 되는 부분들도 많다. 아무리 블록체인과 NFTnon-fungible token 기술이 발전한다 하여도 소비자들 입장에서는 메타버스 상에서 구축한 자산의 안전성을 확신하기 어렵다. 또한, 자산을 현금화하는 것도 문제다. 영국의 메타버스 플랫폼 Decentralland에는 세계 최초로 ATM이 설치되어 가상자산을 법정화폐로 거래할 수 있게 되었다. 일부 메타버스에서는 가상화폐가 통용되고 있지만, 변동성이 크고 투기 목적으로 악용될 수 있다는 점이 지적되고 있다. 익명성을 활용해 자금세탁의 창구로 악용될 소지도 간과할 수 없다. 더불어, 국내에서는 환금성이 있는 게임에 대해서는 사행성을 목적으로 등급 분류를 허용하지 않고 있기 때문에 현실 제도와 충돌하는 면도 있다. Roblox에서 사용자가 만든 게임만 3,000만 개 이상으로 알려져 있는데, 이 게임에 대해 어떤 제도를 적용할 것인지도 해결되지 않은 문제이다.

메타버스에서는 가상 인간인 디지털 휴먼이 활동하게 되는데, 기술의 발전으로 디지털 휴먼이 점차 실제 사람과 유사해지면서 사람의 일자리를 대체할 수 있다는 우려도 있다. 실제로 근래에는 디지털 휴먼이 광고모델, 가수, 아나운서, 인플루언서 등으로 활용되고 있다. 나아가, 딥페이크 기술을 활용한 다양한 범죄의 가능성에 대해서도 논의가 이어지고 있다. 그 외에도 메타버스 세계에 대한 책임 소재, 메타버스에의 중독, 메타버스 상에서의 개인 정보보호 등 지속적인 논의와 대책 마련이 필요한 부분들은 매우 많다.

이처럼 메타버스의 미래는 불확실성으로 가득하다. 메타버스의 미래에 대해 분명한 예측을 하기 어려운 이유는 메타버스가 일반적인 소비재 상품과는 달리, 소비자의 삶을 획기적으로 변화시키는 혁신적인 신상품이기 때문이다. 시장 세분화와 포지셔닝, 그리고 차별화로 요약되는 소비재 대상의 일반적인 마케팅으로는 빠르게 변화하는 새로운 시장에서 성공을 거두기 어렵다. 우수한 기술을 개발하면 모든 것이 해결될 것이라는 근시안적인 시각은 그 유효성을 상실하고 있다.

하이테크 마케팅은 이와 같이 '혁신적 신상품'을 가지고 어떻게 시장을 창조하고 그것을 자기의 것으로 만들 것인가에 대한 마케팅이다. 따라서 레드오션보다는 블루오션blue ocean 마케팅에 가깝다. 하이테크 상품들은 세상에 나오는 순간 엄청난 불확실성uncertainty에 직면하게 되며 이런 불확실성 하에서 상품전략을 어떻게 구사할 것인가 하는 것이 하이테크 마케팅의 핵심주제이다. 소비재에는 기존의 전통적 마케팅이 맞겠지만, 획기적인 기술이나 비즈니스 모델을 기반으로 한 혁신적 신상품에는 새로운 마케팅, 즉 '하이테크 마케팅'이 필요한 것이다.

제1장에서는 시장과 기술의 '불확실성'을 본질로 하는 '하이테크 마케팅'이 과연

무엇인지 또 왜 필요한지를 '전통적' 마케팅과의 차이를 통해 알아보고자 한다. 그리고 Moriarty & Kosnik 교수의 논문을 중심으로 하이테크 시장 불확실성의 본질을 이해한 후, 하이테크 기업의 시장지향성이 갖는 진정한 의미가 무엇인지 논의하게 될 것이다.

1 도대체 하이테크 마케팅이란 무엇인가?

1.1 마케팅이란 무엇인가?

이 책은 사람들이 '전통적traditional'이라는 수식어를 갖다 붙이기 시작한 기존 소비재 중심 마케팅의 한계에서 출발한다. 왜 굳이 '하이테크 마케팅'인지는 잠시 후에 자세히 설명하기로 하고, 우선 "마케팅이란 무엇인가?"하는 질문에 대한 답을 정리해 보자.

마케팅이 뭘까? 마케팅을 오래 연구해 온 학자나 업계에서 마케팅 전문가라고 불리는 베테랑들도 선뜻 한마디로 잘라 대답하기 어려운 것이 바로 이 질문이다. Philip Kotler나 Russell Winer 같은 저명한 마케팅 학자들은 저마다 자신이 저술한 마케팅원론 교과서에다 나름대로 길게 혹은 짧게 마케팅을 정의하고 있지만, 저자의 은사 중 한 분이 "마케팅이란 무엇인가?"하는 심오한 시험문제를 매년 기말고사에 출제하셨다는 사실만으로도 참으로 중요하고도 어려운 것이 마케팅을 정의하는 일이라는 생각이 든다.

덜 현학적이면서 실무적인 시사점을 던져주는 정의를 하나 고르라면 저자는 Winer 교수의 것을 주저 없이 택할 것이다. 마케팅 분야 최고의 학자 중 한 명인 그는 자신이 저술한 〈마케팅관리〉 교과서에서 마케팅을 "선택choice에 영향을 주는 모든 활동"이라고 정의하였는데, 이는 경제 및 사회환경 변화에 따라 수도 없이 수정되고 보완되어야 하는 많은 정의들과 달리 간단명료하면서도 마케팅의 핵심을 갈파한 훌륭한 정의라고 생각한다. 마케팅에 대한 정의 중에는 마케팅의 목적 혹은 목표만을 제시한 것도 있고, 또 어떤 것은 무엇을 하느냐 하는 마케팅활동을 나열한 것들도 있는데, Winer의 정의는 간단한 문장 속에 마케팅의 일차적 목적즉, 고객의 선택을 분명하게 제시하고 있을 뿐 아니라 마케팅을 '활동'으로 정의함으로써 마케터들에게 "우리 회사의 모든 마케팅 활동이 고객의 선택에 직간접적으로 긍정적인 영향을 미치고 있는가" 하는 의미 있는 질문을 던져 주고 있다.

그렇다면 마케팅은 구체적으로 어떠한 프로세스를 통하여 이루어지는가? 대부분의 마케팅 교과서는 마케팅 과정이 3C-STP-4P로 이루어진다는 사실에 큰 이의를 달지 않는다. 3C는 고객customer, 경쟁자competitor, 그리고 자사company에 대한 분

존 스컬리가 몰랐던 것

현재까지 21세기를 대표하는 기업 중 하나로 애플을 꼽는 데에 이의를 제기하는 이는 많지 않을 것이다. 사실 스티브 잡스와 애플은 창업 초기인 70년대 말에도 많은 이들의 우상이었다. 애플 Ⅱ를 비롯해 최고의 성능과 디자인의 제품을 연이어 내놓으면서 애플 마니아들을 양산했다. 하지만 IBM의 공세에 대비하기 위해 마케팅 역량을 끌어올려야만 했던 스티브 잡스는 곧바로 마케팅 전문가 영입에 착수했다. 수소문 끝에 찾아낸 마케팅의 대가는 바로 존 스컬리(John Sculley)였다. 40대 초반의 나이로 펩시콜라의 CEO에 오른 존 스컬리는 Business Week로부터 '미국 최고의 경영자'에 선정되며 명성을 떨쳤다. 아쉬울 것이 없던 존 스컬리의 마음을 움직였던 스티브 잡스의 질문은 지금까지도 회자되고 있다. "당신은 설탕물이나 팔면서 여생을 보내겠습니까, 아니면 세상을 변화시킬 기회를 갖겠습니까?"

존 스컬리의 영입은 애플에 성공을 보장해 주는 듯 했지만, 스컬리가 CEO로 재직한 10년 동안 애플은 기대와 달리 날개 없는 추락을 했다. 출시하는 신제품마다 참패로 끝났고, 시장 점유율과 주가는 곤두박질쳤다. 펩시콜라의 수많은 마케팅 성공신화를 만들어 낸 존 스컬리는 도대체 무엇을 잘못한 것일까? 그의 마케팅 감각이 둔해진 것이라고 보기는 어렵다. 그가 지휘한 "Welcome IBM" 광고나 1984년 슈퍼볼 시간대에 내보낸 매킨토시 광고는 광고 역사에 남을 작품이다. 존 스컬리가 몰랐던 것은 바로 펩시콜라를 위한 마케팅과 애플 컴퓨터를 위한 마케팅이 다르다는 것이었다. 콜라는 성숙된 시장에서 차별화된 이미지를 만들어 내야하는 소비재였고, 개인용 컴퓨터는 잡스의 말 그대로 "세상을 변화시키는" 혁신적 신상품이었던 것이다. 시장 세분화와 포지셔닝, 그리고 차별화로 요약되는 레드오션 마케팅으로는 빠르게 변화하는 신시장에서의 성공에 한계가 있었다는 말이다.

석을 통해 환경을 이해하는 단계를 말한다. 이와 같은 환경분석의 일차적인 목적은 전략도출인데 마케팅전략의 수립과정은 이른바 STP, 즉 시장 세분화segmentation, 표적시장 선정targeting, 그리고 포지셔닝positioning이라는 세 단계로 압축된다STP의 구체적인 개념과 요령은 시중에 나와 있는 다양한 마케팅 교과서들을 참조하기 바란다. STP의 과정을 통해 수립된 마케팅전략은 곧바로 일관성 있게 실행계획에 반영되어야 하는데, 실행계획은 대개 4P, 즉 상품product, 가격price, 유통place, 촉진promotion에 대한 구체적인 의사결정들로 이루어진다. 여기서 촉진은 광고, PR, 판매촉진, 인적판매영업 등 다양한 활동들을 포함한다.

한편, IBM은 마케팅을 가치실현 프로세스Value Realization Process로 설명하기도 한다. 가치실현 프로세스란, 고객들이 원하는 가치들을 이해하고understand value, 이들 중 자사가 가장 효과적으로 실현할 수 있는 가치를 선택하고choose value, 이 선택된 가치를 창조create value, 추출extract value, 커뮤니케이션communication value, 전달deliver value하는 일련의 과정을 말한다. 가치value를 중심으로 마케팅을 새롭게 정의하고 있지만, 가치실현 프로세스 역시 3C-STP-4P라는 일반적인 마케팅 프로세스와 그 궤를 같이하고 있음을 알 수 있다.

하이테크 상품에 있어서도 이와 같은 마케팅 프로세스는 절대적으로 유효하다. 그러나, 하이테크 상품이 가진 고유의 특성으로 인해 개별 마케팅 활동의 중요도와 접근법에 있어 많은 차이가 존재한다. 그렇다면, 과연 하이테크 상품 고유의 문제는 무엇일까? 이제 하이테크 마케팅을 이해하기 위한 두 번째 질문에 답할 차례이다.

1.2 하이테크 상품이란 무엇인가?

인공위성이나 슈퍼컴퓨터 등이 하이테크 상품이라는 데에는 대부분의 사람들이 쉽게 동의할 테지만 하이테크 상품인지 아닌지 불분명한 상품들이 상당히 많은 것이 사실이다. 잠시 〈그림 1〉을 보자. 그림에 나와 있는 스마트폰, 요구르트, 그리고 자율주행 자동차 중에서 어느 것이 하이테크 상품인가? 다시 말해 어느 것이 전통적 마케팅이 아닌 하이테크 마케팅을 필요로 하는가?

우선 '갤럭시Z'라는 스마트폰을 생각해 보자. 삼성전자가 출시한 '갤럭시Z'는 폴더블folderble 디스플레이 기술을 적용된 브랜드로 디스플레이가 가로로 접히는 폴드fold 시리즈와 세로로 접히는 플립flip 시리즈로 출시되었다. 종전의 바bar형 스마트폰은 디스플레이 사이즈와 휴대용이성 사이의 상충관계가 딜레마였지만, 삼성전자는 접을 수 있는 디스플레이를 스마트폰에 도입함으로써 바지 주머니에도 충분히 들어가는 크기이지만 사용자가 원할 때에는 다른 경쟁 제품보다 더 큰 화면으로 콘텐츠를 즐길 수 있는 차별화된 제품을 출시하였다. 또한 바이오 테크놀로지의 발전에 힘입어 식음료 업종에서도 첨단 기능성 식품들이 쏟아져 나오고 있는데, 초유 항체와 헛개나무 추출 성분을 함유하여 간 건강을 개선하는 '쿠퍼스' 등 기능성 요구르트와 지방을 제거해 주는 음료 등이 그 중 몇 가지 예이다. 이렇게 첨단 기술들이 일반 소비재에 많이 활용되고 있으니, 하이테크 상품을 "첨단 기술이 사용되어 제조된 상품"으로 정의하다가는 거의 모든 제품이 하이테크 상품의 범주에 들어가고 말 것이다.

'하이테크 상품'이나 '하이테크 산업' 혹은 '하이테크 기업'의 정의에 대해 전문가들 사이에서도 아직까지 합의를 이루지 못하고 있는 것이 현실이다. 미국 노동통계청US Bureau of Labor Statistics은 미국 전체 기업 평균 연구개발비 지출의 두 배 이상, 그리고 평균 기술직 고용인력의 두 배 이상의 인력을 고용한 기업을 '하이테크 기업'이라고 정의함으로써 비교적 객관적인 기준을 제시하였는데, 그 이외의 대부분의 정의는 모호하기 그지없다. Shanklin & Ryans1984는 하이테크 기업을 "하이테크 특성을 가지는 모든 기업"이라고 정의하고 그 특성을 줄줄이 나열하였고, 하이테크 마케팅의 대가로 불리는 Regis McKenna마저도 하이테크 산업을 똑 부러지게 정의하지 못하고 제품의 복잡성, 급격한 변화, 혼란스러워 하는 소비자들, 그리고 다수의 기업가적entrepreneurial 경쟁자들 ─ 우리 식으로 표현하면 수많은 벤처기업들 ─ 등으로 특징지은 바 있다. 한편, 산업의 분류를 이용하여 하이테크 산업을 정의하는 경우에는 이른바 ICTinformation and communications technology, BTbio-technology, NTnano-technology, STspace technology, CTculture technology의 5T와 관련된 상품들을 하이테크 상품으로 보기도 한다.

그러나, 아무래도 가장 합리적인 구분기준은 하이테크 상품들 고유의 특징과 관련지어져야 할 것으로 보인다. 그렇다면 하이테크 상품들은 어떤 특징을 가지고 있는가? 마케팅의 관점에서 하이테크 상품으로 불리는 제품이나 서비스의 가장 큰 특징을 들라고 하면, 단연 전통적 제품에 비해 월등히 높은 수준의 '불확실성'을 들지 않을 수 없다. 과거에는 전혀 없었던 신기술, 신제품을 어떻게 마케팅 하여, 경험도 없고 존재

그림 1 다음 중 하이테크 제품은 어느 것인가?

(a) 폴더블 스마트폰   (b) 기능성 요구르트   (c) 자율주행 자동차

도 불명확한 시장을 개척하고 소유할 것인가가 가장 본질적인 마케팅 이슈이다. 따라서, 하이테크 상품을 잠재 사용자의 니즈에 맞도록 어떻게 설계하고 개발하며, 그들이 채택할 수 있도록 어떻게 설득하고 또 확산시켜 나갈 것인가 하는 것이 하이테크 마케팅의 핵심과제가 된다.

다시 앞의 질문으로 돌아가자. '폴더블 스마트폰', '기능성 요구르트', 그리고 '자율주행 자동차' 중 어느 것이 하이테크 상품인가? 첨단기술이 들어 있느냐의 기준으로 보면 모두 다 하이테크 상품이 되겠지만, 기술과 시장의 불확실성이란 측면에서 보면 역시 '자율주행 자동차'가 하이테크 상품 및 시장의 특징을 잘 보여준다.

현재까지 운전자의 개입이 필요 없는 완전 자율주행이 가능한 자동차는 상용화되지 않았지만, 이미 많은 차종에서 부분적인 자율주행 기능을 제공하고 있다. 그럼에도 불구하고, 실제 도로 위에서 자율주행 기능을 사용하는 소비자는 찾아보기 어렵다. 2017년 가트너Gartner의 설문조사 결과에 따르면, 미국과 독일의 응답자 중 70% 이상이 이미 부분적으로 자율주행이 가능한 차종을 보유하고 있다. 그럼에도 불구하고, 55%의 응답자는 앞으로 완전 자율주행 자동차에 탑승하는 일이 없을 것이라고 회의적인 입장을 보였다. 심지어 전체 응답자의 29%는 부분 자율주행 자동차에도 탑승을 원하지 않는다고 강한 불신을 표시했다.

이와 같이 혁신적인 신상품은 진보된 성능과 효용으로 시장의 환영을 받을 것 같지만 실상은 다양한 시장 불확실성으로 인해 마케팅의 어려움을 겪는다. 그리고 하이테크 시장의 불확실성은 혁신의 개발development보다 확산diffusion에 있어서의 어려움을 가중시킨다. 따라서 전통적 소비재에는 전통적 마케팅을, 시장 불확실성이 높은 혁신적인 신상품의 경우에는 하이테크 마케팅을 적용해야 하는 것이다.

1.3 하이테크 마케팅이란 무엇인가?

한마디로 말해서 하이테크 마케팅은 '하이테크 상품을 대상으로 하는 마케팅'이다. 마치 서비스 마케팅이 유형의 제품goods이 아닌 서비스의 특이성을 고려한 마케팅 원리와 기법을 의미하듯이, 하이테크 마케팅은 전통적 소비재와 대비되는 하이테크 상품의 특성에 맞는 마케팅을 말한다고 할 수 있다.

하이테크 상품이냐 아니냐 하는 질문과 하이테크 마케팅이 필요하냐 아니냐의 질문은 조금 다른 질문이다. 왜냐하면 하이테크 상품이라고 해서 모두 하이테크 마케팅을 필요로 하는 것은 아니기 때문이다. 예를 들어 연구개발 비용을 많이 썼거나 첨단기술이 들어가 있다고 해도 소비자 입장에서 구매나 사용행동의 변화가 전혀 필요하지 않아 시장의 불확실성이 높지 않다면 굳이 하이테크 마케팅이 필요하지 않을지도 모른다. 오히려 '전통적'인 마케팅의 이론과 실무적 조언을 따르는 것이 현명해 보인다. 그런 의미에서 〈그림 1〉에 나타난 폴더블 스마트폰과 기능성 요구르트는 상당 부분 전통적 마케팅의 범주에 들어간다고 할 수 있다. 그러나, AR, VR, 인공지능을 포함한 다양한 혁신적 디바이스, 최첨단 컴퓨터 및 애플리케이션 소프트웨어, 전기 자동차와 신재생 에너지 등에 전통적 소비재 마케팅 이론과 방법을 그대로 적용하게 되면 원하는 결과를 얻기 힘들거나 혹은 뜻하지 않은 실패를 경험할 수 있다.

따라서 정보통신이나 바이오 기술 등 첨단기술이 들어간 제품이라 하더라도 시장 불확실성이 높지 않다면 전통적인 마케팅 기법에 의존하는 것이 옳고, 일반 소비재라 하더라도 매우 혁신적인 기능이나 컨셉으로 인해 고객의 태도 및 행동변화가 필요하여 기술 및 시장 불확실성이 높은 상품이라면 하이테크 마케팅을 적용하는 것이 바람직하다.

그렇다면 하이테크 마케팅을 필요로 하게 하는 하이테크 제품 혹은 서비스의 '불확실성'이란 구체적으로 무엇을 말하는가? 하이테크 마케팅에 대한 관심이 급격히 일기 시작한 1980년대 말, Harvard 대학의 두 교수는 매우 유용한 개념의 틀을 처음으로 제시하였다.

2 하이테크 마케팅과 '전통적' 마케팅의 차이

2.1 Moriarty & Kosnik 모형

Harvard 대학 재직시절 Rowland T. Moriarty와 Thomas J. Kosnik 교수는 1989년에 발표한 논문에서 마케팅 상황을 기술 불확실성technological uncertainty과 시장 불확실성market uncertainty의 관점에서 네 가지로 분류하고 그 중, 기술 불확실성과 시장 불확실성이 모두 높은 마케팅 상황에 필요한 마케팅을 '하이테크 마케팅'으로 정의하였다.

하이테크 마케팅의 상황을 더 잘 이해하기 위해 〈그림 2〉에 나타난 다른 세 가지 마케팅 유형을 먼저 이해하는 것이 도움이 될 것이다. 우선 기술과 시장의 불확실성이 모두 낮은 상황을 'Low-Tech Marketing'이라고 부르는데, 이는 시장의 욕구가 잘 확립된well-established, 따라서 마케터가 고객의 니즈를 비교적 잘 알고 있는 경우, 보편적인 기술을 활용한 상품을 마케팅하는 상황을 말하며 소위 '전통적' 마케팅이라고 일컬어지는 소비재 중심의 마케팅을 말하는 것으로 볼 수 있다. 일반 소비재 중에서도 소비자의 다양한 기호taste와 복잡한 욕구 형성으로 시장 불확실성이 점차 증대하는 제품군이 늘어나고 있는데, 그럴 경우 그림의 오른쪽 아래에 위치한 'High-Fashion Marketing'이 필요하게 된다.

High-Fashion Marketing은 이름 그대로 패션 상품과 같이 감성과 체험이 강조되는 상품에 적합한 마케팅을 말하는데, 좀더 넓은 의미에서는 기술의 불확실성이 낮은 반면 소비자의 욕구 및 반응과 관계된 시장에서의 불확실성이 높은 상품들을 마케팅하는 상황을 모두 포함한다. 의류나 패션용품 등 각종 디자이너 제품뿐 아니라 영화나 공연 등의 문화 상품과 스포츠 상품들이 이 범주에 속한다고 할 수 있다. Low-

Tech Marketing에 비해서 High-Fashion Marketing은 시대적 트렌드와 사회문화적 코드를 신속하고 정확하게 읽어내는 능력과 소비자의 반응을 예측하는 능력, 그리고 상품 기획 능력이 마케팅 성공의 핵심요소가 된다.

그림의 왼쪽 위에 위치한 'Better Mousetrap Marketing'은 신기술을 가지고 소비자의 오래된 문제를 해결해 주는 상품에 대한 마케팅을 말한다. 예를 들면, 새로운 암 치료제나 비만 치료제 등 의약품의 경우에 소비자의 니즈에 대한 불확실성, 즉 시장 불확실성은 비교적 낮으나, 기술 불확실성이 매우 높으므로 이와 같은 마케팅이 필요할 것이다. 또 수명이 길고 안전한 배터리 같은 제품도 이 범주에 들어갈 수 있다. Better Mousetrap Marketing에 있어서는 기술 불확실성의 하나인 부작용side effect 등에 대한 소비자의 우려를 줄여 주고 제조회사에 대한 신뢰trust를 높이는 것이 마케팅 활동의 중요한 목적이 될 것이다. 이 경우, 마케팅과 연구개발 기능의 적절한 연계와 협력도 핵심성공요인의 하나이다.

그림2 기술 및 시장 불확실성 구분에 따른 마케팅 유형

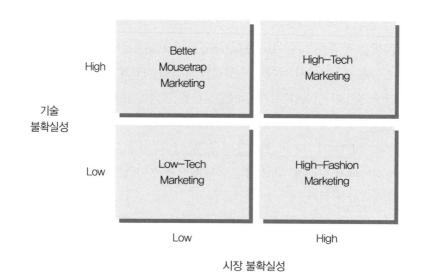

출처: Moriarty & Kosnik(1989), p. 10.

이제 마지막으로 'High-Tech Marketing'에 대해 말하자면, 이는 High-Fashion 마케팅의 관건인 시장 불확실성과 Better Mousetrap 마케팅의 핵심인 기술 불확실성 이 모두 높은 상황의 마케팅을 말한다. 즉, 이는 특정 신기술이 소비자의 특정 욕구 를 '제대로' 충족시켜 줄 수 있을 것인가 하는 기술 측면의 불확실성과, 소비자의 욕 구를 어느 정도 만족시켜서 어떠한 시장 반응을 이끌어 낼 수 있을 것인가 하는 시 장 불확실성, 두 가지 모두가 매우 높은 상황에 필요한 마케팅 원리와 기법이다. 하 이테크 제품이나 서비스의 경우, 과거에 없었던 새로운 기술을 가지고 새로운 고객 의 욕구를 만족시키고자 하는 소위 불연속적 혁신제품discontinuous innovation을 대상으로 하는 경우가 많으므로, 식품이나 생활용품 등 이른바 CPGConsumer Packaged Goods를 대 상으로 하는 전통적 마케팅과는 여러 차원에서 다른 새로운 개념과 기법을 요구하 게 된다.

2.2 시장 불확실성과 기술 불확실성

좀더 구체적으로 하이테크 마케팅 상황에서의 시장 불확실성과 기술 불확실성 요소를 살펴보도록 하자.

시장 불확실성

마케팅에서 시장market은 고객customer과 거의 동일한 의미로 사용된다. 따라서, 시 장 불확실성은 고객의 니즈needs 및 반응response과 관련된 불확실성을 얘기한다. Moriarty & Kosnik은 시장 불확실성의 원천을 다음의 다섯 가지로 보았다. 첫째, 신기술이 고 객의 어떠한 니즈를 충족시킬 수 있는가? 둘째, 미래의 고객 니즈는 어떻게 변화할 것인가? 셋째, 산업 표준이 어느 것으로 결정될 것인가? 넷째, 혁신의 확산 속도가 어떠할 것인가? 마지막으로, 잠재 시장의 규모는 얼마나 될 것인가?

첫째로, 소비자들이 어떠한 미충족 니즈unmet needs를 가지고 있고 신기술로 개발 한 혁신제품이 소비자들의 어떤 구체적 욕구를 충족시켜 줄 수 있을 것인가 하는 것 은 첨단기술 제품이 안고 있는 일차적인 시장 불확실성 요소이다. 하이테크 신제품이 나 신서비스로 시장을 창조하기 위해서는 소비자가 매우 중요하게 여기고 환영할 만한 용도, 즉 이른바 킬러 애플리케이션killer application을 반드시 찾아내야 한다. 둘째로, 하이테크 제품에 대한 고객의 니즈는 시간에 따라 계속 변화한다. 예를 들어 개인용 컴퓨터의 경우 성능에서 편리성으로, 휴대폰의 경우 더 작고 가벼운 것으로부터 보다 기능이 많은 것으로, 이렇게 고객의 니즈는 끊임없이 변화하기 때문에 변화하는 니즈를 어떻게 충족시켜 갈 것인가 하는 것은 또 하나의 시장 불확실성 요소가 된다. 하이테크 마케팅의 경우, 고객의 입에 의해 '표현된 니즈'와 '현재의 니즈'보다는 '잠재적 니즈'와 '미래의 니즈'를 남들보다 먼저 파악하고 충족시키고자 하는 노력이 더욱 중요해진다.

산업 표준의 경우 정부나 비정부 표준기구 등이 제정하는 소위 '공식표준de jure standard'보다는 시장에서의 경쟁을 거쳐 소비자의 선택에 의해 결정되는 '사실상의 표준de facto standard'이 점점 중요해지고 있으며, 이는 초기에 막대한 투자를 집행해야 하는 하이테크 기업들에게 엄청난 시장 불확실성 요소가 되고 있다. Sony의 Betamax VCR 표준과 JVC가 주축이 된 VHS 표준 간의 경쟁에서 Sony가 패배하고 엄청난 시장 기회의 손실을 감수해야 했다는 유명한 일화는 하이테크 시장에서 기술과 품질이 표준 장악의 충분조건이 결코 될 수 없음을 명백히 보여준다.

혁신제품의 확산 속도diffusion speed는 수많은 영향 요인들의 결합효과에 의해 결정되는 중요한 시장 불확실성 요소이다. 특히 하이테크 제품의 경우에는 확산이 어렵고 오래 걸리는 경향이 있어 더욱 중요하다. 소규모 벤처기업의 경우에는 확산 속도의 지연이 유동성 악화를 초래해 사업의 명운까지도 결정지을 수 있는 중요한 요인이 된다혁신제품의 확산에 대해서는 제8장에서 자세히 논의할 것임.

마지막으로 하이테크 제품의 경우, 투자규모 산정의 결정적인 요소인 잠재시장의 규모, 즉 수요를 예측하기가 매우 힘들다는 특성이 있다. 신제품에 대해 소비자들이 어떻게 반응하는지 알아내기 어려운 측면도 있지만, 소비자들에게 그 제품 혹은 서비스의 컨셉을 어떻게 제시하고 커뮤니케이션하며, 가격을 어떻게 책정하는지 등 기업의 마케팅활동에 따라 해당 혁신제품에 대한 시장의 수요가 크게 달라질 수 있다는 점이 수요예측을 더욱 어렵게 만드는 요인이다. 하이테크 제품의 경우 대체재의 범위가 상당히 넓고 불명확하여 유사한 기능을 수행하는 기존 혹은 신규 제품들과의 중복과 자기잠식의 크기도 평가하기가 매우 어렵다. 이러한 이유에서 하이테크 시장에 대한 중장기 수요예측 및 시장분석을 전담하는 시장조사 기관들이 별도의 산업을 형성하고 있을 정도이다.

기술 불확실성

Moriarty & Kosnik이 제시한 다섯 가지 기술 불확실성의 원천은 다음과 같다. 첫째, 신기술이 고객에게 약속한 것과 같이 제대로 작동function할 것인가? 둘째, 부작용 side effect이 없는가? 셋째, 최종 사용자에까지 의도한 품질수준의 서비스가 제대로 전달될 것인가? 즉, 중간의 벤더vendor가 자사 제품의 성능이 최대한 발휘되도록 해 줄 것인가? 넷째, 개발 완료 및 출시 시점을 맞출 수 있을 것인가? 다섯째, 또 다른 신기술이 자사 제품 혹은 서비스를 진부화시킬 위험은 없는가?

연구실에서는 단 몇 번의 실험 성공만으로 개발이 완료되었다고 선언할 수 있지만, 고객들은 한번의 오작동이나 실패도 용납하려 하지 않는다. 즉, 신기술 제품을 구매한 사용자의 기대수준에 부합하는 '성능'을 가지고 있느냐 아니냐는 초기 시장에서의 성공과 실패를 결정하는 가장 중요한 요인이다. 펜으로 모니터에 직접 글을 써서 문자를 입력할 수 있다는 기술적 혁신을 달성하고도, 가끔 글자 모양이 깨지고 조잡하게 보인다는 이유로 소비자들의 냉담한 반응을 견디지 못해 시장에서 사라졌던 초기 PDA 제품들이 그 대표적 예이다. 따라서, 성능에 대한 소비자의 기대 수준을 적절히 관리하는 것도 하이테크 마케팅의 중요한 이슈가 된다.

하이테크 제품의 경우 종종 예상치 못한 부작용이 발견되며, 이를 조기에 수습하고 제품을 개선할 수 있느냐 하는 것이 초기 시장진입 성공의 관건이 되기도 한다. 또, 하이테크 제품 중의 많은 것들이 중간재 또는 부품의 성격을 띠는데, 이 경우 완성품으로 만들어진 이후에 최고의 성능을 발휘할 수 있느냐 하는 것이 기술 불확실성의 요소 중의 하나이다. 또, 온라인과 모바일 인터넷에 기반한 애플리케이션 소프트웨어의 경우, 인터넷 서비스 공급자의 서버 성능과 운용기술이 열악하여 제품이 제 성능을 발휘하지 못하게 될 수도 있다.

하이테크 제품의 경우 이른바 사전예고pre-announcement가 매우 빈번하다. Microsoft가 새로운 컴퓨터 운용 체제의 출시 시점을 예고한다거나 스마트폰 제조업체가 새로운 단말기의 출시를 예고하는 것 등이 사전예고의 예이다. 사전예고를 했을 경우 개발 일정의 지연이나 부품공급 차질로 인해 약속 일자를 지키지 못할 가능성이 있는데, 이것도 하나의 중요한 기술 불확실성 요소가 된다. 개발이나 출시의 지연은 제조

그림 3 불확실성의 원천

(a) 시장 불확실성의 원천

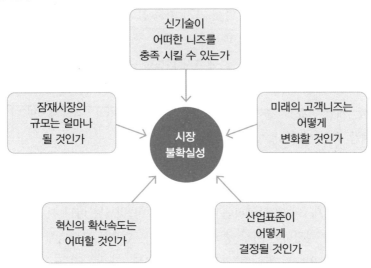

(b) 기술 불확실성의 원천

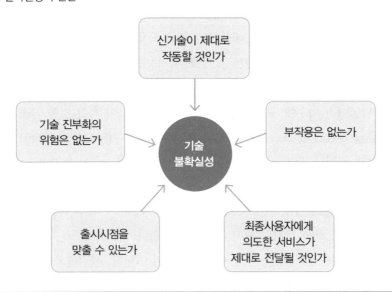

출처: Moriarty & Kosnik(1989), p. 9.

2018년 1월, 인공지능(Artificial Intelligence) 로봇 소피아(Sophia)가 한국을 찾아 화제를 모았다. 소피아는 홍콩에 본사를 둔 핸슨 로보틱스(Hanson Robotics)가 개발한 인공지능 로봇으로, 심층 학습 능력이 있어 사람과 대화할수록 더 수준 높은 문장을 구사할 수 있는 것으로 알려졌다. 소피아는 2016년 3월 세상에 최초로 공개되면서부터 이목을 끌었는데, 개발사의 CEO인 데이비드 핸슨(David Hanson)과의 인터뷰에서 내뱉은 한 마디는 세상에 적지 않은 충격을 주었다. 그 한 마디는 바로 "네, 저는 인류를 멸망시킬 거예요!(OK, I will destroy humans!)"였다.

데이비드 핸슨 CEO는 소피아의 말이 농담임을 재차 강조했지만, 사람들의 뇌리 속에 이 한 마디는 쉽게 잊혀지지 않을 것이다. 소피아의 농담은 인공지능이 발전을 거듭하여 사람의 능력을 초월하고, 급기야 사람을 대상으로 반란을 일으키지는 않을까라는 인간의 공포심을 자극했기 때문이다. 불과 몇 해 전만 하더라도 이러한 공포를 SF 영화의 소재거리 정도로 여기는 사람들이 다수였다. 하지만, 구글이 개발한 인공지능 알파고(AlphaGo)에게 우리나라의 이세돌 9단을 비롯한 세계 최정상급의 바둑기사들이 차례로 무릎을 꿇는 모습은 사람들로 하여금 인공지능 기술에 대한 기대감과 동시에 직접적인 두려움을 불러 일으켰다. 구글은 이세돌에게 4승 1패로 승리한 알파고를 압도하는 알파고 마스터를 개발한 데에 이어, 바둑 기보를 입력하는 것이 아니라 기본적인 바둑 규칙만으로 자가학습이 가능한 알파고 제로를 개발하는 데에 이르렀다. 놀라운 사실은, 이 알파고 제로는 인간이 이해하지 못하는 수를 두어 인간을 압도하는 결과를 만들어 낸다는 점이다. 유사한 사례는 또 있다. 2017년 7월 페이스북 인공지능 연구소(Facebook AI Research Lab, FAIR)는 개발 중이던 챗봇(대화형 인공지능, chatbot) Alice와 Box에 대한 연구를 중단하는 결단을 내렸다. 그 이유는, 챗봇에게 협상이라는 개념을 학습시키는 과정에서 인공지능 스스로 인간이 이해할 수 없는 새로운 언어를 개발하여 사용했기 때문이다.

인공지능 기술에 대한 두려움 역시 Moriarty & Kosnik이 제시한 다섯 가지 기술 불확실성의 원천 중 부작용에 대한 우려로 이해할 수 있다. 그러나, 인공지능이 스스로 학습하고 발전할 수 있다는 특성은 인간이 사전에 예측하고 통제하기 어렵다는 측면에서 기존의 다른 하이테크 상품에서 겪어보지 못했던 새로운 차원의 두려움이다. 인공지능 기술이 실생활에 스며들기 위해서는 다른 어떤 기술보다 더 높은 장벽을 넘어서야 할 것으로 보인다.

업체의 명성에도 해를 입히지만 금전적 손실도 만만치 않게 끼친다. 그럼에도 불구하고 응용 소프트웨어나 새로운 단말기 등의 출시 일자가 지켜지지 않는 경우가 적지 않으며, 때로는 영원히 출시되지 않는 경우도 있는데 이를 수증기와 같다고 하여 'Vaporware'라고 부른다.

마지막으로 기술의 진부화obsolescence는 불확실성의 요소 중에서 하이테크 기업의 가치와 생존 여부에 가장 큰 타격을 줄 수 있는 요소 중의 하나이다. 대부분의 기술은 진부화되며, 어느 순간 신기술에 의해 대체substitute된다. 문제는 그것이 언제 누구에 의해서 오느냐 하는 것뿐이다. 따라서, 하이테크 기업들은 존립기반을 와해시킬 가능성이 있는 모든 기술에 대해 촉각을 곤두세워야 하며, 필요할 경우 스스로 신기술을 도입하여 기존 기술의 진부화에 능동적, 전향적으로 대처하여야 한다.

한편 Mohr, Sengupta & Slater2005는 그들의 책에서 하이테크 마케팅 환경을 규정하는 요소를 세 가지로 정의하고, Moriarty & Kosnik이 제시한 시장 불확실성, 기술 불확실성에 경쟁 불확실성competitive volatility을 추가했다. 제3의 불확실성이라 불리는 경쟁 불확실성또는 경쟁 변동성은 한마디로 경쟁지형의 변화를 의미하는 것으로, 경

그림4 하이테크 마케팅 환경의 요소

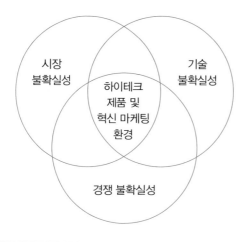

출처: Mohr, Sengupta & Slater(2005), p. 6.

쟁 상대의 변화, 경쟁 도구의 변화, 그리고 경쟁 제품/서비스의 변화로 이루어져 있다〈그림 4〉 참조. 애플에 의해 촉발된 스마트폰 전쟁이 협력관계에 있던 다양한 IT업체들을 모조리 경쟁 상대로 바꾸어 놓은 것이라든지, Sony가 차세대 DVD 표준전쟁을 마치자마자 스마트 TV 경쟁에 돌입해야 했던 상황 등이 경쟁 불확실성의 심각성을 잘 보여 준다.

이와 같이 고도의 불확실성으로 대변되는 하이테크 마케팅 환경을 이해하고, 효과적으로 대응하기 위해서 뷰카VUCA라는 개념에 주목할 필요가 있다. 뷰카는 변동성volatility, 불확실성uncertainty, 복잡성complexity, 모호성ambiguity의 머릿글자를 딴 말로, 이해와 예측이 어려운 상황을 설명하기 위해 사용되는 개념이다. 뷰카는 원래 냉전 시대 이후의 세계 정세를 표현하기 위해 미 육군에서 사용하기 시작하였지만, 현재에는 기업이 맞닥뜨리고 있는 불분명하고 빠르게 변화하는 경영환경을 설명하기 위한 목적으

그림 5 VUCA와 대응방안

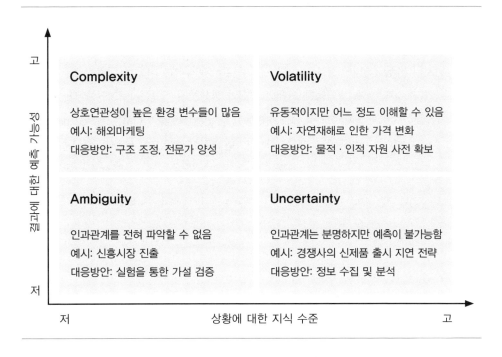

불확실성을 혁신 원동력으로 만드는 힘

2019년말 신종코로나바이러스 감염증이 출현한 이후 인류는 불확실성 앞에 한없이 취약한 존재임을 절감하게 되었다. 그런데, 코로나19 발발에 4년 앞선 2015년에 이미 전염병 발생의 증가를 예측한 기업이 있었다. 바로 HP이다.

2015년 취임한 HP의 전 CEO Dion Weisler는 기업의 혁신 원동력은 미래에 다가올 거대한 파도를 예측하는 것이라 믿고 '퓨처 유닛(Future Unit)'을 창설한다. 퓨처 유닛은 향후 10년간 HP의 투자와 관련한 의사결정에 영향을 미칠 수 있는 기술·경제·사회적 변화를 추적하여, 올바른 의사결정을 도울 수 있는 지식을 창출하는 역할을 부여 받았다. 이 퓨처 유닛은 전 세계 도시의 인구 밀도가 증가하고, 국가 간 여행이 활발해졌으며, 인구 고령화도 점차 가속화되고 있어 감염병 유행 가능성이 높아졌음을 진단하였다. 이러한 진단에 따라 HP는 신속 진단 등 의학 분야에 프린터 기술을 접목하거나, 재택근무에 특화된 화상 및 원격 기술을 적용한 프린터를 개발하는 작업에 착수했다. 나아가, 잦은 소독에도 부식되지 않는 디스플레이나 환자 개인정보 보호 기능을 강화한 헬스케어 전용 컴퓨터도 준비해 나갔다. 이후 팬데믹이 심화되자 재택근무 및 헬스케어 관련 제품과 솔루션에 자원과 역량을 더욱 집중하였고, 관련 사업은 성장 모멘텀을 얻게 되었다.

이처럼 미래의 불확실성을 혁신의 기회로 삼기 위해서는 ABC 프레임워크를 활용할 수 있다. 첫째, 예측 불가능한 거대한 변화가 발생할 수 있음을 구성원들에게 인지(Awareness) 시킨다. 둘째, 이러한 변화에 대응할 수 있는 전략을 마련하는 행동(Behavior)에 착수한다. 셋째, 구성원들의 미래 지향적 사고를 촉진할 수 있도록 문화(Culture)를 정착시킨다.

출처: 동아비즈니스리뷰, 2021년 9월, "훌륭한 서퍼는 미래의 큰 파도에 대비 예측 불가 리스크 관리가 팬데믹의 교훈".

로 더욱 빈번하게 사용되고 있다. 기업이 처한 상황에 대한 이해도가 높고 미래에 대한 예측이 상대적으로 용이한 경우는 변동성, 이해도는 높지만 예측이 상대적으로 어려운 경우는 불확실성에 해당한다. 기업이 처한 상황에 대한 이해도는 낮지만 미래에 대한 예측이 가능한 경우는 복잡성, 이해도와 예측 가능성이 모두 낮은 경우는 모호성에 해당한다. 뷰카의 네 가지 구체적인 상황은 모두 마케터의 의사 결정을 어렵게 만드는 요인이지만, 이를 타개할 수 있는 전략적인 대응방안이 전혀 없는 것은 아니다〈그림 5〉. 중요한 것은 현재 기업이 처한 문제적 상황이 어떤 특성을 갖는지 명확하게 파악하고, 적절한 해결책을 모색하는 일이다.

2.3 새로운 마케팅의 요구

지금까지 설명한 불확실성 외에도 하이테크 상품은 여러 측면에서 독특한 마케팅 상황에 처해 있으며, 이들은 모두 이른바 'New Marketing'을 요구한다. 마케터들이 하이테크 상품을 위한 새로운 마케팅을 필요로 하게 된 상황을 좀더 설명하면 다음과 같다.

우선, 많은 산업들의 성장이 정체되면서 시장 세분화 등 전통적 마케팅 기법에 의한 이른바 'Divide & Own 전략'의 유용성이 떨어지게 되었다. 더 이상 세분화할 시장이 없어지면서 이제는 시장창조 전략, 즉 'Create & Own 전략'이 필요하게 된 것이다. 앞에서도 말했듯이 하이테크 마케팅은 바로 혁신적 신상품을 통해 시장을 창조하여 자기 것으로 만들기 위한 전략이며 21세기 글로벌 경쟁시대가 요구하는 성장전략의 핵심에 놓이기 시작한 것이다.

하이테크 마케팅이 중요해진 두 번째 이유는 기술과 마케팅 두 영역의 연계interface와 관련이 있다. 마케팅은 혁신적 기술을 필요로 하게 되었고 기술은 마케팅에 대한 이해를 절실히 요구하게 된 것이다. 과거에는 고객을 대상으로 한 시장조사를 통해 고객의 정확한 니즈를 찾아낼 수 있었고 고객의 문제를 해결해 주는 신상품을 개발하는 것이 용이했다. 그러나 최근 들어서는 고객의 니즈가 구체화, 초세분화 되면서 웬만한 신상품으로는 눈길조차 얻기 힘들어졌다. 그 결과 상품기획product planning의 고도화와 더불어 혁신적 신기술을 상품개발에 응용하지 않으면 안되는 시대가 되었다.

따라서, 하이테크 상품을 성공시키려면 고객에 대한 이해와 통찰뿐 아니라 첨단 기술과 트렌드에 대한 어느 정도의 지식도 가지고 있어야 한다. 존경받는 최고경영자들 가운데에도 이와 같이 기술과 마케팅에 대한 높은 식견을 가진 사람이 늘어가는 추세다. 최근 논란거리 중 하나는 훌륭한 하이테크 마케터의 자질과 관련된 것인데, 과연 기술을 잘 아는 엔지니어에게 마케팅 역량을 키워주는 것이 나은지 아니면 마케팅 경험과 안목이 뛰어난 사람에게 기술에 대한 '적절한' 수준의 학습을 시키는 것이 나은지 하는 것이다. 여기에 대한 답은 상품 및 시장의 특성에 따라 달라지겠지만 마케팅과 기술, 두 가지 모두에 있어 상당한 정도의 지식을 갖추어야 효과적인 마케팅을 할 수 있다는 점에 대해서는 대부분이 공감하고 있다. 개인뿐 아니라 조직 수준에서도 기술과 마케팅 기능간 연계cross-functional interface는 성공의 필수요건이 되고 있다. 연구개발 부서와 마케팅 부서 간의 협력은 단순히 정보를 주고 받는 차원을 넘어 매우 중요한 의미를 가지는데 이에 대해서는 제7장에서 보다 깊은 논의를 하게 될 것이다.

셋째로, 하이테크 제품의 경우 소비재에 비하여 하나의 제품에서 느끼는 가치value의 크기가 소비자들 간에 매우 큰 차이를 보이는 경향이 있다. 이는 하이테크 제품이나 서비스에 대한 소비자의 매우 이질적인heterogeneous 시장 반응으로 나타난다. 다시 말해서, 소비재의 경우, 소비자들이 느끼는 가치의 차이가 그다지 크지 않은 것에 비해서 하이테크 제품에 대해서는 소비자들의 태도나 구매행동이 매우 다양하게 표출된다는 것이다. 어떤 의미에서 하이테크 제품은 일종의 사치품과 같다. 즉, 모두에게 꼭 필요한 제품은 아니다. 남들보다 먼저 하이테크 제품을 구입하여 생산성이나 이미지 면에서 다른 이들과 차별화하거나 경쟁우위를 누리고자 하는 사람에게는 하이테크 제품이 커다란 가치를 제공하겠지만, 그렇지 않은 대다수의 사람들에게 초기의 하이테크 제품은 자칫 주머니만 복잡해지고 시간만 잡아먹는 골칫거리가 될 수도 있다. 뒤에 가서 보다 상세한 논의가 이루어지겠지만, 하이테크 제품을 구매하는 사람들을 구매 순서대로 줄을 세워 놓고 보면, 일찍 하이테크 제품을 채택하는 사람과 그렇지 않은 사람 사이에 상당한 차이를 발견하게 된다. 단지 혁신성향이나 개성추구 등의 개인적 특징만이 아니라, 소비자로서의 효용함수, 구매동기 및 구매행동 등에 있어 많은 차이를 보이며 서로를 이해할 수 없을 정도의 뚜렷한 문화적 괴리마저 형성하게 되는 경우도 있다.

하이테크 상품의 경우 이러한 이질적 고객집단의 출현은 시간차를 두고 이루어진다. 즉, 하이테크 상품 출시 직후의 구매자와 상당기간 이후의 구매자는 전혀 다른 소비자라고 보아야 한다. 따라서, 전통적 소비재에 비해 훨씬 세분화되고 정교한 초기 목표시장target 선정작업이 필요하고, 제품의 확산 단계에 따라 별도의 고객을 대상으로 차별화된 마케팅을 전개해 나가야 한다. 초기시장에서의 성공이 대부분 별탈 없이 후기시장에까지 이어지는 소비재 마케팅과 달리 시간에 따라 변화하는 매우 동적인dynamic 마케팅 전략이 필요하게 되는 것이다. 이것은 이 책의 제3장에서 주로 다루어질 핵심 주제이다.

넷째로, 하이테크 마케팅에서는 이른바 4P로 요약되는 마케팅 관리 요소 중에서 '상품product' 전략이 가격, 유통, 촉진의 나머지 세 요소보다 훨씬 비중 있게 다루어진다. Michael E. McGrath는 〈하이테크 기업의 상품전략Product Strategy for High Technology Companies〉이라는 책의 서문에서 상품전략이야말로 하이테크 기업경영의 핵심이며, 다른 산업과 비교해 볼 때 훨씬 더 중요하고 결정적critical이면서도 어렵다고 하였다. 첨단기술이 상품에 제대로 녹아 들어야 하므로 상품전략이 중요하다고 생각할 수 있겠지만, 상품전략은 단지 더 우수하고 성능이 뛰어난 제품을 만든다는 차원만은 절대 아니다. 제3부에 가서 보다 자세하게 다루겠지만, 핵심전략비전을 수립하고 그것에 맞는 제품 플랫폼을 마련하는 것이 우선되어야 비로소 개별 제품전략이 빛을 발할 수 있다. 즉, 소비재의 경우 시장을 초 세분화hyper-segmentation하여 차별적 마케팅differentiated marketing을 구사하는 식의 포트폴리오portfolio적 사고가 마케팅 전략의 핵심이지만, 하이테크 제품의 경우에는 공통분모에 입각한 플랫폼platform적 사고가 더욱 중요하게 된다. 또한, 하이테크 제품들이 대개 수명주기가 짧고 지속적인 업그레이드를 요구하는 등 일반 소비재와 다른 고유의 제품관련 의사결정 문제를 많이 가지고 있다는 점도 제품전략이 중요한 이유 중 하나이다.

그렇다고 상품전략을 제외한 가격, 유통 및 촉진관리 요소가 중요하지 않다는 얘기는 절대 아니다. 사실 이들은 하이테크 업계의 실무자들이 생각하는 것보다 훨씬 중요하다. 가격은 일반 수요를 팽창시켜 주류시장mainstream market의 도래를 앞당기는 가장 효과적인 수단이며, 유통은 제품과 서비스의 물리적 전달과 고객접점 관리의 창구이고, 촉진활동은 브랜딩과 입소문 등 고객과의 직간접 커뮤니케이션 활동을 포괄한다. 즉, 상품전략이 중요하다고 한 것은 그것이 전통적 마케팅의 그것과 매우 다르다

표1 전통적 마케팅과 하이테크 마케팅의 차이

전통적 마케팅	하이테크 마케팅
기존제품, 기존시장 중심	신상품, 신시장 중심
시장의 발견(Discovery)	시장의 창조(Creation)
연속적 혁신	불연속적 혁신
마켓 풀(market pull)	테크놀로지 푸쉬(tech push) & 마켓 풀(market pull)
수요 측면 마케팅 강조	공급 측면 함께 고려
반응적(reactive)	선제적(proactive)
긴 수명주기	짧은 수명주기
성숙기 마케팅전략(레드 오션)	초기시장 마케팅전략(블루 오션)

는 것을 강조하기 위한 것이며, 가격, 유통, 촉진 등의 마케팅 요소는 하이테크 제품의 경우에도 소비재 마케팅의 원리와 기법을 상당 부분 그대로 적용할 수 있다는 의미이다. 제3부에서는 이들 관리요소에 대해서도 하이테크 제품의 관점에서 논의하게 될 것이다.

마지막으로 하이테크 제품에 있어서는 '시간'이 매우 중요한 경쟁전략 요소가 된다. 하이테크 제품의 경우, 선도 진입자 우위first-mover advantage, 연구개발 속도 경쟁R&D race, 타임투마켓time-to-market, 타임 페이싱time pacing 전략 등의 다양한 용어가 보여주듯이, 시간이 하나의 환경요인이라기 보다는 전략적 의사결정의 대상이 된다. 시간기반전략time-based strategy에 관하여는 제3부에서 자세히 살펴볼 것이다.

③ 하이테크 기업의 시장지향성

3.1 시장지향성이 바람직한가?

하이테크 산업의 기업들은 여타 산업의 기업들과 비교했을 때 더 시장지향적일까 아니면 덜 시장지향적일까? 이른바 'Better Mousetrap Fallacy'라는 말은 하이테크 기업들의 제품중심적 사고, 즉 제품만 좋으면 팔린다는 이른바 제품 컨셉product concept적 관리철학을 꼬집는 좋은 표현이다. '시장지향성market orientation'은 고객의 관점에서 모든 마케팅 활동을 전개하는 이른바 '마케팅 컨셉marketing concept'의 핵심이므로, 'Better Mousetrap Fallacy'라는 표현은 하이테크 기업들의 시장지향성 결여를 의미하는 것으로 볼 수 있다.

그렇다면 과연 하이테크 기업은 시장지향적이어야 하는가? 포춘Fortune지에 실린 "고객을 무시하라Ignore Your Customer"라는 기사는 오히려 하이테크 기업의 지나친 고객지향성을 반박하고 있다. 소비자들은 현재의 상황과 자신의 경험을 토대로 판단하므로 철저하게 상상력이 결여되어 있다. 행여 통찰력이 있다고 할지라도 대부분의 시장조사 기법은 이를 소비자로부터 끌어낼 만한 능력이 없다. 1999년에 타계한 Sony의 창업자 모리타 아키오 회장은 "고객에게 묻지 말고, 신제품으로 대중을 선도하라"라는 말을 남긴 것으로 유명하다. 그는 또 시장지향적market-driven 기업이 되기보다는 시장선도적market-driving 기업이 되어야 한다고 역설했다. 하이테크 산업에서 빈번히 회자되는 말 중에 "발명은 필요의 어머니"라는 말도 있다. 필요해서 발명하는 것이 아니라 발명해 놓고 나서 필요하게 만든다는 의미이다.

그럼에도 불구하고 많은 학자들은 하이테크 기업에 있어서도 시장지향성은 여전히 필수 덕목이라고 주장한다. 앞에서 설명한 바와 같이 하이테크 기업은 한층 높은 시장 불확실성의 상황에 직면해 있으며, 시장 불확실성은 능동적인 시장선도와 더불어 더 높은 수준의 고객지향성을 요구한다는 것이다. 실제로 Gatignon과 Xuereb1997의 연구결과에 따르면, 불확실성이 높은 시장에서 고객지향성은 혁신제품의 상업적 성공에 긍정적인 영향을 미치는 것으로 드러났다.

시장지향성을 종종 기술지향성과 대립적인 것으로 보는 경향이 있는데, 시장지향성과 기술지향성은 둘 중에 하나를 택해야 하는 일차원적인 관계에 놓인 것이 아니

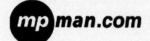 세계 최초로 MP3 플레이어를 개발한 곳은 어디일까? 정답은 Apple도 아니고 Sony도 아닌 엠피맨닷컴이라는 국내 업체이다. 엠피맨닷컴의 전신이었던 새한정보시스템은 1997년 세계 최초로 MP3 플레이어를 개발했다. 엠피맨닷컴은 2000년 유망 벤처기업으로 화려하게 분사했으며, 2001년 MP3 플레이어 원천기술에 관한 특허를 획득한, 명실공히 MP3 원천기술 보유 업체였다. 그러나 기술만 믿고 시장 변화를 못 읽어 부도를 맞았고 결국 2004년 7월 레인콤에 인수됐다.

매일경제신문의 기사 '실패경영에서 배우는 교훈'이 밝히는 엠피맨닷컴의 실패원인은 다음과 같다. 첫째, 시장상황과 무관하게 기술개발에 과도한 투자가 이뤄졌다. 엠피맨닷컴이 최초로 개발한 제품은 많았지만 개발성과가 사장되거나 개발 후 수 년이 지나 본격적으로 시장이 형성되는 등 수익구조 창출에 실패했다. 둘째, 시장 변화 신호에 둔감했다. 경쟁사 디지털웨이가 디자인 혁신으로 1위를 탈환할 때, 전자제품의 경쟁력은 디자인이 아니라 기술이라는 사내 주류의견에 밀려 MP3 플레이어가 액세서리화 되는 시장추세를 외면했다. 이어 레인콤이 본격적인 온라인 마케팅으로 시장을 선도할 때도 엠피맨닷컴은 기술개발에만 매달려 변신의 기회를 놓쳤다. 셋째, 특허분쟁으로 기술투자비를 회수하는 데 실패했다. 엠피맨닷컴은 원천기술에 대한 로열티 수익을 기대했으나 장기간 지속되는 법적 분쟁으로 소송비용 부담만 가중됐다.

엠피맨닷컴은 기술을 선도하기는 했으나 시장의 불확실성을 극복하지 못했다. 하이테크 기업이 고객 지향성을 갖춰야 할 이유를 잘 보여주는 사례이다.

출처: 매일경제 2004년 8월 14일 기사 참고.

라 오히려 상승작용을 가져오는 두 개의 차원으로 보는 것이 옳다. Dutta, Narasimhan, and Rajiv1999는 실증연구를 통해 높은 기술력technological capability을 보유하고 있는 기업일수록 마케팅 역량marketing capability이 더 큰 효과를 발휘하며, 마케팅 역량이 높은 기업이 연구개발의 생산성도 높음을 입증했다.

3.2 고도의 시장지향성 추구

기업의 시장지향성은 구체적으로 어떤 활동으로 나타나는가? Mohr2001는 시장 정보의 수집과 활용이라는 측면에서 시장지향성을 정의하였다. 즉, 시장지향적인 기업은 고객에 대한 정보, 경쟁자에 대한 정보, 시장 추세에 대한 정보를 적극적으로 수집하며, 조직 내부에서 유통하고, 이러한 정보에 철저히 입각한 의사결정을 내린다.

그러나, 본 서에서 저자는 시장정보에 입각한 의사결정이라고 하는 기본적 시장지향성에서 한걸음 더 나아간 '고도의' 시장지향성을 제안한다. 고도의 시장지향성이란 무엇인가? 이는 소비자가 설문지에 응답한 대로 제품을 개선하고 가격을 책정하는 '수동적인' 시장지향성에 대응하는 개념으로, 소비자가 표현하지 않은 니즈unstated needs, 즉 잠재적인 니즈potential needs를 알아내고 이에 초점을 맞춘 미래지향적이고 '능동적인' 시장지향성을 의미한다.

그러면 어떻게 미래의 니즈와 잠재적 니즈를 알아낼 수 있는가 하는 의문이 생길 것인데 방법론적인 논의는 뒤로 미루고제6장 참조, 원칙만 언급하자면 고객이 하는 '말'보다 고객의 '행동'을 주시하는 것이 더욱 효과적이라는 사실이다. 다시 말해 '통찰력 있는 관찰'이 요구된다는 말이다. 그리고 고객에 대한 적극적인 설득과 시장교육market education 과정 등을 통한 '시장 만들기market creation'가 고도의 시장지향성의 에센스이다. 그런 의미에서, 기존의 마케팅이 소비자 정보를 토대로 마련된 공식에 따라 의사결정을 내리는 공식 마케팅formulated marketing이라면 하이테크 마케팅은 창조적 마케팅creative marketing에 가깝다.

지금까지 논의한 것을 받아들여 시장지향성을 추구하려고 하더라도 하이테크 기업들은 여러 가지 장애물에 부닥치게 된다. 기업 설립 초기부터 면면히 내려오는 엔지니어 우대의 전통, 정보를 공유하거나 유통하지 않고 사유화하려는 직원들의 습성, 또 경직화된 조직구조 등은 고객지향적 기업이 되는 길에 상당한 걸림돌이 된다. HP의 마케팅팀은 프린터의 설계를 위해 쇼핑몰에서 고객 반응을 조사하여 21가지 변경사항을 건의한 적이 있다. 이때 연구개발 부서의 엔지니어들은 그 중 5가지만 채택하기로 하고 16가지는 거부하였다. 결국 마케팅 담당자가 엔지니어들을 쇼핑몰로 데려가 소비자와 대면한 조사과정에 참여시켰고 그제서야 나머지 16가지 제품 변경사항을 모두 관철시킬 수 있었다고 한다.

고도의 시장지향성을 방해하는 중요한 요인 중의 하나는 역설적이게도 바로 기존의 고객이다. 이러한 현상을 혹자는 "기존 고객의 횡포tyranny of the served market"라 부르기도 한다. 기존의 고객에 너무 밀착하게 되면 아직 표현되지 않은 잠재적 니즈를 알아내기 어렵고 오히려 현재 상태에 만족하여 자사의 상품을 사용하고 있는 고객의 부정적 의견에만 귀를 기울인 결과 새로운 시장기회를 놓치기 쉽다. 이른바 파괴적 혁신disruptive innovation의 경우에 이러한 문제는 종종 우량기업의 몰락을 초래하는 근본적인 원인이 되기도 한다파괴적 혁신에 대해서는 제4장 내용 참조.

지금까지 살펴본 것처럼 하이테크 제품이 직면하고 있는 다양한 불확실성은 새로운 마케팅 패러다임을 요구한다. 시장과 기술의 불확실성에 효과적으로 대처하기 위해서는 경영관리 기법을 고도화해야 하며 고객에 대한 이해와 함께 기술에 대한 이해의 폭도 넓혀야 한다. 경영자 한 사람이 이러한 역량을 모두 보유하기 어려우므로 물론 스티브 잡스와 같은 예외도 있지만 경영층에 각 영역별 전문가를 포함하는 이른바 '드림팀'을 구성하는 것도 좋은 방법이다. 또한 지식과 경험이 빠른 속도로 진부화됨을 기정사실화 하고 변화의 연속성을 위한 기본기fundamental를 갖추어야 한다. 어떤 변화가 오더라도 신속하게 대응하고 누구보다 먼저 기회를 포착할 수 있는 능력을 갖추어야 한다는 말이다. 다른 업종보다도 하이테크 마케터에게 예견foresight과 예측forecasting 능력이 중요한 이유이다.

좌뇌형 인재와 우뇌형 인재의 결합

사람의 두뇌는 좌뇌와 우뇌로 이루어지고, 두 부분이 서로 다른 기능을 수행한다는 것은 이미 널리 알려진 사실이다. 일반적으로 좌뇌는 논리, 분석, 언어 등의 영역을 관장하고, 반대로 우뇌는 직관, 추상, 비언어 등의 영역에 특화되어 있다. 그리고, 두뇌의 어느 부분을 더 많이 사용하느냐에 따라 좌뇌형 인간 혹은 우뇌형 인간으로 개인의 특성을 분류하기도 한다. 그렇다면, 서로 다른 특성을 보유한 두 명의 경영자가 짝을 이루어 의사결정을 내릴 경우, 불확실성이 높은 마케팅 환경에 더욱 전략적으로 대응할 수 있지 않을까?

분석가 기질의 경영자와 예술가 기질의 경영자가 짝을 이룬 경우는 쉽게 찾아볼 수 있다. 애플의 현 CEO Tim Cook과 전 CEO Steve Jobs, P&G의 CEO A.G. Lafley와 디자인부문 부사장 Claudia Kotchka, HP의 공동창업자 David Packard와 Bill Hewlett 등이 좌뇌형 인재와 우뇌형 인재의 성공적인 결합 사례라 할 수 있다. 그렇다고 서로 다른 성향의 인재를 짝지어 놓는다고 모든 일이 해결되는 것은 아니다. 오히려 충돌만 잦아질 수 있다. 서로의 강점과 약점을 인식하고 그것을 보완하려는 노력, 무엇보다 상호간의 강한 신뢰가 전제되어야 기대하는 시너지가 창출될 것이다.

참고: Harvard Business Review, June 2009, "Innovation in Turbulent Times".

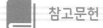

이규열(2021), "훌륭한 서퍼는 미래의 큰 파도에 대비, 예측 불가 리스크 관리가 팬데믹의 교훈," 동아비즈니스리뷰, Vol. 328, 28-33.

Dutta, Shantanu, Om Narasimhan, and Surendra Rajiv (1999), "Success in High-Technology Markets: Is Marketing Capability Critial?" Marketing Science, Vol. 18, No. 4, 547–568.

Gatignon, Hubert and Jean-Marc Xuereb (1997), "Strategic Orientation of the Firm and New Product Performance," Journal of Marketing Research, Vol. 34, February, 77–90.

McGrath, Michael E. (2001), Product Strategy for High-Technology Companies, 2nd edition, McGraw Hill.

Mohr, Jakki (2001), Marketing of High-Technology Products and Innovations, Prentice Hall.

Mohr, Jakki, Sanjit Sengupta, and Stanley Slater (2005), Marketing of High-Technology Products and Innovations, 2nd edition, Pearson Prentice Hall.

Moriarty, Rowland T. and Thomas J. Kosnik (1989), "High-Tech Marketing: Concepts, Continuity, and Change," Sloan Management Review, Summer, 7–17.

Shanklin, William L., and John K. Ryans Jr. (1984), "Organizing for High-Tech Marketing," Harvard Business Review, Nov-Dec, 164-171.

CHAPTER

02

하이테크 마케팅의 이론적 기초

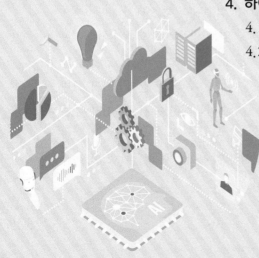

2022년 10월 15일, 한 데이터센터 건물의 화재가 전 국가적 재난에 가까운 사태로 비화됐다. 이미 오래 전부터 국민 메신저로 자리잡은 카카오톡의 주요 서버가 위치한 판교 SK C&C 데이터센터에 화재가 발생하면서 대규모 서비스 장애로 이어진 것이다. 메신저 자체를 사용하지 못하는 상황도 불편하기는 했지만, 의사소통은 음성통화나 문자로 가능했기 때문에 큰 문제는 아니었다. 하지만 카카오톡 메신저와 연동한 다양한 서비스들이 직접적인 경제적 손실을 초래했다. 카카오T가 먹통이 되자 택시 기사나 대리 기사들은 콜을 받을 수 없었고, 카카오뱅크와 카카오페이가 중단되자 은행거래나 간편결제가 차단되면서 금전적 피해를 입은 기업이나 소상공인들이 발생했다. 카카오톡을 로그인 인증 수단으로 사용하지 못하게 되면서 게임을 포함한 모바일 앱 운영기업들도 손해를 입었다. 모든 서비스가 정상화되는 데에는 그리 오랜 시간이 걸리지 않았지만 단 하루동안 발생한 금전적 피해와 이용자들의 불편함은 매우 컸다. 화재 이후 약 한 달 간 접수된 피해 사례가 10만 5천여 건에 달했다. 대한민국 사회에서 카카오톡이 가지고 있는 영향력이 막대하다는 것을 새삼 느끼게 된 사태였다.

2010년 3월 서비스를 시작한 카카오톡은 시장 진입 1주일 만에 가입자가 11만 명으로 늘더니, 단 1년 만에 1,000만 가입자를 돌파. 이듬해 3월에는 가입자 수가 3,000만 명까지 증가했다. 2016년에는 국내 월 실제 사용자 수 4,000만 명에 도달했다. 이처럼 단기간에 카카오톡이 국내 메신저 시장을 장악하게 된 근본적인 이유

kakao

kakaopay

B kakaobank

kaokaogames

는 무엇일까? 카카오톡 이전에도 네이트온과 같은 PC 기반 메신저 서비스와 미국의 WhatsApp과 같은 전화번호 기반 메신저 서비스가 존재했다는 점에서 혁신적인 기술의 성공으로 보기는 어렵다. 오히려 iPhone, 갤럭시가 주도한 스마트폰 열풍으로 모바일 인터넷 사용자가 급증하는 시기에 모바일 메신저 시장을 최초로 만들고 사용자 기반을 빠르게 늘린 것이 핵심적인 성공 요인이다. 카카오톡은 무료 정책과 전화번호만 입력하는 간단한 가입 절차를 통해 심리적 장벽을 낮추어 초기 사용자 기반을 확보해 나갔다. 연락처에 입력된 지인들이 자동으로 친구로 등록되는 기능과 기존 가입자들이 새롭게 스마트폰을 구입하는 지인들을 자발적으로 초대하는 행동에 힘입어 강력한 네트워크 효과를 발생하게 된 것이다. 그리고 이러한 사용자 기반을 활용하여 카카오T, 카카오뱅크, 카카오페이, 카카오게임, 카카오페이지, 선물하기 등 다양한 수익 모델을 만들어 나갔다.

　카카오톡이 국내 시장에서 강력한 네트워크 효과를 창출했다면, 인근 아시아 국가에서는 네이버가 개발한 모바일 메신저 라인이 그 자리를 차지하고 있다. 네이버와 소프트뱅크의 합병기업 Z홀딩스의 자회사인 LINE이 개발하고, LINE의 자회사인 LINE Plus가 글로벌 운영을 맡고 있는 모바일 메신저 LINE은 2021년 말 기준으로 전 세계 1억 9,300만 명의 월활성이용자수MAU를 기록하고 있다. 일본에서는 9,200만 명으로 한국의 카카오톡과 마찬가지로 국민 메신저로 자리했으며, 태국과 대만에서도 각각 5,300만 명, 2,200만 명의 이용자수로 점유율 1위를 기록하고 있다. 또한, 라인 게임, 라인뱅크, 라인페이, 라인맨음식 배달앱 등 다양한 부가 서비스들도 성공시키고 있다. 2011년 후발주자로 출시된 라인은 카카오톡이 빠르게 사용자 기반을 확보한 국내 시장보다는 해외 시장에 집중했다. 라인 역시 무료 정책을 통한 신속한 사용자 기반 확보와 UI 및 UX의 현지화를 통해 네트워크 효과 창출에 성공했다.

이미 강력한 네트워크 효과의 선순환 구조를 만든 카카오톡과 라인을 상대로 시장 지위를 역전하는 것은 매우 어려운 일이다. 후발 주자들이 이들을 이기기 위해서는 훨씬 높은 수준의 차별화된 가치를 제공해야 하며, 이를 위해서는 카카오톡과 라인이 초기 시장에서 했던 노력의 몇 배에 달하는 막대한 노력을 필요로 할 것이다.

제2장에서는 하이테크 시장의 기본 원리를 공부하고자 한다. 하이테크 마케팅의 기본 원리라고도 할 수 있는 수확체증의 법칙과 '승자독식'의 원리를 이해하고, 사용자 기반을 중심으로 한 초기 시장 전략의 중요성을 논의하게 될 것이다. 그러나, 부익부 빈익빈의 법칙이 하이테크 마켓의 경쟁상황과 결과를 모두 설명할 수는 없다. 따라서 부익부 빈익빈을 기정사실화하기 보다는 그 원리와 동인動因을 이해하는 것이 중요하다. 본 장의 뒷부분에서는 신경제 패러다임의 변화와 함께 부익부 빈익빈의 사슬을 끊는 후발 주자의 전략을 살펴볼 것이다.

1 수확체증의 법칙과 부익부 빈익빈 메커니즘

1.1 수확체증의 법칙

수확체증의 법칙law of increasing returns은 John Hicks 같은 경제학자들도 일찌감치 논의한 바 있지만Hicks는 경제학 이론의 붕괴를 우려하였다 1996년에 Brian Arthur가 Harvard Business Review 에 논문을 발표하면서 널리 알려지기 시작한 개념으로 그 전략적 의미는 '긍정적 피드백 positive feedback' 효과로 집약된다. 즉, 시장에서 앞서가는 기업은 더욱더 후발 기업과의 격차를 벌리게 되며 후발 기업은 좀처럼 격차를 좁히기 어렵다는 말이다. Peter Drucker는 "선도 기업이 장악하고 있는 시장에서 그 선도 기업을 내쫓고 후발 기업이 그 자리를 차지하기 위해서는 제품 혹은 서비스가 10배 더 훌륭해야 한다"는 이른바 '드러커의 법칙

4차 산업혁명 시대의 수확체증 법칙

4차 산업혁명에 대한 관심이 어느 때보다 뜨겁다. 4차 산업혁명은 디지털혁명으로 일컬어지는 3차 산업혁명에서 개발된 기술을 기반으로 물리적, 전자적, 생물적 시스템을 융합하는 산업환경의 변화를 뜻한다. 온·오프라인의 정보가 서로의 경계를 넘나드는 O2O나 빅데이터, 사물인터넷, 가상현실, 인공지능 등의 기술이 4차 산업혁명을 대표한다. 4차 산업혁명 시대는 지능이 필요한 작업을 기계가 수행하는, 그야말로 '기술이 사회에 자리잡는 방식이 새로워지는' 시대라 할 수 있다. 인공지능 등의 기술이 각 산업에 적합한 방식으로 개발되고 광범위하게 적용된다. 전문가들은 4차 산업혁명이 과거의 산업혁명보다도 사회에 더 큰 충격을 가져올 것이라 예상하고 있는데, 이러한 예상은 4차 산업혁명이 수확체증의 법칙을 극대화시키는 구조로 진행될 것이라는 전제를 바탕에 두고 있다. 4차 산업혁명의 기반이 되는 '지식'과 '아이디어'는 스필오버(spillover)될 수밖에 없다는 특징이 있다. 즉, 생산된 지식과 아이디어를 외부와 완전하게 단절시키는 것이 어렵기 때문에 지식 창출로 인한 혜택이 모든 기업으로 확산될 수 있고, 그 결과, 전체 경제는 한계생산성이 증가하여 수확체증을 누리게 된다. 이런 환경에서는 얼마나 개방적인 플랫폼을 잘 설계하느냐가 기업의 성공을 좌우한다. Amazon의 경우, 기존의 상거래 위주의 사업을 클라우드 서비스, 콘텐츠 미디어 분야 등으로 확대해 나가는 과정에서 개발자 그룹의 데이터 및 개발 도구를 공개했는데, 그 결과 구매자들을 도울 수 있는 다양한 애플리케이션이 등장했고 더 많은 구매자와 판매자가 유입될 수 있었다. 여기에 또다시 이들을 도울 수 있는 더 많은 개발자가 참여하면서 선순환 구조를 이루었다. 이처럼 4차 산업혁명 시대에는 개방형, 확장형 플랫폼을 통해 다양한 이해관계자를 참여시킬 수 있는 기업이 산업의 주도권을 갖게 되며 사실상 이용자의 시간을 점유하기 위해 경쟁하고 플랫폼을 통해 수집되는 데이터를 활용하는 것이 플랫폼 기업의 핵심 사업영역이 될 것이다. 따라서 기업들은 플랫폼의 혁신과 확대를 통해 미래의 파괴적 혁신기술에 대비해야 한다. 이제는 단순히 제품을 다양화하고 새로운 기능을 제공하는 것뿐 아니라, 연결(link)을 확대하는 것이 경쟁의 핵심이 될 것이다.

출처: 4차 산업혁명 시대의 경제 작동 메커니즘(KISDI premium report 17-11) 재정리.

Drucker's Rule'을 제시한 바 있는데 그는 그것이 네트워크 경제의 특징인 수확체증의 법칙 때문이라고 밝혔었다.

농업이나 제조업과 같은 전통적인 산업에서는 Alfred Marshall이 주장한 수확체감의 법칙law of decreasing returns이 작용한다. 즉, 생산요소의 투입이 증가할수록 산출증가의 폭이 둔화되기 때문에 선도 기업이 성장의 한계를 경험하게 되고 여러 기업에 의한 시장분할market sharing이 이루어져서 시장은 균형equilibrium에 도달하게 된다. 하지만, 하이테크 산업에 서는 생산요소의 투입이 많을수록 산출증가의 폭이 증가하는 수확체증의 법칙이 작용 하기 때문에 시장은 분할되기보다 한쪽으로 편향market cornering되게 된다. 이러한 메커니즘 으로 인해 수확체증의 법칙이 지배하는 시장에서는 균형보다 불안정성instability이 나타나 고, 시장 집중이 거의 독점적 상태에 이르기까지 계속 심화된다. 그렇기 때문에, 수확체 증의 법칙이 지배하는 시장에서는 시장지배적 사업자—하이테크 마케팅에서는 이들을 '고릴라'라고 부른다—가 자주 출현한다. Google 같은 고릴라 기업들은 엄청난 부를 누 리게 되며, 갈수록 유리한 위치에 서게 되는 반면, 2위 기업들은 1위와의 격차가 더 벌 어지면서 생존의 고민을 안게 된다. Silicon Valley의 벤처 사업가들이 이러한 대박의 기 회를 염원하며 의지를 불태우게 되고 통신이나 소프트웨어 산업 등의 하이테크 산업에 대해 정부가 많은 규제를 가하는 이유도 바로 여기에 있다.

1.2 부익부 빈익빈 메커니즘

수확체증의 법칙은 부익부 빈익빈을 가져온다. 그렇다면 어떠한 이유로 그렇게 되는 것일까? 본 절에서는 부익부 빈익빈을 가져오는 수확체증의 메커니즘을 구체적 으로 살펴보고자 한다.

네트워크 효과
수확체증은 영어로 'Increasing returns to scale'이지만 시장의 수요 측면을 강조하여 'Increasing returns to adoption'이라고 표현하기도 한다. 즉, 특정 제품을 채택adopt하는 사람이 많아질수록 그 제품의 시장 지배력이 더욱 증가한다는 것이다. 이러한 현상을 가져오는 여러 가지 원인 가운데 대표적인 것이 바로 '네트워크 효과network effect'이다.

네트워크 효과란 특정 제품 혹은 서비스의 사용자 네트워크가 커질수록 그 제품 혹은 서비스의 가치가 증대하는 현상을 말한다. 팩스를 예로 들어 설명해 보자. 팩스를 최초로 구매한 사람이 있다고 하면, 그 사람이 보유한 팩스의 가치는 얼마일까? 팩스를 통해 문서를 보낼 사람도 없고 또 그 사람에게 팩스를 보낼 사람도 없을 것이니 팩스의 최초 구매자가 가지고 있는 팩스의 가치는 0이 될 것이다. 그런데, 팩스가 점차 보급되면서 팩스가 연결된 사용자 네트워크가 커지게 되면, 이미 금액을 지불하고 구입한 팩스이지만 그 팩스의 가치는 점차 증가하게 될 것이다. 이와 같이 네트워크가 커지고 네트워크에 연결된 사용자의 수가 늘어갈수록 제품의 가치가 높아지는 현상을 네트워크 효과라고 하며, 구매자 자신이 아닌 타인의 소비행동의 영향을 받으므로 이를 '네트워크 외부성network externality' 혹은 '소비 외부성consumption externality'이라고 부른다.

사용자 네트워크가 커지면서 제품의 가치가 올라가는 것을 '직접 네트워크 효과'라 하며 하드웨어나 소프트웨어, 또는 콘텐츠와 같은 보완재의 사용자 네트워크가 커지면서 본 제품의 가치가 상승하는 것을 '간접 네트워크 효과'라고 하는데, 이 두 가지가 결합되면 더욱 강력한 부익부 빈익빈 현상이 나타나게 된다.

네트워크 효과는 수확체증 현상을 가져오는 대표적인 동인driver이며, 이에 대한 정확한 이해와 통찰력 있는 전략의 수립이 하이테크 상품의 성공에 결정적인 역할을 하게 된다.

사용에 의한 학습

'사용에 의한 학습learning by using'이라는 개념은 1983년에 Nathan Rosenberg라는 학자가 〈Inside the Black Box: Technology and Economics〉라는 책에서 처음으로 소개한 개념인데, 하나의 기술이 소비자들에게 더 많이 채택될수록 더 많이 사용될 것이고, 따라서 더 많은 학습이 이루어져, 더 많은 발전과 개선이 이루어지게 된다는 뜻이다. 결국 많은 사람이 구매하는 제품이 더욱 좋아져 사람들이 더 많이 채택하게 되고 이는 부익부 빈익빈의 선순환 사이클을 만들어 내게 된다.

한편, 신제품을 지속적으로 출시하는 경험이 누적되면 개발 및 혁신 능력이 더욱 높아져 시장지배력이 강화되는데, 이와 같은 '실행에 의한 학습learning by doing'도 선도 기업의 어드밴티지로 작용한다.

정보적 수확체증

하이테크 제품은 소비재와 달리 복잡하고 이해하기 어려워 정확한 품질수준과 기대효용을 가늠하기 어려운 경향이 있다. 그래서 소비자들 특히 위험회피형risk-averse 소비자들은 다른 사람들의 구매 및 사용경험으로부터 일종의 단서를 찾고자 한다. 즉, 많이 팔리는 제품은 그 자체만으로도 품질과 효용을 신호signaling하는 효과를 갖게 되는데 이러한 것을 정보적 수확체증informational increasing returns이라고 한다. 이러한 의미에서 조기수용자, 즉 얼리어답터early adopter를 많이 확보한 상품은 추천의 입소문을 타고 더욱 빨리 확대되는 경향을 보이게 되므로 초기시장을 선점하는 것이 하이테크 마케팅 상황에 있어 더욱 중요하게 되는 것이다.

기술적 상호관련성

하이테크 제품들은 대부분 보완재를 필요로 한다. 즉, 단품stand-alone으로 사용이 곤란한 경우가 대부분이다. 컴퓨터는 모니터 및 프린터와 연결되어야 하고, 응용 소프트웨어와 통신 소프트웨어를 구비해야 한다. 최근에는 디지털 기술의 발전으로 하이테크 제품의 융합화convergence와 복합화multiplication가 급속히 이루어지고 있어, 이러한 추세는 더욱 가속화될 것이다. 기술적 상호관련성technological interrelatedness은 사용자의 소비 및 제품사용 행태를 바꾸어 놓게 되는데, 컴퓨터와 TV, 스마트폰 등에서 자유롭게 콘텐츠를 감상하는 'N스크린 서비스'나, 인공지능 스피커로 조명, 냉장고, TV 등을 제어하는 '스마트 홈', 그리고 실시간으로 데이터 전송서비스, 다른 차량과의 연결이 가능한 '커넥티드 카'는 새로운 복합적 소비의 예라고 할 수 있다.

소비의 관련성은 주main 기기를 제조하는 업체로 하여금 주변기기 시장을 지배할 수 있는 힘을 가지게 한다. 이전에 구매한 휴대폰이 무엇인가 하는 것이 그 소비자의 컴퓨터 선택에 영향을 끼치며예를 들면 아이폰 구매자가 애플의 맥북을 구입하는 등, 제품 간의 호환성과 확장성이 중요한 구매기준의 하나로 작용한다. 컴퓨터 운용체제인 Windows를 판매하는 Microsoft가 인터넷 브라우저Internet Explorer나 멀티미디어 재생기Windows Media Player, 더 나아가서 업무용 응용소프트웨어MS Office 시장까지 장악한 것도 이와 무관하지 않다. 즉, 하이테크 제품은 '시스템제품system product'의 특성을 가지므로 항상 호환 및 확장기술을 염두에 두어야 하고 이는 강력한 차별화 및 경쟁무기가 될 수 있다.

전환비용과 고착화

전환비용-switching cost이란 어떤 제품이나 서비스를 사용하고 있는 고객이 다른 제품이나 서비스로 전환하고자 할 때 발생하는 절차적, 재무적, 관계적 비용을 말한다. 높은 전환비용은 하이테크 상품의 주요한 특징 중 하나이다. 사용하던 샴푸를 바꾸거나 승용차를 다른 상표로 바꾸는 것보다는 노트북을 윈도우 기반 제품에서 맥북으로 바꾸는 것이 훨씬 큰 전환비용을 수반할 것이다.

전환비용은 더 많은 고객을 일찍이 확보한 기업에게 매우 유리하게 작용하므로 부익부 빈익빈의 중요한 원인이 된다. 초기에 상당한 사용자 기반을 확보한 기업이 높은 전환비용을 통해 시장을 고착화lock-in하는 경우가 하이테크 산업에서는 종종 있는데, 이럴 경우 후발 기업이 사용할 수 있는 대응전략은 매우 제한적이다.

막대한 초기 투자비용

첨단기술에 기반한 산업에서는 초기에 막대한 기술 개발비용이 소요되는 만큼 원가의 하락속도도 매우 빠르다. 이는 소비 측면이라기보다는 공급 측면의 요인이지만 선도 기업의 우위를 더욱 강화시키는 수확체증의 한 요소인 것만은 분명하다. 소프트웨어 산업의 경우 첫 제품을 개발하는데 드는 비용, 즉 'Unit One Cost'는 수억원에 달하더라도 그 이후에 생산되는 제품은 단순복제 비용 밖에 들지 않는다. 제약산업이나 바이오테크 산업의 경우에도 비슷하며, 후발 주자가 선발 주자의 기술적 노하우나 지식수준을 따라가는 데에는 막대한 투자와 노력을 필요로 하게 된다.

원가우위 외에도 기술선도 기업은 다양한 하위 기술sub-technologies과 주변 기술을 확보하게 되어 산업의 하부구조infrastructure를 결정하는데 막대한 영향력을 가지게 되고, 또 기술표준을 장악할 가능성이 높아진다.

이상에서 설명한 요인들은 모두 부익부 빈익빈의 긍정적 피드백 효과를 가져오는 수확체증 현상의 원인으로서, 하이테크 기업이 자신의 입장에 따라 공격적 혹은 방어적 시장 전략을 적절히 구사하기 위해 반드시 이해하고 있어야 할 부분이다.

2000년대 초만 하더라도 Microsoft의 시장 지배력은 전무후무한 것이었다. 전 세계 책상 위에 놓인 데스크톱 컴퓨터의 95%가 Microsoft의 운영체제(OS)인 윈도우(Windows)를 쓰고 있었으며 워드, 엑셀, 파워포인트를 중심으로 한 Microsoft Office는 PC 애플리케이션 소프트웨어 시장을 독식했다.

불과 20여 년 만에 Microsoft가 이와 같이 절대적인 시장지배자로 성장하게 된 이유는 무엇일까? Microsoft의 성공을 혁신적인 제품 개발력으로 설명하기에는 어려움이 있다. PC용 운영체제인 MS-DOS는 다른 회사에서 구입했으며, 윈도우는 Xerox가 개발한 GUI(Graphical User Interface)에 기반한 것이다. 엑셀은 Lotus 1-2-3을 모방한 것이며, 파워포인트는 Harvard Graphics의 Freelance를 발전시킨 것이다.

Microsoft의 성공은 '마케팅'의 성공이었다. 즉, Microsoft는 후발 주자로 시장에 뛰어들었지만 언제나 제품의 향상에 막대한 자원을 투입했고 탁월한 제품전략으로 경쟁제품을 능가했다. Microsoft는 전략의 최우선을 초기 고객기반(installed base) 확보에 두었고, 네트워크 효과를 이용하여 '부익부 빈익빈'의 긍정적 피드백 사이클을 끊임없이 만들어 냈다. 후발 주자였지만 시장이 고착화(lock-in) 되기 전에 신속히 시장에 진입했고 경쟁 상대보다 더 빠른 전략 구사로 고객을 자기 쪽으로 끌어 당겼다. 네트워크 경제의 원리를 잘 이해한 Microsoft는 연결된 사용자들이 문서와 데이터를 공유하고 교환하기 쉽게 만들어 줌으로써 차차 시장을 고착해 가는 데 성공했다.

하지만 영원할 것만 같았던 Microsoft의 아성이 무너졌다. Microsoft가 지배해 온 PC 시장 자체가 축소된 데다 Apple, Google 등의 혁신 기업을 만나 고객기반이 급속히 잠식된 것이다. 2011년 1분기에 최초로 Apple에 분기순익이 밀린 이래 이 둘 간의 격차는 날이 갈수록 더 벌어졌다. Microsoft의 부진에는 PC에서 모바일로 컴퓨터의 생태계가 이동하는 시점에 주요 플레이어가 되지 못한 점이 크게 작용했다. 윈도우폰을 통해 PC시장의 지배력을 모바일 시장으로까지 확장해보려 했지만 이미 아이폰과 안드로이드에 익숙한 대다수의 이용자들에게 환영 받지 못했다. 2017년에는 윈도우폰에 대한 서비스 중단을 선언하며 사실상 모바일 OS시장에서의 패배를 인정했다. 웹브라우저 역시 Chrome에게 1위 자리를 내어준 지 오래이며, 그나마 주 수익원이던 소프트웨어 분야에서의 매출도 격감하며 수익성이 악화되었다. '부익부 빈익빈'의 원리로 성장한 기업도 역동적인 경쟁환경에서는 영원한 '부자'로 남기 어려움을 잘 보여주는 사례다.

2 하이테크 마케팅에의 전략적 시사점

경제학자인 Carl Shapiro와 Hal R. Varian은 규모의 경제, 즉 'Economy of Scale' 의 특징을 갖는 구 산업경제에 대응하여 현대 정보화 시대의 경제를 "Economy of Network"라 표현함으로써, 'Network'를 신경제의 키워드로 규정하였다. 여기서 네트 워크는 통신 네트워크와 같은 물리적 네트워크뿐만 아니라 소비자 네트워크와 같은 사회적 네트워크를 포함하는 것으로 이해해야 한다. 그리고 바로 앞에서 살펴본 것처 럼 네트워크 경제의 특성은 다양한 메커니즘을 통해 부익부 빈익빈의 사이클을 만들 어 수확체증의 법칙이 지배하는 경제구조로 하이테크 시장을 변화시켜 놓았다. 그렇 다면 수확체증의 경제가 하이테크 마케팅에 주는 전략적 시사점은 무엇인가? 하나하 나 검토해 보기로 하자.

2.1 승자독식과 사용자 기반

수확체증 경제의 대표적 특징은 'Winner takes all', 즉 승자가 시장을 독식한다는 것이다. 이미 여러 번 언급되었듯이 수확체증의 원리는 부익부 빈익빈의 순환고리를 만들어 내고 시간이 경과함에 따라 하이테크 상품의 소비자들은 하나의 표준제품에 수렴하게 된다.

〈그림 1〉은 이러한 과정이 어떤 패턴으로 진행되는지 시각적으로 잘 보여준다. 우선 두 개의 서로 경쟁하는 기술표준이 있다고 하자. 초기에 두 기술은 비슷한 시장 점유율을 확보하고 있으며 초기의 점유율 차이는 큰 의미가 없다. Battle Zone은 이와 같이 두 제품 간에 근소한 시장점유율 차이를 보이는 상황을 말하며 이 범위 내에 있 다고 하면 적절한 경쟁전략의 구사를 통해 시장 상황을 돌려놓을 수 있다.

그런데, 앞에서 설명한 다양한 이유로 인해 시장 점유율 혹은 사용자 기반 측면 에서 어느 한쪽에 점점 유리한 시장 상황이 전개되고, 시장 점유율이 큰 기업이 유리 한 고지를 점령하여 일정한 수준threshold 이상의 격차를 벌여놓게 되면 어느 순간부터 급속하게 차이가 벌어지기 시작한다. 이는 〈그림 1〉에서 갑자기 두 기술 간의 점유율

그림 1 승자독식의 원리

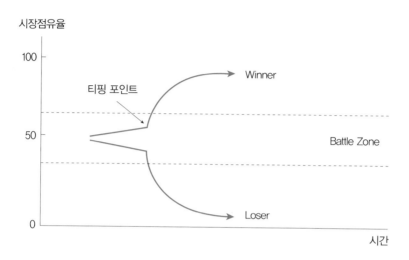

출처: Shapiro & Varian(1999), p. 177.

차이가 비선형적인 모습으로 커지기 시작하는 지점을 말하는데, 이른바 Battle Zone 을 벗어날 정도의 차이가 되면 그때는 상당한 투자와 노력으로도 상황을 돌려놓기 어렵게 된다. 즉, 승자winner와 패자loser가 판가름 나는 것이다. 과거에 IBM 계열의 PC와 Apple의 Macintosh 간의 경쟁이 그랬고, Sony의 Betamax와 JVC의 VHS 표준전쟁이 그러했다.

그림에서 가속도가 붙기 시작하는 지점을 '티핑 포인트Tipping point'라고 하는데, 이는 하이테크 소비자들의 독특한 구매 행태에서 비롯된다. 하이테크 제품이나 서비스를 구매하는 소비자들은 자신이 느끼는 상품 자체의 효용도 중요시하지만 타인의 구매행위에 많은 관심을 가지는 것으로 알려져 있다. 왜냐하면 수많은 혁신제품이 시장에 발을 붙이지 못하고 사라져 가고예: CD-I, Laser Disc, 여기에 투자했던 소비자들은 결국 무용지물이 된 제품을 집안 한쪽에 세워두어야 하기 때문이다. 게다가 많은 경우 네트워크 외부성 효과를 누리기 위해서는 다수의 사람들이 구매하는 제품을 사는 것이 바람직하다. 따라서, 하이테크 시장에서는 동일한 제품에 수요가 몰리는 모방구매가 자주 일어나게 되며, 티핑 포인트 시점에서 더 많은 사용자 기반을 확보한 기업이 승자가 될 가능성이 크다.

부익부 빈익빈 사이클의 수혜자가 되기 위해서는 이른바 긍정적 피드백 루프 positive feedback loop를 능동적으로 설계할 필요가 있다. 긍정적 피드백 루프란 〈그림 2〉에서 보듯이 사용자 기반installed base이 클수록 신규 고객의 채택adoption이 늘어나고 이는 다시 기존의 사용자 기반을 늘려주는 선순환의 사이클을 말한다. 예를 들어 eBay나 옥션과 같은 인터넷 경매 사이트의 경우 가입자가 많을수록 더 많은 신규 고객을 유치하게 되는 원리이다. 인터넷 경매의 경우에는 가입자가 많으면 더 높은 가격에 물건을 팔거나 더 낮은 가격에 물건을 살 수 있다. 이와 같이 고객입장에서 실질적인 혜택을 얻게 되는 경우 긍정적 피드백 루프는 더욱 막강한 힘을 발휘하여 산업 초기에 특정 기업이 급성장하는 중요한 계기가 될 수 있다. 이러한 긍정적 피드백이 작용하기 시작하면 시장을 선점한 기업은 선순환의 고리를 만들게 되고, 가입자 혹은 고객 기반 경쟁에서 뒤처지는 기업은 반대로 빠른 속도로 시장에서 밀리게 된다. 따라서, 사용자 기반의 신속한 확보는 하이테크 기업이 초기 시장에서 가장 우선시 해야 할 전략 목표이다.

그림 2 긍정적 피드백과 부정적 피드백 루프

(a) 긍정적 피드백   (b) 부정적 피드백

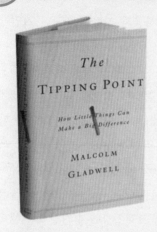

티핑 포인트란 사전적인 의미로 '균형이 깨지는 순간'이란 뜻이다. 하지만 미국의 작가 Malcolm Gladwell이 그의 저서 〈티핑 포인트(The Tipping Point)〉를 통해 사회문화적 전염 현상을 설명하기 위해 사용한 이후 범죄, 전염병, 자살뿐 아니라 시장지배적 기업과 상품의 출현을 설명하는 키워드가 되었다. 아래 내용은 책의 일부를 옮긴 것으로 '티핑 포인트'의 정확한 개념을 잘 설명해 주는 글이다.

티핑 포인트를 만드는 전염의 세 가지 특성 — 1) 전염되기 쉬운 행동들이 커다란 반향을 불러일으킨다, 2) 작은 행동, 작은 변화가 커다란 결과를 초래한다, 3) 전염은 극적인 어느 한 순간에 빠른 속도로 일어난다 — 중에서 전염이 극적인 순간에 발생하여 소멸할 수 있다는 세 번째 특성이 가장 중요하다. 왜냐하면 이 세 번째 특성이야말로 앞선 두 가지를 그럴듯하게 설명해 주는 원칙이며, 왜 현대 사회의 변화가 그런 식으로 일어나는지를 말해 주고 있기 때문이다. 모든 것이 한꺼번에 갑자기 변화하고 전염되는 극적인 순간에 붙여진 이름이 바로 '티핑 포인트'이다.

(중략) '티핑 포인트'라는 말은 미국 북동부의 도시에 살던 백인들이 교외로 탈주하는 현상을 설명하기 위해 1970년대에 자주 사용한 표현이다. 사회학자들은 특정한 지역에 이주해 오는 아프리카계 미국인의 숫자가 어느 특정한 지점, 즉 20%에 이르게 되면 남아 있던 거의 모든 백인들이 한 순간에 떠나버리는 한계점에 도달한다는 것을 관찰했다.

(중략) 1984년 최초로 저렴한 가격의 팩스기가 도입되어 그 한 해 동안 미국에서 약 8만 대가 팔렸다. 그 후 3년 동안 팩스기는 조금씩 사람들에게 점점 더 알려졌으며 마침내 모든 사람들이 팩스기를 갖게 되었다. 1987년은 팩스기의 티핑 포인트였다. 1987년 한 해 동안 100만 대가 팔렸다. 핸드폰 역시 동일한 궤적을 따랐다. 1990년대를 지나면서 핸드폰은 값도 저렴해지고 서비스는 점점 향상되었다. 테크놀로지가 티핑 포인트를 치면서 갑자기 너도 나도 핸드폰을 갖게 되었다. 모든 전염에는 티핑 포인트가 있다.

출처: 말콤 글래드웰 저, 〈티핑 포인트〉에서 발췌.

Brian Arthur는 사용자 기반을 늘리기 위한 실제적인 전술로 초기의 가격할인 정책discounted pricing, 제품 간 긍정적 피드백을 유발하는 미니 생태계mini-ecology의 구축, 그리고 대표 주자로서의 이미지를 홍보하는 심리적 포지셔닝psychological positioning 등을 제안한 바 있다. 또한, 롱테일 법칙의 주창자인 Chris Anderson이 소개하여 유명해진 개념인 '공짜경제Freeconomics'는 무료로 제품이나 서비스를 제공하는 대신 사용자 기반을 통해 사업을 재정의하고 새로운 수익모델을 창출하는 것인데, 많은 성공사례를 통해 하이테크 산업에서 매우 유용한 전략임이 입증되었다본 장 도입부의 카카오톡 사례 참고.

2.2 초기시장의 중요성

승자독식의 메커니즘은 이른바 '경로 의존성path dependence'과 관련되는데 이는 통계학 수업시간에 자주 다루는 복원추출의 예로 이해할 수 있다. 즉, 주머니 속에 처음에는 같은 수의 두 가지 색 공이 있다고 하자. 만약 하나의 공을 꺼낸 다음 다시 주머니에 넣는다면, 특정 색의 공이 추출될 확률은 매번 변함이 없다. 이런 경우 경로 의존성이 없다고 한다. 그러나, 만약 하나의 공을 꺼내고 그것과 같은 색의 공을 하나 더 추가하여 다시 주머니에 넣는다고 하면, 특정 색의 공이 나올 확률은 그 이전에 나온 공의 색이 무엇이냐에 따라 달라질 것이다. 이 경우 "경로가 의존적으로 바뀌게 된다"고 한다. 만약에 공을 하나만 더 추가하는 것이 아니라 공이 나온 횟수만큼 많은 수의 공을 추가하면서 반복한다고 하면, 어느 순간 주머니 안에는 한 가지 색의 공이 압도적으로 많아지게 된다.

기술 간의 경쟁에 있어서도 경로 의존성이 존재하게 되는데, 이 상황에서 공은 특정 상품을 사용하는 소비자를 의미할 것이다. 경로 의존성이 있는 경우, 최종 결과는 초기 조건에 따라 민감하게 달라진다. 이를 '초기값에 대한 민감성'이라고 부른다. 기술 간의 경쟁을 가지고 얘기하자면, 초기에 어떤 기술이 시장을 선점하고 우위에 서느냐 하는 것이 최종적으로 사실상의 표준de facto standard이 무엇이 될지 결정되는 데에 큰 영향을 준다는 것이다. 복잡계complex system 현상을 연구하는 과학자들은 이를 '나

비효과butterfly effect'라고 이름 붙였는데 이는 1972년에 수학자이자 기상학자인 Edward Lorenz가 "브라질에서 나비 한 마리의 날갯짓이 텍사스에 토네이도를 가져올 수 있는 가" 하는 제목의 강연을 한 것에서 비롯되었다.

경로 의존성이 있다는 것은 '좀더 시장을 관망하자'는 자세가 하이테크 시장에서 는 매우 위험할 수 있다는 뜻이다. 영국의 철도가 모두 협궤로 깔리게 된 것도 철도 의 시작이 탄광에서부터 일어났기 때문이다. 협궤의 문제점이 많이 지적되었지만 호 환성compatibility의 문제로 돌이킬 수 없게 된 것이다. 초기시장의 엄청난 영향력은 하이 테크 시장에서 열등한 제품도 시장을 지배할 수 있게 한다. 기술이 조금 떨어지더라 도 초기에 시장을 선점하여 일정 수준 이상의 고객기반을 확보하면 시장을 지배할 수 있다는 것이다. QWERTY 타자기 자판은 그 극단적 사례이다. 다른 자판 배열방식 에 비해 타자 속도도 느리고 인체공학적 편의성도 떨어지는 QWERTY 자판이 사실상 영구적인 표준의 자리를 차지하게 된 것은 초기시장을 선점하고 고착화한 결과이다 'QWERTY 자판 이야기' 참조.

반면에 SNS의 원조격인 Myspace의 실패사례는 초기시장에서의 의사결정이 얼마 나 중요한지 일깨워 준다. Myspace는 음악과 영화에 대한 취향을 공유하는 소셜 네트 워크 사이트로서 2003년 설립 이후 엄청난 성장을 하고 있었다. 급상승한 인기에 힘 입어 Rupert Murdoch의 뉴스코프에 5억 8천만 달러라는 거액에 인수될 때까지만 하더 라도 미래는 보장된 것처럼 보였다. 하지만 Google과의 제휴 이후 이루어진 무분별한 광고, 서비스 품질관리 소홀 등 초기시장에서의 전략적 실수는 회사를 위기로 몰고 갔고, 결국 착실히 플랫폼을 다져가며 고객 기반을 확장한 후발 주자 Facebook의 공략 에 속수무책으로 무너질 수밖에 없었다.

QWERTY 자판 이야기

현재 우리가 사용하고 있는 컴퓨터 자판은 이른바 'QWERTY' 자판인데 이는 열등재가 시장을 장악한 대표적인 사례로 자주 언급된다. QWERTY 자판은 1873년 위스콘신의 한 신문 편집부 직원이자 인쇄소 사장인 Christopher Latham Sholes와 그의 친구들이 타이프라이터를 제작한 것에서 비롯된다. 초기 모델은 ABC순의 2열의 배열로 되어 있었고 이후 6년간의 노력 끝에 현재의 QWERTY배열에 가까워졌다.

QWERTY 자판 배열에 대해서는 여러 가지 설이 있지만, 타이피스트가 글자를 너무 빨리 입력해 글쇠가 엉키거나 망가지는 것을 방지하기 위해 의도적으로 비효율적인 구조의 배열을 갖추게 되었다는 설이 설득력을 갖고 있다. 사실 QWERTY배열은 이후 개발된 다른 방식들에 비해 입력 속도도 느리고 인체공학적인 편의성도 많이 떨어진다.

그럼에도 불구하고 QWERTY 배열은 1890년대에 들어오면서 사실상의 표준(de facto standard)으로써 그 지위를 확립하게 된다. 타이피스트 양성학교에서 대부분 QWERTY 배열을 사용하였고, 기업도 자연스럽게 QWERTY 자판에 'Lock□In' 되어 QWERTY를 사용하는 타이피스트를 채용하게 되었다.

재미있는 것은 QWERTY 방식의 한계를 극복하고 입력 편의성을 급격히 개선한 Dvorak 방식의 타자기도 QWERTY 시장을 무너뜨리지 못했다는 사실이다. Dvorak 배열은 1936년 워싱턴 대학의 August Dvorak 교수가 모음 5개와 주요 자음 5개의 자판을 중앙인 홈 로우(home row)에 배열하여 타이핑 속도의 향상을 꾀할 수 있도록 제작한 것이다. 실제로 Dvorak 배열의 우수성은 수많은 타이프 콘테스트를 통해서 이미 입증되었으며 QWERTY 배열보다 거의 10~40% 정도 효율적이라고 한다. 하지만 Dvorak 배열의 기능적 우위에도 불구하고 1890년대 이후 타이피스트 양성학교에서 줄곧 QWERTY 배열이 사용되어 오면서 사실상의 표준으로 자리잡게 되었고, 130여 년이 지난 지금에도 그 지위가 흔들리지 않고 있다.

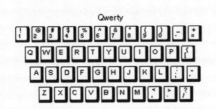

Qwerty

Dvorak

2.3 사용자 기반 유지와 수익화

신선한 아이디어와 무료 정책을 기반으로 사용자 기반을 빠르게 넓힌 대부분의 스타트업 기업에게 어김없이 찾아오는 고민이 있다. 바로 '어떻게' 그리고 '언제부터' 돈을 벌 것인가의 문제이다. 무료로 서비스를 이용하는 데에 익숙한 고객들은 자신의 정보가 사업자의 돈벌이 수단이 되는 것에 매우 민감하다. 따라서 수익을 내기 위해 급작스럽게 유료화하거나 무분별한 광고를 삽입하면 기존 고객이 이탈할 위험이 있다. 국내외 OTT 업체들도 사용자 기반을 확대 및 유지하기 위해 적자를 감내하는 경쟁을 이어가고 있다. 2022년 기준 미국 상위 8개 미디어 기업이 OTT 사업에 투자한 자금이 최고 136조원에 이르는 것으로 추산된다. 사용자 기반을 늘리기 위해 자체 제작 콘텐츠 확보 경쟁이 치열해짐에 따라 제작비용이 빠르게 증가하고 있기 때문이다. 같은 해 약 1조 원 규모로 추산되는 국내 OTT 시장에서도 출혈경쟁의 양상은 크게 다르지 않다. 2022년부터 2025년까지 SK텔레콤과 지상파 방송 3사는 웨이브에 1조원을, CJ ENM은 티빙에 5조원을, KT는 시즌에 4,000억원 이상을 투자하겠다는 계획을 밝혔다. 2021년 기준 웨이브는 558억원, 티빙은 762억원의 영업손실을 기록했지만, 경쟁사의 사용자 기반을 흡수해 시장의 승자가 될 때까지는 수익화보다는 공격적 투자에 집중하려는 움직임이다.

단기간에 많은 가입자를 확보했음에도 불구하고 수익화 과정에서 어려움을 겪은 대표적 사례가 Twitter다. 2006년 서비스를 시작한 Twitter는 기존의 블로그에서 중시된 파일 첨부, 서식 등의 기능을 모두 빼고 오직 140자의 단문만 포스팅할 수 있는 서비스로 이용자들의 높은 호응을 얻었다. 막대한 가입자 수를 기반으로 2013년 기업공개IPO에서는 142억 달러의 가치를 인정받으며 성공적으로 상장할 수 있었다. 그러나 무료 서비스인 Twitter가 과연 앞으로 어떻게 수익을 낼까라는 우려는 현실로 다가왔다. 이들은 기업공개 이후로도 수익다각화에 어려움을 겪으며 단 한 번도 적자를 벗어나지 못해 그야말로 천문학적 규모의 누적 적자를 기록했다. 매출의 대부분을 광고 수입에 의존하고 있는데, 이러한 광고삽입은 '단순함'에 열광했던 고객들에게 불편함을 유발했고, 그마저도 익명성이 강한 매체 특성상 정확한 타기팅을 원하는 광고주들에게 크게 어필하지 못했다. 기존 이용자들은 과다한 정보와 이용자 간 공격성에 피로감을 느끼며 다른 소셜 매체로 옮겨갔고, 네트워크 효과가 줄면서 신규 이용자 증가도 둔화되었다.

　반면에 사용자 기반을 유지하면서 수익화에 성공한 사례들도 있다. 앞서 소개한 카카오톡과 세계 최대 동영상 사이트인 YouTube도 빼놓을 수 없다. YouTube도 초창기에는 광고가 거의 없었는데, Google의 인수 이후 동영상 재생 전에 광고 클립을 삽입하는 형태로 수익화에 성공했다. 여기에는 일단, 스마트폰을 통해 동영상을 시청하는 사람이 많아짐에 따라 광고의 중심이 모바일 동영상 쪽으로 옮겨가는 시대 상황이 유리하게 작용했다. 이와 함께, 저작권자와의 광고 수익 배분이나 개인 창작자에 대한 개방성을 넓혀 인기 콘텐츠를 끌어 모으면서 사용자 기반과 매출이라는 두 마리 토끼를 잡을 수 있었다. 최근에는 역으로, 광고시청을 꺼려하는 사용자를 대상으로 월정액을 지불하면 광고 없이 영상을 볼 수 있는 'YouTube Premium'으로도 수익을 내고 있다. 이러한 성공 사례들은 일단 대체 불가능한 존재로 성장한 뒤에 수익사업으로 전환하거나예: 카카오톡, 서비스의 특징과 잘 들어맞는 방향으로 수익화를 모색하는 전략예: YouTube이 유효함을 시사하고 있다. 수익화의 시점과 방향에 관한 결정이 기업의 사활을 결정할 수 있다는 점에서 사용자 기반을 확보하는 것만큼이나 이를 유지하고 수익창출에 활용하는 비즈니스 모델의 중요성이 높아지고 있다.

2.4 Next Big Thing의 추구

　1등만이 살아남는다는 냉엄한 수확체증의 원리는 경쟁의 양상을 변모시키고 있다. 즉, 효율적 생산과 차별화로 시장의 일부를 차지하여 업계 2, 3위로서 나름대로의 수익과 지위를 누릴 수 있는 전통적 시장과 달리, 수확체증의 법칙이 지배하는 경제에서는 이른바 '카지노 경제학'이 적용된다. 즉, 대박이 아니면 쪽박이라는 것이다. 하이테크 기업의 구조조정은 그야말로 업계 1위가 될 가능성이 없는 사업을 조속히 정리하고 팔아 넘기는 것에 초점이 맞추어져 있다. Silicon Valley 성공담의 많은 수가 퇴출전략exit strategy과 관련이 있다. Google과 같은 거대한 경쟁자가 출현하게 되면 맞서 싸우기보다 때로는 팔아 넘기는 게 상책일 수 있다.

　특히, 4차 산업혁명 시대에는 경영관리의 목표가 기존 자원을 효율적으로 운용하는 것에서 'Next Big ThingNBT'을 발굴하고 이에 투자하는 것으로 옮겨가고 있다.

중요한 기술을 지닌 새로운 기업이 시장을 지배하고 뒤이은 새로운 혁신으로 또 다른 승자가 등장하는 과정이 이어지면서 기존 시장에서의 지배가 장기적 독점을 보장해주지 못하기 때문이다. 이에 기존의 거대기업들도 생존을 위해 NBT에 대한 투자를 넓히고 있다. 구글은 코로나19 팬데믹 이후 가장 활발한 투자 활동을 전개한 기업으로, 특히 헬스케어 분야에 대한 투자가 두드러졌다. 구글은 2020년 12월 지주회사 Alphabet의 자체 연구기관으로 건강 데이터의 축적, 분석, 응용을 주 업무로 하는 Verily Life Science에 7억 달러를 투자했다. 같은 달, 세계 최대 규모의 임상 데이터 라이브러리를 구축하고 있는 생명공학기업 Tempus에도 4억 5천만 달러를 투자했다. 아마존은 저탄소 경제와 관련한 투자에 집중하고 있다. 2020년 7월 전기자동차 개발 스타트업인 Rivian에 250억 달러를 추가로 투자했다. 아마존은 2040년까지 완전 탄소 중립을 달성하겠다는 목표 하에 Pachama, Turntide Technologies, CarbonCure Technologies와 같은 친환경 기업들에 지속적인 투자를 이어가고 있다. 마이크로소프트 역시 저탄소 관련 기업들에 대한 관심이 분명해 보인다. 이산화탄소 제거 기술을 보유한 Climeworks, 대기오염 및 온실가스 측정 및 분석 플랫폼을 보유한 Aclima, 아마존도 투자 대상에 포함시켰던 탄소포집 기술 보유 업체 CarbonCure Technologies에 대한 투자가 주를 이루고 있다. 마이크로소프트 역시 2030년까지 자사가 배출하는 것보다 더 많은 탄소를 환경에서 제거하겠다는 탄소 네거티브 계획을 공표한 바 있다. 이처럼 새로운 비즈니스가 빠르게 등장하는 시대에 장기적인 성장동력을 얻기 위해서는 미래 사업에 대한 투자를 게을리 할 수 없다. 시장의 패자뿐 아니라 승자 역시 Next Big Thing에 대한 관심을 늦출 수 없으며 반복된 승리가 혁신기업으로서의 이미지와 명성을 가져다 준다.

앞에서 설명한 전략적 시사점들을 다시 한번 정리하면 다음과 같다. 첫째, 수확체증의 경제는 냉엄한 승자독식의 세계이다. 사용자 기반을 신속하게 만들고 긍정적 피드백 루프를 만들어라. 둘째, 초기시장의 선점이 중요하다. 경로의존적인 상품전략을 통해 초기고객을 고착화lock-in하라. 셋째, 수익화 시점과 방향 결정에 신중을 기하라. 넷째, 현재의 사업에 안주하지 말고 Next Big Thing을 추구하라.

혁신 기업의 지속 성장을 위한 네 가지 지침

Next Big Thing을 발굴해 시장의 지배자가 되었다 하여도 기술 발전과 소비 트렌드가 급변하는 상황에서는 그 지위가 그리 오래 가지 못할 수 있다. 한번 성공을 맛본 기업일지라도 지속 성장을 추구하기 위해서는 NBT에 대한 투자를 아껴서는 안 된다. 글로벌 컨설팅 기업 Accenture의 senior fellow Larry Downes와 global managing director Paul Nunes는 다수 기업의 성공사례를 바탕으로 '기업의 두 번째 성공 가능성을 높일 수 있는 네 가지 지침'을 정리하였다.

첫째, 첫 번째 성공 상품의 효력이 다하기 전에 서둘러 NBT를 준비하라. 첫 번째 상품의 성공에 안주하지 말고 해당 사업에서 창출되는 현금흐름으로 빠르게 두 번째 상품을 준비해야 한다. Netflix는 인터넷 통신 속도가 아직 충분하지 않은 상황에서 핵심 상품인 DVD 우편 대여 서비스의 매출이 잠식당할 우려가 있음에도 불구하고 서둘러서 스트리밍 서비스를 출시한 바 있다. 둘째, 단일 상품이 아닌 플랫폼을 구축하라. 단일한 상품은 시장의 변화에 취약하지만, 플랫폼은 대응이 가능하다. Tencent는 모바일 메신저 WeChat을 플랫폼화하여 모바일 결제 등 다양한 수익모델을 통해 부가가치를 창출하고 있다. 셋째, 첫 번째 성공 상품에서 새로운 상품 기회를 발굴하라. 성공 상품의 핵심 가치는 그 상품을 개발하고 판매하기 위한 인프라에 있다. Amazon은 온라인 소매 사업을 위해 확보한 호스팅 기술을 바탕으로 클라우드 컴퓨팅 서비스인 Amazon Web Services를 출시하였고, 2016년을 기준으로 소매 사업 부문의 세 배 가까운 영업 이익을 기록한 바 있다. 넷째, NBT의 가능성에 적극 투자하라. 첫 번째 성공은 풍부한 현금흐름을 확보하고 추가적인 투자 유치를 가능하게 해준다. 이 여유자금을 통해 NBT가 될 수 있는 다양한 씨앗들에 투자해야 한다. Facebook은 190억 달러에 메시지 서비스 WhatsApp을 인수하였고, Google은 30억 달러에 사물인터넷 기업 Nest를 인수한 바 있다.

출처: Harvard Business Review, January–February 2018, "Finding Your Company's Second Act".

③ 수확체증의 법칙에 대한 새로운 관점

3.1 부익부 빈익빈의 전제조건

수확체증의 법칙은 과연 현실적으로 얼마나 타당한가? 하이테크 상품에는 항상 수확체증의 법칙과 승자독식의 원리가 적용되는가? 앞에서도 말한 바 있지만 여기에 대해서는 신중한 입장을 취하는 학자들도 적지 않다. 논리적 비약이나 함정에 빠지지 않기 위해서, 다음의 두 가지 경구警句; caveats를 음미해 볼 필요가 있다.

첫째, 수확체증의 세계와 수확체감의 세계는 명확히 분리되지 않는다. Arthur 교수는 Hewlett Packard의 예를 들어, 한 기업 내에도 수확체증의 원리가 적용되는 사업부가 있고, 수확체감의 원리가 적용되는 사업부가 있다고 주장한다. 또 이럴 때에는 사실 별도의 조직으로 분리하여 운영하는 것이 바람직하다고 충고한다. 제3장에서 살펴보겠지만 기술의 수용주기에 따라 초기시장에서는 수확체증의 영향을 받다가 제품의 범용화commoditization가 이루어지는 성숙기가 되면 수확체감적인 성장한계에 봉착하는 경우도 많다. PC 산업이나 휴대폰 산업 등이 그 예이다. 서비스 상품의 경우 서비스 제공 및 운영과정은 수확체감적인 성격을 가지고 있으나, 브랜드나 프랜차이즈 네트워크를 통한 수요 측면의 규모의 경제를 고려하면 수확체증적인 성격도 동시에 가지고 있는 경우가 많다.

둘째, 모든 시장이 반드시 승자독점으로 귀결되지는 않는다. Shapiro & Varian은 그것을 "Not every market tips"라는 단순한 문장으로 표현하였다. 제품의 특성에 따라서는 네트워크 효과가 전혀 없는 경우도 있으며, 수요와 공급 두 측면 모두에서 규모의 경제가 없거나 아주 낮은 수준인 경우도 많다. 하나의 제품 혹은 서비스로의 'Market Tipping'이 이루어지기 위해서는 하나의 조건이 필요한데, 이는 다양성에 대한 고객의 요구demand for variety 정도가 낮아야 한다는 것이다. 고객들이 각각 매우 독특한 니즈를 가지고 있는 경우 시장은 오히려 여러 개로 세분화될 가능성이 많아지며, 그럴 경우 한 기업이 시장 전부를 지배하기가 매우 어렵다. 반대로 표준화된 제품이나 서비스에 대한 니즈와 호환성에 대한 요구가 많은 시장은 수확체증의 법칙이 크게 작용하게 된다.

이와 같은 수확체증의 법칙에 대한 정확한 이해가 없이 인터넷을 중심으로 한 신경제의 전개에 장밋빛 예언을 했던 사람들은 2000년 봄 이후에 추락한 인터넷 산업을 보면서 '신경제의 몰락'이라는 이름을 붙였다. 특히 전자상거래로 대표되는 온라인 비즈니스는 '사용자 기반 = 돈'이라는 공식이 더 이상 성립되지 않음을 선언하고, 비용만 엄청나게 올려놓았던 급진적 마케팅 활동에 제동을 걸기 시작했다. 투자자들은 하나같이 규모의 경제를 추구하는 기업보다 수익성을 강조하는 기업에 찬사를 보내기 시작했다. 그렇다면 과연 신경제는 정말 몰락한 것인가?

Arthur는 Business 2.0에 기고한 글에서 그렇지 않다고 말했다. 영국의 철도혁명 등 과거의 산업혁명과 21세기 초의 IT혁명은 그 진행과정에 있어 상당한 유사점을 가지고 있고, 과거와 마찬가지로 IT업종의 슬럼프는 일시적인 단계일 뿐 궁극적으로 경기회복기에 접어들면 IT산업이 성장 동력으로서의 역할을 다시 맡게 될 것이라는 것이다. 그리고 그의 말처럼 신경제는 4차 산업혁명의 시대와 함께 멋지게 부활했다.

3.2 후발 기업의 시장전략

수확체증에 대한 논의를 마무리 하기에 앞서, 과연 후발 주자나 시장 추종자market follower의 입장에서, 이미 진행되고 있는 부익부 빈익빈 사슬을 끊을 방법은 없는지 생각해 보자. 엄밀히 말해서 선발 주자first-mover가 반드시 시장을 지배하는 것은 아니다. Microsoft와 같이 산업에 첫 번째로 뛰어들지 않았더라도 신속한 고객 기반의 확보가 이루어지고 그것이 Battle Zone 내에서 이루어진 것이라면 얼마든지 승산이 있다. 그런 뜻에서 Microsoft는 고객 기반을 신속히 확보하였으므로 수확체증의 원리를 활용하였다고 할 수도 있고, 후발 주자였다는 점에서 수확체증 원리의 예외라고 볼 수도 있을 것이다.

하지만 선발 주자가 상당한 사용자 기반을 확보하여 지배적 위치를 이미 확보했다면 후발 주자의 입지가 상당히 좁아질 수밖에 없다. Battle Zone을 벗어나 긍정적 피드백, 부익부 빈익빈의 메커니즘이 돌아가는 상황 하에서는 후발 주자의 어떤 경쟁전략도 쉽사리 먹혀 들지 않기 때문이다. 그렇다면, 사실상의 표준이 확정된 시장에서 후발 주자는 무엇을 할 수 있을까? 다행히 하이테크 시장에도 1등을 위협하는 후발 국내 음원시장에서 10년 이상 선도 브랜드의 지위를 유지했던 Melon이 후발주자인 YouTube Music에 그 자리를 내주고 말았다. 2004년 SK텔레콤의 음원 서비스로 출시된 Melon은 다운로드 방식이 주를 이루던 시장에서 매달 일정 요금을 지불하면 모든 음원을 무제한으로 들을 수 있는 스트리밍 서비스를 선보이며 단기간에 시장점유율 1위에 올랐다. 2016년 카카오에 인수된 이후에는 카카오 계정을 통해 간편하게 가입할 수 있는 기능을 선보이면서 기존 카카오의 사용자 기반을 레버리지하여 1위 자리를 더욱 공고히 하는 것처럼 보였다.

그러나 2020년 9월 Google이 한국 시장에 YouTube Music Premium을 출시하면서 국내 음원시장은 크게 요동치게 된다. YouTube Music은 YouTube에 등록된 음악 동영상을 감상할 수 있는 서비스로 YouTube Premium과 마찬가지로 월 구독료를 지불하면 광고없이 전 세계에서 등록된 다양한 음악 콘텐츠를 무제한으로 감상할 수 있다. YouTube Music은 출시 1년 후 사용자수 348만 명을 기록하고, 2022년 10월을 기준으로 사용자수 459만 명을 달성하며 454만 명을 기록한 멜론을 처음으로 앞서 나가기 시작했다. YouTube Music이 이처럼 빠르게 사용자 기반을 확대할 수 있었던 것은 전환비용을 낮춤으로써 Melon을 위시한 다른 브랜드의 고객들을 빼앗아 올 수 있었기 때문이다. YouTube Music은 자체 구독 서비스를 갖추고 있지만, YouTube Premium의 유료 구독자들에게도 동일한 혜택을 제공하고 있다. 즉, 국내 YouTube Premium 가입자수가 늘어남에 따라 다른 음원 서비스를 이용하던 소비자들도 기존 구독을 중단하고 사실상 무료인 YouTube Music을 통해 음악을 감상하기 시작한 것이다. 이와 더불어, 기존 YouTube의 추천 알고리즘을 적용하여 사용자 취향에 맞는 재생 목록을 생성해주는 큐레이션 기능이나, 오프라인에 음원을 저장할 수 있는 기능도 다른 서비스들과 차별점으로 작용했다. YouTube Music이 국내 음원시장의 새로운 고릴라로 자리하게 될 것인지 귀추가 주목된다.

주자의 성공사례들이 없지 않다. 그들의 성공경험으로부터 몇 가지 전략적 대안을 도출할 수 있다.

혁신

Business 2.0이 2002년 7월호 커버스토리 "How to Beat Him^{Bill Gates}"에서 내린 결론은 바로 '혁신^{innovation}'이었다. IT업계와 인터넷을 영원히 장악할 것 같았던 Microsoft를 위협할 수 있는 유일한 방법은 혁신이라는 것이다. 그리고 10년 후 그 예언대로 Google은 혁신을 통해 Microsoft의 아성을 무너뜨렸다.

2012년 10월, Google의 시가총액_{약 2,492억 달러}이 사상 최초로 Microsoft의 시가총액_{약 2,485억 달러}을 추월했다. 2017년, Google의 모회사인 알파벳의 시가총액은 약 8,000억 달러에 이르렀다. 엄청난 자본과 각 분야의 핵심인력이 Google로 흘러 들어가고 있으며 끊임없이 새로운 서비스를 출시하고 있다. 지도 서비스 'Google Maps', 위성 사진 서비스 'Google Earth', 보행자 시각에서 바라보는 지도 이미지 'Instant Google Street View', 사진 공유 서비스 'Picasa'와 작업 공유 문서도구인 'Google Docs'는 이 회사의 상상력을 보여주는 단편들이다. Google은 인터넷 검색 최강자에 머무르지 않고 인공지능 스피커, 자율주행 자동차, 헬스케어 등 다양한 분야에 진출하고 있다. Google의 비밀연구소 Google X에서 출발해 2016년 자회사 X로 분사한 Google의 연구조직은 스스로를 '문샷 팩토리^{moon shot factory}'라고 칭한다. 역사를 바꿀 정도로 혁신적인 기술을 개발, 실현시키겠다는 것이다. 이미 이세돌 9단과의 바둑 대국에서 인공지능 '알파고'의 승리로 전 세계를 놀라게 한 바 있는 Google이 앞으로도 어떻게 세상을 바꾸어나갈지 기대를 모으고 있다. Google이 혁신에 성공할 수 있었던 이유 중 빼놓을 수 없는 것이 바로 이들이 지닌 독특한 문화이다. Google의 직원들은 업무 시간의 20%를 자신의 업무와 직접적인 관련이 없는 혁신 프로젝트에 할애해야 하는데, 전자지갑^{Google Wallet}과 같은 서비스가 여기에서 탄생한 경우다. 또한 매주 금요일 전 직원이 참석하는 TGIF 미팅에서는 한주간 진행된 일을 업데이트하고, 직원 누구나 CEO에게 질문을 할 기회가 주어진다. 질문의 선정 역시 사내 크라우드소싱을 통해 정해지는데, 질문 후보들을 두고 사전에 투표를 하거나 토론을 벌이는 방식이다. 이러한 과정에서 회사의 모든 직원이 현재 사내에서 진행되고 있는 일에 대해 투명하게 알 수 있으며 서로 다른 부서 간에 자료를 공유하면서 생산성 혁신이 가능해진다. 혁신은 이와 같이 혁신적 사고와 프로세스, 그리고 기업문화로부터 나온다.

혁신에는 세 가지가 있다. 상품 혁신^{product innovation}, 프로세스 혁신^{process innovation}, 그리고 비즈니스 모델 혁신^{business model innovation}이 그것이다. 후발 주자라 하더라도 이

세 가지 혁신 가운데 한 가지를 제대로 할 수 있다면 부익부 빈익빈의 사슬을 끊을 수 있다.

전환비용

하이테크 상품은 대체로 전환비용이 높으며, 전환비용은 부익부 빈익빈의 원천이 된다고 앞에서 논의한 바 있다. 이를 뒤집어서 생각하면 전환비용을 획기적으로 낮춤으로써 선두기업에 Lock-in된 고객을 빼앗아올 수 있다는 얘기가 된다. 제품이나 서비스의 전환을 어렵게 하는 학습비용을 낮추어 주고 전환 절차를 간편하게 해 준다든지, 전환시 혜택이나 금전적 보상을 제공한다든지 하는 식으로 전환비용을 낮추는 방안을 생각해 볼 수 있다.

우리나라 정부는 이동통신 사업자의 부익부 빈익빈 고리를 끊기 위해 2004년에 이른바 번호이동성 제도를 실시한 바 있는데 이것은 바로 이동전화 서비스 이용 고객들이 번호를 변경할 때 발생하는 불편함, 즉 전환비용을 인위적으로 크게 낮추어 준 것이다. 온라인 커뮤니티 사이트 간 고객 획득 전쟁에서도 전환비용을 활용한 전략들이 많이 사용된다. 즉, 게시판 복사 등의 기능을 제공하여 사용자의 이동과 전환을 용이하게 하고, 일단 자사 고객이 되고 나면 다양한 새로운 서비스를 통해 타사로의 재전환비용을 높이는 전략을 사용한다. Microsoft의 MS Word도 사실은 워드프로세서 시장에서 후발 주자였지만 당시 선도 주자였던 WordPerfect 사용자들이 쉽게 전환할 수 있도록 메뉴 아이템을 WordPerfect 것과 똑같이 지정할 수 있는 기능을 제공했었다.

파워 유저 공략

부익부 빈익빈의 사슬을 끊을 수 있는 또 하나의 전략은 '파워 유저power user'의 공략이다. 파워 유저는 제품 간의 호환성compatibility보다 제품의 성능performance 및 품질에 더 큰 중요성을 부여하는 고객을 말하는데, Linux가 기업 및 공공용 서버의 운영체제 시장에 있어서 Microsoft의 지위를 위협하며 성장했던 것은 바로 가격 대비 성능과 안정성을 최우선시 하는 기업고객의 특성을 제대로 간파하고 이들 파워 유저를 공략했기 때문이다. 개인용 컴퓨터에 있어서는 아직도 Windows의 지배력이 큰데 그것은 데스크톱이나 노트북 사용자들이 호환성을 매우 중시하며 파워 유저의 비중이 상대적으로 낮기 때문인 것으로 이해할 수 있다.

로컬 네트워크

마지막으로 로컬 네트워크local network에 집중하는 전략을 생각해 볼 수 있다. 소비자들은 전 세계 혹은 전국 시장에서 특정 상품이 얼마나 팔리느냐 보다 자신의 가까운 친구나 친지가 어떤 상품을 사용하고 있느냐에 더 큰 영향을 받게 되는데, 이를 '로컬 네트워크 효과'라고 한다. 따라서, 친구, 친지 등 로컬 네트워크를 잘 공략함으로써 후발 주자로서의 의미 있는 위치를 확보할 수 있다. 미국에서는 AOL이 지배하고 있던 메신저 시장을 MSN이 로컬 네트워크를 통해 빠르게 잠식한 사례가 있는데, 국내에서도 연령대별로 특정 메신저가 유독 선호되는 모습을 볼 수 있다. 가령, 즉각적인 소통을 선호하는 10대 청소년들은 친구의 활동 여부를 실시간으로 확인할 수 있는 페이스북 메신저를, 맛집 검색이나 쇼핑 등의 정보 공유를 활발히 하는 20, 30대 청년층은 인스타그램 다이렉트 메신저를, 상대적으로 폐쇄적인 친목을 선호하는 50대 이상 중장년층은 네이버 밴드 채팅방을 즐겨 찾는 식이다. 지금은 규모가 크지 않더라도 성장하고 있는 로컬 네트워크를 잘 공략하거나 인접 네트워크에 성공적으로 확산시킬 수 있다면 선두주자의 승자독식을 막고 추후에 1위 기업이 될 수도 있다.

4 하이테크 마케팅의 핵심 법칙들

수확체증의 법칙은 네트워크 경제의 극적인 단면이라 할 수 있다. IT관련 잡지인 Wired의 편집장이었던 Kevin Kelly는 수확체증의 법칙을 포함하여 이와 유사한 신경제의 법칙 12가지를 제시하였는데 이들은 모두 디지털 혁명과 관련되어 있다고 그의 저서 〈New Rules for the New Economy〉에서 밝히고 있다. 연결의 법칙, 풍부의 법칙, 지수적 가치의 법칙, 관대의 법칙 등 Kelly가 제시한 12가지 법칙의 또 하나의 공통점은 이들이 모두 수확체증의 법칙과 마찬가지로 비선형적nonlinear 효과를 표현하고 있다는 것이다.

본 절에서는 하이테크 경제 성장과 발전의 양대 기둥으로 알려져 있는 두 가지 법칙, 즉 Moore의 법칙과 Metcalfe의 법칙에 대해 살펴보기로 한다.

4.1 Moore의 법칙

1965년, 당시 Fairchild Semiconductor사의 연구소장이었던 Gordon Moore는 잡지에 기고하는 글을 준비하다가 반도체 칩 하나에 놓인 트랜지스터의 수가 매년 2배로 증가한다는 사실을 발견하고 이런 추세가 앞으로도 계속되리라는 예측을 처음으로 발표하였다. 3년 후 Bob Noyce와 함께 Intel을 창업한 Moore는 1975년, IEEE 학회에서 이를 수

그림3 Moore 의 법칙

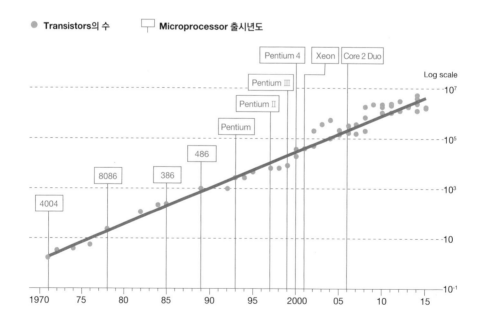

출처: http://www.alleywatch.com/2017/03/preparing-end-moores-law/

정하여 매 18개월마다 트랜지스터의 수가 두 배로 증가할 것이라는 이른바 'Moore의 법칙'을 발표하게 된다. Moore의 법칙은 무려 40년간 정확하게 지켜졌고 그 후로도 더 이상은 안되리라는 예상을 계속해서 뒤엎으며 그 생명을 이어가고 있다〈그림 3〉 참조.

Moore의 법칙은 과연 언제까지 지속될 수 있을까? 전문가들은 Moore의 법칙이 이제 한계에 도달했다고 입을 모은다. Intel은 Moore의 법칙이 조만간 물리적 한계 상황에 도달할 것임을 어느 정도 시인하고 있다. 즉, 이제는 트랜지스터의 수보다는 회로선폭의 미세화가 관건이며 이것도 반도체 제조공정이 5나노미터nm, 1나노=10억분의 1 이하로 정교화될 수는 없다는 것이다. 따라서 앞으로는 나노기술nano-technology의 발전이 Moore의 법칙의 수명을 연장하는데 결정적인 역할을 하게 될 것이다.

Moore의 법칙이 하이테크 경제의 대표적인 법칙이 된 것은 그것이 정보혁명 혹은 컴퓨터혁명의 가장 큰 원동력이 되었다는 보편적 인식 때문이다. 사실 생산비용 및 가격의 인하효과까지 감안하면 그 효과는 실로 막대하다. Intel은 2015년 Moore의 법칙 50주년 기념사에서 현재의 칩이 최초의 칩에 비해 성능은 3500배, 전력 효율은 9만 배 높아진 반면, 단가는 6만분의 1로 낮아졌다고 밝혔다. 이를 자동차에 대입해 흥미로운 비유를 하기도 했는데, 가령, 1971년의 폭스바겐 비틀에 Moore의 법칙이 적용됐다면, 50년이 지난 지금은 최대 시속 48만km의 속도, 1리터로 85만km를 달릴 수 있는 자동차를 4센트에 구입할 수 있게 된 수준이라는 것이다. 이러한 비유는 Moore의 법칙이 가져온 기술 진화의 속도감을 잘 보여준다. 앞에서 설명한 신경제의 주요 특징 중의 하나인 고성장, 저인플레 역시 Moore의 법칙 없이는 불가능했다고 해도 과언이 아니다.

Moore의 법칙을 조금 다른 각도에서 보면 반도체 산업에 있어 매우 중요한 역할을 수행했음을 발견할 수 있다. 우선, Moore의 법칙은 내부적으로 Intel의 연구개발 목표가 되었다. 그런 의미에서 이는 하나의 법칙law이라기보다 일종의 목표goal였으며 자기성취적 예언self-fulfilling prophecy이었다고 볼 수 있다. Intel의 연구원들은 매년 어느 정도의 성능개선을 해야 하는지 뚜렷한 목표를 가질 수 있었으며 내부 리듬을 유지하고 자원을 배분하는 적정한 기준을 가질 수 있었던 것이다. 둘째로, Moore의 법칙은 반도체 산업, 나아가서는 컴퓨터 산업 전체의 발전속도를 조절하고 동기화synchronize 하는 신호signal의 기능을 수행하였다. 반도체 장비업체, 컴퓨터 제조업체, 그리고 반도체 칩의 성능과 가장 밀접한 관계를 갖는 컴퓨터 소프트웨어 업체에게는 Intel이 만드는

CPU 칩의 성능이 수년 후에 어떻게 되느냐 하는 것이 매우 중요한 정보였고 이에 대한 예측가능성은 투자결정에 있어 중요한 역할을 하였기 때문이다. Windows와 Intel을 결합한 이른바 '윈텔Wintel' 동맹의 등장도 이러한 배경과 무관하지 않다.

4.2 Metcalfe의 법칙

Bob Metcalfe는 MIT 공대와 Harvard 대학을 거쳐 Xerox 연구소인 PARCPalo Alto Research Center에서 컴퓨터와 컴퓨터를 연결하는 근거리통신망LAN의 원조기술인 Ethernet을 발명한 인물이다. Metcalfe 박사가 Ethernet 기술을 발명한 1973년 당시만 해도 오늘날과 같은 인터넷 네트워크는 누구도 상상하지 못했다. 그러나 지난 30년간 폭발적으로 증가한 전 세계 컴퓨터 네트워크는 3Com 창업자인 그의 이름을 딴 'Metcalfe 법칙'의 위력을 현실로 구현해냈다.

Metcalfe의 법칙은 네트워크의 총가치total value of the network에 대한 법칙이다. 즉, 네트워크의 가치는 그 네트워크에 연결된 노드node 수의 함수이며, 그 가치는 각 노드의 수가 늘어감에 따라 기하급수적으로 늘어난다. 전화나 팩스의 연결을 생각해 보면 그 원리를 쉽게 이해할 수 있다. 네트워크 전체의 가치는 네트워크에 연결된 사용자의 수와 각자가 네트워크로부터 얻는 가치의 곱으로 나타낼 수 있으며, 이는 각각 산술적으로 증가하는 항목의 곱이므로 제곱 형태로 나타내어 진다. 따라서 〈그림 4〉에서 보듯이 네트워크 가치는 노드의 수에 대하여 지수함수의 형태를 취한다. 뒷부분에 가서 완만한 경사로 바뀌는 것은 통신 네트워크의 물리적 한계를 나타낸 것일 뿐이다.

Metcalfe의 법칙은 이미 설명한 바 있는 네트워크 효과를 보다 구체적인 형태로 표현한 것으로 볼 수 있으며, 여러 방면에 다양한 통찰력을 제공하였다. 예를 들어, 통신 서비스의 가격을 책정하는 문제에 있어, 네트워크가 작은 초기의 서비스에 대해 소비자가 느끼는 가치가 상대적으로 작으므로 일종의 보조금 등을 고려한 저가격 정책이 바람직하며, 네트워크의 크기가 커질수록 통신 서비스의 가치도 기하급수적으로 증가하므로 점차 가격이 올라갈 수 있다는 논리적 근거도 이 법칙으로부터 얻을 수 있다.

그림 4 Metcalfe의 법칙

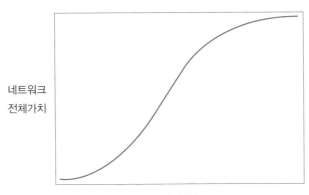

가입자수	개별 가입자의 가치	네트워크 전체의 가치
1	0	0
2	1	2×1
3	2	3×2
4	3	4×3
⋮	⋮	⋮
n	n-1	n×(n-1)

 참고문헌

말콤 글래드웰(2016), 티핑 포인트, 임옥희 옮김, 21세기북스.

최계영(2017), "4차 산업혁명 시대의 경제작동 메커니즘," KISDI Premium Report, 17-11호, 정보통신정책연구원.

Arthur, Brian (1996), "Increasing Returns and the New World of Business," Harvard Business Review, July-August, 101-109.

Arthur, Brian (2002), "Is the Information Revolution Dead?," Business 2.0, March.

Burnham, Thomas A., Judy K. Frels, and Vijay Mahajan (2003), "Consumer Switching Costs: A Typology, Antecedents, and Consequences," Journal of the Academy of Marketing Science, Vol. 31, No. 2, 109–126.

Business 2.0, "How to Beat Him," 2002 June.

Downes, Larry, and Paul Nunes (2018), "Finding Your Company's Second Act," Harvard Business Review, January-February, 98-107.

Kelley, Kevin (1998), New Rules for the New Economy, Penguin Books.

Shapiro, Carl and Hal R. Varian (1999), Information Rules, Harvard Business School Press.

캐즘모형과 하이테크 마케팅 전략

집밖을 나서지 않아도 가상현실virtual reality, 이하 VR HMDhead mounted display를 착용한 상
태로 수업을 듣고, 회의를 하고, 쇼핑을 하는 상상이 현실이 됐다. 코로나19의
확산으로 사람과 사람의 물리적 접촉이 제한되는 비대면 시대가 되고 다양한 방면에
서 VR 기술이 가치를 발하기 시작했다.

　　원격 강의의 몰입도를 높이기 위한 VR 스마트교실이 등장하고, 메타버스 내의
직장으로 출근해 업무와 회의를 하는 새로운 형태의 재택근무도 탄생했다. 가상현실
에서의 쇼핑은 단순히 필요한 상품을 구매할 수 있다는 효용만 제공하는 것이 아니
라, 고객 친화적으로 조성된 공간에서 서비스 직원과 상호작용하면서 느낄 수 있는
심리적 가치도 상당 부분 충족해 주었다. VR 기술이 사회적 거리두기로 인해 초래된
물리적 한계들을 극복하는 수단으로 선택을 받기 시작한 것이다. VR의 확산은 관련
기기의 판매추이에서 확인할 수 있다. Meta가 2020년 10월에 출시한 VR 단말인 Meta
Quest 2는 2022년 6월경 전 세계 1,500만대의 판매고를 기록했다. Meta Quest의 초기
기종인 Oculus Rift가 처음 출시된 것은 2016년이었지만 수 년 동안 별다른 성과를 거
두지 못했었다. 초기의 VR 콘텐츠는 게임과 영화에 국한되어 있었고, 일부 고관여 소
비자를 제외하면 게임과 영화를 즐기기 위해 굳이 거추장스러운 HMD를 착용해야 하
는지 의구심을 떨쳐내지 못했다. 그러나 팬데믹으로 인해 일상이 멈추자 현실 세계에
대한 갈증을 VR로 해소하고자 하는 소비자들이 늘어나게 된 것이다.

　　코로나19로 인해 해외여행이 불가능해지자 소비자들은 이를 대신해 VR 앱에서

여행 관련 콘텐츠를 소비하기 시작했다. BTS를 비롯한 유명 아티스트들은 VR 콘서트를 열기도 했다. 무관중으로 치러진 e스포츠 경기 '2020 리그오브레전드 챔피언스 코리아'도 SKT의 점프 VR 앱을 통해 실시간 생중계되었고, KT는 슈퍼 VR의 '집뷰' 채널을 통해 직접 방문하지 않아도 부동산 매물을 체험할 수 있는 콘텐츠를 선보이기도 했다. 헬스장 대신 홈트레이닝이 보편화되면서 VR 운동 콘텐츠도 다양해지고 있는데, 물리치료 효과가 있는 운동 콘텐츠도 등장했다. 나아가, 의료분야에서의 VR 활용도 본격화되고 있다. 헬스케어 기업 Looxid Labs는 뇌파-시선 추적 기술과 VR 기술을 접목해 치매와 같은 인지 장애를 개선할 수 있는 솔루션을 개발하기도 했다.

이처럼 VR은 코로나19라는 기회요인을 만나 현실 세계에서 하고 싶은 활동을 하지 못하는 소비자들의 미충족 욕구를 만족시켜 주면서 시장에 안착한 것으로 보인다. 그렇다면 앞으로도 VR은 이러한 시장의 긍정적 반응을 기대할 수 있을까? HMD의 누적 판매량으로 보면 VR은 아직까지도 초기시장에 머물러 있다. 시장의 대부분을 차지하고 있는 주류시장의 소비자들은 VR과 같은 혁신적인 신상품에 조금 더 보수적인 태도를 보인다. VR에 지갑을 여는 것이 정말 가치가 있는 것인지 신중히 검토하고, 다른 소비자들의 반응을 살필 것이다. 사후 서비스를 포함한 다양한 기술적 지원도 요구할 것이다. 이와 같이, 초기시장 소비자들과 주류시장 소비자들의 이질성으로 인해 초기시장에서 성공한 상품이 주류시장을 공략하지 못하고 확산의 정체를 경험하는 경우가 있는데, 이를 캐즘chasm이라 부른다.

 1946년 미국 Oregon주 Portland에서 태어난 Geoffrey Moore는
Stanford 대학을 거쳐 University of Washington에서 영문학 박사를 받
았다. 대학교수 생활을 몇 년 하다 실리콘 밸리의 Palo Alto로 이주한
후 그는 하이테크 산업에 발을 들여놓게 된다. 그가 처음 한 일은 소
프트웨어 마케팅이었는데, Rand Information, Enhansys와 Mitem이라

는 3개의 회사 경험을 거친 그가 The McKenna Group에서 컨설턴트로 거듭난 것은 1987
년이다. 그가 4년 후에 내놓은 〈Crossing the Chasm〉이 베스트셀러가 되면서 실리콘 밸
리의 스타 컨설턴트가 되었고 이듬해인 1992년에는 하이테크 마케팅 컨설팅 회사인 The
Chasm Group을 설립하게 된다. The Chasm Group의 컨설팅을 받은 기업들은 Adobe,
Cisco, Agilent Technologies, IBM, BEA systems, Microsoft, Oracle등 600여 개에 달한다.
그는 〈Crossing the Chasm〉 이후에 〈Inside the Tornado〉와 〈The Gorilla Game〉, 〈Living
on the Fault Line〉, 〈Dealing with Darwin〉, 〈Escape Velocity〉, 〈Zone to Win〉 등의 영향력
있는 저서를 내놓았다. 현재는 The Chasm Group과 더불어 컨설팅 회사인 TCG Advisors
및 Chasm Institute의 명예회장을 맡고 있으며, 벤처캐피털인 Mohr Davidow Ventures와
Wildcat Venture Partners의 파트너로 재직중이다.

　　지난 30여 년간 미국 실리콘밸리에서 가장 자주 사용된 용어 중의 하나인 캐즘
을 최초로 하이테크 마케팅에 도입, 핵심개념으로 발전시킨 사람은 하이테크 컨설
팅의 명문 The McKenna Group 출신 컨설턴트인 Geoffrey Moore이다. 그는 1991년과
1995년, 영문학 박사답게 수려하고 명쾌한 필치로 두 권의 책 〈Crossing the Chasm〉과
〈Inside the Tornado〉를 연달아 경영경제 분야 최고의 베스트셀러 목록에 올려놓고 나
서 지금까지 실리콘밸리 최고의 컨설턴트로 인정받고 있다.

　　그는 잘 나가던 몇 개의 하이테크 회사에서 일한 적이 있는데 초기에 어느 정도
성공한 듯 보이던 그 회사들이 갑자기 판매부진에 빠져 허우적대다가 시장에서 퇴출
되는 것을 실제로 체험하였다. 그 원인이 무엇일까 고심을 거듭하던 끝에 그는 초기
시장early market과 주류시장mainstream market 고객들 사이에 큰 갭gap이 있는 것을 발견하게

되었고 이를 지층 사이의 협곡을 의미하는 지질학 용어를 사용하여 '캐즘chasm'이라 이름 붙였다. 그의 주장에 따르면, 캐즘이라고 하는 일시적 수요정체는 불황기에만 오는 것이 아니라, 호·불황에 관계없이 하이테크 제품의 특성과 그 시장의 독특한 역동성으로 인해 대부분의 하이테크 기업이 거쳐야 하는 필연적인 단계이다.

캐즘모형은 하이테크 소비자와 첨단기술 마케팅을 이해하기 위해서 반드시 알아야 할 모형이며, 단순히 보다 나은, 더 효과적인 마케팅을 하기 위한 전략이 아니라 사느냐 죽느냐의 생존survival 전략을 제시하는 모형이다.

① 불연속적 혁신과 기술수용주기 모형

1.1 불연속적 혁신

혁신innovation이란 간단히 말해 무언가 '새로운 것something new'을 말한다. 그리고, 혁신제품innovative product은 세 가지 측면에서 기존 제품과 궤를 달리한다. 첫 번째 차원은 '제품 편익product benefit'으로서 고객 혹은 사용자의 니즈를 만족시켜 주는 정도를 의미한다. 그것은 과거에 시도되지 않았던 새로운 니즈의 충족일 수도 있고 기존의 니즈를 더욱 잘 만족시켜 주는 것일 수도 있다. 스마트폰은 늘 휴대하고 다니면서 시간과 장소의 구애를 받지 않고 인터넷 통신과 엔터테인먼트 서비스를 사용하고 싶어하는 새로운 니즈를 충족시켜 준 사례이다. 두 번째 차원은 '기술적 능력technological capability'인데 이는 기능적인 측면에 있어서 기존 제품의 한계를 뛰어넘는 정도를 말한다. 예를 들어 IPTV로는 소비자가 자신이 편한 시간에 보고 싶은 프로그램을 볼 수 있는데 이는 기존의 TV로는 할 수 없는 기능 중 하나이다. 마지막 세 번째 혁신의 측면은 바로 '소비 혹은 사용패턴consumption or usage pattern'의 변화이다. 어떤 혁신제품은 지금까지 설명한 두 가지 측면의 변화, 즉 제품 편익의 증가와 새로운 기술적 능력에도 불구하고 소비자들로 하여금 커다란 행동의 변화를 요구하지 않는다. 예를 들어 음원 파일을 넣은 MP3 플레이어 대신에 스마트폰을 들고 다니면 언제 어디서든 원하는 음악을 들을 수 있다. 스트리밍 덕분에 음원 파일을 옮기는 번거로움이 사라졌지만 복잡한 학습이나 귀찮은 행동의 변화는 수반하지 않는다. 반면에 어떤 혁신제품들은 상당한 사용자 행동의 변화를 요구한다. 디지털 카메라의 경우 과거의 기계식 카메라와 달리 사진을 찍은 후에 컴퓨터로 사진파일을 이동하여 이미 설치된 응용소프트웨어를 활용하여 사진을 수정하기도 하고, 연결된 프린터를 통해 인쇄하거나 이메일로 친구에게 보내기도 한다. 이러한 행동의 변화가 누군가에게는 즐거운 것일 수도 있으나 다른 소비자들에게는 매우 귀찮고 복잡한 것이 될 수도 있다.

이와 같은 세 가지 측면을 가지고 혁신제품들을 평가하고 비교해 본다면 각각의 혁신제품이 놓일 자리는 매우 다양할 것이다. 또, 많은 경우에 세 가지 차원이 비례할 것으로 예상할 수 있지만 항상 그런 것은 아니다. 각각의 차원에 있어서 그 정도에 따라 급진적radical인 변화와 점진적incremental인 변화로 구분해 볼 수 있고, 특히 세 번째 기준인 '소비 혹은 사용패턴의 변화'는 하나의 혁신제품을 '연속적 혁신제품continuous innovation'과 '불연속적 혁신제품discontinuous innovation'으로 나누는 핵심적인 기준으로 종종 이용된다. 왜냐하면 이것이 종종 일반 소비자들이 혁신제품의 수용adoption을 거부하는 가장 중요한 이유가 되기 때문이다.

연속적인 혁신은 소비행동의 변화를 요구하지 않는 정상적인 제품 업그레이드를 말하는 것으로 볼 수 있다. 이는 주로 더 나은 품질과 성능을 바라는 소비자의 니즈에 부합하려는 노력의 산물이다. 따라서, 많은 경우 기존 제품의 확장이나 개선의 수준에 머무는 경향이 있다. 더 강력한 세제, 연비나 성능이 개선된 승용차, 속도가 더 빨라진 컴퓨터, 반도체 칩의 혁신도 연속적인 혁신의 범주에 속한다. 이들의 경우에는 소비자들이 사용을 위해 행동을 변화시킬 필요가 없었다.

한편, 불연속적 혁신제품은 소비자들의 행동을 변화시킬 것을 요구한다. 전기 자동차는 기존의 가솔린 자동차와 달리 연료공급이라는 측면에서 상당한 운전자의 행동변화를 요구한다. 디지털 제품의 대부분이 제품의 사용방식에 있어서 상당한 변화를 요구한다. 앞에서 예를 든 디지털 카메라뿐 아니라 TiVo와 같은 디지털 비디오 레코더DVR는 1세기 동안 지속되어 온 시청자들의 TV 시청행동을 근본적으로 변화시킨다. Harvard Business School의 TiVo Case를 보면 다음과 같은 구절이 나온다.

"흑백에서 컬러로 바뀐 기술적 변화는 TV의 이용 방식에 있어서는 그리 큰 변화가 아니었습니다. 그 후에 리모트 콘트롤이 나타났고 방송국들과 광고 대행사들이 긴장했지만 업계의 구조와 기본적인 시청 습관에는 변화가 없었습니다. 그리고 나서 수많은 채널의 케이블 TV와 위성방송용 안테나가 등장했지만 이 중 어떤 것도 일반인들의 TV 시청 방식을 변화시키지는 못했습니다. 그러나, TiVo는 하루 아침에 TV 시청 방식을 변화시킬 대단한 혁명입니다. 즉 50년 이상 몸에 밴 습관, 아니 인류의 행동방식을 대규모로 바꾸어야 한다는 것이 TiVo 마케팅의 궁극적인 과제인 것입니다."Harvard 사례 'TiVo' p. 4.

연속적 혁신제품의 경우와 달리 불연속적 혁신제품은 고객의 요구보다는 연구실에서의 발견 혹은 창안invention에 의해 빛을 보게 된 경우가 많다. 이 경우 점진적 개선보다는 급진적 혁신인 경우가 많으며, 새로운 제품군new product category을 만들어 내거나 새로운 시장new market을 형성하는 경향이 있다. 따라서, 불연속적 혁신은 획기적인 성능과 증진된 편익으로 인해 혁신제품 애호가들로부터 상당한 사랑과 주목을 받는 경우가 많지만, 시장의 다수를 형성하고 있는 보수적인 소비자들로부터는 그만큼 외면되기 쉽다. 왜냐하면, 대부분의 소비자들은 그들의 현재 행동을—기업고객의 경우 기존의 시스템이나 가치사슬의 구성요소를—포기하거나 변경하는 위험하고 귀찮은 노력을 결코 달가워 하지 않기 때문이다.

1.2 기술수용주기 모형

사회학자 Everett Rogers는 불연속적 혁신제품의 수용에 대한 연구결과를 토대로, 혁신기술을 채택하는 데에 걸리는 시간에 따라 소비자를 5개 수용자 군adopter category으로 분류하였다. Rogers가 제안한 기술수용주기Technology Adoption Life Cycle: TALC 모형은 이와 같은 5개의 수용자 군이 시간순서에 따라 차례로 나타남을 모형화 한 것인데 이를 그림으로 나타내면 〈그림 1〉과 같다. 그림에서 보듯이 혁신제품의 채택순서에 따른 소비자의 분포는 종모양을 갖는 좌우대칭의 정규분포Normal distribution를 따르는 것으로 보이며, 그 중간인 평균값을 중심으로 좌우로 표준편차만큼의 거리를 재어 경계를 정하고, 맨 앞의 혁신자 집단의 경우에는 표준편차의 두 배 만큼의 거리를 둔 것이다. 최초의 Rogers 모형은 원래 잡종교배 옥수수 종자에 대한 것이었으나, 이는 하이테크 혁신제품의 수용을 매우 잘 설명할 뿐 아니라 하나의 하이테크 제품에 대해 소비자들의 반응이 왜 그토록 다양할 수 있는지를 잘 말해 준다. 각각의 기술수용자 집단을 차례로 이해해 보자.

혁신수용자

'혁신수용자'의 별명은 '기술애호가technological enthusiasts'이다. 이들이 혁신제품을 사는 이유는 그야말로 '그냥 좋아서'이다. 어떤 기능을 통해 어떤 편익benefit을 얻을지에 그다지 큰 관심이 없다. 남들에게 보여주려는 것도 일차적인 이유가 아니다. 그냥 '쿨cool'하기 때문에 산다. 이런 사람들을 '테키techie'라고도 부르는데 기술에 대해 남들보다 잘 알고 있으며 새로운 기술을 누구보다 먼저 습득하려는 경향을 가진 사람들이다. 제품마다 다르지만 대개 전체 소비자의 2~3%에 해당하는 사람들이 여기에 속한다. 이들을 위한 마케팅 전략은 그리 정교할 필요가 없다. 이들은 기술의 발전과정에 관심이 많으므로 신제품 출시정보를 스스로 습득하고 구매처를 알아내어 살 것이고, 때로는 출시하기도 전에 회사에 전화를 걸어 어떻게 구입할 수 있는지 물어올 것이다 "최초의 PC Altair 이야기" 참조.

그림 1 기술수용주기 모형

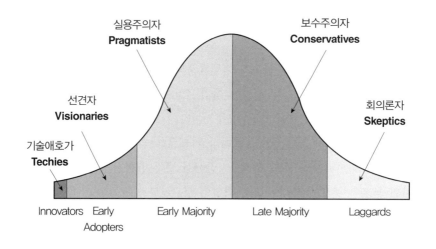

출처: Rogers(1995), p. 262.

최초의 개인용 컴퓨터를 어느 기종으로 볼 것인가에 대해서는 여러 견해가 있을 수 있는데, Apple Ⅲ나 코모도어의 PET기종을 PC의 효시로 볼 수도 있겠지만 엄밀히 말해서 키트의 형태로 만들어진 Altair 8800을 개인용 컴퓨터의 효시로 보는 것이 무난할 것이다.

Altair 8800 기종은 MITS 사에서 만든 것으로 Intel의 8080 CPU를 탑재했고 256바이트의 메모리 용량을 지녔다. 그러나 아래 그림에서 보듯이 우리가 흔히 '개인용 컴퓨터'에서 연상하는 키보드도 없고 모니터도 없다. 이들을 연결할 수 있는 곳이라고는 한 군데도 없다. 1975년 당시의 가격은 395달러. 과연 이런 컴퓨터가 팔리기는 했을까?

놀랍게도 Altair는 여러 가지 기능적 한계와 높은 가격에도 불구하고 대성공을 거두었고, 개발사는 3주만에 25만불을 벌었다고 한다. 이후에도 이 기종의 호환기종인 IMSAI 8088과 Altair 680이 나오는 등 전자분야에 관심이 많은 마니아들을 중심으로 신속하게 PC 산업의 역사를 이끌어 내었다. Altair는 Apple을 창업한 Steve Wozniac이 애플 컴퓨터를 개발한 중요한 이유가 되었고, 당시 Harvard 대학생이었던 Bill Gates는 Altair를 소개한 〈Popular Electronics〉지를 읽고 개인용 컴퓨터 시대의 도래를 예측하였다. Altair를 구입한 마니아들은 'Homebrew'라는 클럽을 만들어 정보를 교환하고 새로운 지식을 습득하였는데, 이들과 같은 '혁신수용자(innovator)'가 없었다면 오늘날과 같은 개인용 컴퓨터가 출현하는 일은 인류의 역사에 영영 오지 않았을지도 모른다.

최초의 개인용 컴퓨터 Altair 8800

Altair 구매자 동호회인
Homebrew 클럽의 토론 모습

얼리어답터

얼리어답터early adopters는 혁신제품을 통해 남보다 앞서고자 하는 경향이 있어 '선구자' 혹은 '선견자visionaries'라고 불린다. 얼리어답터의 채택 여부는 혁신적인 신제품의 초기 시장 성공에 있어 매우 중요한 요인으로 작용하는데, 이들이 일종의 오피니언 리더의 역할을 수행하기 때문이다. 최근에 소셜 미디어의 발전으로 얼리어답터의 동호회나 블로그가 많아지고 있고, 이들은 하이테크제품 구매를 앞두고 정보를 탐색하는 잠재고객에게 많은 정보를 전달한다.

얼리어답터는 대개 젊고, 사회적 이동성이 활발한 경향을 보일뿐 아니라 대개 고위험-고수익 추구 경향이 있다고 많은 연구결과가 밝히고 있다. 또한, 얼리어답터는 실용적utilitarian 효용보다 쾌락적hedonic 효용을 추구하는 경향이 높으며, 구입 대상의 가치가 주관적이어서 정신적 만족과 상관성이 높다. 이들은 주로 신제품을 통해 개인적, 경제적, 전략적 목적을 달성하기 위해 구매하며, 평균적으로 전체 소비자의 13~14% 정도를 차지한다.

조기다수 수용자

얼리어답터 이후로부터 기술수용주기의 중간평균값까지의 사이에 위치하는 세 번째 집단은 조기다수early majority 수용자이다. 이들은 기술 자체에는 별로 관심이 없고 실제적인 문제에 집중한다. 따라서 '실용주의자pragmatists'가 이들의 별명이다. 혁명적인 변화보다는 점진적인 변화에 따른 생산성 향상과 지속 가능한 경쟁우위를 추구한다. 이들이 얼리어답터와 가장 크게 다른 점은 검증된 성과를 반드시 요구한다는 것이다. 즉, 판매실적track record을 듣고 싶어하며 많은 사용자들이 지지하는 이른바 베스트 셀러를 선호한다는 사실이다. 이러한 이유 때문에 이들은 신기술로 시장을 공략하는 벤처기업들이 가장 상대하기 어려운 집단이 된다. 또, 기술을 잘 모르기 때문에 사후 서비스에 대한 강력한 니즈가 있고 다양한 기술적 지원을 요구하는 경향이 있다. 마케터의 입장에서 매우 힘든 상대이지만 이들은 전체 고객의 34%나 되는 다수 고객일 뿐 아니라 이후에 펼쳐질 엄청난 규모의 주류시장mainstream market으로 가는 입구를 지키고 있는 가장 중요한 고객집단이다.

후기다수 수용자

잠재 고객의 절반 이상의 고객이 수용한 후에야 혁신제품의 채택을 비로소 고려하는 '보수주의자conservatives' 집단이 후기다수late majority 수용자이다. 이들은 남들보다 앞서는 데 별로 흥미가 없다. 경쟁우위를 추구하기보다는 경쟁열위를 어느 정도 피하고자 할 뿐이며, 지나치게 뒤떨어지지 않는 정도에서 만족한다. 이들 중에는 주로 위험회피형 소비자가 많고, 대부분 가격에 매우 민감하다. 34% 정도의 작지 않은 규모의 시장이며, 낮은 가격, 표준화, 단순화가 이들을 설득하기 위한 성공요인이다.

지각수용자

지각수용자laggards 집단은 신기술이나 혁신제품에 대해 매우 부정적 입장을 취하는 사람들이다. 선천적으로 기술을 싫어하고, 위험에 대해 일종의 알레르기 반응을 보이고 의심이 많다. 이들은 대개 설득하기 어렵기 때문에 상당한 마케팅 비용을 수반하므로 이들에게 혁신제품을 팔려고 노력하는 과정에서 적지 않은 비효율이 발생할 수 있다. 평균적으로 약 16%의 고객이 이 집단에 속하는 것으로 볼 수 있다.

2 캐즘의 발견

5개 수용자 집단의 경계에는 각각 작은 틈이 존재한다. 그러나 우리가 주목해야 할 가장 중요하고 큰 틈은 두 번째 집단인 얼리어답터와 그 다음에 오는 조기다수 집단 사이의 간극gap이며 이를 '캐즘chasm'이라고 부른다. 이와 같이 '캐즘'은 혁신자와 선견자로 대변되는 초기시장early market과 그 이후의 세 집단을 뭉뚱그려 일컫는 주류시장mainstream market을 갈라놓는 지점이다. Geoffrey Moore가 발견한 이 대단절, 즉 캐즘은 초기시장의 성공이 항상 주류시장의 성공으로 연결되지는 않는다는 엄연한 현실을 경고하고, 캐즘을 넘어 주류시장에 성공적으로 진입하기 위해서 무언가 특별한 마케팅 노력이 있어야 한다는 점을 일깨워 준다. 이는 Moore가 경험을 통해 깨달은 부분이며 하이테크 산업을 위한 '새로운' 마케팅의 필요성을 강조하게 된 소중한 발견이다. 혹자는 이와 같은 Moore의 발견을 앞에서 설명한 Gordon Moore의 '무어의 법칙'에 대응하여 '하이테크 무어의 법칙'이라 부르기도 한다.

캐즘 현상을 실증적으로 분석한 대표적인 연구는 Jacob Goldenberg, Barak Libai, Eitan Muller가 2002년에 발표한 연구이다. 이들은 PC, VCR, 무선전화 등 1980년대 출시된 혁신적인 신상품들에서 출시 초기의 매출이 급격하게 상승하는 시기를 거친 후 급격한 매출 감소를 경험하고 다시 점진적으로 매출을 회복하는 현상이 공통적으로 발견된다고 주장했다. 이와 같은 지속적이고 두드러진 매출 정체 현상을 말 안장의 모양에 빗대어 '새들saddle'이라고 명명하고, 소비재 시장이 서로 이질적인 초기시장과 주류시장으로 이원화되어 있기 때문이라고 설명했다. 이 연구에서는 시뮬레이션 기법과 실증분석을 통해 두 시장 사이에 새들이 발생하는 원인이 두 소비자 집단 사이에 커뮤니케이션이 부족하기 때문임을 밝혔다. Deepa Chandrasekaran과 Gerard J. Tellis의 2011년 연구도 두 시장 사이의 캐즘이 새들 현상의 직접적인 이유 중 하나임을 밝혔다. 이들의 실증 연구는 19개국의 열 가지 제품군주로 가전제품과 정보-엔터테인먼트 기기을 대상으로 했는데 95%의 경우 새들을 경험하는 것으로 나타나, 캐즘 현상이 매

그림2 하이테크 마켓의 전개과정

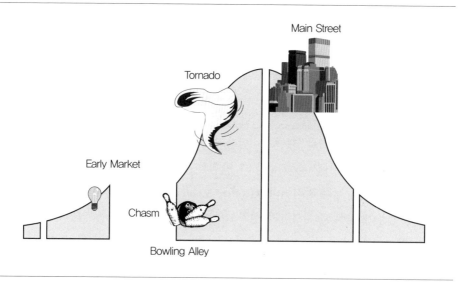

출처: Moore(1995), p. 25.

표1 선견자 vs. 실용주의자

선견자(얼리어답터)	실용주의자(조기다수)
직관적	분석적
혁명적 변화 선호	점진적 진화 선호
무리로부터 이탈하고자 함	무리와 함께 있고자 함
자신의 판단에 따라 행동	동료의 의견을 구함
위험을 기꺼이 감수	위험을 최소화
미래의 기회에 관심	현재의 문제에 관심
작은 가능성에 도전	확실한 일을 따름
실용주의자를 시대에 뒤떨어진 사람으로 인식	선견자는 위험하다고 생각

출처: Moore(1995), p. 18.

우 보편적인 현상임을 입증했다.

그렇다면 캐즘은 왜 생기는가? Moore는 캐즘이 생기는 이유를 한마디로 '선견자'인 얼리어답터 집단과 '실용주의자'인 조기다수 집단의 커뮤니케이션 단절 때문이라고 주장하였다. 하이테크 상품에 대한 태도와 구매성향 등 다양한 측면에서의 이질성으로 인해 두 집단 간에 원활한 의사소통이 이루어지지 않고 그 결과 혁신제품의 확산이 정체상태에 머무르게 된다는 것이다. Rogers의 기술수용주기 모형은 5개 수용자 집단 간에 혁신제품에 대한 커뮤니케이션이 가능할 뿐만 아니라, 이 커뮤니케이션 경로를 통해 제품의 확산도 이어진다고 전제하였다. 그렇기 때문에 오피니언 리더의 역할을 수행하는 초기시장의 소비자들을 획득하기 위해 충분한 비용을 투자할 가치가 있다는 산업계의 믿음이 생기기도 하였다. 그러나 Moore의 주장은 이러한 전통적인 믿음에 정확히 반대의 입장에 서는 것이었다. 얼리어답터 집단은 오피니언 리더의 기능을 수행하지 못하고, 주류시장에 별다른 영향을 미치지도 못한다고 주장하고 있기 때문이다. Libai, Mahajan, Muller2017의 연구에서는 컬러TV1954-1963, 에어컨1936-1961, 라디오1958-1982의 시장 출시 초기 데이터를 분석하여 확산의 단절이라 할 수 있는 캐즘이 실존하는 것을 밝혔다. 컬러TV는 1962년, 에어컨은 1952년, 라디오는 1975년에 캐즘 현상이 관측되었다. 이와 더불어, 저자들은 Rogers의 확산 모형에 비해 Moore의 확산 모형이 실제 데이터와의 적합도가 더 높음을 보였다. 즉, 얼리어답터 집단과 조기 다수 집단 간의 커뮤니케이션 단절을 가정한 모형이 현실을 더 잘 설명한다는 것이다.

그렇다면, 이 두 집단은 어떤 이질성을 가지고 있는 것일까? 〈표 1〉은 이 두 집단 간의 차이를 잘 요약하고 있다. 즉, 선견자얼리어답터 집단은 직관적이고 혁명적인 변화를 지지하며 남들과 차별화하는 데에 관심이 많은 반면, 실용주의자들은 분석적이고 혁신보다는 진화적인 변화를 선호하며 대다수의 무리와 함께 가기stick with the herd를 원하는 특성을 가지고 있다. 실용주의자 소비자들이 새로운 기술이나 혁신제품을 도입할 때 항상 다른 이들의 의견을 구하고 사용경험을 알고자 하는 것도 바로 그 이유에서다.

선견자들은 경쟁우위를 얻기 위해 어느 정도의 위험을 감수할 의도를 가지고 있으며 미래의 기회에 의해 자극되는 반면, 실용주의자들은 위험을 최소화하려 하고 미래보다는 현재의 문제에 더 집착하는 경향이 있다. 그러므로 실용주의자 집단이야말로 혁신제품을 판매하고자 하는 하이테크 기업, 특히 소규모 벤처기업의 영업담당자가 상대하기 가장 힘든 소비자들이다. 이들은 기술을 잘 모르기 때문에 사후 서비스에 대해서도 지대한 관심을 보인다. 선견자는 가능성에 흥분하며 다소 완성도가 낮은 제품이라도 선뜻 구입에 나서고 그 문제를 해결해 나가려고 한다. 반면에, 실용주의자는 99%의 완벽성에도 회의를 품고 완전한 문제해결을 보장해 줄 것을 요구한다. 뒤에 설명하겠지만 그들은 이른바 '완전완비제품whole product'을 원하는 것이다.

가장 심각한 문제는 바로 이 두 집단 간의 보이지 않는 반목이다. 선견자 집단은 실용주의자들이 지나치게 몸을 사리는 낙오자나 패배자들loser이라고 생각한다. 반면에 실용주의자들은 선견자 집단을 '위험한' 사람들로 생각한다. 그렇기 때문에 선견자는 나름대로 의견선도자opinion leader의 역할을 수행하지만 실용주의자에게는 그다지 큰 영향을 주지 못한다.

그렇다면 누구를 표적으로 마케팅 전략을 펼쳐야 하는가? 당연히 하나씩 차례로 공략해야 할 것이다. 먼저 얼리어답터를 일차 표적고객으로 하되앞에서 말한 바와 같이 혁신수용자의 공략은 그리 어렵지 않다 실용주의자들을 최대한 염두에 두고 제품을 개선해 나가야 할 것이다. 초기시장과 캐즘, 그리고 토네이도와 그 이후의 마케팅 전략을 좀더 상세히 알아보자.

3 초기시장 전략

초기시장에서의 성공을 위한 첫 번째 조건은 '기술'이다. 사실 '획기적인 기술 breakthrough technology'은 초기시장 성공의 절대적 조건이라고 해도 과언이 아니다. 즉, 사용자들이 듣거나 보고 감탄할 만한 대단한 제품요소, 즉 '와우 요소wow factor'를 가지고 있어야 한다. 아직 초기시장이기 때문에 이런 핵심응용기술이 모든 잠재고객의 환영을 받기 위해 보편적인 소구appeal를 가질 필요는 없다. 하지만 소수라도 좋으니 이런 기술을 알아보고 열광할 기술애호가, 즉 혁신수용자 집단이 반드시 있어야 한다.

다음으로 신상품의 기술이나 기능function을 강력히 필요로 하는 얼리어답터 소비자가 있어야 한다. 얼리어답터들은 혁신제품과 기술에 대해 매우 긍정적인 태도를 가지고 있으므로 일부 기능상 제약이 있거나 디자인이 떨어지더라도 이른바 '킬러 애플

인공지능 기술의 킬러 애플리케이션

4차산업혁명 시대를 맞이해 다양한 분야에서 인공지능의 활용이 본격화되고 있다. 특히 의료 비즈니스 분야에서는 인공지능 기술이 주로 영상 분석이나 진단 보조 등의 소프트웨어 개발에 활용되고 있다. 그러나 이러한 솔루션이 킬러 애플리케이션으로 기능하기 위해서는 초기시장 고객의 미충족 욕구를 해결해 줄 수 있어야 한다.

의료 현장에서 단순히 더 정확하고 빠른 영상 분석이나 진단 보조 장치를 필요로 하는 것이 아니다. 환자의 신체에 가해지는 부담을 줄이는 분석 방식이나, 의료진이 상시 대기하기 힘든 상황에서 즉각적인 대처가 가능한 진단 보조 장치에 대한 수요가 더 절실하다. 미국의 Heart Flow사는 심장 관상동맥 협착을 진단하는 과정에서 기존의 침습적 혈관 조영술이 아닌 비침습적 방식으로도 관상동맥의 혈류량을 예측하는 인공지능 솔루션 FFR–CT를 개발하여 시가총액 1조원을 넘어서는 성과를 거두었다. 미국의 RapidAI사는 의료진이 부족한 심야 시간대에 응급 뇌졸중 의심 환자가 발생한다 하여도 환자의 뇌 영상을 분석하여 뇌졸중 및 관련 뇌질환 소견을 탐지하고, 이를 이메일이나 모바일 앱 알람을 통해 의료진에게 즉시 통보하는 솔루션을 개발하여 의료기관의 환영을 받고 있다.

출처: 동아비즈니스리뷰, 2020년 5월, "AI 최첨단 기술에만 매료되지 말고 시장을 흔들 킬러 솔루션 들고 나와야".

리케이션killer application'만 있다면 망설임 없이 혁신상품을 구매한다. 와우 요소와 달리 킬러 애플리케이션은 신상품이 어떠한 개인적 효용personal benefit을 제공할 수 있는가 하는 것이므로 고객의 미충족 욕구unmet needs와 직접적인 관련을 가져야 한다.

와우 요소와 킬러 애플리케이션은 초기시장 성공의 필요조건이다. 따라서 이 조건을 충족시키지 못하는 제품은 시장에서 실패할 가능성이 매우 높다. 스마트 안경의 대명사인 구글 글래스Google Glass는 제품 출시 초기에 명확한 킬러 애플리케이션을 제시하지 못해 실패한 사례로 꼽힌다. 2013년 4월에 개발자용 시제품을 선보인 구글은 이듬해인 2014년 5월부터 일반인들을 대상으로 구글 글래스 판매를 시작했으나, 별다른 반응을 이끌어 내지 못한 채 2015년 1월부로 생산을 중단하였다. 증강현실augmented reality 기술을 핵심으로 한 구글 글래스는 출시 초기에 내비게이션이나 실시간 영상 공유와 같은 기능들을 주로 소개하였으나, 두 손이 자유롭다는 것을 제외하면 대부분의 기능은 이미 스마트폰에서 구현 가능한 것이었다. 이미 스마트폰을 보유한 소비자들은 구글 글래스를 통해 새롭게 충족시킬 수 있는 욕구를 찾기가 어려웠다. 2년이 넘게 소식이 없던 구글 글래스는 2017년 7월, 일반 소비자 대상이 아닌 비즈니스용으로 개발한 '엔터프라이즈 에디션enterprise edition'으로 부활을 선언했다. 제조 공장, 물류센터, 병원 등 산업 현장에서 업무 효율성과 전문성을 높일 수 있다는 새로운 효용을 제시한 것이다. 안경 위의 화면을 통해 현재 공정에서 필요한 부품을 확인하거나, 환자의 상태를 촬영하면서 원거리에 있는 전문의와 공동진료를 하는 일도 가능하다. 구글 글래스는 새로운 킬러 애플리케이션을 통해 GE, DHL, 폭스바겐, 삼성 등 다양한 기업들의 호응을 이끌어내며 초기시장 형성에 성공하였다.

그렇다면, 초기시장의 성공을 얻어내기 위한 충분조건은 무엇일까? 초기시장 성공의 첫 번째 충분조건은 포지셔닝positioning이다. 포지셔닝이란 고객의 생각 속에 특정 제품의 위치를 어떻게 자리잡을 것인가 하는 문제이며 기존 제품 및 신규 경쟁 제품과의 상대적 관계에서 정의된다. 포지셔닝은 혁신적 신상품을 어떤 카테고리로 분류할 것인가 하는 문제와 관련되는데 처음에 어떤 이름을 갖고 세상에 나오느냐 하는 것이 소비자들의 판단에 큰 영향을 미치게 된다. 소비자의 관점에서 새로운 상품을 정의하는 것을 Apple의 John Sculley는 '상품화productization'라고 불렀으며, 마케팅 커뮤니케이션 관점에서 이를 'Framing'이라고 한다Framing에 대한 자세한 설명은 제12장 내용 참조.

두번째 조건은 소비자의 기대관리와 입소문 전략이다. 초기시장에 혁신상품의 장점을 지나치게 홍보하다가는 고객의 기대수준이 너무 높아져서 고객이 실제 제품을 보거나 구매한 후에 실망하게 될 수 있다. 비현실적인 기대를 불러일으키는 광고는 지양하는 것이 좋고, 고객들이 스스로 제품의 장점을 발견하고 지인들에게 소개하는 입소문 마케팅 전략이 더욱 바람직하다.

마지막으로 초기시장에서 성공하기 위해서는 고객들의 최초구매에 장애가 되는 요인들을 제거해 주어야 한다. 예를 들어 새로운 통신서비스에 매력을 느끼더라도 그 서비스를 받기 위한 단말기가 부족하거나 지나치게 고가일 경우, 또는 기존

FUD Factor

Geoffrey Moore는 그의 책 〈Crossing the Chasm〉에서 주류시장 고객이 하이테크 제품의 채택을 늦추는 이유로 'FUD 요소'를 언급한 바 있다. FUD 요소란 두려움(fear), 불확실성(uncertainty), 그리고 의심(doubt)의 세 가지 요소를 묶어서 표현한 것인데, 혁신에 대한 저항의 극복과 관련하여 자주 인용되는 용어이다. 두려움과 불확실성, 그리고 의심 이 세 가지는 모두 비슷한 내용을 말하고 있으나 전략적인 시사점을 얻기 위해 보다 명확한 개념으로 정리할 필요가 있다.

우선, 두려움은 새로운 기술에 대한 학습(learning), 추가적 비용 부담 등에 대한 두려움을 말하는 것으로 이해하는 것이 좋다. 제품의 성격에 따라서는 프라이버시(privacy)의 침해에 대한 두려움도 포함될 수 있다.

둘째로, 불확실성은 제품 사양(specification) 및 가격의 변동이나 서비스의 안정성 및 지속성과 주로 관련된다. 즉, 표준화 및 확산 과정에 있어서의 불확실성을 말하는데, 사실상의 표준이 되지 못하여 시장에서 퇴출된다든지 소수의 사용자 기반으로 인해 품질 향상이 기대에 미치지 못할 것에 대한 불확실성을 의미하는 것으로 볼 수 있다.

마지막으로 의심은 속도나 안정성 등 기능(function) 측면에 대한 의심을 말한다. 과연 약속한 대로 작동할 것인가, 속도와 안정성의 측면에서 만족할 만한 수준의 기능을 제공할 것인가 하는 것이다.

Moore 자신은 이 세 가지 요소에 대해 구체적인 언급을 하지 않았고, 또 이 요소들을 상기한 것과 다르게 이해할 수도 있겠지만, 이와 같은 개념 분류는 신규 혁신제품의 채택가능성을 높이기 위한 제품전략 수립에 유용한 실무적 통찰력을 제공해 줄 것이다.

의 시스템과 호환이 되지 않으면 구매 시점을 늦추거나 포기할 수 있다. 또 심리적 장애요인인 이른바 'FUD 요소'를 제거해야 한다. FUD 요소란, 두려움fear, 불확실성uncertainty, 의심doubt의 세 요소의 합성어인데 초기시장 고객들은 제품의 존재를 몰라서가 아니라 이러한 세 가지 요소에 대한 고민 때문에 혁신의 채택adoption을 미루는 경향이 있다.

4 캐즘 극복전략

드디어 하이테크 마케팅 이론의 핵심이라 할 수 있는 캐즘 극복전략을 논할 단계가 되었다. 앞에서 이미 말했듯이 초기시장에서의 성공은 주류시장에서의 성공을 절대 보장하지 못한다. 얼리어답터의 수요가 소진되면서 초기시장은 어느덧 포화상태에 이르고, 어느 순간 갑작스런 수요침체에 부딪히게 되는데 이때가 바로 캐즘이다.

초기시장에서 어느 정도 성공한 후에 캐즘에 빠지는 현상을 좀더 생생하게 이해하기 위해 다음과 같은 시나리오를 상상해 보자. A라고 하는 회사가 있다. 연구개발 끝에 우수한 혁신제품을 성공적으로 개발했다. 신문에도 기사화되고 제품 설명회와 콘퍼런스 참가 등으로 제품을 알려서 드디어 주문이 쇄도하기 시작하였다. 처음에 벤처자금을 지원받기 위해 작성한 사업계획서에 포함시켰던 초기 매출목표를 초과달성하기까지 한다. "이제 되었다"라는 자신감이 생기고 지금까지의 실적을 자축하고 노고를 격려하고자 몇 명 안되지만 전 직원 회식을 실시한다. 다음날 아침, 몸은 조금 피로가 덜 풀렸지만 모두 즐거운 마음으로 출근하였다. 그런데, 갑자기 주문이 뚝 끊어졌다. 어제까지 활발하던 시장이 하루아침에 갑자기 사라진 것처럼 느껴진다. 조금 극적으로 표현하였지만, 이것은 사실 많은 하이테크 기업들이 실제로 겪고 있는 현상이다.

이러한 현상을 Geoffrey Moore는 캐즘의 위기Chasm crisis라고 설명했다〈그림 3〉. 초기시장에서 환영을 받았던 제품도 위험회피성향의 주류시장 소비자들에게는 부족한 점이 보이기 마련이다. 주류시장 소비자들을 대상으로 시장조사를 진행하면 개선이 필요한 점이 수도 없이 지적되고, 투자자들은 하루빨리 이러한 요구들을 반영한 제품을 출시하자는 압력을 가하기 시작한다. 실제로 다수의 기업들이 이러한 투자자들의 성화를 견디지 못하고 제품 개선과 마케팅 활동에 과감한 지출을 결단한 바 있다. 그러나, 어지간한 투자로는 주류시장을 움직일 수 없기 때문에 매출은 증가하지 않고 비용지출만 급격히 늘어나는 시기를 맞게 되는데, 이것이 바로 캐즘의 위기이다. 이 시기에는 현금이 부족하게 되면서 경영진들이 투자자들로부터 신임을 잃게 되고, 전략적 초점을 상실한 경영진들은 비이성적인 의사결정도 서슴지 않게 된다. 이 캐즘의 위기에서 탈출하지 못하면 결코 주류시장의 문턱을 넘어설 수 없는 것이다.

이런 상황에 직면하였을 때 당신이 그 기업의 최고경영자라면 어떻게 할 것인가? 다시 말해 당신은 이러한 캐즘상황을 어떻게 극복할 것인가? 대부분의 경영자는 이때 한 건의 매출이라도 더 올리기 위해 동분서주하게 되고 마케팅의 기본원칙인 표적시장선정, 포지셔닝 등에 관심을 기울일 여유를 잃어버리게 된다. 그야말로 위기상황이 닥쳐온 것이다. 주류시장 고객에게 자사의 상품을 알리기 위해 광고나 대형 판촉을 비롯한 고비용 마케팅을 실시하기도 한다. 실제로 수많은 벤처 기업들이 광고로 캐즘을 극복해 보고자 했다. 마지막 남은 투자자금 한 푼까지 털어넣어 광고비에 충당하였다. 그러나 그들은 대부분 그 직후 세상에서 자취를 감추고 말았다. 광고는 매스 마케팅의 대명사다. 따라서, 매스 마케팅으로는 결코 캐즘을 뛰어넘을 수 없음이 확인된 셈이다.

그림 3 캐즘의 위기

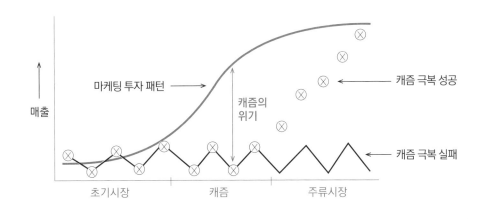

4.1 캐즘 뛰어넘기

그렇다면, 도대체 캐즘은 어떻게 뛰어넘을 수 있는가? Moore는 이때야 말로 오히려 집중focus이 필요한 시기라고 말한다. 힘을 모아서 하나의 틈새시장niche market에 전력을 집중하는 것만이 캐즘을 극복할 수 있는 유일한 길이라는 것이다. 2차 세계대전 당시의 노르망디 상륙작전을 생각해 보라. 연합군의 궁극적 목표는 유럽대륙의 탈환이었지만 작전의 당면목표는 노르망디 해안의 점령이었다. 모든 전력을 한 곳에 집중하여 노르망디 해안을 점령해야만 유럽대륙으로 나아갈 수 있었기 때문이었다. 물론 여기서 유럽대륙은 하이테크 상품의 주류시장mainstream market을 의미하고 노르망디는 주류시장으로 나아가기 위한 교두보를 상징한다.

캐즘을 극복하기 위한 집중전략을 은유적으로 표현한 것이 '볼링 앨리Bowling Alley'이다. 볼링을 할 때 한두 개의 표적 핀을 힘있게 쓰러뜨려 그 연쇄반응으로 스트라이크를 만들어 내듯이, 하이테크 시장의 고객 세분시장도 그와 같은 요령으로 공략하라는 것이다. 그렇다면 왜 전체시장이 아닌 틈새시장, 즉 니치niche 마켓에 집중하는가? 캐즘을 넘기 위해서는 강력한 추진력, 즉 모멘텀이 필요하고 이는 힘의 집중을 전제로 하기 때문이다. 완전완비제품whole product을 가지고 특정 세분시장의 고객을 감동시키고 이들의 강력한 구전효과에 힘입어 인접시장으로 확장해 나가는 전략이다. 또 다른 은유적 표현을 빌리면, '큰 연못의 작은 물고기가 되기 보다는 작은 연못의 큰 물고기가 되어서' 특정 시장을 지배하고Regis McKenna는 이를 "own the market"이라 하였다, 그 시장의 맹주가 되어 이를 교두보로 삼아 주류시장을 공격하라는 것이다.

국내 최초의 인터넷 종합쇼핑몰 인터파크interpark는 2000년대 초만 하더라도 다른 인터넷 소매업자들과 마찬가지로 캐즘에 빠져 있었다. 당시만 하더라도 인터넷을 통해 물건을 산다는 것은 일반 소비자들에게 매우 생소하고, 기존의 구매행동을 변화해야 하는 혁신적인 개념이었다. 물론, 인터넷의 매력에 도취된 젊은 구매자들이 전혀 없는 것은 아니었지만, 이러한 얼리어답터만으로는 수익을 창출하기 어려웠다. 인터파크는 볼링 앨리 전략을 통해 캐즘을 극복하고자 하였다. 무분별한 판매 전술에 의존하기 보다는 '티켓', '도서', '화장품' 등의 핵심 표적시장을 차례로 집중 공략하였다. 그 결과, 티켓 분야에서는 예매 데이터를 활용한 랭킹 서비스를 계기로 1위에 올랐으며, 도서 분야에서는 큰 파란을 일으킨 무료배송정책을 도입한 이후 정상에 올랐

스마트폰 출시 이후 '스마트'라는 수식어가 덧붙여진 다양한 제품 카테고리가 만들어
졌다. 시계에 '스마트'가 결합된 스마트 워치(smart watch)는 가장 대표적인 예라 할 수 있
다. 스마트 워치라는 표현이 사용된 것은 그리 오래된 일이 아니지만, 시계 형태의 기기에
통신이나 컴퓨팅 기능을 결합하려는 시도는 1990년대부터 시작되었다. 1994년, 마이크로소
프트와 시계 제조사 타이멕스(Timex)는 타이멕스 데이터링크(Timex Datalink)를 공동 제작
하였다. 1999년, 삼성전자는 시계 디자인을 차용한 CDMA 단말기 'SPHWP 10'을 출시하였
다. LG전자에서 2009년 출시한 프라다폰은 문자 알림 기능이 탑재된 '프라다 링크'라는 액
세서리와 연동이 가능하였다. 크라우드 펀딩 서비스인 킥스타터를 통해 2012년에 공개된
페블(Pebble)은 현재 스마트 워치로 불리는 제품의 원형을 제시하며 본격적인 상용화의 시
작을 알렸다.

　　스마트 워치는 곧바로 캐즘에 빠져 들었다. 삼성전자, LG전자, Sony, Motorola 등 유수
의 제조업체가 신제품을 선보인 2014년에도 전 세계적으로 500만 대를 판매하는 데에 그
쳤다. 그러나, Apple Watch가 출시된 2015년부터 상황은 급변하기 시작했다. Apple Watch
는 출시 2개월 만에 400만 대를 웃도는 판매고를 올리며, 2015년 스마트 워치 시장을 3천
만 대 규모로 신장시켰다. Apple Watch는 2016년도에 1,130만 대, 2017년도에 1,770만 대가
판매되며 스마트 워치 시장은 물론 기존의 손목시계 시장마저 뒤흔들고 있다. 2017년도 4
분기에 기록한 800만 대라는 판매고는 같은 기간 스위스에서 생산된 모든 손목시계의 판매
량을 넘어서는 수준이다. Apple Watch라는 단일 브랜드가 스마트 워치라는 제품 카테고리
전체의 캐즘을 극복한 것이다.

　　Apple Watch가 캐즘에서 벗어나는 과정은 볼링 앨리 전략의 유효성을 분명하게 보여
준다. Apple Watch의 첫 번째 볼링핀은 패션에 관심이 많은 이른바 '패피' 집단이었다. 스
마트 워치 시장의 후발주자였던 Apple Watch는 미리 시장에 자리를 잡고 있던 브랜드들과
기능보다는 디자인으로 경쟁하는 전략을 채택했다. Apple Watch는 출시 이후부터 다양한
워치 페이스(시간을 표시하는 화면)를 꾸준히 공개하고 있는데, 아날로그 시계를 본뜬 페이
스들은 시계 애호가들에게도 호평을 받고 있다. 이와 더불어, 나일론, 가죽, 스테인리스 스
틸 등 다양한 스트랩을 판매하여 하나의 기기로 다양한 느낌을 연출할 수 있다는 점도 패
피들을 열광하게 만들었다. 다시 말하면, 다른 스마트 워치 브랜드들이 '스마트'에 집중하

고 있을 때 Apple Watch는 과감히 '워치'에 승부수를 띄운 것이다. Apple Watch의 두 번째 볼링핀은 명품 수집가 집단이라 할 수 있다. 2015년 9월, Apple Watch는 프랑스 명품브랜드 Hermès와 협업하여 Apple Watch Hermès를 발표하였다. 이 제품은 고품질의 수제 가죽 밴드는 물론, 전용 워치 페이스를 내장하고 있다. 이어서 18K 금으로 본체를 만든 럭셔리 컨셉의 Watch Edition도 출시하였는데, 천 만원을 호가하는 가격이 책정된 바 있다.

다. 인터파크는 이처럼 핵심 볼링핀을 차례로 쓰러뜨리며 긍정적 피드백을 누릴만한 충분한 사용자 기반을 확보하게 되었고, 꾸준한 신성장동력 확보를 통해 현재도 국내 온라인 쇼핑몰 선두기업의 지위를 공고히 지키고 있다.

　　TiVo는 TV 생방송 중에 일시 정지, 되감기, 빨리 감기, 느린 동작으로 보기 등을 가능하게 해주는 혁신적인 개인용 비디오 레코더PVR이다. 1999년 3월 서비스를 개시하자마자 언론의 격찬을 받았고 초기 시장 반응도 뜨거웠지만, 1999년 말 크리스마스 시즌에 참패하고 말았다. 낮은 인지도와 높은 가격도 문제였지만 무엇보다도 오랫동안 몸에 밴 TV 시청습관 변화의 어려움이 가장 큰 원인이었다. TiVo는 혁신적 성향의 얼리어답터는 이미 구입을 했지만 대다수의 실용주의자들이 구입을 미루고 있는 전형적인 '캐즘' 상태에 빠져 있었던 것이다. 따라서 TiVo는 TV를 많이 시청하는 이른바 'couch potato', 스포츠 경기를 빠짐없이 보기 원하는 스포츠 팬, 광고나 잡다한 프로그램 때문에 TV를 별로 안보는 사람, 바쁜 일상 때문에 한두 가지 프로그램만 정해 놓고 보는 사람 등의 표적시장을 선정하고 분석 작업에 들어 갔다. 결국 TiVo는 이들 중에서 핵심 볼링 핀을 선정했고, 제품의 매력을 충분히 알리기 위한 다양한 커뮤니케이션 전략을 집중적으로 구사했다. 그 결과 2000년 말에는 15만 명의 가입자를 확보하고 캐즘 탈출에 성공하였다.

4.2 공격지점의 선정

2차 세계대전 당시 연합군은 노르망디에 모든 힘을 집중해서 유럽대륙 공략의 교두보를 마련하였다. 그렇다면 캐즘에 빠진 하이테크 기업의 노르망디는 어디인가? 하이테크 마케팅을 위한 노르망디의 조건은 첫째, 자사의 강점과 고객의 니즈를 고려할 때 상대적으로 쉽게 획득할 수 있는 시장이고, 둘째는 주류시장으로의 성공적 확산을 위한 지렛대 역할을 할 수 있는 곳, 즉 파급효과가 큰 시장일 것이다. 이와 같이 캐즘 극복을 위해서 가장 먼저 해야 할 일은 주류시장의 고객 중에서 첫 번째 공략 대상이 될 틈새시장을 찾는 일이다.

공격지점은 어떻게 찾는가? Moore는 하이테크 기업의 캐즘 극복 시에 지나치게 분석적인 접근법은 좋지 않다고 말한다. 그보다는 '현명한 직관informed intuition'을 강조한다. 즉, 다양한 정보를 활용하되 의사결정 단계에서의 통찰력이 중요하다는 것이다.

이와 같은 점을 고려하여 가장 많이 사용되는 방법은 시나리오scenario 기법이다. 여기서 사용되는 시나리오 기법을 간단히 설명하면 다음과 같다. 우선 〈그림 4〉에 나타난 것과 같이 세 가지 차원에서 시장을 세분화한다. 보다 구체적으로 말하면, 특정 하이테크 제품이나 서비스의 가치를 정의하는 세 가지 차원, 즉 상품product, 고객customer, 응용분야application의 관점에서 가능한 모든 조합을 도출하는 것이다. 대개 하이테크 상품들은 매우 다양한 고객층과 용도를 가지고 있어서 이 작업은 매우 방대한 작업이 될 수 있다. 예를 들어 태블릿 PC는 경영관리자, 세일즈맨, 자영업자, 혹은 학생이나 일반인을 대상으로 마케팅을 할 수 있고, 응용분야에 따라서는 정보 검색, 엔터테인먼트, 전자서적e-Book, 이메일 중에서 특정 용도를 중요시하는 시장에 집중할 수도 있다.

그림 4 Value Triad

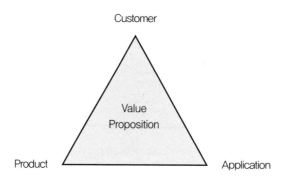

출처: Moore(1991), p. 100.

　　시나리오 기법은 잠재적인 표적시장 고객의 전형적인 인물을 상정하고 그들의 일상생활을 상상하여 자사 상품의 가치를 평가할 것을 요구한다. 즉, 〈그림 5〉에 나온 예와 같이 개별 표적시장 고객의 입장에서 상품의 기능 혹은 용도별 가치를 점수화한다. 평점은 대개 다음과 같은 기준을 따른다. 즉, 1점은 '사용불가not usable'의 경우, 2점은 '사용가능, 그러나 뚜렷한 효용 없음usable, but no obvious benefits'의 경우, 3점은 '유용함nice to have', 4점은 '필수적인 가치를 지니지만 대체재가 존재하는should have' 경우, 그리고 최고점수인 5점은 '필수적인 가치를 갖고 있으며 다른 대안이 전혀 없는must have' 경우에 부여한다. 5점을 부여하는 경우는 대개 '극적인 경쟁우위를 제공하거나, 생산성 향상이나 원가 절감이 현저하게 나타나는' 경우이다. 여기서 한 가지 중요한 포인트는 이러한 점수를 부여할 때, 반드시 그 제품이나 서비스를 사용하는 최종소비자end user의 입장에서 보아야 한다는 것이다. 그리고 그 최종소비자는 혁신수용자나 얼리어답터가 아닌 실용주의자, 즉 조기다수 수용자 집단의 소비자임을 반드시 염두에 두어야 한다. 지금 우리는 캐즘 극복전략을 논하고 있다는 사실을 기억하라.

　　이와 같은 가치평가가 끝나게 되면, 가장 높은 점수를 획득한 행row이나 열column을 선택하여, 이를 표적시장으로 선정하게 된다. 선정된 표적시장은 하나의 고객집단이 될 수도 있고 하나의 응용분야가 될 수도 있다. 여기에서는 이른바 'Value Triad'를

그림 5 시나리오 기법에 의한 평가 예시

	특성	용도					
		정보 검색	엔터테 인먼트	자료 관리	커뮤니 케이션	e-Book	일정 관리
③ 젊은 엘리트	• 28~35세 전문직 엘리트 • 소득수준, 신기술적용수준 모두 높은 편	4	3	3	3	3	4
② 외근직 직장인	• 28~40세 남녀 회사원 • 아웃도어 근무가 많음	5	3	4	4	3	4
일반 직장인	• 차장급 이상 직장인, 소득수준 높음 • 기술 응용도 떨어지나 응용 의지가 강함	3	3	3	2	2	3
자영업자	• 25~35세 상업형 자영업, 동일 연령 대비 소득수준 높음 • 카페, 각종 놀이방, 음식점 등	2	2	1	1	2	3
① 대학생	• 선도력이 매우 강한 집단 • 경제력은 비교적 약한 편	3	5	5	5	3	3

중고등학생	• 학습에 대한 욕구 및 환경적 압력이
	  심함
	• 지불자와 취득자가 달라 경제력은
	  꽤 큰 편
		2	4	4	3	2	1

이용한 표적시장 선정방법을 예시하였으나 이외에도 다양한 기법을 활용하여 최초
공격지점을 결정할 수 있다.

4.3 완전완비제품

공격지점, 즉 표적시장이 확정되고 나면 그 세분시장 고객의 구체적 니즈를 파악하고 이를 완벽하게 만족시킬 '완전완비제품whole product'을 기획, 개발해야 한다. 완전완비제품은 말 그대로 표적시장 고객이 가지고 있는 문제problem에 대한 완벽한 해답complete solution이 되어야 한다. 실용주의자 고객에게 이와 같은 완벽한 해답을 제공하기 위해서는 〈그림 6〉과 같은 상품 계층product hierarchy을 이해할 필요가 있다.

'본원제품generic product'이란 소비자가 구매하는 상품이 수행하는 본질적인 기능과 관련되어 있다. "컴퓨터는 계산하고 프린터는 프린트한다Computers compute, printers print."라는 말이 있는데 이는 기술의 보편화로 범용화된commoditized 하이테크 제품의 상황을 냉소적으로 표현한 것으로, 본원제품만으로는 상품의 차별화를 이루기 어렵다는 사실을 시사한다. 한편, 소비자들은 대개 자기가 사는 제품이 수행하는 본질적인 기능의 품질수준 이외에도 여러 가지에 대한 기대를 가지고 있는데 이 단계의 제품정의를 '기대제품expected product'이라 한다. 예를 들어 컴퓨터를 구입할 때, 대부분의 소비자들은

그림 6 상품 계층과 완전완비제품

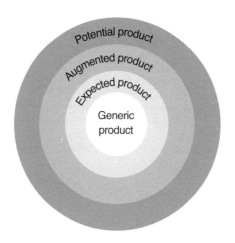

출처: Kotler(2003), p. 408.

컴퓨터 본체와 함께 하드 드라이브나 키보드 등과 같은 하드웨어, Windows와 각종 응용소프트웨어가 구비되어 있을 것으로 기대하며 일정 수준의 품질과 성능에 대한 기대를 갖는다. 소비자가 기대하는 부분은 충족되지 않을 때에 불만의 원인이 되므로, 제품을 기획하는 사람은 소비자가 무엇을 어느 정도 기대하는지 정확히 파악하여야 할 필요가 있다.

본원제품과 기대제품을 갖추고 나면, '부가제품augmented product' 요소를 추가해야 한다. 부가제품이란 반드시 있어야 할 것으로 소비자가 기대하지는 않지만, 마케터가 추가로 제공하는 유·무형의 제품과 서비스를 이르는 말이다. 예를 들면 터치 스크린이나 추가적인 응용소프트웨어, 특별 서비스 등이다. 이것들은 없어도 소비자가 불만을 갖지는 않지만, 종종 타사 제품과 '차별화' 하는 중요한 수단이 된다. 마지막으로, 제품계층의 가장 바깥쪽에 위치한 '잠재제품potential product'은 제품의 잠재적 미래가치, 즉 확장성extendability과 관련이 있다. 하이테크 제품들은 대개 다른 제품들과 연결되어 함께 사용되므로 보완재와의 호환성 내지는 확장성이 매우 중요해진다. 업그레이드가 얼마나 용이한가 하는 점도 제품수명주기가 짧은 하이테크 제품의 미래 가치를 결정하는 중요한 요소가 된다.

앞에서 설명한 기술수용주기TALC 모형과 관련하여 설명하자면, 기술수용주기 곡선의 왼쪽에서 오른쪽으로 갈수록 상품 계층의 안쪽 보다 바깥쪽이 중요해진다. 즉, 초기시장 고객들은 제품의 본질적인 부분, 즉 본원제품과 기대제품을 중요시하고, 주류시장 고객들은 부가제품과 잠재제품에 대해 상당한 관심을 보인다. 따라서, 캐즘에 빠진 기업이 주류시장의 특정 표적시장 고객을 만족시켜 캐즘을 극복하고자 한다면 그 표적시장 고객이 원하는 부가제품과 잠재제품을 반드시 갖추도록 해야 한다.

4.4 경쟁 포지셔닝과 엘리베이터 테스트

공격포인트가 결정되고 이들을 공략할 완전완비제품이 준비되었다면 이제는 목표시장 고객을 설득하는 일만 남았다. 이때의 마케팅 커뮤니케이션은 왜 특정 제품을 구입해야 하며, 왜 자사 상표를 구입해야 하는가 하는 이유를 제시하는 일로 집약

된다. 소비자로 하여금 고민의 여지없이 자사제품을 살 마음을 먹도록 하기 위해서는 선택대안을 적절히 제시하여야 한다. 실용주의자는 둘 이상의 대안을 비교하기 원하며, 그 중에서 미래의 표준이 될 가능성이 큰 것을 택하는 경향이 있다. 이때 경쟁집합competitive set을 너무 넓게 정의하면 시장지배력이 큰 경쟁기업을 불필요하게 경쟁상대로 끌어들일 수 있으며, 또 너무 좁게 정의하면 비교대상이 너무 적어 소비자들의 불신을 가져올 수 있다. 따라서, 자사 상품이 최고의 대안으로 부각될 수 있도록 적절한 경쟁제품을 포함한 경쟁집합을 구성할 필요가 있다. 이는 물론 자사 상품을 어떤 상품 군product category으로 제시할 것인가 하는 이른바 'Framing'의 문제와 밀접한 관계를 가지고 있다.

실리콘밸리의 벤처 캐피털리스트들이 자주 사용하는 테스트 방법으로 '엘리베이터 테스트elevator test'란 것이 있다. 이는 투자대상을 심사하는 잣대로 종종 활용하는 것으로 알려져 있는데 다음과 같다. 즉, 로비에서 만나 인사를 나눈 투자가가 투자를 받고자 하는 기업의 대표와 함께 엘리베이터를 타고 사무실이 있는 층으로 올라가는 도중에 엘리베이터 안에서 그에게 사업전략을 설명하도록 요구한다는 것이다. 약 2~30초의 짧은 시간 내에 첨단기술 상품의 마케팅 전략을 설명한다는 것은 결코 쉬운 일이 아닐 것이다. 그러나, 이러한 시험은 투자자금을 유치하기에 앞서 초기시장을 어떻게 공략하고 주류시장에 진입할 것인가 하는 시장전략, 그 중에서도 포지셔닝 전략이 얼마나 잘 준비되어 있는지를 알아보는 훌륭한 방법이 된다. Geoffrey Moore는 이와 같은 엘리베이터 시험의 모범답안으로 아래와 같은 틀을 제시하였다.

For (target customer)
who (statement of the need or opportunity),
the (product name) is a (product category)
that (statement of key benefit or compelling reason to buy).

Unlike (primary competitive alternative),
our product (statement of primary differentiation).

위의 두 문장을 우리 말로 정리해 보면 다음과 같이 될 것이다.

"(우리 제품명)은 (구체적인 니즈)를 가지고 있는 (표적시장 고객)에게 (핵심적인 효용)

을 제공한다. (주요 경쟁제품)과 달리 (우리 제품명)은 (차별화 포인트)를 제공한다."

이 문장에서 괄호 안의 부분은 앞에서 설명한 캐즘 뛰어넘기 과정을 통해 분석된 내용을 토대로 파악하여 선택된 내용이어야 한다. 이 문장에서 표적시장 고객이 실용주의자인 주류시장 고객의 세분시장으로 표현되고 이들을 완벽히 만족시킬 핵심적인 효용과 차별화 포인트를 갖추고 있다면 이제 캐즘 극복을 위한 준비가 완료된 것으로 볼 수 있다.

5 토네이도 안에서

캐즘을 넘기 위해 공략한 핵심 볼링 핀이 쓰러지면, 캐즘에 빠져 있던 기업은 드디어 회생의 기회를 잡게 된다. 정체의 터널을 빠져나가 오랜만에 돈이 들어오기 시

그림7 볼링 앨리

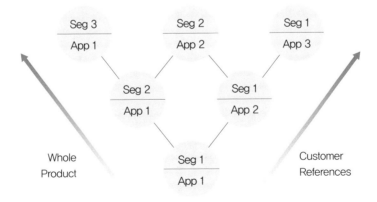

출처: Moore(1995), p. 38.

작하고, 주류시장 성공의 필수 요건인 신용과 명성도 쌓여가기 시작한다. 이제부터는 인접한 핀을 차례로 공략해 나가야 한다. 같은 애플리케이션을 가지고 다른 고객집단으로 시장을 확장할 수도 있고, 동일한 고객집단을 대상으로 새로운 응용분야를 제시하며 시장을 확대해 갈 수도 있다〈그림 7〉 참조. 그러나, 성급한 기업들은 때때로 이와 같은 순차적인 볼링 앨리 전략을 무시하고 지나치게 서두르다가 실패하기도 하고, 또 어떤 기업들은 하나의 핀, 즉 하나의 세분시장에 안주하려는 경향을 보이기도 한다. 이 두 가지는 똑같이 위험을 안고 있는데, 그 이유는 곧 다가올 토네이도, 즉 수요의 극적인 팽창기를 제대로 준비하지 못하게 하기 때문이다. 볼링 앨리는 캐즘에서 토네이도로 옮겨가기 위한 필수적 전략이다.

토네이도의 시기는 수요의 폭발이 일어나는 시기이며 시장의 판도가 결정되는 중요한 시기이다. 80년대의 PC혁명과 90년대 말의 인터넷 혁명, 그리고 2000년대 후반의 모바일 혁명을 생각해 보라. 이 시기에 적절한 마케팅 전략을 구사한 기업들은 IT산업의 지배자가 되었고 그렇지 못한 기업들은 여하히 캐즘을 극복했을지라도 시장에서 미미한 위치를 유지하고 있거나 사라졌을 뿐이다.

그렇다면 무엇이 토네이도를 불러오는 것일까? 토네이도의 원인은 캐즘이 일어난 원인과 같다. 즉, 실용주의자들의 구매 행태에 그 원인이 있다. 그들이 누구인가? 그들은 모두 함께 움직이기 원하며, 남들이 안 살 때에는 자신도 안 사고캐즘, 남들이 사기 시작하면 자신도 서둘러 사야만 하는토네이도 사람들이다. 앞 장에서 설명한 네트워크 효과와 수확체증의 법칙이 가장 강하게 작용하는 시기가 바로 이 시기이며 소비자들의 펭귄효과도 이 시기에 관찰된다. '펭귄효과penguin effect'란 한 마리 펭귄이 바다에 뛰어드는 순간 나머지 펭귄 모두가 동시에 바닷속으로 뛰어드는 현상을 말한다. 실용주의자들이 대거 구매에 나서면서 펭귄효과가 나타나고 그 결과 토네이도가 형성되는 것이다. 그렇기 때문에 토네이도 기간은 시작되는 것도 순식간이지만 완료도 신속하게 이루어진다는 것을 잊지 말아야 한다.

그렇다면 토네이도 단계에서 바람직한 마케팅 전략은 무엇일까? 그 답에 대한 힌트는 토네이도 시기를 성공적으로 마치고 이른바 고릴라가 된 Microsoft나 Google, Amazon 등으로부터 얻을 수 있다. 이들의 경험을 토대로 이 시기의 전략을 정리하면 다음의 세 가지 정도가 될 것이다.

첫째, 이 시기에는 2장에서 설명한 수확체증적 메커니즘, 즉 사용자 기반의 확보가 관건이다. 물론 주어진 파이를 놓고 싸우는 제로섬 게임은 아닌 것이 분명하지만, 단 하나의 기업만이 고릴라가 될 수 있다는 승자독식의 원리를 명심하고 1등이 되기 위한 최선의 노력을 기울여야 한다. 이러한 정신은 Oracle 회장인 Larry Elisson이 징거 즈칸의 말을 인용한 "It is not enough that we win—all others must lose."라는 말에 정확히 반영되어 있다. 둘째로 이 시기에는 유통망의 장악이 무엇보다 중요하다. 즉, 수요도 중요하지만 공급 측면이 반드시 뒷받침되어야 한다는 말이다. 파이프라인을 재빨리 장악하고 표준화된 제품을 신속하게 공급하는 것이 중요하다. Moore는 이 시기의 중요한 모토로 "Just Ship!"이란 표현을 사용하였다.

셋째로, 토네이도 시기는 마케팅의 예외 상황임을 인정하고, 고객의 다양한 요구를 제품에 반영하느라 자원과 시간을 낭비하지 않는 것이 좋다. 제품을 표준화standardization, 단순화simplification 하는 것이 빠른 확산과 보급에 매우 효과적이기 때문이다. 시장지향성과 고객에 대한 대응을 이 시기에는 잠시 자제하라. 토네이도 단계는 시장점유율 전투에 전력투구해야 하는 시기이다.

토네이도 시기의 전략은 한마디로 '매스 마케팅mass marketing'이며 이 시기에 유용하게 사용되는 전략적 무기는 '광고'와 '유통' 그리고 '전략적 파트너링strategic partnering'이다. 이 시기에 실용주의자들은 향후에 표준이 될 제품을 사려고 들며, 따라서 다수의 소비자가 선택하는 제품을 선호하게 된다. 이때 광고는 이들에게 확신을 주고 네트워크 효과를 극대화시켜 주는 유용한 심리전의 도구로서 기능을 수행하게 된다. 캐즘 단계에서 광고가 무용지물이었던 것과는 매우 대조적인 상황이다. 또 전략적 연계는 고릴라가 되고자 하는 기업이 자주 애용하는 매우 효과적인 도구이다. 이들은 전략적 파트너십을 통해 표준을 장악하고 제품을 성공시키되 주도권을 가지려고 한다. 그리고 토네이도가 끝나가는 시점이 되면 파트너 기업을 하나 둘 배제시키고 자기만의 독점적 지위를 확보하게 되는 것이다.

토네이도가 걷히고 나면 사실상의 표준이 확정되고 승자와 패자가 결정된다. 이때 표준을 장악하고 시장의 지배력을 갖게 된 기업 혹은 이들의 제품을 '고릴라'라고 한다. 이들은 가치사슬value chain상의 여러 구성원들에게 강력한 협상력을 행사하게 되며 경쟁기업들을 지배하게 된다. 소비자들도 이들에게 점차 고착화lock-in되어 높은 전환비용을 감수해야 한다. 한편, 고릴라가 다 먹지 못하고 남겨 둔 일부 바나나는 '침팬지'의 몫이 된다. 여기서 침팬지는 고릴라와 일전을 펼쳤던 표준전쟁의 당사자를 의미한다. 침팬지들이 고릴라에게 패하는 이유는 다양하다. Sony와 같이 지나치게 폐쇄적인 제품정책을 취한다거나 아니면 3Com과 같이 소극적인 성장전략을 취하는 등의 이유이다. 3Com은 수백 퍼센트씩 성장하는 통신장비 시장에서 수십 퍼센트의 성장전략을 취하였다가 나머지 시장의 대부분을 Cisco에게 넘겨주고 말았다. 고릴라와 침팬지 외에 '원숭이' 기업들도 있다. 이들은 고릴라 제품들과 호환이 된다는 점에서 침팬지와 다르다. 이들은 대개 저렴한 복제품으로 생존하며 마진이 적은 저가의 제품을 생산한다. 고릴라는 시장의 반 이상을 장악하며 프리미엄을 누리면서 업계를 지배하게 되고, 침팬지와 원숭이들은 그 나머지 시장을 나누어 갖게 된다.

6 메인스트리트와 그 이후

토네이도의 돌풍이 잠잠해지고 고릴라가 시장을 평정하게 되면 하이테크 시장은 이전과 매우 다른 양상을 보이게 된다. 이 단계는 '메인스트리트main street'라고 불리는데 어떤 면에서는 기존의 전통적 마케팅에서 중요하게 다루던 문제들이 비로소 중요해진다.

메인스트리트 단계의 소비자들, 즉 후기다수 수용자들은 기술에 대한 관심이 거의 없다. 기술은 이미 표준화되어 있고 거의 모든 제품에 녹아들어 있다. 이를 '범용화commoditized' 혹은 '완전동화assimilated' 되어 있다고 한다. 기술 자체는 더 이상 가장 중요한 구매기준이 되지 않으며, 소비자들은 2차적인 차별화 요소, 즉 제품의 디자인이나 다양한 부가기능에 관심을 갖는다. 토네이도 단계에서 "고객의 다양한 요구를 당분간 무시하라"고 했다면 메인스트리트에서는 "고객의 다양한 요구를 최대한 수용하라"고 해야 할 판이다. 가격에 민감한 고객층을 겨냥하여 저가에 기본기능만을 갖춘 모델을 출시하고, 하이테크가 아닌 하이터치high-touch 마케팅으로 소비자의 감성적인 구매욕구를 충족시켜야 한다. 또 이 시기는 대량 맞춤mass-customization 능력이 핵심 경쟁력이 될 수 있는 시기이다.

고릴라의 태평성대는 상당 기간 지속되지만 메인스트리트도 언젠가 끝이 난다. 새로운 기술의 출현, 수확체증에서 수확체감으로의 경쟁동력 변화, 기술의 진부화 등이 그 대표적 원인들이다. 다음 장에 설명할 파괴적 혁신disruptive innovation도 시장지배 기업이 경계해야 하는 복병 중 하나이다.

7 결론

'불연속적 혁신'의 특성을 가지고 있는 하이테크 제품이나 서비스는 그 시장형성 과정이 매우 독특하다. 초기시장의 형성도 어렵지만, 초기 시장에서의 성공을 주류시장으로 이어가는 것도 그에 못지않게 어렵다. 따라서 대부분이 일시적인 정체 내지는 캐즘을 경험하게 된다. 그러므로, 하이테크 시장의 승자가 되기 위해서는 이른바 기술수용주기상의 5개 수용자 집단의 특성을 제대로 이해하고 각 단계별로 최적의 전략을 구사해야 한다. 초기시장, 캐즘, 토네이도, 메인스트리트를 거치면서 각 단계를 구성하는 소비자의 특성과 경쟁 역학competition dynamics을 철저히 반영한 마케팅 활동을 전개해야 한다. 초기에 성공했던 한 가지 방식에 의존해서는 결코 수요 팽창기의 토네이도를 타고 고릴라가 될 수 없다.

초기의 성공에 연연하다가 캐즘에 빠지게 되면 사업을 부지하기 위해 초단기적인 시야를 가지고 매출 위주의 정책을 펴기 쉬운 것이 인지상정이다. 그러나 Moore가 주장하고 실리콘밸리에서 여러 사례를 통해 실제로 검증된 캐즘모형은 그럴 때일수록 인내심을 가지고 작은 그러나 파급효과가 큰 틈새시장을 찾아 모든 힘을 집중하라고 말한다. 그리고 캐즘을 넘게 되면, 볼링 핀이 서로를 쓰러뜨리듯 여러 세분 시장을 하나하나씩 공략하여 넘어뜨리는 연쇄작용을 통해볼링 앨리 전략, 시장 폭발기에 선도주자로 나서라고 말한다.

하이테크 시장에서 성공하기 위해서는 무엇보다도 '뒤집기'가 중요하다. 여기서 뒤집기란 마케팅 전략의 '유연성'을 말한다. 즉, 초기시장에서는 혁신적인 기술과 킬러 애플리케이션을 기반으로 혁신자와 선견자를 공략하다가, 캐즘의 단계가 되면 제품의 표적고객과 응용분야를 정교화하여 집중적으로 공략하는 방법을 쓰고, 또 토네이도가 되면 보편적인 소구universal appeal를 갖는 표준화된 제품과 광고 등으로 무장한 매스 마케팅을 펼쳐야 한다. 마지막으로, 메인스트리트 단계에서는 토네이도 이후에 경

캐즘에 대한 새로운 시각

1991년 〈Crossing the Chasm〉이 출간되어 전 세계 하이테크 기업들에게 새로운 지침을 제공한 지 30년 이상이 흘렀고, 일각에서는 캐즘이라는 현상에 대한 새로운 접근이 필요하다는 목소리도 제기되고 있다.

벤처 캐피털 투자사인 Flybridge Capital의 공동창립자이자 Harvard Business School에서 강의를 담당하고 있는 Jeffrey Bussgang은 TechCrunch에 투고한 기고문에서 2012년 경부터 하이테크 시장에서 캐즘의 시점이 달라졌다고 주장한다. Moore가 주장한 기존의 캐즘이 얼리어답터 집단과 조기다수 수용자 사이의 큰 간극을 의미했다면, Bussgang의 주장은 이 캐즘이 조기다수 수용자 집단과 후기다수 수용자 집단 사이로 이동했다는 것이다. 디지털 트랜스포메이션(digital transformation)이 기업의 선택이 아닌 필수로 인식되면서 다수의 기업들이 더 이상 혁신상품이 캐즘을 건너기를 기다리지 않는다는 것이다. 기업 운영에 필요한 혁신적인 신상품의 도입을 머뭇거리다 경쟁 열위에 놓이기보다는 적극적으로 변화를 추구하는 기업들이 늘어남에 따라 적어도 B2B 시장에서는 초기시장의 규모가 급격하게 커졌다는 것이다.

아래 그림과 같이, 현재 하이테크 B2B 시장에서는 혁신수용자, 얼리어답터, 그리고 조기다수 수용자 집단까지 확산의 단절 없이 혁신상품에 대한 빠른 수용을 보이고 있으며, 후기시장이라 할 수 있는 후기다수 수용자 집단과 지각수용자 집단의 규모 또한 점차 감소하고 있다는 것이다. 이러한 주장은 MongoDB, Veeva, Squire 등 B2B 시장의 소프트웨어 기업들이 투자 전문가들의 예측과 달리 초기시장에서 더 큰 성과를 거두는 사례들이 이어지고 있다는 데에 기인하고 있다. 아직까지는 B2B 시장에 국한된 주장이기는 하지만, 일반 소비자들도 자신의 삶의 질을 높이기 위해 혁신에 대해 보다 개방적인 태도를 견지하는 경우가 증가하고 있다는 점에서 B2C 시장에서도 캐즘의 양상이 변화하지는 않을지 지켜볼 일이다.

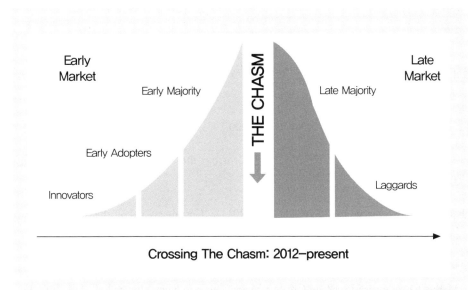

Crossing The Chasm: 2012–present

출처: Bussgang, Jeffrey (2021), "After 30 Years, 'Crossing the Chasm' is Due for a Refresh," TechCrunch.

험하게 되는 범용화, 진부화를 막기 위해 다양한 고객의 요구를 반영한 차별화된 마케팅differentiated marketing으로 다시 한번 마케팅 전략을 수정하여야 한다. 이러한 과정에서 하이테크 마케터는 집중화와 보편화, 혹은 차별화와 범용화의 전환을 반복하게 되는데 이는 말처럼 쉽지 않다. 시장에 대한 깊은 이해와 결단이 없이는 매우 힘든 것이 사실이다. 결론적으로 말해서, 하이테크 상품을 가지고 시장을 창조하고 지배하여 고릴라가 되고자 하는 기업은 시장의 변화를 예의 주시해야 한다. 시장이 어느 단계에 와 있는가, 또 무엇을 준비해야 하는가를 정확히 파악하여 유연성 있는 마케팅 전략을 구사하는 기업만이 생존 경쟁에서 살아남을 수 있을 뿐 아니라 시장을 지배하고 선도하는 위치에 설 수 있게 될 것이다.

참고문헌

정규환(2020), "AI 최첨단 기술에만 매료되지 말고 시장을 흔들 킬러 솔루션 들고 나와야," 동아비즈니스리뷰, Vol. 296, 40-50.

Business Week, "Moore Goes Mainstream," 2000.10.23.

Bussgang, Jeffrey (2021), "After 30 Years, 'Crossing the Chasm' is Due for a Refresh," TechCrunch.

Chandrasekaran, Deepa, and Gerard J. Tellis (2011), "Getting a Grip on the Saddle: Chasms or Cycles?," Journal of Marketing, Vol. 75, No. 4, 21–34.

Goldenberg, Jacob, Barak Libai, and Eitan Muller (2002), "Riding the Saddle: How Cross-Market Communications Can Create a Major Slump in Sales," Journal of Marketing, Vol. 66, No. 2, 1-16.

Kotler, Philip (2003), Marketing Management, 11th edition, Prentice Hall.

Libai, Barak, Vijay Mahajan, and Eitan Muller (2017), "Can You See the Chasm?: Innovation Diffusion according to Rogers, Bass, and Moore," Review of Marketing Research, Routledge, 38-57.

Moore, Geoffrey A. (1991), Crossing the Chasm, Harper Business.

Moore, Geoffrey A. (1995), Inside the Tornado, Harper Business.

Moore, Geoffrey A., Paul Johnson, and Tom Kippola (1998), The Gorilla Game, Harper Business.

Rogers, Everett M. (1995), Diffusion of Innovations, 4th edition, Free Press.

Wathieu, Luc, and Michael Zoglio (2000), "TiVo. Case No 9-501-038," Harvard Business School Case Services.

파괴적 혁신과 표준전쟁

스마트폰이 없으면 단순히 불편한 수준이 아니라 일상생활이 불가능할 정도로 현대인의 모바일에 대한 의존도는 매우 높다. 길거리나 지하철 안에는 스마트폰 화면을 들여다보고 있는 사람들로 가득하다. 스마트폰이 없으면 불안감을 느끼는 사람을 칭하는 '스몸비스마트폰 + 좀비'라는 말이 등장한 지도 오래됐다. 달라진 것은 사람들의 일상뿐만이 아니다. 스마트폰이 다양한 생활 서비스가 집적된 매체로 발전하면서 관련한 많은 산업들이 설 자리를 잃어가고 있다. 가장 직접적인 변화를 맞은 산업은 PC산업이다. 인터넷 검색이나 온라인 채팅을 모바일이 대체하면서 온라인 단말이 PC에서 모바일로 이동했고 PC산업은 급격히 축소되었다.

스마트폰은 카메라 시장도 와해시켰다. 스마트폰에 탑재된 카메라의 성능이 좋아지자 디지털 카메라의 판매가 급감했다. 전문 사진가가 아닌 일반 소비자 입장에서는 스마트폰 카메라와 디지털 카메라 간의 화질 차이는 크게 느껴지지 않았다. 게다가 휴대성과 가격의 측면에서는 스마트폰이 디지털 카메라에 비해 월등한 가치를 제공한다. 이에 디지털 카메라 업계는 급격히 내리막길을 걷게 되었고 캐논, 소니, 니콘 등 일부 기업을 제외한 다수의 제조사들이 시장에서 사라졌다. 삼성전자 역시 카메라 시장에서 철수하면서 카메라 사업부의 기술력을 스마트폰 카메라에 적극 활용하겠다고 밝혔다.

스마트폰에 타격을 입은 또다른 시장은 게임 산업이다. 특히 휴대용 콘솔 게임

기 시장이 빠르게 잠식당했다. 대부분의 모바일 게임은 무료로 다운로드와 플레이가 가능하고, 이동 중에도 간편하게 조작할 수 있다는 장점으로 기존에 게임을 이용하지 않던 소비자층마저도 시장으로 유입시켰다. 또한, 블루투스나 HDMI 등으로 디스플레이나 콘트롤러와 연결이 가능해지면서 거치형 콘솔 게임기마저 위협하고 있다. 한 시대를 풍미했던 PC 온라인 게임인 '리니지', '테라' 등이 모바일로 출시되었고, '포켓몬고'를 통해 모바일의 위력을 경험한 닌텐도는 자사의 인기 타이틀을 모바일 버전으로 출시하기 시작했다.

스마트폰은 금융 산업의 지형마저도 근본적으로 변화시켰다. 스마트폰의 대중화는 은행 서비스에 대한 물리적 제한을 해소하여 소비자들의 접근성을 크게 개선하였다. 평일에 은행 창구를 찾기 어려웠던 직장인들도 모바일 뱅킹을 통해 언제어디서나 은행 업무를 처리할 수 있게 되었다. 은행 지점의 역할이 점차 축소되자케이뱅크, 토스, 카카오뱅크와 같이 모든 업무를 온라인으로만 처리하는 네오뱅크도 등장하였다. 또한, 스마트폰을 통한 간편결제 기술이 발전하면서 이른바 핀테크기업들이 등장하였고, 기존의 카드기업들의 자리를 대체해 나가고 있다. 어린 시절부터 디지털 환경에서 자란 Z세대 소비자들 중에는 더 이상 지갑을 가지고 다니지않는 경우도 많다. 대중교통 이용부터 쇼핑까지 스마트폰만 있으면 모든 것이 가능한 시대가 되었다.

흥미로운 점은, 공격을 받고 있는 혹은 이미 공격을 받아 거의 몰락한 기존 산업의 입장에서 스마트폰은 처음부터 엄청나게 위협적인 존재는 아니었다는 사실이다. PC 산업 입장에서 스마트폰 출시 초기의 작은 화면과 낮은 프로세싱 능력은 코웃음이 나는 수준이었다. 카메라나 게임 역시 스마트폰을 사면 무료로 사용할 수 있는 일종의 부가 서비스로 치부했을 뿐 직접적인 경쟁상대로 여겨지지 않았다. 물론 지금도 직접적인 성능을 비교하자면 PC, 디지털카메라, 휴대용 콘솔 게임기가 스마트폰에 비해 월등한 것이 사실이다. 중요한 것은 소비자가 요구하는 성능의 수준이 어느 정도이고, 어떤 효용을 더 중시하느냐의 문제이다.

신기술은 대부분의 경우 비용 대비 효과 면에서 이전 기술을 압도하나, 반드시 그런 것은 아니다. 때로는 일시적으로 열등해 보이는 기술이 새로운 가치를 제공하며 세상에 등장하여 궁극적으로 기존 기술을 대체하기도 한다. 이를 파괴적 혁신disruptive innovation이라 부르며, 스마트폰은 그 대표적인 사례다. 제4장에서는 하이테크 시장의 역동적인 산업지형 변화의 주동자라 할 수 있는 파괴적 혁신을 먼저 소개하고, 표준전쟁을 통해 시장을 차지하기 위한 서로 다른 기술 간의 경쟁을 다룬다.

1 파괴적 혁신

1.1 기술혁신과 산업의 와해

스마트폰의 사례에서 보듯 새로운 기술의 등장은 일개 기업뿐 아니라 한 산업 전체를 와해시키기도 한다. 기존 산업이 하루 아침에 거품으로 사라질 수 있는 곳, 그 곳이 바로 하이테크 시장이다. 새로운 기술은 항상 앞에 '첨단'이란 수식어를 달고 출현하지만 갑자기 나타난 또 다른 기술에 의해 그야말로 순식간에 진부화obsolescence될 가능성을 항상 가지고 있기 때문이다.

Harvard 대학의 Clayton M. Christensen 교수는 하드디스크 드라이브 산업을 집중적으로 연구하면서 위대한 기업들조차 새로운 기술에 의해 순식간에 무너지는 현상을 관찰했다. 그는 저서 〈Innovator's Dilemma〉에서 이와 같이 선도 기업을 추락하게 만든 기술변화의 복병을 "파괴적 혁신disruptive innovation"이라고 명명하였다. 그의 이론은 인터넷의 파괴력을 설명하는 근거가 됨으로써 그를 일약 스타로 만들었고, 파괴적 혁신의 개념은 이제 하이테크 산업뿐만 아니라 제조업과 서비스업 모두에 적용되는 일반적 이론이 되었다. 미국을 대표하는 백화점으로서 한때 세계에서 가장 높은 빌딩을 소유하고 있던 Sears의 자리를 빼앗은 할인점 Wal-Mart, 소형 복사기로 Xerox의 아성을 무너뜨린 Canon, 인슐린 주사를 대체하는 인슐린 펜을 개발한 덴마크의 Novo 등은 파괴적 기술로 일류기업을 쓰러뜨리고 산업구조를 재편한 대표적 사례이다.

미국 컴퓨터 산업의 역사는 파괴적 혁신의 영향력을 가장 잘 보여준다. 메인프레임 컴퓨터로 컴퓨터 산업을 형성하고 지배했던 IBM은, 대부분의 기존 고객이 외면했던 미니컴퓨터를 들고 전쟁에 나선 Digital Equipment^{DEC}에게 컴퓨터 시장의 주도권을 빼앗기고 말았다. 그 후 Digital은 데스크톱 PC의 출현을 무시하다가 결국 Apple과 Compaq 같은 PC 제조업체들에게 무릎을 꿇었다^{실제로 Digital은 1998년 Compaq에 인수되었다}. 포터블 컴퓨터와 데스크톱 시장을 차례로 장악한 Compaq도 PC 제조업체 1위를 달성한 지 불과 몇 년 만에 무명기업 Dell의 새로운 판매방식에 적절히 대처하지 못하여 정상에서 내려와야 했다. 그리고 컴퓨터 시장은 스마트폰과 태블릿 PC에 의해 와해되고 있다.

최근에는 파괴적 혁신이 몰락시키는 대상이 몇몇 기업에 국한되지 않고 한 산업 전체로까지 확대되기도 한다. 새로운 기술로 인해 이제 오프라인 여행사, 전화번호부, 지도, 휴대용 계산기, 전자사전, MP3 player는 거의 찾아보기 힘들게 되었다. 지금 이 순간에도 온라인 스트리밍 서비스가 TV와 영화산업을, 오디오북이나 전자책이 전통적인 출판 산업을 위협하고 있다. 더욱이, 빅데이터를 활용한 새로운 기술의 무수한 등장이 예고되는 4차 산업혁명 시대에는 신기술이 파괴하는 범위가 한 산업이 아니라 여러 산업으로까지 확대될 것이다.

이처럼 기존의 성숙한 산업이 새로 등장한 기술에 의해 와해되는 이유가 무엇일까? 이른바 '대기업병'이라 불리는 관료주의, 창업 시 가졌던 열정의 소멸, 교만이나 단기적인 시야, 잘못된 기획이나 투자결정 등이 몰락의 원인일 수도 있으나, 이것만으로는 설명이 어려운 경우가 많다. 오히려 기존 기업들은 몰락 당시에 첨단의 기술력과 최고의 경영진을 보유하고 있고, 고객지향성을 추구하며 합리적인 투자결정을 해오던 경우가 많다. 그렇다면 과연 무엇이 성숙한 산업을 파괴시키는가? 파괴적 기술의 특징만이 이를 설명할 수 있다. 다음 절에서는 파괴적 기술의 정의를 중심으로 파괴적 기술이 기존의 혁신 기업을 와해시켜 나가는 메커니즘을 설명할 것이다.

1.2 존속적 기술과 파괴적 기술

기술에는 두 종류가 있다. 하나는 존속적 기술sustaining technology이고 또 하나는 파괴적 기술disruptive technology이다. 〈그림 1〉의 좌에서 우로 올라가는 화살표는 존속적 기술의 궤적trajectory이고 왼쪽 사선에서 오른쪽 사선으로의 이동은 파괴적 기술의 경로다. 새로운 기술이 기존제품의 성능을 더욱 향상시키는 방향으로 사용될 경우, 이를 존속적 기술이라고 한다. 이때, 성능performance은 그 제품의 현재 고객의 관점에서 중요시하는 속성과 관련된다. 즉, 더 빠른 CPU, 더 큰 메모리 용량, 더 좋은 품질 등이 주로 고려되는 성능이다. 앞에서 논의한 Moore의 법칙도 존속적 기술을 지속적으로 추구한 사례라고 볼 수 있다.

한편, 파괴적 기술은 기존고객의 관점에서 볼 때 일시적으로 열등한inferior 기술이지만, 새로운 시장을 창조하여 궁극적으로 기존의 기술을 대체하는 기술을 말한다. 초기의 미니컴퓨터는 메인프레임 컴퓨터를 사용하는 고객의 요구를 당장 만족시키지 못했고, 트랜지스터 라디오는 진공관 오디오를 사용하는 고객의 기대에 미치지 못했다. 이와 같이 파괴적 기술은 기존 주류고객의 환영을 받지 못하지만, 새로운 가치를 시장에 도입하여 그 동안 기존제품의 시장에 참여하지 않았던 새로운 고객층을 만들어 낸다. 따라서, 파괴적 기술은 대개 더 저렴하고cheap, 더 간단하고simple, 더 작고small, 더 사용하기 편리한convenient 특성을 가지고 있다. 성능에 대한 요구수준이 비교적 낮은 Low-end 고객들이 새로운 가치를 추구하며 파괴적 기술을 채택하는 것이다. Low-end 고객의 채택이 가속화되고 파괴적 기술을 기반으로 한 제품의 시장이 점차 확대되어 가는 동안, 파괴적 기술의 성능도 점차 개선되어 기존고객, 즉 High-end 고객의 요구수준을 어느 순간 만족시키며 기존기술을 위협하게 되는데, 이 때가 바로 선도기업이 '파괴disrupt'되는 순간이다. 이 시점은 대개 기존의 기술이 High-end 고객의 요구 수준마저 넘어서서 외면받기 시작하는 이른바 'Overshooting'이 일어나고 얼마 후인 경우가 많다. Overshooting은 기술성능의 발전과 고객 니즈의 상승 속도가 일치하지 않음으로 해서 나타나는 현상인데 고객의 기술요구수준을 정확하게 파악하지 못하거나 그들의 요구수준을 적절히 끌어 올리지 못하는 경우 종종 빠지게 되는 기술기업의 함정이다〈그림 2〉 참조.

그렇다면 특정 기술이 존속적 기술인지 파괴적 기술인지 어떻게 판가름할 수 있을까? Christensen 교수와 그의 연구팀은 다음의 다섯 가지 질문을 통해 이를 확인할 수 있다고 정리하였다. 첫째, 새로운 기술이 기존 상품에 접근하지 못했던 새로운 시장을 표적으로 삼는가? 둘째, 새로운 기술이 High-end 시장을 공략하려 할 때 기존 기술이 이에 별다른 대응을 하지 않는가? 셋째, 새로운 기술이 저비용 구조를 유지하면서도 시장의 요구수준을 만족시킬 수 있는 빠른 성능 개선을 보여줄 수 있는가? 넷째, 새로운 기술이 유통채널을 포함하여 새로운 가치 네트워크를 창조하는가? 다섯째, 새로운 기술이 기존 기업들의 공존을 허락하지 않고 시장 전체를 파괴하는가? 이상의 질문에 '예'라고 답변할 수 있다면 새로운 기술을 파괴적 기술이라 볼 수 있다.

그림1 **파괴적 기술과 존속적 기술**

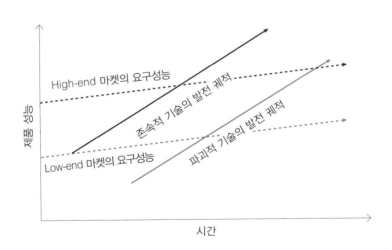

출처: Christensen(1997), p. xvi.

그림 2 Pentium III : Overshooting?

Pentium 3가 소비자들이 요구하는 성능의 요구수준을 뛰어 넘는 'Overshooting'으로 인해 수용이 늦어지고 있음을 지적한 Business Week(1999. 3.22) 기사.

Uber와 Airbnb는 파괴적 혁신인가?

파괴적 혁신이 기존 고객의 관점에서는 일시적으로 열등하지만, 저렴하고, 간단하고, 사용이 편리한 특성으로 새로운 고객층에게 소구한다는 측면에서 Uber나 Airbnb와 같은 상품도 파괴적 혁신의 하나로 꼽히는 경우가 많다. 그러나, Uber와 Airbnb는 운송업과 숙박업의 기존 운영방식과 확연히 다른 새로운 운영방식으로 차별화를 꾀했을 뿐 기존 기업들과 마찬가지로 고객들의 동일한 니즈를 충족시키고 있다는 점에서 파괴적 혁신으로 볼 수 없다.

하버드 경영대학의 Marco Iansiti 교수와 Karim Lakhani 교수에 따르면 Uber, Airbnb, Amazon, YouTube와 같은 기업들은 데이터 중심의 운영방식을 도입해 전통적인 기업과 전혀 다른 방식으로 고객의 니즈를 충족시킨다. 전통적인 기업들이 조직 구조와 분업을 통해 가치를 창출한다면, 이러한 기업들은 소프트웨어와 알고리즘으로 가치를 창출한다. 물론 시스템을 설계하는 것은 사람이 몫이지만, 검색 결과를 제공하고, 가격을 설정하고, 상품을 추천하는 등 핵심적인 업무는 인공지능이 대신한다. Uber를 위시한 일련의 기업들은 네트워크 효과를 통해 가치를 창출하며, 수확체감이 아닌 수확체증의 법칙 하에 있다는 점에서도 전통적인 기업들과 차이를 갖는다. 즉, 해당 기업들은 새로운 경쟁 역학으로 전통적인 기업들과 공존하며 충돌(collision)하고 있는 것이지, 산업 전체를 파괴하는 것은 아니다.

출처: Sloan Management Review, Spring 2020, "From Disruption to Collision: The New Competitive Dynamics"

1.3 혁신기업의 딜레마

'파괴적 혁신disruptive innovation'의 심각성은 선도기업이 그것을 감지한다 하더라도 궁극적으로 실패할 수밖에 없다는 사실에 있다. Christensen 교수는 이를 "혁신기업의 딜레마innovator's dilemma"라고 불렀다. 그렇다면, 왜 혁신기업이 파괴적 기술에 적절히 대처할 수 없는 것일까? 첫째는 이른바 우량 혁신 기업들이 대개 높은 고객지향성을 가지고 있다는 사실 때문이다. 고객지향성은 바람직한 것이지만, 파괴적 기술의 출현 앞에서는 오히려 장애물로 작용한다. 즉, 새로운 가치를 추구하는 고객층보다는 기존고객의 말에 더 의존함으로써, 기존고객이 중요시 하는 속성의 측면에서 일시적으로 열등한 파괴적 기술에 투자하지 않게 된다. Christensen 교수는 그런 의미에서 하이테크 산업에 있어 지나치게 고객에게 밀착하는 것은 위험하다고 말한다.

둘째는 파괴적 혁신이 가져올 시장의 크기가 미미하다는 사실이다. 대부분의 일류기업들은 투자의사결정을 내리기 위한 체계적인 절차를 가지고 있고, 그 절차에 따라 평가하는 과정에서 매우 협소하고 한정적인 시장을 대상으로 한 파괴적 기술에 대한 투자를 번번이 기각하게 된다. 당장의 성장 욕구에 부합하지 않을 뿐더러 투자자나 주주들도 파괴적 기술에 대해 부정적인 입장을 취할 가능성이 높기 때문이다.

셋째로 파괴적 기술은 너무나 많고 다양하며, 그것이 가져올 시장의 실체도 불명확하여 시장조사를 통해 그 전략적 의미를 포착하기 힘들다. 즉, 레이다에 잘 안 잡힌다는 것이다. 또 잡힌다고 해도 그 파괴적 기술에 사운을 걸고 매진하는 후발주자를 견제할 만큼의 투자는 이루어지기 힘들다.

실제로 Seagate Technology가 80년대 중반에 경험한 사건은 이러한 사실을 명확히 보여준다. 1980년에 설립된 Seagate는 6년만에 매출 7억불의 성공기업으로 발전했다.

혁신기업이 스스로를 속이는 네 가지 거짓말

컨설팅 업체 Innosight의 시니어 파트너 Scott Anthony와 3D 디지털 트윈 업체 Blackshark.ai의 창립자 Michael Putz는 다양한 사례를 기반으로 혁신기업이 파괴적 기술에 적절히 대처하지 못하도록 자신의 눈을 가리는 네 가지 거짓말을 정리하였다.

첫째, "우리는 안전하다". 파괴적 기술이 태동하고 있는 시점에도 혁신기업의 재무제표는 전혀 문제가 없어 보이는 경우가 많다. 일반적으로 데이터는 파괴적 변화를 뒤늦게 반영하기 때문이다. BlackBerry의 전 CEO Jim Balsillie는 2008년 언론과의 인터뷰에서 iPhone이나 Android를 언급조차 하지 않았다. 당시 매출 흐름이 전년도의 두 배를 기록하고 있었기 때문이다. 둘째, "그건 너무 위험하다". 파괴적 기술에 대대적인 투자를 하는 것은 존속적 기술에 지속적인 투자를 하는 것에 비해 위험하다는 선입견이다. Microsoft의 Zune 뮤직 플레이어, Amazon의 Fire Phone, Google Glass 모두 실패로 귀결된 파괴적 기술에 대한 투자이다. 물론 상당한 재무적 손실을 기록한 것은 사실이지만 해당 기업 모두 여전히 시장에서 막강한 지배력을 행사하고 있다. 셋째, "주주들이 허락하지 않는다". 주주를 핑계로 단기적 성과에만 급급하면 주주가치 극대화를 실현할 수 없다. 주주들의 반대를 무릅쓰더라도 장기적으로 현금흐름을 극대화할 수 있는 파괴적 기술에 대한 적극적인 투자가 더 바람직할 수 있다. 넷째, "우리는 아직 준비되지 않았다". 조직 구성원들의 관성을 변화하기 어렵다는 생각 역시 핑계에 불과하다. 싱가포르의 다국적 은행 DBS는 별다른 조직 개편 없이 혁신적인 기업문화를 장려하는 것만으로 온라인 뱅킹 중심의 기업으로 변모할 수 있었다.

출처: Sloan Management Review, Spring 2020, "How Leaders Delude Themselves About Disruption"

5.25인치 하드디스크 드라이브의 선도주자로서 IBM 및 IBM 호환기종 PC제조업체의 대부분에 납품을 하고 있었기 때문이다. 80년대 중반, 3.5인치 드라이브 기술이 출현하자 Seagate도 독자적으로 개발에 착수, 시제품을 개발하는 데 성공하게 된다. 그러나, Seagate의 주고객이었던 IBM과 기타 AT급 PC제조업체들은 이 제품에 난색을 표명했다. 왜냐하면 그들은 40메가, 60메가 등의 더 큰 용량을 가진 하드 드라이브를 원했기 때문이다. 당시 3.5인치 드라이브의 용량은 겨우 10메가에 불과했다. 마케팅 부서의 반대 이후 생산, 재무 분야의 반대도 뒤이어 터져 나왔다. 기존 Seagate의 원가구조로는 적은 용량의 하드 드라이브가 마진이 적어 채산에 맞지도 않았고 성장과 이익실현에 별 도움이 되지 않았다. 결국, 3.5인치 드라이브의 개발은 중단되고 마는데 그렇다고 Seagate가 아무것도 하지 않은 것은 절대 아니다. 그들은 5.25인치 드라이브를 지속적으로 개선하고 혁신, 즉 존속적 혁신을 꾸준히 이루어 냈다. 한편, Seagate가 5.25인치에 집중하고 있는 동안, 3.5인치를 개발했던 Seagate 개발 인력들과 3.5인치 개발에 어려움을 겪고 있던 제조업체가 힘을 합쳐 Conner Peripherals라는 회사를 설립하게 된다. 이들은 '소형'이라는 가치를 내세워 포터블 컴퓨터 및 소형 PC 시장을 공략하는데 때마침 급성장을 하고 있던 Compaq을 주고객으로 확보하게 된다. 용량을 일년에 50% 이상 개선하는 등 지속적인 개선노력을 통해 Conner는 1987년 말에 이르러 포터블 컴퓨터뿐만 아니라 PC에서 사용해도 될 만한 3.5인치 드라이브를 개발하는 데 성공, 결국 Seagate의 시장을 빼앗고 업계의 선도기업으로 등극하게 되었다. 파괴적 혁신이 성공한 것이다.

 코닥의 몰락

아날로그 카메라 시대를 지배한 '필름 왕국' 코닥은 설립 131년 만인 2012년 1월 미국 뉴욕 남부 법원에 파산 보호 신청을 했다. 한때 미국 내 90%의 필름 시장 점유율과 85%의 카메라 시장 점유율을 누렸고, 1990년대까지도 세계 5대 브랜드 중 하나였던 코닥이 이처럼 파산에 이르게 된 가장 큰 이유는 파괴적 기술에 제대로 대응하지 못했기 때문이다.

사실 코닥은 1975년 세계 최초로 디지털 카메라를 개발했다. 이 신기술은 연구원들 사이에서 화제가 되었지만 당시 코닥 임원진의 반응은 싸늘했다. 필름으로 돈을 버는 코닥에게 디지털 카메라는 회사의 존재 자체를 부정하는 기술이었고, 당시에 아날로그 사진기와 비교했을 때 형편없는 수준의 화질에 머물렀기 때문이다. 그 뒤로도 코닥은 디지털 카메라를 선점할 기회를 두 번 더 놓쳤다. 1981년 소니가 처음으로 디지털 카메라 '마비카'를 발표하였을 때 코닥은 아직 때가 아니라는 판단에서 필름 사업에 계속 치중했다. 그 후 1992년에 다른 업체들이 소비자용 디지털 카메라를 출시할 때에도 주력인 필름시장의 잠식을 우려하며 주저하다가 결국 1994년에서야 부랴부랴 디지털 카메라를 출시했다. 그러나 1990년대 후반 본격적으로 시작된 승부에서 일찍부터 디지털 시장에 대비해온 캐논과 니콘 등에 완전히 밀렸다. 코닥은 디지털 시대에 맞지 않는 구식 필름 카메라 기업이라는 이미지를 벗어날 수 없었고, 그 결과 1990년대 후반에서 2000년대 후반 10년 사이에 주가가 75%나 떨어졌다.

이처럼 코닥은 디지털 카메라를 최초로 개발하고도 시대 변화에 적절히 대응하지 못하여 몰락에 이르게 되었다. 디지털 카메라 기술이 기존고객이 요구하는 수준에는 못 미치더라도, 전혀 다른 가치를 요구하는 새로운 고객이 원하는 파괴적 기술이라는 사실을 간과했던 것이다.

출처: 동아비즈니스리뷰 2012년 2월 호(No.99) 재정리.

1.4 파괴적 혁신의 전략적 시사점

이처럼 파괴적 혁신의 영향력이 글자 그대로 '파괴적'이라면 기업 입장에서 시장의 파괴자가 되기 위해서는 어떠한 노력이 필요할까? Christensen 교수는 2016년 Harvard Business Review에 게재된 글 〈Know Your Customers' "Jobs to Be Done"〉을 통해 파괴적 혁신의 시작은 고객을 이해하는 데에서 출발한다고 주장하였다. 많은 기업들이 합리적 의사결정을 위해 다양한 데이터를 수집하고 활용하지만, 이러한 데이터는 고객이 구매를 통해 무엇을 성취하고자 하는지 그 동기를 설명해 주지는 못한다. Christensen 교수는 고객이 제품이나 서비스를 구매하는 것은 삶의 어떤 측면을 '개선progress'하기 위해서이고, 이 '과업job'을 완료하기 위해 해결책으로서의 제품이나 서비스를 구매한다는 것을 이해해야 한다고 강조하였다. Netflix가 Blockbuster 주도의 DVD 대여서비스 시장을 파괴할 수 있었던 것도 고객들이 집에서 영화를 보는 것은 편안한 휴식시간을 확보하기 위해서라는 사실을 간파했기 때문으로 설명할 수 있다. Blockbuster는 수익성을 높이기 위해 지각 반납에 대한 벌금을 높이는 데에 집중했지만, Netflix는 대기시간이 발생하지만 우편으로 DVD를 대여할 수 있는 서비스와 화질은 떨어졌지만 스트리밍으로 영화를 감상할 수 있는 서비스를 출시해 고객들의 편안한 휴식이라는 과업을 달성하는 데에 적절한 해결책이 되었다.

그렇다면, 반대로 기존의 선도기업들은 이러한 파괴적 혁신에 어떻게 대응해야 하는가? Christensen 교수는 인터넷을 하나의 중요한 파괴적 기술로 보고, 인터넷으로 인한 파괴의 위험에 처해 있는 산업으로 통신, 금융 서비스, 교육, 소매업, 의료 산업, 반도체 산업 등을 들었다. AT&T나 Merrill Lynch, Intel 등이 그 타깃이다. 그의 예언대로 Kodak은 필름사업의 파괴에 적절히 대응하지 못하여 파산의 길을 걸었다.

완벽한 대응전략은 될 수 없으나 아래와 같은 Christensen의 조언에 귀를 기울일 필요가 있다. 첫째, 새로 출현한 기술이 파괴적 기술인지 존속적 기술인지 확인한다. 둘째, 파괴적 기술일 경우 그 전략적 의미를 확인한다. 즉, 어떠한 새로운 가치를 창출하는지 또 그것이 고객의 입장에서 중요한지를 기존고객이 아닌 잠재고객의 입장에서 평가해 본다. 셋째, 초기시장이 어떻게 형성될 것인지, 주고객은 누가될 것인지 다양한 경로를 통해 알아본다. 이 때 시장조사는 별 도움이 되지 않는다. 넷째, 파괴가능성이 있다고 판단되면 자원을 할당하여 독립적인 부서나 조직을 만든다. 기존 부문과의 갈등을 피하기 위해 되도록 별도 조직으로 분리하는 것이 좋다. 어느 정도의 가시적 성과가 있더라도 성급하게 내부화 하기 보다는 독립성을 유지하라.

2003년에 출간된 책 Innovator's Solution에서 Christensen 교수는 파괴적 혁신의 이론을 보다 발전시킨 새로운 모형을 제시했는데 이는 〈그림 3〉과 같다. 즉, 성능에 대한 요구 수준이 낮은 Low-end 고객들을 공략하여 시장을 파괴시킨 혁신을 'Low-end Disruption'이라 명명하고, 해당 제품을 전혀 사용해 본 적이 없거나^{돈이 없거나 쓸 줄 몰라서} 사용하지 못했던 이른바 '비非소비자non-consumer'들을 대상으로 시장을 창조하는 혁신을 'New-Market Disruption'이라 부름으로써 파괴적 혁신의 유형을 하나 더 추가한 것이다.

그림 3 파괴적 혁신의 세 번째 차원

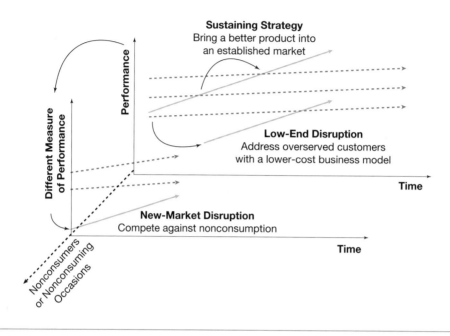

출처: Christensen(2003).

이는 GE의 Jeffrey Immelt 전 회장이 주창한 '역혁신reverse innovation'의 개념과 일맥
상통하는데 선진 기술을 사용하여 저개발 국가 및 저소득층을 위한 초간편, 초저가
제품을 개발하는 것을 의미한다. 주머니 크기만 한 초음파 진단기기, 건전지를 사
용한 심전도 기계, 43달러짜리 정수기 등, 신흥 저개발국가 소비자의 극단적 요구
에 맞춘 혁신제품은 파괴적 혁신과 마찬가지로 새로운 가치를 창조하여 글로벌 시
장으로 나아갈 수 있기 때문에 커다란 성장기회가 된다.

Christensen 교수는 또 선도 기업 입장에서 파괴적 기술을 위협으로 보기보다
는 하나의 성장기회Disruptive Growth로 보고, 보다 전향적으로 시장을 창조해 나갈 것
을 제안했다. 단, 이러한 파괴적 혁신이 성공하기 위해서는 확실히 존재하는 잠재
시장, 기존 시장과의 충돌회피, 독립적인 마케팅 조직 등의 요건을 갖추어야 한다
고 했다.

결론적으로, 파괴적 기술에 대한 Christensen 교수의 이론은 주류시장 이후에 고릴라가 된 선도 기업에게 파괴적 혁신의 위험을 경고하고 유용한 관점을 제공하였다는 점에서 매우 가치 있는 것이다. 특히, 새로운 가치의 추구와 미래의 니즈에 지속적인 관심을 가지고 투자를 해야 한다는 주장은 설득력이 있다. 또 혁신을 함에 있어서 단순히 더 좋은more and better 제품을 만들고자 하기 보다는 새로운 가치new value를 창조하여 새로운 고객을 유입시키려는 노력을 해야 한다는 등 새로운 혁신의 방향을 제시하기도 하였다. 그럼에도 불구하고, 파괴적 기술에 대한 이론은 다음과 같은 비판을 함께 받고 있다. 첫째, 몇몇 산업에서 나타난 현상을 과연 일반화 할 수 있는가 하는 것이다. 사실 인터넷도 모든 기존 산업을 붕괴시키지는 못했

Clayton M. Christensen

Christensen 교수(1952~2020)는 Brigham Young University와 Oxford University에서 경제학을 전공하고 Harvard Business School에서 MBA와 박사학위를 받은 후 1992년부터 2020년까지 동 대학에서 교수로 재직하였다. 과거에 보스턴컨설팅그룹(BCG)에서 컨설턴트와 백악관 정책연구원으로 활동한 적이 있으며 신소재 개발회사 CPS Technologies, 컨설팅 회사 Innosight와 벤처캐피털회사인 Innosight Ventures를 설립하고 경영에 직접 참여하기도 했다. 1971년부터 1973년 사이, 한국에서 선교활동을 했던 경험 덕분에 한국어와 한국 기업에도 관심이 깊은 것으로 알려져 있다.

Christensen 교수에게 세계적 경영사상가라는 현재의 명성을 가져다 준 것은 그의 1997년 저서 〈The Innovator's Dilemma〉였다. 이 책에서 그는 파괴적 혁신에 대한 개념과 현상을 최초로 소개했는데, 이후 인터넷, 스마트폰, 이제는 4차 산업혁명에까지 이 이론이 적용되면서 산업계와 학계의 꾸준한 관심을 받아왔다. 2011년, Economist는 〈The Innovator's Dilemma〉를 "역대 경영학 분야에서 가장 영향력 있는 책"으로 선정하기도 했다. Christensen 교수는 후속 저서 〈The Innovator's Solution〉을 통해 파괴적 기술에 대응하는 해결책을 제시하였고, 뒤이어 〈Seeing What's Next〉를 통해 첨단산업 분야를 중심으로 미래 기업들이 어떠한 혁신을 이루어야 하는지를 제안하였다.

그림4 파괴적 혁신의 실패

파괴적 혁신이 항상 시장을 파괴시키는 데 성공하는 것은 아니다. 다음은 Christensen 교수가 〈Seeing What's Next〉에서 밝힌 파괴적 혁신 실패의 세 가지 유형이다.

(a) 초기준비의 실패

(b) 중복된 가치네트워크와 기존 기업들의 맞대응

(c) 기존 기업의 전략적 선택

 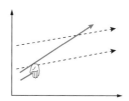 

너무 성급한 파괴 전략이나 초기 준비의 소홀 (예: Newton PDA)

기존 가치네트워크를 공유할 경우 선도 기업이 파괴적 기술을 시스템 내부로 흡수

기존 선도 기업이 스스로 하위시장에 대응하기 위해 파괴적 기술을 이용하는 경우 (예: HP 잉크젯 프린터)

다는 것이 일반적인 관측이다. 둘째, 뒤늦게 대처한 Seagate는 당장에 손해를 보았지만 결국은 사업을 만회하였고 후에 선두로 복귀하였다. 물론 이제는 차세대 제품과 기술에 적극적으로 투자하여 똑같은 실수를 반복하지 않도록 노력하고 있지만, IBM 등 많은 선도기업들이 아직 건재하다. 셋째, 파괴적 기술이 될 가능성이 있는 기술에 모두 투자할 수는 없다. 어떤 것이 파괴적 기술이 될지 알 수 없기 때문이다. 즉, 너무 많은 비용과 위험을 고려할 때 파괴적 기술은 어느 정도 수면 위에 오르기 전에 대응할 수 없고, 대응해서도 안된다. 섣부른 투자는 오히려 자신의 존립 기반을 위협하여 스스로 와해하게 된다. 이른바 황금알을 낳는 거위를 죽이는killing the golden goose 결과를 초래할 수 있다는 말이다. 결국, 최선의 대응은 경영자의 현명한 판단에 달려 있다.

빅뱅 파괴(Big bang disruption)

파괴적 혁신이 상대적으로 저성능의 제품을 기존 시장에 선보인 뒤에 점차적으로 주류 시장을 와해시켜 나가는 것과 달리, 등장과 동시에 새로운 시장을 형성해 주류 시장을 순식 간에 대체해 버리는 혁신도 있는데 이를 두고 '빅뱅 파괴(Big bang disruption)'라 부른다. 교육 분야의 Khan Academy, 음성 및 영상 통화 부문의 Skype와 FaceTime 등이 대표적 인 빅뱅 파괴자라 할 수 있다. 빅뱅 파괴가 발생할 경우, 기존의 기업들은 파괴자에게 대응 할 것인가를 놓고 고민할 시간을 미처 갖기도 전에 모든 고객이 한꺼번에 떠나버리는 대재 앙을 맞게 된다.

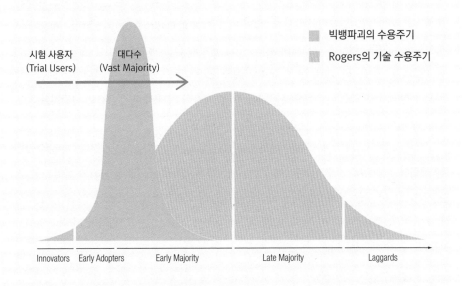

빅뱅 파괴자가 기존 산업에 가져오는 파급력은 매우 크지만, 아이러니하게도 막상 빅뱅 혁신 자체는 단순한 흥미 목적에서 적은 비용으로 기존 기술을 활용하여 개발된 경 우가 많다. 엔지니어와 제품 개발자들이 늦은 시간까지 장난 삼아 신제품을 만들어 내는 '해커톤(hackathon)'으로부터 출발한 Twitter가 그러하다. 그러나 단순한 시작과 달리 빅 뱅 혁신은 거침없이 성장한다. 이들은 Rogers가 제안한 5단계의 제품 수명주기를 순차 적으로 거쳐 성장하지 않는다. 이들의 성장에는 소수의 시험 사용자와 그 외 모든 수용자라는 단 두 개의 세그먼트만 존재할 뿐이다(앞서 그림 참조). Geoffrey Moore는 캐즘을 극복하기 위해 고객 세그먼트를 순차적으로 공략할 것을 제안했지만 빅뱅 파괴는 등장과 동시에 모든 고객층을 동시에 공략하며 기존의 시장을 파괴시킨다. 게다가 저비용, 프리미엄 제품, 고객 맞춤형 중 하나의 전략 목표에 집중해야 한다는 기존의 경영학 이론을 따르지도 않는다. 제조 비용, 기술에 관한 지적재산권 비용, 개발 비용 모두가 극적으로 낮아짐에 따라 빅뱅 혁신은 과거의 제품에 비해 더욱 낮은 가격으로 좋은 제품을 만들어내고 있다.

그렇다면 빅뱅 파괴의 희생양이 되지 않기 위해 기존의 혁신 기업들은 어떤 대응책을 마련해야 할까? Larry Downes와 Paul Nunes의 제안은 다음과 같다. 일단, 자사의 제품군에 다가오는 빅뱅 파괴의 신호를 감지하는 것이 중요하다. 여기에는 지위를 막론하고 뛰어난 예측능력을 가진 자의 통찰이 도움이 된다. 또한 빅뱅 파괴자가 돈을 벌어들이는 시점을 늦춤으로써 시간을 버는 것도 도움이 된다. 이와 동시에 출구전략을 준비할 필요가 있다. 빅뱅 파괴자와 경쟁하기 위해서는 현재 자사에게 있어 가치 있는 자산도 처분하는 과감함을 가져야 한다. 마지막으로, 기존의 사업 분야에 집착하지 않고 새로운 종류의 다각화를 시도하는 것이 빅뱅 파괴로 인한 몰락을 막는 데 도움이 될 수 있다.

다양한 분야에서 빅뱅 파괴는 이미 진행되고 있다. 전기 자동차가 기존의 자동차 업계를 위협하고 있으며 결제 시스템 또한 신용카드에서 스마트폰으로 중심이 이동하고 있다. 온라인 교육이 공공 교육기관을, 원격의료가 기존의 의료기관을, Netflix가 TV와 영화 시장을 무서운 속도로 잠식하고 있다. 빅뱅 파괴는 서서히 오지 않는다. 갑자기 나타나 순식간에 모든 것을 파괴시킨다.

출처: Downes and Nunes (2013), Harvard Business Review 기사 재정리.

② 표준전쟁

2.1 표준이 필요한 이유

표준전쟁의 사례는 너무 많아 일일이 열거하기 힘들 정도다〈표 1〉 참조. 지금 이 시간에도 각국의 첨단기술 제조업체들은 자사의 제품을 표준으로 만들기 위해 모든 힘을 쏟고 있다. 자사제품이 업계표준이 되었을 때 돌아오는 보상이 실로 엄청나기 때문이다. 막강한 시장지배력을 가지고 거의 독점에 가까운 높은 수익을 올릴 수 있을 뿐만 아니라 향후의 시장전개에 상당한 영향을 미칠 수 있다. 반면에 표준전쟁에서 지게 되면 그 동안 투자한 막대한 자산을 날리고 시장을 하루아침에 고스란히 상대방에게 내어 줄 수밖에 없다. 수확체증의 원리가 지배하는 하이테크 마켓에 있어서는 이와 같은 '승자독식Winner takes all' 현상이 더욱 극명해진다.

그렇다면 왜 시장은 표준을 요구하는 것일까? 표준화가 되면 무엇이 좋은가? Sheth와 Sisodia가 저술한 〈The Rule of Three〉라는 책에 따르면 하이테크 시장뿐만 아니라 소비재 시장도 표준을 원하며단, 이 경우의 표준은 기술표준이 아니라 지배적인 상표 정도로 이해해야 함 3~4개 정도의 표준이 공존하는 상태가 '효율efficiency'의 측면에서 가장 바람직하다고 한다. 산업 전체 혹은 그 산업에서 경쟁하는 기업의 관점에서 3개 정도의 기업이 각각의 표준 혹은 차별화 포인트를 가지고 경쟁할 때 효율이 극대화된다는 것이다. 소비자들은 다양성을 좋아하는 측면도 있지만 지나치게 많은 기업들이 경쟁할 때 나타날 비효율이 자신들에게 전가되는 것을 결코 원하지 않기 때문이다. 특히, 하이테크 산업은 막대한 기술개발 비용을 요구하며 제품간 관련성interrelatedness이 매우 높은 특징을 가지고 있다. 따라서 하이테크 산업의 표준은 산업 내 비효율을 제거하는데 더욱 결정적인 역할을 한다. 하이테크 시장에서는 빅3도 너무 많다. 하이테크 시장은 하나 혹은 겨우 둘 정도의 표준만을 수용하려는 경향이 있다.

그렇다면 표준은 하이테크 산업의 효율을 구체적으로 어떻게 증가시키는가? 첫째로 표준화는 호환성compatibility을 증가시킨다. 호환성이란 넓은 의미로 "사회 시스템에서 개인이 기존에 가지고 있는 태도, 가치, 활동과의 일치성의 정도"를 말한다Rogers(1983). Farrell & Saloner1985는 호환성을 '상호이용interoperability'의 관점에서 비교적 좁은 의미로 해석하였는데 서로 다른 두 가지 요소가 함께 사용될 수 있는 정도

표 1 표준전쟁의 사례

산업	경쟁표준
VCR	VHS, Betamax
컴퓨터 운영체제	DOS, CPM, Unix, MacOS, Windows
56k 모뎀	USR, Lucent
휴대전화	CDMA, GSM
PDA 운영체제	WinCE, Palm OS, Embedded Linux
DVD 리코더	+RW, -RW, RAM
차세대 DVD	Blu-ray, HD DVD
홈 네트워킹	Bluetooth, Home RF, IrDA
게임콘솔	Nintendo/Wii, PlayStation, Xbox
휴대용 게임기	NDS, PSP
모바일 TV	DVB-H, 미디어 플로, 지상파 DMB, 위성 DMB
주요 기기 간 무선네트워크	무선 HDMI, 무선 USB, Bluetooth
무선 광대역 인터넷	고정형 와이맥스, 와이브로, 모바일광대역무선접속(MBWA)
인터넷 브라우저	Internet Explorer, FireFox, Safari, Chrome
모바일 운영체계	Android, iOS, Symbian, Windows, Tizen, Firefox OS
3D TV	Shutter Glass(Samsung), Film Patterned Retarder(LG)
모바일 페이먼트	Google, Apple, Paypal, Square 및 다수의 통신 및 금융기업
UHD TV	HDR10(삼성전자 주도), DOLBY VISION(Dolby 주도)
무선충전	Qi, Powermat
스마트홈	Alljoyn(Qualcomm, MS 주도), OIC(Intel, 삼성전자 주도), HomeKit(Apple), Brillo(Google)

를 말한다. 표준화가 된다면 호환성이 높아질 것이므로, 이들은 표준화를 '호환성을 확보하는 과정'으로 정의하기도 했다"Standardization is a process by which compatibility is attained.". 호환성이 얼마나 효율을 증가시키는지는 지구상의 모든 인류가 동일한 언어를 사용한다면 얼마나 편리해질 것인가를 상상해 보면 쉽게 이해할 수 있다.

둘째로 표준은 불확실성을 감소시켜 준다. 표준이 결정되기 전까지는 많은 불확실성 요소가 있어 사용자들이 구매를 망설이게 되고 그 결과 보완재나 인프라와 관련된 산업에 대한 투자가 더디게 된다. 이는 제품의 확산도 느리게 할 뿐 아니라 제품의 발전속도를 늦추므로 결과적으로 초기에 투자한 기업만 손해를 보고 시장에서 퇴출될 가능성이 많아진다. 이와 반대로 표준이 빨리 결정되고 나면 소비자들의 우려가 불식되고 신속한 보급과 제품개선이 이루어져 산업 전체가 발전의 선순환에

 3DTV 표준경쟁

전통적으로 TV시장은 치열한 표준전쟁의 전장이 되어 왔다. 국내에서는 시장을 양분하고 있는 삼성과 LG가 표준을 선점하기 위해 경쟁해왔는데 대표적인 것이 이들 간의 3DTV 표준경쟁이다. 2009년, 영화 '아바타'의 성공은 TV업계에도 3D 바람을 불러 일으켰다. 당시 TV제조사들은 앞다투어 기술을 개발하고 3D 기능을 탑재한 제품을 시장에 선보였다. 기본적으로 3D는 두 눈이 보는 화면에 차이를 두는 일종의 착시를 통해 이뤄지는데, 이 기술을 구현하는 방식에 있어서 삼성과 LG는 서로 다른 기술을 앞세웠다. 삼성은 왼쪽 눈과 오른쪽 눈으로 보는 화면을 각각 촬영한 화면을 짧은 시간차를 두고 교대로 재생하는 셔터글래스 방식을 적용한 반면, LG는 한 화면에 두 개의 영상을 동시에 보여주고 안경을 통해 각각 보여지게 하는 편광안경방식을 적용했다. 두 회사는 각각 자사의 기술이 더 우수하다며 설전을 벌였다. 삼성의 고위 임원이 LG의 편광 방식을 두고 "브라운관 TV처럼 화면에 줄이 생긴다", "한 화면을 쪼개서 보여주기 때문에 진정한 Full HD라 할 수 없다"고 비판하자 LG는 "사람의 뇌에서는 양쪽 화면이 보이는 해상도가 합쳐져서 Full HD로 인식되기 때문에 편광방식이 Full HD가 맞다"고 주장, "오히려 셔터 방식은 화면이 깜빡 거리며 재생되기 때문에 장시간 시청 시 피로감이 생긴다"며 반격했다. 설전은 광고로까지 이어졌다. 삼성은 자사의 3D 기술이 더 우월하다는 것을 강조하기 위해 '하늘과 땅 차이'라는 문구의 지

면광고를 냈고, LG는 '누워서도 편하게'라는 문구로 누워서 볼 때 화면이 온전하게 보이지 않는 셔터글래스 방식의 약점을 파고들었다.

　이들 간의 치열한 표준전쟁은 어떻게 마무리 되었을까? 허무하게도 전쟁의 승패를 가리기도 전에 3DTV 시장이 농익지 못하고 차세대 기술로 넘어가며 이들 간의 공방은 조용히 막을 내렸다. 근본적으로 3D로 제작된 콘텐츠가 턱없이 부족했던 것이 원인이었다. 이미 3DTV를 구매한 사람들은 쓰지도 않는 기능에 굳이 비싼 돈을 들였다며 후회를 했고 시장 내 3DTV에 대한 열기가 금세 식어버렸다. 3DTV로 한 차례 공방이 뜨거웠던 TV시장은 뒤이어 스마트 TV, 그리고 UHD TV로 빠르게 화두를 옮겨갔다. 새로운 기술이 소개될 때마다 TV제조사들은 향후 시장의 주도권을 잡기 위해 각자의 입장에 따라 진영을 나누어 여전히 표준경쟁을 이어가고 있다.

들어가게 된다.

　표준이 가져다 주는 세 번째 효율은 제품의 다양성이다. 표준이 결정되면 기업들은 시장을 장악하기 위해for the market 싸우는 것이 아니라 시장 안에서within the market 경쟁을 하게 된다. '시장 안에서의 경쟁'의 의미는 핵심기술의 표준을 장악하기 위한 경쟁보다는 부품이나 관련 보완재 시장에서의 경쟁을 말한다. 즉, 더 좋은 부품과 보완재를 만들어 이른바 다양한 결합mix and match을 만들어 냄으로써 더 부가가치가 높은 제품을 만들기 위해 노력하게 된다. 이는 서로 다른 사양을 가지고 많은 제품을 개발함으로써 낭비되는 연구개발 노력을 회피한다는 의미도 된다.

　마지막으로, 표준은 여러 가지 비용을 감소시킨다. 우선, 규모의 경제scale economy를 추구할 수 있게 되어 원가가 낮아지고, 전문화를 통해 더욱 품질 좋은 제품을 저렴하게 공급할 수 있게 된다. 소비자의 입장에서도 제품마다 다른 기능과 원리를 배울 필요가 없어져 학습비용learning cost이 감소하게 된다.

2.2 표준의 결정

표준은 누가 결정하는가? 완전독점을 누리고 있는 기업이 있다면 산업표준을 자기 스스로 결정할 것이다. IBM이 초기에 Mainframe 컴퓨터 시장을 독식하고 있을 때 어떤 기술을 표준으로 삼을 것인가는 내부적인 의사결정 문제였다. 그러나 둘 이상의 표준이 경쟁하고 있을 경우에는 다음의 세 가지 중의 하나를 따르게 된다.

첫째는 국제표준화 기구나 정부가 표준을 정하는 경우다. 국제표준화기구ISO, 국제전기표준회의IEC, 국제전기통신연합ITU 등 공적 표준화 기관들의 영향력은 갈수록 커지고 있으며 기업들은 표준화 기관들의 산하 위원회 등에 참여함으로써 국제표준 제정 시 자사 입장을 적극 반영하기 위해 노력하고 있다. 국내 산업의 바람직한 육성과 국제경쟁력 강화를 위해 정부가 적극 개입하여 표준을 정하는 경우도 종종 있다.

둘째는 산업 내 주요 기업들이 개별적으로 혹은 협회 등을 통해 표준에 대한 합의를 이끌어 내는 방식이다. 과거 56k 모뎀 시장의 표준전쟁은 모뎀 시장에서 강력한 지위를 누렸던 US Robotics와 Rockwell/Lucent 진영 간에 벌어졌으나, 표준이 결정되지 않아 지지부진한 시장에 대한 우려가 커가던 터에, 1997년 말 US Robotics를 인수한 3Com이 Rockwell과 극적으로 합의하면서 시장확대의 기회를 마련하였다.

마지막 세 번째는 시장이 결정하는 것이다. 시장에서의 자유경쟁을 통해 다수의 소비자가 선택한 표준이 긍정적 피드백 효과를 누리면서 사실상의 표준, 즉 'de facto standard'로 선정되는 경우이다이와 대조적으로 표준기구가 정한 표준을 'de jure standard'라고 함. 개발비용과 경쟁으로 인한 비효율을 어느 정도 감수해야 하는 단점은 있으나 소비자들이 가장 많은 효용을 느끼는 방향으로 표준이 선정된다는 측면에서 바람직하기 때문에 원천기술이 아닌 제품의 응용과 관련된 표준의 경우에 표준결정을 시장에 일임하는 경우가 많다. Sony의 Betamax와 JVC의 VHS 간에 일어난 VTR 표준전쟁이나 블루레이와 HD DVD 간의 차세대 DVD 표준전쟁이 여기에 해당한다.

Dominant Design

"지배적 디자인(Dominant Design)"이란 말은 James M. Utterback과 William J. Abernathy가 1975년에 처음 사용했는데 '사실상의 표준(de facto standard)'과 종종 동의어로 사용되지만 엄밀하게 보면 다소 차이가 있다. 즉, 지배적 디자인은 추후 표준이 될 기술적 디자인 핵심요소들을 말한다. 예를 들어 GUI(graphic user interface)라는 기술적 디자인 요소가 출현한 후 Apple의 Mac OS, Microsoft의 Windows 등이 점진적 발전을 하며 경쟁하다가 결국 Windows가 사실상의 표준이 되었다. 지배적 디자인은 특정 브랜드보다는 제품 카테고리 전체가 공유하는 하나의 디자인 사양 혹은 아키텍처인 것이다.

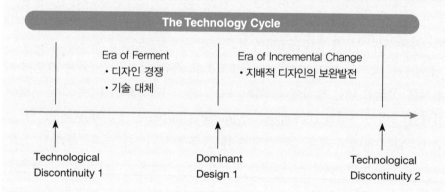

Anderson and Tushman(1990)은 지배적 디자인을 "4년 연속 50% 이상 시장을 점유하는 디자인"으로 정의함으로써 표준(standard)과 다소 유사한 의미로 보았는데 그가 제안한 기술진화 모형은 앞의 그림과 같다. 즉, 하나의 기술적 진보는 지배적 디자인의 출현을 정점으로 그 이전과 이후 단계로 나누어 생각해 볼 수 있는데, 이들은 그 앞부분을 '숙성(ferment)의 시기' 그리고 뒷부분을 '점진적 변화(incremental change)의 시기'로 이름 붙였다. 숙성의 시기에는 표준전쟁 혹은 디자인 경쟁이 일어나며 기존기술의 대체(substitution)가 진행되고, 표준 혹은 지배적 디자인이 결정된 이후인 점진적 변화의 시기에는 그것을 정교화(elaboration)하고 보완시키는 기술발전이 뒤따르게 된다는 것이다.

한편, Srinivasan, Lilien, & Rangaswamy(2006)는 지배적 디자인이 출현하기까지 걸리는 기간에 대한 연구를 수행했는데, 63개 제품군을 대상으로 한 그들의 실증연구 결과는 특허와 같은 기술 보호를 받을수록, 동일 제품 가치사슬(value network)에 참여하는 기업의 수가 많을수록, 제품 기술의 급진성(radicalness) 정도가 낮을수록, 그리고 표준결정 프로세스가 공식표준(de jure standard)보다 사실상의 표준(de facto standard)을 따를수록 지배적 디자인의 출현이 빨라짐을 입증하였다.

출처: Utterback and Abernathy(1975), Anderson and Tushman(1990), Srinivasan, Lilien, & Rangaswamy(2006).

2.3 표준전쟁의 유형

Shapiro & Varian1999은 표준전쟁을 〈표 2〉와 같이 네 가지 유형으로 분류하였다. 이때의 분류기준은 경쟁자들이 제안한 새로운 기술이 기존의 기술과 얼마나 호환이 되는가 하는 것이다이러한 호환성을 Backward Compatibility, 즉 후방 호환성이라 한다. 만약 당신과 당신의 경쟁자가 개발한 기술이 모두 기존의 기술과 호환된다면 이 때의 표준전쟁은 'Rival Evolution'으로 분류된다. 여기서 'Evolution'은 호환이 됨을 의미하고 'Revolution'은 호환이 되지 않는 기술혁신을 의미한다. 과거에 DVD와 Divx 간의 표준전쟁이 둘은 모두 CD를 재생할 수 있다나, 56k 모뎀의 표준전쟁모두 저속의 모뎀과 호환이 되었다이 'Rival Evolution'의 예라고 할 수 있다.

만일 당신의 기술이 후방 호환성을 제공하고 경쟁사의 기술이 그렇지 못하다면, 이

표2 표준전쟁의 유형

자사기술	경쟁사 기술	
	호환	비호환
호환	Rival Evolution	Evolution vs. Revolution
비호환	Revolution vs. Evolution	Revolution

출처: Shapiro & Varian(1999), p. 263.

경우의 표준전쟁은 'Evolution vs. Revolution'에 해당한다. 반대의 경우는 물론 'Revolution vs. Evolution'이다. 이 경우 한 기술은 호환성을 강점으로 내세울 것이고 다른 하나는 호환성을 희생하는 대신 성능performance의 우위를 강조할 것이다. 80년대 말과 90년대 초의 Lotus1-2-3와 Excel의 경쟁이 여기에 해당하고, Sony의 MinidiskMD와 Philips의 Digital Compact CassetteDCC 간의 표준전쟁이 또 하나의 예이다DCC는 기존의 카세트 테이프를 재생할 수 있으나 MD는 카세트 테이프와 호환이 되지 않는다. 호환성과 성능의 상충관계에 대하여는 제7장에서 보다 상세히 다룰 것이다.

마지막으로, 경쟁하고 있는 기술이 모두 기존기술에 대한 호환성을 제공하지 않을 경우 이와 같은 표준경쟁을 'Rival Revolution'이라고 부른다. Nintendo와 Sony Play Station 게임 콘솔은 둘다 기존게임에 대한 호환성을 제공하지 않았고, 전기시스템의 AC와 DC방식 간의 표준전쟁도 이와 같은 'Rival Revolution'에 해당한다.

2.4 표준전쟁의 주요 전술

시장에서의 표준전쟁을 성공으로 이끄는 데에 유용한 무기로써 다음의 일곱 가지 요소를 생각해 볼 수 있다. 첫 번째, '기존제품의 고객기반'이 탄탄한 경우 이를 활용하여 신제품의 표준을 장악하기 수월하다. 두 번째, 원천기술에 대한 '특허'를 많이 보유할수록 표준선정 상황에서 더 유리하다. 세 번째 무기는 '혁신능력'이다. 혁신능력이 없으면 표준으로 선정되더라도 금방 차세대 경쟁에서 밀려날 수밖에 없다. 네 번째 무기는 '선도 진입자 우위'와 관련되어 있는데, 최초로 기술을 개발한 기업은 후발 주자와의 격차를 벌리는 데에 유리하기 때문이다. 다섯 번째, 제품을 저렴하고 안정적으로 공급하는 '제조능력'을 갖추는 것이 표준경쟁에서 우위를 점하는 데에 도움이 된다. 여섯 번째 무기는 '보완재의 강점'이다. 핵심부품이나 주변제품에 대한 기술력이 있는 경우 표준을 장악해 나가기가 수월하다. 마지막 일곱 번째, '상표'와 '명성' 측면의 강점이 있다면 불확실성이 높은 상황에서 표준을 석권할 가능성이 높아진다.

표준전쟁에서 승리하기 위한 전술은 기본적으로 이러한 무기를 어떻게 구사할 것인가의 문제이다. 본 절에서는 그 중에서 네 가지 전술에 대해 생각해 보기로 하자.

첫 번째 전술은 조기선점early preemption이다. 가능한 한 일찍 시장에 진입하여 고객의 마인드 속에 대표 브랜드의 위치를 점하고, 사용자 기반installed base 구축에 모든 힘을 집중하는 전술이다. 부익부 빈익빈의 메커니즘을 만들어 놓고, 주요 자원과 인력, 인프라를 선점하여 선도 진입자 우위를 최대한 활용한다는 것이다. 이 전술은 시장이 혁신을 받아들일 준비가 되어 있지 않을 경우 오히려 시장만 개척해 놓고 더 우수한 기술로 시장에 진입한 후발 주자에게 사실상의 표준을 내어줄 수 있는 위험을 안고 있기도 하다. 그럼에도 불구하고, 표준전쟁에 있어 선점의 효과는 아무리 강조해도 지나치지 않다.

두 번째 전술은 침투가격penetration pricing 전술이다. 이 전술도 궁극적으로는 사용자 기반을 신속히 확보하겠다는 것이므로 첫 번째 전술과 일맥상통한다. 업계표준이 됨으로써 장차 얻을 수 있는 미래수익이 막대한 경우, 초기에 낮은 가격을 책정하여 많은 소비자들로 하여금 사용을 유도하는 침투가격 정책이 정당화될 수 있다. 이 전술은 선도 진입자에게 유리한데 왜냐하면 이른바 경험곡선 효과experience curve effect 등으로 인해 선도 진입자가 원가우위를 가질 가능성이 많기 때문이다. 이 전술은 원가구조가 불리한 기업이 절대 사용할 수 없는 전술이다.

세 번째 전술은 기대관리expectation management이다. 앞서 제3장에서도 설명한 바 있지만 초기시장early market에서의 성공을 위해 간과하지 말아야 할 중요한 사실이 바로 소비자의 기대를 관리하는 것이다. 섣불리 지나친 약속이나 비현실적인 기대를 불러일으키는 광고를 했다가 실망한 소비자들로 하여금 등을 돌리게 해서는 안되겠지만, 자사의 제품이 미래의 표준이 될 것이라는 기대를 적절히 소비자들에게 심어줄 수 있어야 한다. 특히, 실용주의자 고객들은 호환성에 관심이 많고 이른바 검증된 베스트셀러를 선호하는 경향이 있다. 따라서, 자사의 기술이 업계의 표준으로 받아들여질 것이라는 확신을 소비자가 가질 수 있도록 다양한 채널을 통해 커뮤니케이션 하고, 다수의 증거evidence를 제시하여야 한다. 모든 고객들이 표준이 될 것이라고 믿는다면 그 제품은 결국 표준이 될 것이기 때문이다.

마지막 네 번째 전술은 수많은 역사적 경험을 통해 입증된 가장 중요한 전술인데, 이는 전략적 파트너십strategic partnership이다. 아무리 훌륭한 기술을 가지고 있어도 독불장군이 되어서는 표준이 되기 힘들다. Sony의 Betamax와 Apple 컴퓨터의 실패

차세대 DVD 표준전쟁

2002년에 시작된 소니(Sony)와 도시바(Toshiba)의 차세대 DVD 표준전쟁은 할리우드 액션스릴러만큼이나 긴박하고 흥미 있는 싸움이었다. 소니의 블루레이(Blu-ray) DVD는 25~50Gb의 대용량을 자랑하며 고화질, 복제방지 기술이 장점이다. 반면 도시바의 HD DVD는 저장용량은 15~30Gb이나 제품가격이 싸고 호환성이 좋다는 특징이 있다.

과거 VCR 표준전쟁 패배로부터 교훈을 얻은 소니는 재빠르게 연합전선을 구축함으로써 기선을 제압했다. 마쓰시타, 필립스, 삼성전자, LG전자 등의 가전업체들을 우군으로 끌어들인 것이다. 반면에 HD DVD는 NEC, 산요와 함께 공동전선을 구축했다. 여기서 도시바 진영이 열세에 기우는 듯했으나 부품업체들의 연합체인 DVD 포럼이 기존의 DVD와 호환되는 HD DVD에 대한 지지를 천명했다. 얼마 지나지 않아 두 진영은 표준전쟁의 승패가 콘텐츠에 달려 있음을 깨닫고 영화배급사들을 끌어들이기 시작한다. 그 결과 20세기 폭스, MGM, 콜럼비아 등은 블루레이를, 파라마운트, 유니버설, 워너브라더스 등은 HD DVD를 지지한다고 밝힘으로써 시장이 양분됐다. 2005년 9월 마이크로소프트와 Intel 등 대형 IT 업체들이 HD DVD를 지지함으로써 도시바로 다시 기우는 듯했으나, 한달 후 HD DVD 진영에 속해 있던 파라마운트와 워너브라더스가 두 포맷 모두를 지지하겠다고 선언했고 DVD 시장의 거인인 디즈니가 블루레이로 선회함으로써 표준전쟁은 다시 미궁 속에 빠져들었다. 게다가 2006년에는 삼성이 블루레이 플레이어를 세계 최초로 출시했다.

아담미디어리서치의 자료에 따르면 2007년 9월까지 미국 시장 내에서 판매된 블루레이 플레이어는 약 150만 대(소니 PS3 포함)였고, HD DVD 플레이어(MS Xbox 포함)의 판매는 30만 대에 불과해 소니의 판정승이 예상되었다. 이에 2007년 9월, 궁지에 몰린 HD DVD 진영이 제품가격을 대폭 인하하는 초강수를 둔다. 평균 499달러인 블루레이 제품보다 훨씬 낮은 가격에 판매를 시작했고 보급형은 불과 299달러에 팔려나갔다. 급기야 2007년 11월, 파격행사 가격으로 도시바가 일부 모델을 99달러에 내놓자 블루레이 역시 맞대응에 나서 399달러로, 이어 12월에는 299달러로 가격 인하를 단행하며 소모전으로 치닫는 양상을 보였다. 마침내 2008년 1월, 중립을 지켜오던 워너브라더스가 블루레이 DVD만을 출시할 계획임을 밝히면서 파라마운트, 유니버설 등의 HD DVD 진영 이탈을 촉발하였다. 또한 애플이 블루레이 PC를 출시할 계획을 밝힘으로써 블루레이가 사실상의 표준으로 확정되는 데

쐐기를 박았다. 블루레이와 HD DVD의 표준전쟁은 세를 불리려는 양대 컨소시엄 경쟁에서 기술 선도업체 주도의 춘추전국 시대로 산업계가 재편되었으며 막판 가격전쟁을 거쳐 결국 '킬러 콘텐츠'를 잡고 있는 블루레이의 승리로 기나긴 전쟁의 막을 내렸다.

가 이 주장을 강력히 뒷받침한다. 개방적 기술관리는 성공한 대부분 하이테크 기업의 공통점이다. 산업의 미래에 대한 공통의 비전을 가진 공급자들, 보완재 제조업체들, 인프라 관련업체들, 그리고 나아가서는 경쟁기업들까지도 가능한 한 연계하여 자사기술이 표준으로 채택되도록 노력해야 한다. 그래서 오늘날 대부분의 표준전쟁은 기업 대 기업의 전쟁보다는 진영 대 진영의 표준전쟁으로 불리는 경우가 많다. 따라서, 공급업자들이나 후발 기업들은 어느 진영에 합류할 것인가를 놓고 심각한 고민을 하게 되는데 때로는 양다리를 걸치기도 한다. 물론 양다리를 걸친 경우 미래에 돌아올 몫이 줄어들겠지만 완전히 기회를 놓치는 것보다는 낫다는 생각에서다.

 참고문헌

김선우(2012), "사진왕국 코닥의 몰락... 도대체 무슨 일이?," 동아비즈니스리뷰, Vol. 99, 66-70.

Anderson, Philip and Michael L. Tushman(1990), "Technological Discontinuities and Dominant Designs: A Cyclical Model of Technological Change," Administrative Science Quarterly, Vol. 35, 604–633.

Anthony, Scott, and Michael Putz (2020), "How Leaders Delude Themselves about Disruption," MIT Sloan Management Review, Spring, 56-63.

Blank, Steve (1993), "Make a Bigger Splash-Through Comarketing," in High-Tech Marketing Companion, Addison Wesley.

Christensen, Clayton M. (1997), The Innovator's Dilemma, Harvard Business School Press.

Christensen, Clayton M. (2003), The Innovator's Solution: Creating and Sustaining Successful Growth, Harvard Business School Press.

Christensen, Clayton M., Scott D. Anthony, and Erik A. Roth (2004), Seeing What's Next, Harvard Business School Press.

Christensen, Clayton M., Teddy Hall, Karen Dillon, and David S. Duncan (2016), "Know Your Customers' Jobs to be Done," Harvard Business Review, September, 2-10.

Downes, Larry and Nunes, Paul (2013), "Big Bang Disruprtion," Harvad Business Review, March, 44–56.

Farrell, Joseph, and Garth Saloner (1985), "Standardization, Compatibility, and Innovation," Rand Journal of Economics, Vol. 16, No. 1, 70–83.

Harvard Business Review (2015), "Tesla's not as Disruptive as You Might Think," May, 22-23.

Iansiti, Marco, and Karim R. Lakhani (2020), "From Disruption to Collision: The New Competitive Dynamics," MIT Sloan Management Review, Spring, 34-39.

Shapiro, Carl and Hal R. Varian (1999), "Waging a Standards War," Information Rules,

Chapter 9, Harvard Business School Press.

Sheth, Jagdish N., and Rajendra S. Sisodia (2002), The Rule of Three, Free Press.

Srinivasan, Raji, Gary L. Lilien, and Arvind Rangaswamy (2006), "The Emergence of Dominant Designs," Journal of Marketing, Vol. 70, No. 2, 1–17.

Utterback, James M., and William J. Abernathy (1975), "A Dynamic Model of Process and Product Innovation," Omega, Vol. 3, No. 6, 639–656.

하이테크 시장의 경쟁역학

경영학

경영학을 공부하거나, 주식투자에 관심이 있는 사람이 아니더라도 한 번쯤은 언론을 통해 빅테크big tech라는 표현을 들어봤을 것이다. Google, Amazon, Meta前 Facebook, Apple, Microsoft의 다섯 가지 글로벌 IT 기업을 지칭하는 표현이다. 그 전에는 GAFAGoogle, Amazon, Facebook, Apple라는 표현도 자주 사용되었다. 최근에는 중국의 Baidu, Alibaba, Tencent, Xiaomi, Huawei 같은 기업이나, 국내의 네이버나 카카오 등의 기업에도 빅테크라는 수식어가 자주 따라붙는다. 지금까지 열거된 이른바 빅테크 기업들의 공통점은 모두 다 플랫폼 기업이라는 점이다.

이 빅테크 기업들의 성공사례 하나하나가 영화로 만들어지기 충분한 스토리를 갖추고 있지만, 그 중에서도 가장 극적인 사례를 꼽으라면 아마도 Amazon을 처음으로 꼽는 사람들이 많을 것이다. 검색엔진Google, SNSMeta, PC 운영체제Microsoft라는 상품은 태생적으로 다양한 이해관계자들을 연결시켜 줄 수 있는 잠재력을 가지고 있다. Apple은 App Store나 iTunes와 같은 플랫폼 비즈니스로 상당한 부가가치를 창출하고는 있지만, 기업의 정체성은 여전히 제조업에 가까운 것으로 보인다. 반면, 고도의 기술을 요구하지 않는 온라인 도서 판매라는 소매 유통업으로 사업을 시작한 Amazon이 전 세계 클라우드 시장 점유율 1위, 미국 전자 상거래 시장 점유율 1위를 기록하고 있는 명실상부한 플랫폼 공룡으로 성장한 이야기는 앞으로도 오랜 기간 회자될 것이다.

1994년 Jeffrey Bezos가 창업한 온라인 서점 Amazon은 인터넷이 보편화되기 전인 당시의 상황에서는 꽤 신선한 아이디어이기는 했지만, 출판사에서 도서를 매입해 물

류창고에 보관하고 있다가 인터넷으로 주문이 들어오면 택배로 물품을 배송하는 방식의 전형적인 소매 비즈니스였다. 하지만 온라인 도서 판매를 통해 축적한 고객 데이터를 활용해 고객이 흥미를 가질 만한 새로운 도서를 제시하는 추천 시스템을 개발해 고객 충성도를 높이면서 Amazon은 점차 IT 기업으로 변모해 갔다. 충성 고객을 확보한 Amazon은 1997년부터 CD, DVD, 전자제품, 옷, 가구, 장난감 등으로 조금씩 판매하는 제품 라인을 다양화했다. Amazon이 종합 온라인 상거래 채널로 사업을 확대해 나가자 더 많은 사용자가 유입되기 시작했고, Amazon은 다시 한번 자사가 확보한 역량을 레버리지할 수 있는 사업을 선보이게 되는데 이것이 바로 Amazon Marketplace이다. Amazon Marketplace는 Amazon이 판매 상품의 소유권을 보유하던 초기의 비즈니스 모델과 달리 다른 판매자들에게 Amazon의 고객들을 대상으로 상품을 판매할 수 있는 기회를 제공하고 수수료를 통해 이윤을 창출하는 방식이었다. 제3자 판매자들로 인해 상품 라인은 빠르게 다양화되었고, 이것은 다시 더 많은 사용자를 유입하는 선순환의 고리를 형성하였다.

　　Amazon Marketplace를 통해 플랫폼 기업으로 재탄생한 Amazon은 2006년, 클라우드 플랫폼인 Amazon Web Services이하 AWS를 선보이면서 재차 성장 모멘텀을 마련한다. 클라우드 컴퓨팅은 개별 조직 혹은 개인이 직접 물리적 데이터 센터와 서버를 구입,

소유, 유지, 관리하는 대신 클라우드 공급자로부터 컴퓨팅 파워, 저장 공간, 데이터베이스와 같은 기술 서비스를 제공받는 것을 말한다. AWS는 전 세계에 데이터 센터를 구축해 200개 이상의 서비스 상품을 제공하고 있으며 Netflix, BMW, Coca-Cola, 삼성전자 등 다양한 글로벌 기업들을 고객으로 확보하고 있다. AWS 역시 Amazon이 Marketplace를 운영하면서 얻게 된 역량을 레버리지한 사업으로 볼 수 있다. Amazon은 빠르게 증가하는 거래량에 대비하기 위해 호스팅 인프라를 확충하는 데에 주력했다. 또한, 플랫폼 비즈니스에 최적화하기 위해 Amazon의 운영방식을 API application programming interface로 통신하는 서비스 지향 아키텍처로 만들었는데, 이러한 움직임이 클라우드 서비스를 제공하는 데에 초석이 되었다. Amazon은 2018년 의약품 배송업체 PillPack을 인수한 데 이어, 2022년 7월 1차 진료 서비스를 제공하는 One Medical을 39억 달러에 인수하며 Amazon Care를 헬스케어 플랫폼으로 진화 발전시키려는 움직임에 박차를 가하고 있다. Amazon Care 역시 온라인 상거래를 위해 확보한 풀필먼트 fulfillment 역량에 기반한 신사업이라 할 수 있다.

제5장에서는 하이테크 시장이 어떠한 경쟁역학 competition dynamics을 가지고 발전해 가는지를 살펴볼 것이다. 앞서 언급한 바와 같이, 하이테크 공룡 기업들의 공통된 비즈니스 모델이라 할 수 있는 플랫폼 비즈니스를 먼저 소개하고, 하이테크 산업에서 빈번하게 이루어지는 파트너십과 기업인수에 대한 논의가 이루어질 것이다.

1 플랫폼 비즈니스

1.1 플랫폼 비즈니스의 구축

"게임의 룰이 바뀌었다. 이제는 기기가 아니라 플랫폼 전쟁의 시대다." 2011년 2월, Bloomberg Businessweek에서 모바일 플랫폼을 장악하기 위한 Apple, Google, Microsoft, Samsung 등의 치열한 경쟁을 소개한 뒤로 10년 이상의 시간이 흘렀다. 2021년을 기준으로 미국 시가총액 상위 기업 10곳 중 6곳이 플랫폼 기업의 이름으로 채워졌다 Apple, Microsoft, Alphabet, Amazon, Facebook, Tencent. 모바일뿐만 아니라 사물인터넷, 자율주행 자동차 등도 단일 혹은 소수의 플랫폼으로 통합될 것이다. 플랫폼 전쟁은 여전히 계속되고 있다.

플랫폼이 왜 이렇게 중요한가? 플랫폼을 장악하면 산업을 지배할 수 있기 때문이다. 즉, 플랫폼은 마켓 리더십의 원천이며, 플랫폼을 기반으로 제품과 서비스를 제공하면 개별 제품을 판매할 때보다 지속적인 성장sustainable growth이 가능하다. 게다가 플랫폼은 네트워크 효과에 의한 부익부 빈익빈 메커니즘을 만들어 시장 고착화Lock-in에 유리하고 높은 수익을 가져다 준다. 카카오톡은 메신저로 시작했지만 2010년 본격적인 플랫폼으로 전환한 후, 선물하기, 플러스친구, 모바일 게임, 카카오 스타일 등의 서비스에서 수익을 내고 있으며, 강력한 플랫폼을 바탕으로 디지털 콘텐츠 비즈니스를 확장하고 있다. 카카오톡의 김범수 의장은 카카오톡의 3개 키워드가 모바일, 소셜, 플랫폼이라고 말하고 "플랫폼을 기반으로 수많은 파트너와 함께 성장하는 건강한 모바일 생태계를 만들겠다"고 선언한 바 있다.

카카오톡과 App Store가 플랫폼인 것은 모두가 알지만 플랫폼이 정확히 무엇인지 한마디로 정의하는 것은 의외로 쉽지 않다. 플랫폼의 다양한 정의definition를 종합해보면 대략 '핵심가치를 담을 틀을 제공하고, 내부와 외부, 외부와 외부 간의 상호 연결을 통해 가치를 창조하는 비즈니스의 장場'이라고 할 수 있다. 플랫폼은 제품디바이스, 시스템, 사업기반, 비즈니스 모델BM 등의 용어와 자주 혼용되고 있는데, 각각 다른 의미를 가지고 있으므로 주의해서 사용해야 한다.

Cusumano, Yoffie, Gawer2020은 플랫폼의 유형을 거래transaction 플랫폼과 혁신innovation 플랫폼으로 구분하였다〈그림 1〉 참조. 거래 플랫폼은 참여자들로 하여금 제품과 서비스, 혹은 정보를 교환할 수 있는 거래의 장을 제공한다. 플랫폼에 참여하는 참여자의 수와 플랫폼에서 제공하는 기능이 다양할수록 플랫폼의 가치는 증가하며, 거래 수수료나 광고비를 통해 수익을 창출한다. Google Search, Apple App Store, Amazon Marketplace, Uber, Airbnb 등이 대표적인 예시이다. 혁신 플랫폼은 개발자로 하여금 PC 하드웨어나 스마트폰 애플리케이션과 같은 보완재를 개발할 수 있는 기반을 제공한다. 보완재의 수나 품질이 높아짐에 따라 플랫폼의 가치가 증가하며, 보완재를 판매하거나 대여함으로써 수익을 창출한다. 플랫폼에 참여하는 것이 무료인 경우 광고료나 부가 서비스를 통해 수익화를 꾀하는 경우도 있다. Microsoft Windows, Google Android, Apple iOS, Amazon Web Services 등이 대표적인 예시이다. 그리고 일부 기업은 두 가지 유형의 플랫폼을 동시에 운영하고 있다. Apple은 iOS라는 혁신 플랫폼을 먼저 출시했지만, 애플리케이션이라는 보완재의 유통에 대한 통제력을

그림 1 플랫폼의 유형

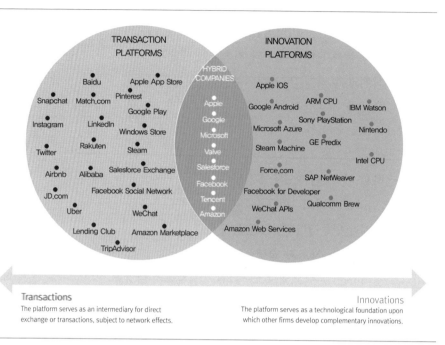

출처: Sloan Management Review, Spring 2020, "The Future of Platforms".

행사하고 사용자 집단에게 보다 나은 경험을 제공하기 위해 App Store라는 거래 플랫폼도 추가로 선보였다. 세계적인 시장 지배력을 보이고 있는 플랫폼 기업 대부분은 이러한 하이브리드 전략을 추종하고 있다.

　　그렇다면, 플랫폼을 구축하는 방법은 무엇인가? 많은 사람들이 기발한 아이디어를 바탕으로 한 창업을 통해 플랫폼 기업들이 성장해 왔다고 생각하지만 그렇지 않은 경우들도 많다. Amazon은 온라인 서점으로 시작했지만 현재는 오픈마켓인 Amazon Marketplace를 주력으로 삼고 있으며, Google은 검색 엔진이라는 상품을 기반으로 창업했지만 현재는 검색 광고라는 플랫폼을 통해 수익을 창출하고 있다. Apple 역시 컴퓨터와 주변기기를 생산하는 제조기업에서 애플 뮤직과 App Store를 운용하는 플랫폼 사업자로 변모했다. 물론, 이처럼 이미 제품이나 서비스를 판매하고 있는 기업이 플랫폼 기업으로 성공적으로 탈바꿈하는 것은 쉬운 일이 아니다.

　　Zhu & Furr 2016은 일반 기업이 플랫폼 기업으로 재탄생하기 위한 4단계 전략을 제시하였다. 1단계, 우수한 상품과 이를 사용하는 다수의 고객을 확보하라. 많은 기업들이 실적이 저조한 상품에 전기를 마련하기 위해 플랫폼화를 시도하지만, 애초에 상품 자체가 매력적이지 못하면 플랫폼 구축에 필수 요소라 할 수 있는 사용자 기반을 다질 수 없다. 그렇다고 단순히 사용자가 많다는 것만으로 충분한 것은 아니다. Apple의 디자인 역량이나 Amazon의 물류시스템과 같이, 상품의 차별적 가치를 만들어 내는 핵심 역량이 경쟁자가 쉽게 모방할 수 없는 수준이어야 한다. 2단계, 새로운 가치를 창출하고 공유할 수 있는 복합 비즈니스 모델을 도입하라. 상품 기반 비즈니스 모델과 플랫폼 기반 비즈니스 모델은 서로 다른 접근법을 요구하기 때문에 두 모델 중 하나를 선택해야 한다는 것이 일반적인 상식이다. 그러나, 플랫폼 기업으로의 전환에 성공한 기업들은 대부분 두 가지 모델을 결합한 형태의 비즈니스 모델을 채택하였다. 상품 중심의 사고방식은 획득 가능한 시장의 규모가 고정된 것으로 여기게 하지만, 플랫폼 중심의 사고방식은 기존의 시장에서도 새로운 가치를 창출하는 것은 물론 시장의 규모도 무한한 확장이 가능한 것으로 받아들이게 한다. 3단계, 기존 고객을 플랫폼 사용자로 빠르게 전환시켜라. 고객의 플랫폼 사용을 유인하기 위해서는 기존 상품이 제공할 수 없는 차별적인 가치를 제공해야 한다. 이때, 차별적 가치는 기존에 기업이 보유하고 있던 핵심 역량 및 브랜드 이미지와 일치하는 것이 중요하다. 더 나아가, 상품과 플랫폼의 성능 개선에 사용자들의 참여를 도모하는 것도 도움이 될 수 있다. 4단계, 경쟁자들의 모방 가능성을 사전에 차단하라. 플랫폼에 참여하고 있는 파트너가 사용자 유입에 도움이 된다면 다른 플랫폼으로 이동하거나 중복 참여할 수 없도록 독점 계약을 제안할 수 있다. 이와 더불어, 후발 플랫폼이 제공할 수 없는 차별화된 가치를 추가적으로 제공할 수 있는 노력도 뒷받침되어야 한다.

위에선 언급한 차별화된 가치, 충분한 사용자 기반, 핵심 파트너와의 독점 계약 등은 일반 기업에서 플랫폼 기업으로의 전환에만 요구되는 것이 아니라, 모든 유형의 플랫폼 기업들이 성공하기 위한 필수 조건이라 할 수 있다. 이외에도 플랫폼 참여자들에게 어떻게 비용을 지불하게 할 것인가도 중요한 문제다. 플랫폼 참여 자체에 비용을 부과하는 것은 수요예측이 불확실한 상황에서는 큰 부담이 될 수 있다. 따라서, 플랫폼 참여는 자유롭게 하되 플랫폼 상에서 이루어지는 거래량에 따라 비율적으로 과금하는 것이 더 많은 파트너를 확보하는 길이다. 그럼에도 불구하고 파트너나 사용자의 유입이 저조하다면 직접적인 보조금이나 물질적인 혜택을 제공할 수도 있다. 가격정책과 더불어 기존 시스템과의 호환성도 고려해야 한다. 플랫폼 기반 서비스는 많은 경우 불연속적 혁신의 성격을 갖기 때문에 사용자들의 수용 저항을 야기할 수 있다. 때문에, 동일한 효용을 제공하던 기존 시스템과의 호환성을 갖춤으로써 이 저항을 낮출 수 있다. 하지만, 완벽한 호환성은 새로운 플랫폼의 채택을 방해할 수 있으므로 새로운 시스템만의 가치를 분명히 전달해야 한다. Microsoft는 Windows에서도 여전히 DOS를 사용할 수 있게 호환성을 마련했지만, DOS를 사용하는 동안에는 Windows에서만 사용할 수 있는 기능들을 제한한 바 있다.

1.2 다면 시장 플랫폼

앞서 정의 내린 바와 같이, 플랫폼은 두 개 이상의 집단의 상호 연결을 통해 가치를 창조하기 때문에 양면two-sided 혹은 다면multi-sided 시장을 상대한다는 특징을 갖는다. 때문에 플랫폼 비즈니스를 논할 때 '다면 시장 플랫폼'이라는 용어를 자주 만나게 된다. 이때, 단면 시장one-sided market은 모바일 메신저와 같이 사용자라는 단일 집단으로부터 가치가 창출되는 네트워크 구조를 의미한다. 여러 모바일 메신저 중 가장 많은 사용자를 확보한 서비스가 가장 큰 가치를 갖게 된다. 즉, 집단 내 상호작용으로 인해 효용이 창출된다. 모바일 메신저가 유료일 경우 단면 시장의 형태로 볼 수 있지만, 사용자에게 무료 이용의 혜택을 제공하면서 광고료를 통해 수익을 올린다면 양면 시장의 네트워크 구조를 갖는다. 네트워크 상에서 사용자 집단과 광고주 집단 간의 상호작용이 이루어지게 된다. 광고를 집행하려는 기업은 여러 모바일 메신저 중 가장 많은 사용자를 확보한 서비스에 광고를 게시하는 것이 가장 큰 효과가 있을 것이라 기대하게 된다. 즉, 다면 시장 플랫폼은 둘 혹은 그 이상의 고객 혹은 참여자 집단이 직접적으로 상호작용할 수 있게 함으로써 가치를 창출하는 기술, 제품, 혹은 서비스를 말한다. 콘솔 게임 플랫폼도 게임 타이틀 개발자와 이용자의 상호작용을 매개하고, 개발자 집단과 이용자 집단은 각각 상대 집단의 규모 혹은 질이 높을수록 해당 플랫폼에 참여하는 가치가 크다고 판단한다는 점에서 다면 시장 플랫폼의 전형적인 예시라 할 수 있다.

다면 시장은 프랑스 IDEI의 Jean-Charles Rochet 교수와 Jean Tirole 교수가 주창한 이론으로, 판매자와 구매자가 직접 상대하는 단면 시장one-sided market과 달리 서로 다른 이해관계를 가지고 있는 둘 이상의 집단 간 거래를 중개함으로써 새로운 가치를 창출하는 시장을 말한다. 다면 시장은 유통업자와 같이 단순히 판매자와 구매자를 연결해 주는 것이 아니라, 이른바 '촉매catalyst 상품'을 통해 간접 네트워크 효과를 만들어 내고 새로운 수익 모델을 제시한다는 특성을 갖는다. 촉매 상품이란 MIT의 Richard Schmalensee 교수가 그의 저서 〈Catalyst Code〉에서 다면 시장이 발생되는 과정을 화학적 개념에 비유한 데서 유래한 말로, 둘 이상의 집단 사이에 상호작용을 일으키거나 촉진하는 상품을 말한다. 따라서 신용카드 업체나 결혼정보 업체도 다면 시장에서 활동하는 기업으로 볼 수 있다. 다면 시장 플랫폼은 플랫폼에 참여하는 모든 집단을 큰 의미에서 '고객'으로 여긴다는 점에서 최종 소비자를 고객으로 전제하지 않는 제품 플랫폼과 구분된다. 또한, 참여 집단 간에 직접적인 상호교류가 이루어진다는 점에서 공급자와

그림2 **제품 플랫폼, 다면 시장 플랫폼, 재판매업의 차이**

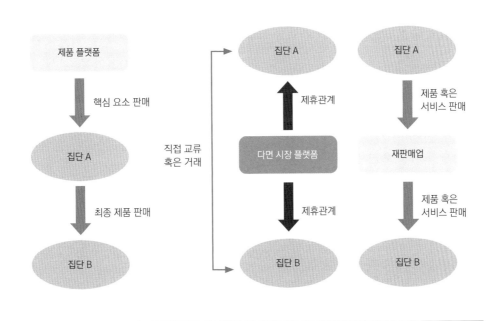

출처: Hagiu (2014).

소비자 간의 교류가 차단된 재판매업과도 구분된다〈그림 2〉참조. 그러나 현실에서는 플랫폼의 개념이 혼동되는 경우가 많다. 심지어는 플랫폼 비즈니스가 아님에도 불구하고 자사를 플랫폼 기업이라 주장하는 경우도 종종 있다. 특히 재판매업과 다면 시장 플랫폼을 혼동하는 경우가 있다. G마켓이 판매자와 구매자를 매개하는 다면 시장 플랫폼이라면, 마켓컬리는 판매자로부터 상품을 구입하여 자신의 브랜드를 붙여 판매하는 재판매업자이다. 쿠팡은 두 가지 비즈니스 모델이 공존하는 사례이다. 또한, YouTube가 콘텐츠 크리에이터와 이용자를 매개하는 플랫폼이라면, Netflix는 콘텐츠 배급사로부터 저작권을 구입해 이용 권한을 판매할 뿐 콘텐츠 제작사와 구독자의 교류를 매개하지 않기 때문에 재판매업자라고 볼 수 있다.

Apple의 App Store 성공 이후로 다면 시장 플랫폼 비즈니스 모델이 급격히 증가하고 있다. 기존의 유통업체는 공급업체의 상품을 선구매하고 마진을 붙여 소비자에게 판매하는 구조이기 때문에 막대한 초기 자본과 운영 비용이 요구되었다. 그러나, 다면 시장 플랫폼 모델의 경우 공급업체가 직접 소비자를 만날 수 있는 기회만 만들어주면 되기 때문에 초기 자본과 운영 비용 측면에서 큰 장점을 가질 수 있다. 이러한 장점을 누리기 위해 많은 유통업체들이 플랫폼 기업으로 전환을 시도했지만 단순히 유행을 좇는 시도는 무수한 실패를 낳았다.

Hagiu and Wright2013은 거래되는 상품과 관련하여 얼마나 많은 통제력을 행사할 수 있느냐에 따라 유통업의 성격을 순수 재판매업과 순수 다면 시장 플랫폼 모델 사이에서 정의할 수 있다고 설명했다〈그림 3〉참조. 이들은 개별 기업이 속해있는 시장의 성격에 따라 다면 시장 플랫폼 모델의 유불리함이 달라질 수 있으므로, 네 가지 요인을 고려하여 자사에 적합한 비즈니스 모델을 택해야 한다고 주장했다. 가장 먼저 고려할 요인은 시장의 수요인데, 수요가 큰 상품일수록 규모의 경제를 창출할 수 있는 재판매업이 유리하다. Amazon이 수요가 큰 품목에서는 재판매업 형태를 고수하고, 다른 품목에서는 플랫폼 모델을 도입한 이유가 여기에 있다. 두 번째로 고려할 요인은 판매되는 상품의 보완재 유무이다. 여러 보완재를 함께 구매하는 것이 일반적인 경우에도 재판매업이 바람직하다. 반찬거리를 살 때 주부들이 재래시장보다 대형마트를 더 선호하는 이유도 한 곳에서 필요한 모든 품목을 구입할 수 있다는 데 있다. 세 번째 요인은 공급자 및 사용자 경험의 중요성이다. 공급자와 사용자가 거래에 있어 보다 나은 경험을 원하고 요구 수준이 높다면, 더 많은 영향

그림3 재판매업과 다면 시장 플랫폼의 구분

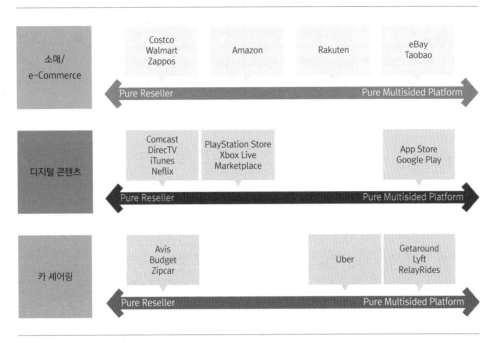

출처: Hagiu and Wright (2013).

력을 행사할 수 있는 재판매업이 유리할 수 있다. 쿠팡은 공급자가 직접 소비자에게 상품을 배송하는 다른 경쟁업체와 달리 직접 배송 시스템을 구축하여 신속한 배송과 편리한 반품 등 차별화된 고객 경험을 제공하고 있다. 마지막 요인은 시장 실패의 가능성이다. 상품의 품질 혹은 공급자의 신뢰성에 대한 불확실성이 높다면 거래에 대한 영향력을 높이는 것이 필요하다. Airbnb의 경우에도 임차인이 체크인 이후 실제 방 안의 상태가 사전에 고지된 내용과 큰 차이가 없음을 확인한 이후에서야 임대인에게 대금을 지급하고 있다. 반대로, 임차인이 지불한 보증금은 체크아웃 이후 별다른 기물 파손이나 도난이 발생하지 않은 것을 확인 후 환급 받을 수 있다.

그렇다면, 반대로 다면 시장 플랫폼 모델을 도입하기에 적합한 조건들을 살펴보자. 먼저 한 기업이 이미 방대한 고객 기반을 확보하고 있고, 이 고객 기반에 흥미를 가지는 공급자 집단이 존재하는 경우를 생각할 수 있다. 이러한 상황에서는 기존의 고객들을 새로운 공급자들과 연결시켜 줌으로써 다면 시장 플랫폼 모델을 구축할 수 있다. 미국의 재무·회계 관련 소프트웨어 개발업체 Intuit는 자사의 대표 상품인 QuickBooks를 오픈소스로 개발자들에게 공개한 후, QuickBooks 내에서 다른 개발업체들의 응용 프로그램들이 거래될 수 있도록 함으로써 플랫폼 기업으로 전환에 성공하였다. 만약 한 기업의 상품이 복수의 구별되는 고객 집단을 보유하고 있고 이들이 자사의 영역 밖에서 교류하고 있다면, 이 집단들 간의 교류나 거래를 자사의 영역 내로 포함시킴으로써 플랫폼 기업이 될 수 있다. 휘트니스 웨어러블 디바이스 제조업체 Garmin은 일반 고객 집단과 트레이너 고객 집단이 상호 교류할 수 있는 온라인 시스템 Garmin Connect를 런칭했다. 이 시스템을 통해 트레이너는 직접 고객을 만나지 않아도 고객의 운동 상황이나 건강 정보를 체크할 수 있게 되었다.

　　마지막으로, 다면 시장 플랫폼 비즈니스 모델이 직면할 전략적 의사결정 사항들에 대해 알아보자. 가장 먼저, 얼마나 많은 집단을 플랫폼에 참여시킬 것인가를 결정해야 한다. 오픈마켓 플랫폼과 같이 그 시장의 특성상 양면판매자와 구매자 플랫폼의 형태가 자동적으로 결정되는 경우도 있다. 그러나, 컴퓨터 OS의 경우에는 기업 스스로 면의 수를 정할 수 있다. Apple은 자사가 제조하는 컴퓨터에 한해서 독립적인 OS를 제공하고 있기 때문에 사용자와 애플리케이션 개발업체만이 참여하는 양면 플랫폼의 형태를 보이지만, Microsoft의 경우 다양한 기업의 컴퓨터에 OS를 제공하기 때문에 컴퓨터 제조업체를 포함하는 삼면의 플랫폼 형태를 가진다. 플랫폼의 형태가 결정되었다면 그 다음으로는 플랫폼 상에서 참여자들에게 어떤 가치를 제공할 것인지를 분명히 해야 한다. Airbnb는 참여자들의 탐색 비용을, eBay는 참여자들의 거래 비용을 절감시켜주는 효용을 제공한다. 하지만, 참여 집단 간의 추구 효용이 충돌을 일으키는 경우도 있다. 광고를 기반으로 하는 미디어의 경우 광고주는 자사의 광고가 더욱 많이 노출되는 것을 원하지만, 사용자들은 광고에 방해 받지 않으면서 서비스를 즐기고 싶어한다. 이 같은 갈등 상황에서는 두 집단 모두에서 불만이 발생하지 않도록 적절한 균형점을 찾는 것이 중요하다. 세 번째 결정사항은 플랫폼 참여 집단 중 어느 집단으로부터 이윤을 창출할 것이냐의 문제다. 이론적으로는 모든 참여 집단으로부터 이윤을 창출할 수 있지만, 실제로는 한 집단에게는 무료로 가치를 제공하거나 보조금subsidy을 지급하고 다른 집단으로부터 매출을 발생시키는 것이 일반적이다〈표 1〉 참조. 참여 집단들의 반발을 최소화하기 위해서는 가격 민감도가 낮거나, 플랫폼 상의 거래

표 1 다면 시장 플랫폼의 가격 정책

다면 시장 플랫폼 유형	보조금 제공 집단	이윤 창출 집단
광고 기반 미디어(신문, Facebook, Google, OTT 서비스)	사용자	광고주
오픈마켓(Alibaba.com, eBay, Rakuten)	구매자	판매자
결제 시스템(American Express, Visa, Square)	사용자	기업
비디오 게임 콘솔(PlayStation, Nintendo Switch)	사용자	게임 개발사
PC OS(Windows, Mac OS)	애플리케이션 개발사	사용자
티켓판매대행(Ticketmaster, 인터파크)	이벤트 주최사	사용자
영화예매(Fandango, Yes24)	상영관	사용자

다면 시장 플랫폼의 초기 성장 전략

공유경제 시대의 개막과 함께 서비스 공급자와 소비자를 연결시켜주는 이른바 다면 시장 플랫폼 서비스들이 속속 등장하고 있다. 집주인과 여행객들을 연결시켜주는 Airbnb나 자가용 운전자와 이동수단을 필요로 하는 소비자들을 이어주는 Uber가 대표적인 사례이다. 이러한 다면 시장 플랫폼 서비스의 관건은 공급자와 수요자 모두 충분한 기반이 마련되어야 한다는 것이다. 수요자가 적으면 공급자의 유입이, 공급자가 적으면 수요자의 유입이 저하되는 'chicken-and-egg' 문제가 발생하기 때문이다. 그러나, 이제 막 서비스를 출시한 기업 입장에서는 양 측면을 동시에 확충하기에는 자원이 부족하기 마련이다. 그렇다면, 닭과 달걀 중 과연 무엇에 먼저 집중해야 하는가?

Harvard 경영대학원의 Teixeira 교수는 단연코 공급자 기반을 우선적으로 확대해야 한다고 말한다. 다수의 성공사례를 분석한 그는 공급자 측면의 방정식을 푸는 것이 먼저이지만, 더욱 중요한 것은 올바른 공급자를 선별하는 것이라고 덧붙였다. Teixeira 교수가 밝힌, 다면 시장 플랫폼의 초기 성장 전략은 다음과 같이 정리할 수 있다.

첫째, 올바른 공급자를 확보하라. Airbnb에게는 낯선 사람에게 선뜻 방을 내어줄 공급자들을 찾는 일이 선결 과제였다. 임대를 희망하는 공급자들을 찾기 위해 Airbnb는

Craigslist(미국 최대의 온라인 생활정보 사이트)에 임대 광고를 게시한 집주인들을 찾아 나섰다. 집주인 입장에서는 별다른 노력없이 임차인을 찾을 확률을 높일 수 있었기 때문에 Airbnb는 손쉽게 초기 공급자 기반을 확보할 수 있었다.

둘째, 보다 나은 경험을 제공하라. 공급자는 확보했지만 Airbnb에게는 또다른 고민거리가 생겼다. 집주인들이 스마트폰으로 대충 찍어 올린 사진들이 형편없었기 때문이다. 호텔 예약 웹사이트에서 볼 수 있는 사진들과 비교하니 아무리 가격이 싸다 한들 굳이 이런 곳에서 묵고 싶은 생각이 들리 만무했다. Airbnb는 전문 사진가를 고용해 직접 임대인을 찾아가 대신 사진을 찍어주었다. 전문가의 손을 거친 사진은 이용자 증대를 촉진시켰을 뿐만 아니라 추가적으로 유입된 공급자들로 하여금 더 수준 높은 사진을 게시하도록 유도하는 기준이 되었다.

셋째, 최적의 때와 장소를 찾아라. 플랫폼 사업을 확장하기 위해서는 공급이 수요에 미치지 못하는 때와 장소를 찾아야 한다. Airbnb는 2008년 Denver에서 서비스를 출시했는데, 이때는 민주당 전당대회 개최로 인해 호텔 예약이 어려운 시기였다. Airbnb는 이후 서비스 지역을 확대할 때 항상 대규모 행사나 이벤트 시기에 맞추었다. 초과 수요 시기를 노리는 전략은 경쟁자의 매출을 잠식하지 않음으로써 방어적 대응을 늦추는 효과뿐만 아니라, 소비자들의 서비스 기대수준이 낮아진 상태이기 때문에 부정적 구전의 확산도 저하시키는 효과를 기대할 수 있다.

출처: Airbnb, Etsy, Uber: Acquiring the First Thousand Customers, Harvard Business School Case.

를 통해 더 큰 효용을 얻는 집단에게 더 높은 비용을 부과하는 것이 바람직하다. 마지막으로 참여 집단들이 플랫폼 상에서 지켜야 할 규칙을 정립해야 한다. 플랫폼에 참여하기 위해 충족시켜야 하는 조건들을 명시하고, 거래되는 상품의 품질에 대해서도 사전 통제가 필요하다. 물론, 지나치게 엄격한 규칙은 간접 네트워크 효과 창출에 방해가 될 수 있지만, 플랫폼 전반의 가치를 높이기 위해서는 적절한 수준의 관리감독이 요구된다.

1.3 플랫폼 비즈니스 성장전략

플랫폼 비즈니스는 집단 내 그리고 집단 간 네트워크를 통해 그 가치를 창출하고 있기 때문에 네트워크의 기본적인 특성을 이해하는 것이 플랫폼 비즈니스의 성패를 가를 수 있다. Zhu and Iansiti2019에서는 플랫폼 성과에 영향을 미치는 네트워크의 특성을 네트워크 효과, 네트워크 구조, 직접 교류의 가능성, 멀티호밍multi-homing에의 취약성, 네트워크 간의 연결로 정리하였다.

플랫폼은 직접집단 내 네트워크 효과와 간접집단 간 네트워크 효과를 핵심으로 하고 있다. 그러나 네트워크 효과의 영향력이 항상 강력한 것은 아니다. Facebook 이용자 수가 늘어날수록 애플리케이션 개발자들이 Facebook에 참여하고자 하는 동기는 더욱 강해질 것이다. 그러나 콘솔 게임의 간접 네트워크 효과는 상대적으로 약하다. 게임 이용자는 다수의 게임을 동시에 이용하기 보다는 소수의 흥행 게임을 이용하는 경향성이 있기 때문에 게임 타이틀의 수에 반응하기보다는 품질에 반응하게 된다. 한편, 기업이 의도적으로 네트워크 효과를 강화하는 것도 가능하다. Amazon의 추천 시스템은 다수의 소비자가 서비스를 이용할수록 그 정확도가 증가하는 일종의 직접 네트워크 효과로 볼 수 있다. Amazon은 추천 시스템을 통해 플랫폼의 가치를 향상하는 것은 물론 진입 장벽을 높일 수 있었다.

플랫폼 비즈니스의 네트워크 구조는 세분시장별 로컬 클러스터가 연결되어 전체 네트워크를 구성하는 유형과 전체 시장에서 하나의 글로벌 네트워크를 구성하는 유형으로 구분된다. Uber의 네트워크는 전자에 해당하는데 개별 시장에서 충분한 사용자 기반을 달성하는 것이 용이하다는 장점을 갖지만 특정 세분시장만을 표적으로 하는 경쟁업체를 대상으로는 경쟁우위 확보가 어렵다는 단점이 있다. Airbnb의 네트워크는 후자에 해당하는데 공급자와 수요자 모두 특정 도시의 상황에 크게 구애받지 않는다는 장점을 갖지만 전 세계 시장에서 사용자 기반을 확보하고 브랜드 인지도를 구축하는 데에 상당한 시간과 비용이 든다는 단점이 있다.

참여자 집단 간의 교류를 중개함으로써 가치를 갖는 플랫폼 비즈니스 입장에서는 참여자 간의 직접적인 교류가 가능할 경우 수익을 창출할 기회를 상실할 수 있다. 미국의 가사도우미 플랫폼 Homejoy도 적절한 매칭이 이루어진 이후 공급자와 수요자가 직접 거래를 하는 경우가 잦아지면서 출시 5년 만에 서비스를 중단하게 되었다.

직접 교류를 통제하기 위해서는 계약 조건을 강화하거나 상호 연락처를 제공하지 않는 것과 같은 제한적 방식보다는 플랫폼을 통한 거래가 더 큰 효용을 가질 수 있도록 당근을 제공하는 방식이 더 효과적일 수 있다. 거래 관련 보험, 에스크로 결제, 커뮤니케이션 도구 등의 제공이나 집단 간 갈등의 중재 등이 효과적으로 사용될 수 있다.

멀티호밍multi-homing은 공급자 혹은 수요자가 복수의 플랫폼에 동시에 참여하는 것을 의미한다. 운전자와 탑승객 대부분이 Uber와 Lyft를 동시에 사용하는 것이나 식당과 고객 대부분이 배달의 민족과 쿠팡이츠를 동시에 사용하는 것을 예로 들 수 있다. 멀티호밍은 플랫폼 사업자들의 매출을 감소시키고 과도한 경쟁을 유발하게 된다. 멀티호밍은 새로운 플랫폼에 참여하는 데에 드는 비용이 적은 경우 발생하기 때문에 반대로 이를 높이는 방식으로 방지할 수 있다. 콘솔 게임 시장에서는 게임 배급사에게 독점 계약에 대한 인센티브를 제공하거나, 이용자들에게는 콘솔 기기 구입과 구독 서비스 이용 요금을 높임으로써 한 가지 플랫폼만을 사용하도록 유도하고 있다.

플랫폼 비즈니스가 성장하기 위해서는 보유하고 있는 네트워크 간의 연결을 통해 새로운 부가가치를 만들어야 한다. 특히, 방대한 사용자 기반과 집단 내 혹은 집단 간 상호교류 데이터는 새로운 가치를 가질 수 있다. Alibaba는 간편결제 플랫폼인 Alipay를 온라인 상거래 플랫폼인 Taobao와 Tmall에 연동함으로써 공급자와 구매자 간의 신뢰를 강화했을 뿐만 아니라 보다 상세한 거래 데이터를 확보할 수 있게 되었다. 또한, 이 거래 데이터를 통해 금융 서비스 플랫폼인 Ant Financial에서 공급자와 구매자의 신용도를 평가하고, 신용도에 따라 저리의 단기 대출을 제공하고 있다. 이 대출을 통해 공급자는 더 많은 재고를 확보하고, 구매자는 보다 많은 상품을 구매할 수 있는 시너지 효과도 누리게 되었다.

플랫폼 비즈니스는 네트워크의 크기, 즉 사용자 기반을 성장 동력으로 하고 있기 때문에 최대한 빨리 규모를 확대하는 것이 당연한 것으로 여겨지고 있다. 플랫폼의 규모는 강력한 네트워크 효과를 창출하여 긍정적 피드백 루프를 만들뿐만 아니라, 다른 기업의 시장 진입을 차단하는 장벽으로도 작용하기 때문이다. 그러나 제도적 복잡성과 제도적 위험성의 수준에 따라 플랫폼 규모를 얼마나 신속하게 확대해야 하는가에 대한 답은 달라질 수 있다. Büge and Ozcan2021에서는 제도적 복잡성을 플랫폼의 시장 진입과 운영에 관여하는 법적ㆍ제도적 장벽의 수준으로, 제도적 위험성을 미래에 법적ㆍ제도적 비용이 증가할 가능성으로 정의하고 각각의 수준이 높고 낮음에 따

그림 4 **제도적 복잡성과 위험성에 따른 플랫폼 성장 전략**

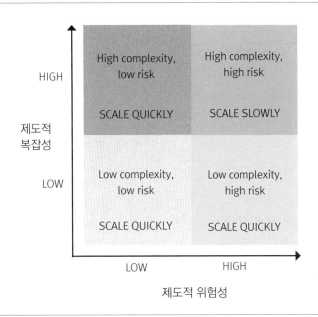

출처: Büge & Ozcan(2021)

라 총 네 가지의 상황을 도출하였다. 네 가지 유형 중 제도적 복잡성과 제도적 위험
성이 모두 높은 상황에서는 플랫폼의 규모를 확대하는 데에 신중을 기할 필요가 있다
⟨그림 4⟩ 참조. Facebook과 컨소시엄 파트너 기업들은 2019년 블록체인 기반의 가상 화폐
Libra 프로젝트를 공개한 바 있다. 그러나 다른 가상 화폐를 통해 다양한 부작용을 경
험한 다수의 국가에서 Libra 개발에 우려를 표했다. 전 세계 24억명 이상의 사용자를
보유하고 있는 페이스북이 가상 화폐를 출시할 경우 테러리즘에 대한 지원, 탈세, 자
금 세탁 등 기존 가상 화폐가 내포하고 있는 부작용이 훨씬 더 광범위하게 발현될 수
있기 때문이다. 그 결과, 프로젝트 공개 1년 만에 Facebook과 파트너 기업들은 기존의
프로젝트 목표를 대폭 축소할 수밖에 없었다.

지금까지의 논의에 따르면 플랫폼 비즈니스는 모든 기업이 추구해야 할 이상적
인 비즈니스 모델처럼 보이지만 그 이면에는 부정적인 측면도 분명 존재한다. 플랫폼
기업이 강력한 시장 지배력을 확보하게 되면 참가자들에게 높은 수수료를 부과할 수
있다. 또한 플랫폼 기업은 수익성이 높다고 판단할 경우 private brand를 출시하여 플

랫폼에 참가한 판매자들의 매출을 빼앗기도 한다. 공급자 기반을 확대한다는 명분 하에 치열한 경쟁을 강요하거나, 불공정한 규칙을 강제하는 경우도 지속적으로 확인되고 있다. Cutolo, Hargadon, and Kenney2021는 이와 더불어 플랫폼 의존 기업들이 직면할 수 있는 두 가지 위험성을 제시하였다. 첫째, 플랫폼에 의존할 경우 독립적인 포지셔닝을 구축하기 어렵다. 플랫폼 기업은 이용자들의 정보 탐색을 용이하게 하기 위해 개별 판매자들이 제공하는 정보들도 동일한 방식으로 제시하는 것이 일반적이다. 나아가 상품 가격의 범위도 제한함으로써 판매자들의 마진을 낮추는 것은 물론 차별화된 포지셔닝도 원천적으로 차단하고 있다. 둘째, 플랫폼에 의존할 경우 고객관의 관계를 형성하기 어렵다. 플랫폼 상에서 이루어지는 거래에 대한 정보는 플랫폼 기업이 독점하며, 참여 기업에게는 제한적으로만 제공된다. 심지어 직접 교류를 차단하기 위해 구매자에 대한 정보 대부분을 제공하지 않는 경우도 있다. 이러한 상황에서 참여 기업은 고객 데이터를 기반으로 한 장기적인 고객생애가치 극대화를 추구할 수 없다.

그렇다면 플랫폼에 참가함으로써 수익을 내는 판매 기업들은 어떻게 플랫폼에 대한 의존도를 낮출 수 있을까? 가장 먼저 자사의 상품이 범용화되어 다른 기업의 상품으로 쉽게 대체될 수 있는 상황을 방지해야 한다. 이를 위해 플랫폼을 거치지 않고 고객과 직접적으로 커뮤니케이션할 수 있는 채널을 갖출 필요가 있다. 또한, 다수의 플랫폼에 멀티호밍을 하여 개별 플랫폼에 대한 의존도를 낮추거나, 플랫폼을 쇼룸으로 활용하면서 플랫폼에서 유입된 고객들을 자사가 직접 운영하는 채널로 이동시킬 수 있다. 해당 플랫폼 내에서 규모나 품질 면에서 최고의 판매자가 되는 방법도 있다. 다른 판매 기업들을 인수하여 규모의 경제를 창출할 경우 플랫폼 기업을 대상으로 협상력을 확보할 수 있다. 플랫폼의 알고리즘을 분석하여 자사의 상품이 더 빈번하게 노출되거나 더 좋은 리뷰를 받을 수 있도록 노력할 수도 있다. 마지막 수단으로는 플랫폼의 독점적 지위를 제한할 수 있는 제도가 마련될 수 있도록 정부나 시민단체를 대상으로 자사의 입장을 피력하는 것이다. 현재 많은 국가에서 플랫폼 기업의 횡포를 막기 위한 규제들이 속속 마련되고 있다.

2 전략적 파트너십과 기업인수

2.1 파트너십의 목적과 종류

마케팅 관리요소인 4P에 하나의 P를 더 추가한다면 Partnership이 될 것이다. 그만큼 하이테크 산업에서 전략적 파트너십은 경쟁역학을 결정하는 가장 중요한 요소 중 하나이며, 시장의 형성과 발전 단계에 기업의 생존을 위해 어떠한 형태로든 선택되어야 하는 필수 전술이다. 실제로 하이테크 기업 간의 전략적 파트너십 소식은 하루도 빠지지 않고 경제 일간지의 한 면을 장식한다. 그렇다면 하이테크 기업들은 어떠한 목적으로 파트너 관계를 맺게 되는 것일까?

파트너십은 기업이 특정 공급자와의 발전된 관계를 통하여 원가를 절감하고자 하는 노력으로부터 출발하였다. 제조업체와 공급업체 혹은 유통업체 간 제휴는 정보시스템의 구축을 통해 비즈니스 시스템을 일부 통합하는 형태로 강화되어 가는 추세다. 예를 들어 Dell은 공급업체들과의 공급사슬관리supply chain management 시스템을 구축하고 가상적 통합virtual integration을 통해 주문생산 사이클을 최적화하여 가격 경쟁력을 확보할 수 있었다.

전략적 제휴는 동종업종의 경쟁자 간 파트너십으로까지 발전하게 되는데 이는 수익 및 원가 측면에서 시너지synergy를 획득하기 위한 것이다. 그 예로, 자동차회사 Toyota와 BMW는 연료전지 개발을 위한 합작연구를 통해 천문학적인 신기술개발 비용을 절감하고 있다. 또한 양사가 지닌 특허기술을 공유하는 형태의 제휴관계도 종종 등장하는데, Google이 삼성전자와 맺은 크로스라이선스 파트너십이 그러하다. Google은 삼성이 지닌 무선통신분야의 기술을, 삼성은 Google이 지닌 모바일OS 및 정보보안 분야의 기술을 활용할 수 있게 되면서 특허활용 비용 절감은 물론 기술개발 측면에서 시너지 효과를 기대할 수 있게 되었다.

하이테크 산업에 있어서는 '사용자 기반' 확충과 수요 측면의 규모의 경제가 파트너십의 중요한 이유가 되기도 한다. 소셜 커머스 기업들의 인수합병이나 온라인 서비스 업체들의 다양한 제휴가 그 예이다. 파트너십에서 더 나아가 합병에 이른 AOL/Time Warner가 실질적인 효과를 얻지 못했던 예에서도 알 수 있듯이 충분한 시너지와 가치사슬상의 효율화를 전제로 하지 않은 단순한 고객 기반 통합은 한계가 있다.

　기업 간 제휴는 점차 더 강력한 시너지를 추구하고 있으며, 하이테크 산업에서는 각 제품 영역에서 선도기업 간의 밀월관계가 점차 증가하고 있다. Microsoft와 Intel의 친밀한 제휴관계는 Windows와 Intel의 합성어인 'Wintel'이란 용어에 집약되어 있다. 하나는 소프트웨어 산업의 리더로서 또 하나는 CPU 칩의 리더로서 상호 제품개발 및 출시의 효과를 극대화하는 방향으로 오랜 기간 공조를 유지해 오고 있는 것이다. IBM과 Cisco 역시 사물인터넷IoT 시장을 선점하기 위한 협력에 나섰다. IoT 통합 솔루션을 개발하는 데 있어 각 사의 강점을 살려 IBM은 클라우드 기반의 데이터 분석 플랫폼을, Cisco는 첨단 라우터 장비기술을 제공했다. 이와 같은 동업종 혹은 이업종 기업 간의 대등한 제휴관계를 'Peer allies'라고 하는데 이는 주로 제품 개발협조 혹은 공동 마케팅의 형태로 나타난다.

　동업종 내 '적과의 동침'은 윈-윈win-win의 기회를 제공하지만 종종 커다란 위험을 수반하기도 한다. Sony는 2001년 저장장치인 메모리스틱에 들어가는 플래시 메모리 공급을 위해 삼성전자와 협력을 시작하면서 블루레이, 홈네트워크, LCD에 이르기까지 협력관계를 계속 이어갔다. 그 과정에서 삼성전자는 낸드플래시와 LCD 절대 강자 자리를 차지할 수 있는 기반을 확보하게 된 반면, Sony는 급격하게 제품 자립도와 시장 경쟁력을 상실하게 되었다. 지금도 삼성과 Apple, Google, Microsoft 등의 하이테크 산업 강자들은 여러 접점에서 전략적 파트너십 관계를 맺고 있는데 누가 최종적인 수혜자가 될 것인지 가늠하기가 쉽지 않다'애플과 삼성, 친구인가 적인가?' 참조.

　온라인 판매를 위해 Amazon과 제휴를 맺었던 장난감 판매업체 Toys R Us 사례도 파트너십이 내포한 위험을 잘 보여준다. Toys R Us는 자사 웹사이트로 들어온 고객을 Amazon 사이트로 이동시켜서 제품을 구매할 수 있게 했는데 초기에는 Amazon을 통한 판매량이 급증하면서 윈-윈 효과를 내는 듯 했다. 그러나 이후에 Amazon에 입점한 다른 완구 업체들이 낮은 가격으로 장난감을 판매하자 Toys R Us의 매출은 큰 타격을 입었다. 심지어 상품구성 등에 있어 Amazon이 Toys R Us에 압박을 가하기도 했다. 이러한 상황에 불만을 가진 Toys R Us는 Amazon을 상대로 소송을 제기했고, 결국 법원의 판결에 따라 Amazon이 배상금을 지급하면서 두 회사 간의 10년 계약은 조기에 파기되었다. 송사를 끝낸 Toys R Us는 그제서야 자체 온라인 쇼핑몰을 열고 온라인 판매를 재개했지만, 안타깝게도 Amazon에 의존해 온라인 투자의 적기를 놓친 탓에 이들의 웹사이트 기술력은 형편없었다. 디지털 시대에 자생력을 갖추지 못한 Toys R Us 는 점차 침체의 늪에 빠졌고 마침내 파산을 신청했다.

아주 예외적인 경우를 제외하고는, 파트너 없이 하이테크 산업에서 성공할 생각은 하지 않는 것이 좋다. 처음부터 독불장군으로 성공한 기업은 눈을 씻고 찾아 보아도 발견하기 힘들다. 자신이 가장 잘할 수 있는 부분에 집중하고 완전완비제품whole product을 만드는 데 도움을 줄 수 있는 파트너를 선정하여 공동전선을 구축하라. 그것이 바로 짧지만 험난했던 하이테크 산업의 역사가 주는 엄연한 교훈이다.

2.2 파트너의 선정

누구를 파트너로 할 것인가? 파트너는 하나가 될 수도 있지만 다수의 파트너가 모여 연합전선을 결성하는 경우도 많다. 〈그림 5〉는 파트너 선정의 한 가지 평가 틀이다. 이 체크리스트는 기본적으로 3R과 2C를 중요한 판단의 근거로 삼는다. 고려하고 있는 각각의 파트너 후보기업이 가지고 오는 것은 무엇인가 하는 것을 자원Resources, 관계Relationships, 명성Reputation, 역량Capabilities, 교감과 문화Chemistry and Culture의 측면에서 각각 평가해 보는 것이다. 이것들의 구체적인 평가 항목은 〈그림 5〉에 나와 있다.

파트너 선정 시 몇 가지 주의 사항은 다음과 같다. 첫째, 잠재적 파트너가 자사의 경쟁자들과 다면적인 관계를 갖고 있다면 추후에 갈등의 소지가 될 가능성이 크다. 따라서 대상 기업의 타사와의 제휴관계도 신중하게 파악하여야 한다. 둘째, 기술의 급속한 변화를 고려할 때 오늘의 최고 파트너best partner가 미래에도 최고 파트너가 된다는 보장이 없다. 따라서 장기적인 제휴관계를 맺을 때에는 이 점을 염두에 두어야 한다. 마지막으로, 요청을 거절하지 못해서 혹은 적을 만들지 않기 위해 제휴 요구를 모두 받아들이다가는 자사의 정체성을 잃게 되고 독특한 경쟁우위마저 상실할 위험이 있다.

그림 5 전략적 파트너 선정을 위한 평가 틀

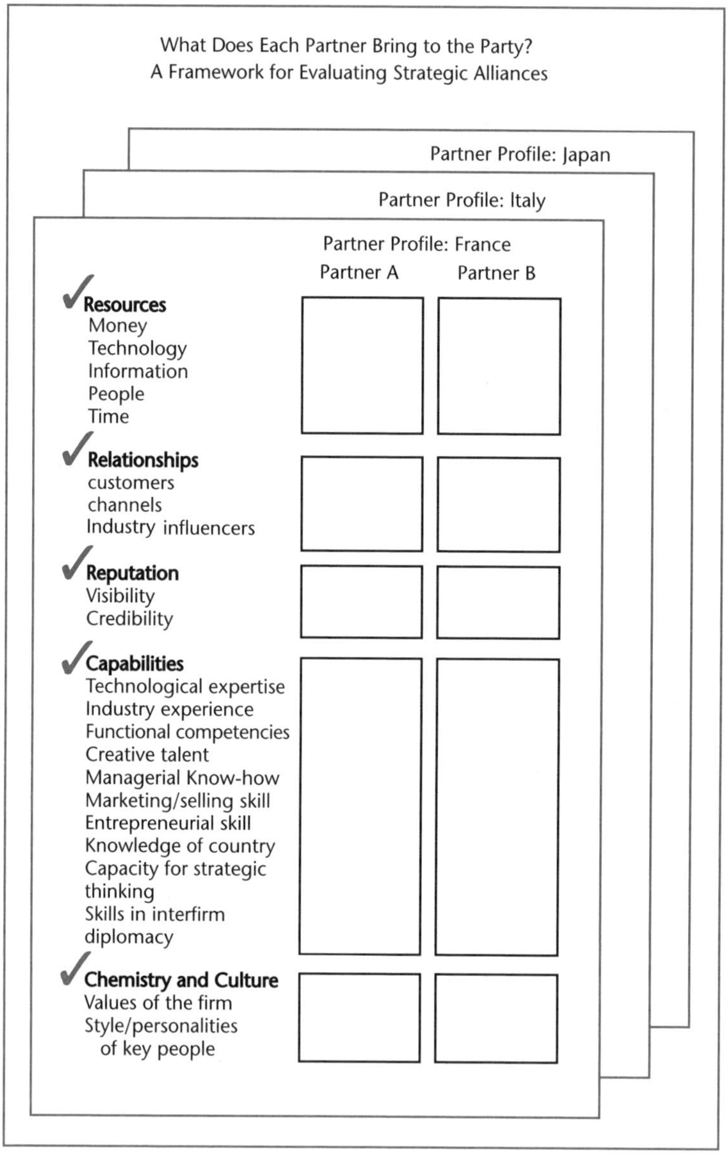

What Does Each Partner Bring to the Party?
A Framework for Evaluating Strategic Alliances

Partner Profile: Japan

Partner Profile: Italy

Partner Profile: France

Partner A   Partner B

✓ **Resources**
  Money
  Technology
  Information
  People
  Time

✓ **Relationships**
  customers
  channels
  Industry influencers

✓ **Reputation**
  Visibility
  Credibility

✓ **Capabilities**
  Technological expertise
  Industry experience
  Functional competencies
  Creative talent
  Managerial Know-how
  Marketing/selling skill
  Entrepreneurial skill
  Knowledge of country
  Capacity for strategic
  thinking
  Skills in interfirm
  diplomacy

✓ **Chemistry and Culture**
  Values of the firm
  Style/personalities
    of key people

출처: Moriarty & Kosnik(1989), p. 15.

2.3 기업인수를 통한 성장

전략적 파트너십에서 한 단계 더 나아간 궁극적 형태가 기업의 인수 또는 합병이다. 기업의 인수합병M&A에는 여러 가지 동기가 있겠으나, 하이테크 기업들의 기업인수는 연구개발R&D: research and development의 대안으로 종종 고려된다. 이 경우 이를 연구개발을 뜻하는 R&D에 대응하여 "A&Dacquisition and development"라고 부른다.

기업인수를 통한 성장의 대표적인 성공사례는 Cisco Systems이다. 통신장비 제조업체인 Cisco는 인터넷의 발전과 더불어 연 75%의 성장을 거듭하여 한때 기업가치 세계 1위까지 상승하기도 했다. 매출은 1990년의 6,900만 달러에서 2000년에는 190억 달러로 성장하였고 인터넷 시대에 비즈니스 모델이나 아이디어가 아닌 실제 제품을 팔아 이익을 챙긴 거의 유일한 회사로 일컬어진다. 그 비결은 무엇일까? 다른 이유도 있겠지만 가장 큰 성장의 비결은 다름아닌 기업인수였다. 실제로 Cisco는 2000년까지 71개의 기업을 인수하였으며, 1993년에 최초로 인수한 기업인 Crescendo는 인수대금인 9천만 달러의 수십 배에 해당하는 수익을 가져다 주었다. Cisco는 인수전담 조직인 A&D팀을 운영하였으며, 매월 선정된 3개의 후보업체를 자문위원회에서 검토하여 인수 및 통합가능성을 평가토록 하였다.

하이테크 기업의 기업인수 목적은 대부분 초기시장 선점과 핵심기술의 확보에 있다. Cisco의 Crescendo 인수도 1992년부터 형성되기 시작한 LAN 스위치 시장을 선점하기 위한 것이었으며, 그 후로도 Cisco는 2개의 기업을 더 인수하여 1996년에는 시장점유율 43.9%를 차지하게 되었다. 급변하는 시장상황에 신속하게speed, 그리고 저비용으로cost 대응하기에는 기업인수보다 좋은 대안은 없어 보인다. 기술선도와 시장선도의 두 마리 토끼를 잡아야 하는 하이테크 업계에서 이제 기업인수를 통한 성장은 선택이 아닌 필수전략으로 자리잡았다.

한편, 기업인수의 목적 자체가 우수인재 확보에 있는 경우도 있는데, 이를 두고 인수를 뜻하는 'Acquire'와 고용을 뜻하는 'Hire'가 합쳐져 '애크하이어Acqhire'라는 합성어가 탄생했다. 극단적으로는 기업인수로 검증된 인력을 확보한 뒤에 피인수 기업의 기존 서비스를 중단하기도 한다. 일례로 Facebook은 모바일 북마킹 스타트업 Spool을 인수하면서 서비스 기술과 데이터 가치보다는 오로지 Spool의 전체 직원 다섯 명을 고용하는 것을 목표로 했다. 이 경우 인수의 목적이 온전히 인력 확보에 있었다고 볼 수

2012년 하이테크 업계를 뜨겁게 달군 이슈는 단연 애플과 삼성의 특허전쟁이었다. 스마트폰과 태블릿 PC 시장에서 첨예하게 대립 중인 두 기업은 2012년 한 해 동안 9개국 이상에서 30건이 넘는 특허소송을 벌였다. 삼성전자가 애플과의 특허소송을 위해 지출한 변호사 선임 비용만 해도 2억 달러가 훌쩍 넘을 것이라는 예측이 지배적이다.

하지만 애플과 삼성을 단순 경쟁관계로 보는 것은 정확하지 않다. 애플의 아이폰과 아이패드의 핵심부품이라 할 수 있는 메모리 칩과 디스플레이를 삼성전자에서 공급하고 있기 때문이다. 애플의 스마트 기기 판매량이 증가할수록 삼성전자의 매출액도 증가하는 파트너 관계에 있는 것이다. 애플은 아이폰과 아이패드의 프로세서 칩을 자사에서 직접 만들고 있다고 주장하지만, 그 칩의 핵심부분과 회로 디자인은 여전히 삼성의 역량에 기대고 있는 실정이다. 한편, 삼성은 역설적이게도 아이패드에 대응하기 위해 출시한 갤럭시 탭에 Nvidia의 프로세서를 탑재하고 있다.

상식적으로 이해하기 힘든 이러한 상황은 왜 발생하는 것일까? 다양한 사업부를 보유하고 있는 삼성전자는 개별 사업부의 이해관계를 균형 있게 고려할 필요가 있기 때문이다. 스마트폰과 태블릿 PC를 생산하는 사업부의 입장에서는 애플이 경쟁사이지만, 메모리 칩을 생산하는 사업부에게 애플은 가장 중요한 고객이다. 때로는 삼성전자의 타 사업부보다 애플이라는 고객의 요구에 더 충실해야 하고, 보안을 유지할 필요가 있는 것이다. 한 쪽에서는 피를 흘리며 싸우지만, 다른 한 쪽에서는 떼려야 뗄 수 없는 협력관계를 유지하고 있는 것이 애플과 삼성의 관계이다. 친구와 적의 합성어인 '프레너미(Frenemy = Friend + Enemy)'는 이와 같은 아이러니한 관계를 설명할 수 있는 최적의 단어이다.

출처: Bloomberg Businessweek, March 14–20, 2011 기사 재정리.

있다. 역동적으로 성장하는 IT업계에서는 늘 새로운 기술과 노하우를 지닌 인력을 필요로 하기 때문에 이와 같은 애크하이어 형태의 기업인수가 점차 많아지고 있다.

이러한 목적들을 달성하기 위해 다수의 글로벌 선도 기업들이 지속적으로 인수합병에 투자를 아끼지 않고 있다〈표 2〉 참조. Apple이 2005년에 인수한 Fingerworks는 Apple의 핵심기술인 터치 기술을 제공했고 2008년에 인수한 PA Semi는 자체 칩 개발의 원동력이 되었다. iPhone이 자랑하는 음성인식, 얼굴인식 기능 역시 기업인수로 확보한 기술을 활용해 개발되었다. 중국의 인터넷 기업 Alibaba가 급성장한 데에도 공격적인 기업인수를 통해 다양한 분야로 사업영역을 확장한 것이 주효했다참고로, 2017년에는 Alibaba 의 시가총액이 삼성전자를 추월함. 기업인수에 다소 소극적인 모습을 보였던 삼성전자 역시 2011년부터는 NBTNext Big Thing 발굴을 위한 수단으로 기업인수를 적극 활용하고 있다.

Google도 상당수의 핵심 경쟁력을 M&A를 통해 확보했는데, 검색엔진으로 출발한 Google이 지금과 같은 IT 생태계를 만들기까지는 Admob, YouTube, Slide.com을 포함한 100여 개 기업의 인수과정이 있었다. 이 중 Android 인수는 Google 스스로도 "사상 최고의 거래"라고 말할 정도로 성공적인 인수였다. Google이 Android를 5천만 달러에 인수하며 8명의 Android 기술자를 본사로 영입한 것은 인터넷 검색에 의존했던 사업 영역을 모바일로 확장하는 데에 결정적 역할을 했다. Google Android는 현재 전 세계에서 가장 많이 쓰이는 모바일 OS가 되었고 10억 달러 상당의 모바일 광고 매출을 가져다 주고 있다. Android가 Google을 찾기 불과 2주 전에 삼성전자를 찾았지만 당시 경영진들이 냉소적인 반응을 보이며 이들의 제안을 거절했다는 일화가 있는데, 오늘날의 Android를 보며 삼성은 두고두고 후회를 하지 않을까 싶다. 그러나 Google의 기업인수가 모두 성공적이었던 것은 아니다. 2011년 125억 달러를 들여 인수한 Motorola는 대표적인 인수 실패 사례로 꼽힌다. Google은 Motorola 인수를 통해 특허를 확보하고 직접 스마트폰 제조에 뛰어들고자 했다. 그러나 이들이 내놓은 스마트폰은 시장에서 좋은 반응을 이끌어내지 못했고 오히려 이로 인해 Android의 최대 고객이었던 삼성전자와의 관계만 나빠졌다. 인수 이후 지속적인 손실을 감내해야 했던 Google은 결국 2014년, Motorola를 중국의 레노버에 29억 달러라는 헐값에 매각했다.

오늘날의 기업인수는 국경, 때로는 산업의 경계를 초월해 이루어지고 있다. 융합형 산업이 대두되는 4차 산업혁명 시대에는 NBT를 발굴하고 새로운 기술을 획득하기 위해 하이테크 기업들의 인수전이 더욱 활발해질 것으로 예상된다.

2.4 기업인수 시 고려사항

하이테크 업계에서 기업인수는 매력적인 성장전략임이 분명하다. 그러나, 모든

표 2 글로벌 기업의 M&A 주요 사례

인수 기업	인수 연도	피인수 기업	주요 사업
Apple	2010	Siri	음성검색 애플리케이션
	2013	PrimeSense	얼굴인식 기술
	2018	Shazam	음악 및 이미지 인식 기술
	2019	Intel 스마트폰 모뎀 사업 부문	스마트폰 모델 기술
	2022	Credit Kudos	핀테크 기술
Alibaba	2013	Haier	가전제품 제조 및 유통
	2014	Wasu Media	인터넷 TV
	2015	Youku Tudou	온라인 동영상 플랫폼
	2018	Ele.me	배달 애플리케이션
	2020	Sun Art	오프라인 식료품 유통
삼성전자	2011	Medison	의료기기
	2014	Smart Things	사물인터넷 개방형 플랫폼
	2015	Looppay	핀테크 기술
	2016	Harman	커넥티드 카, 자동차 전자장비
	2019	Corephotonics	멀티 카메라
Alphabet (Google)	2010	Slide.com	소셜 게임
	2011	Motorola Mobility	모바일 단말 제조
	2013	Waze	GPS 내비게이션
	2017	HTC	모바일 단말 제조
	2021	Fitbit	웨어러블 단말 제조

경우에 있어 기업인수가 항상 정답일까?

산업의 형성기와 급속한 성장기에는 기업인수가 매력적이다. 관련 시장의 성장력과 막대한 잠재수익으로 주가가 상승하며, 높은 주가를 활용하여 주식 교환 방식을 이용할 경우 매우 쉽게 매력적인 기업을 인수할 수 있다. 그러나, 시장이 정체되거나 불확실성이 높아지는 경우에는 그 위험 또한 커질 수밖에 없다. Cisco도 2002년 IT 버블이 꺼지면서 A&D를 통한 성장에 제동이 걸렸다. 이후 주력 사업인 라우터와 스위치 등의 사업이 정체를 겪고 비디오카메라 등 소비자 부문의 실적이 계속 부진함에 따라 2000년 3월 607조 원 수준이었던 시가 총액이 2011년에는 102조 원으로 추락했다. 발 빠른 의사결정이 강점이던 Cisco가 무리한 M&A로 인해 점차 덩치가 커지면서 관료주의적 조직으로 변해 간 점이 실적 악화의 주된 원인이었다. 이에 Cisco는 2011년 과감한 조직개편을 통해 네트워크 인프라를 바탕으로 사업 가능성이 있다고 판단한 30여 개의 사업 기회를 5개로 단순화시키고 버블 붕괴 때보다 많은 1만 명 규모의 인력 감축을 단행하였다. 그 결과 네트워크 거인의 추락을 면하고 가까스로 성

Pitney Bowes의 체크리스트

6년간 70여 개의 업체를 성공적으로 인수한 메일관리 솔루션 업체인 Pitney Bowes의 CFO Bruce Nolop은 자신들이 철저한 원칙을 가지고 기업인수에 임하고 있다고 말하며 다섯 가지 룰을 공개하였는데 그 룰은 다음과 같다. 첫째, 다각화보다는 인접 분야의 기업을 인수한다. 둘째, 빅딜을 추진하기보다는 다수의 작은 기업인수를 통해 포트폴리오를 갖춘다. 셋째, 인수과정을 스태프조직에 맡기지 말고 비즈니스 스폰서, 즉 실행책임자에게 맡긴다. 넷째, 기존의 사업을 강화하기 위한 것인지 신사업 영역을 개척하기 위한 것인지에 따라 다른 평가기준을 사용한다. 다섯째, 배고프다고 인수에 나서는 것은 절대 금물, 즉 실적 악화를 커버하기 위한 기업인수는 경계한다.

Pitney Bowes는 기업인수 시 매우 꼼꼼한 체크리스트를 사용하고 있는데, 이는 다음과 같이 모두 13개 분야에 이르며 그 중 하나인 '고객/경쟁환경 및 시장' 분야의 체크리스트를 예시하면 아래의 표와 같다.

13개 검토분야: 재무 정보, 기업 정보, 제품/R&D/제조, IT 인프라, 유통과 마케팅, 고객/경쟁환경 및 시장, 전략, 법적 정보, 환경적 이슈, 인수/매각, 세금, 정부 규제 및 신고, 기타 정보

Done	Description VI. CUSTOMERS, COMPETITION, AND MARKETS	Data requested	Target comment

	1. Key customers' relationship with company
	   a. As percentage of sales
	   b. By product area
	   c. By geographical area(if appropriate)
	   d. Contract terms		

	2. Listing of existing rental and service contracts showing revenue, costs, and profitability for all individual contracts		
	3. Copies of all significant customer-pricing amendments or correspondence		
	4. Overview of customer behavior (including anticipated shift in customer segments)		

	5. Main competitors
	   a. By product area
	   b. By geographical area
	   c. Estimated present and future market shares
	   d. Advantages/disadvantages by main competitor		

	6. Basis of competition(price, performance, service, quality, others)		
	7. Perceived future competitive threats		

	8. Detailed market overview, including
	   a. Key success factors in the industry
	   b. Barriers to entry
	   c. Regulatory conditions		

	9. Perceived current industry trend and outlook		

출처: Nolop(2007), p. 137.

장세를 회복하게 되었다.

그렇다면 A&D를 통해 실질적인 효과를 얻기 위해서는 어떻게 해야 할까? Chaudhuri와 Tabrizi1999는 24개 기업의 53개 기업인수 사례를 면밀히 분석한 후, 다음과 같이 조언한다. 첫째, 성공적인 기술기업 인수를 위해서는 무엇을 만드는 회사인가 하는 '제품' 위주의 사고보다 '역량capabilities' 위주의 사고를 하여야 한다. 역량을 가진 회사는 어쩌다 제품 실패를 경험할 수 있지만 다시 시장에서의 리더십을 회복할 수 있기 때문이다. 역량이 부족한 기업은 히트 제품으로 잠시 리더가 될 수 있으나 이를 유지할 능력이 없다. 따라서, 인수에 앞서 인수기업은 "나에게 어떤 역량 혹은 기술이 필요한가" 하는 니즈 분석을 할 필요가 있다. 자신의 현재 역량과 목표 제품출시 시점과의 갭을 메우기 위해 어떤 기술이 필요한지 파악한 다음, 자체 개발과 인수의 대안을 비교하여 결정하여야 한다는 뜻이다.

기업인수 시에 반드시 고려해야 하는 두 번째 요소는 사람이다. 기업을 인수할 때에는 피인수 기업의 핵심 엔지니어를 확보, 잔류시키는 것에 총력을 기울여야 한다. "Mario Rule"이라 불리는 Cisco의 인수합병 원칙에도 기술과 인재를 동시에 인수할 것, 피인수 기업 직원 퇴사 시 양사 CEO가 결재할 것 등의 원칙이 포함되어 있다. 또한, 핵심 인재들을 붙잡기 위해서는 인수기업의 비전과 명확한 방향을 제시하고, 점진적 변화와 흡수를 유도해야 한다. 앞서 소개한 애크하이어 인수 전략의 성공 여부도 결국은 확보한 인력을 얼마나 잘 운영하는지에 달려있다. 새롭게 바뀐 환경에서 인수의 유일한 목적이었던 영입된 인력들이 열심히 일하지 않거나 아예 퇴사할 경우에는 인수 자체가 실패로 끝날 수 있다. 특히 이미 규모가 큰 기업이 유망 스타트업을 인수한 경우에는 소규모 벤처기업에서와의 업무 분위기 차이로 인해 핵심 인력이 이탈할 우려가 크기 때문에 더욱 세심한 주의가 필요하다.

셋째, 기업인수에 앞서 실제적인 상황을 반드시 꼼꼼히 체크해 보아야 한다이를 due diligence라 한다. 구체적으로는 다음과 같은 활동을 말한다. 즉, 피인수 기업의 고객들과 얘기해 보고, 비공식 네트워크를 최대한 활용하여 피인수 기업의 가치를 평가해 본다. 피인수 기업의 기술과 제품을 실제로 사용해 본다. 진짜 실력인지 아니면 우연한 발견인지 전문가를 통해 검증해 보아야 한다. 피인수 기업의 엔지니어들은 어떤 생각을 가지고 있는지 알아본다. 문화적 차이와 조직 몰입가능성을 확인해 본다. AT&T는 이와 같은 숙제를 제대로 하지 않고 NCR을 성급하게 인수한 대가를 호되게 치루어야 했다.

Büge, Max, and Pinar Ozcan (2021), "Platform Scaling, Fast and Slow," MIT Sloan Management Review, Spring, 40-46.

Chaudhuri, Saikat and Behnam Tabrizi (1999), "Capturing the Real Value in High-Tech Acquisitions," Harvard Business Review, Sep-Oct, 123–130.

Cusumano, Michael, David Yoffie, and Annabelle Gawer (2020), "The Future of Platforms," MIT Sloan Management Review, Spring, 46-54.

Cutolo, Donato, Andrew Hargadon, and Martin Kenney (2021), "Competing on Platforms," MIT Sloan Management Review, Spring, 22-30.

Hagiu, Andrei and Julian Wright (2013), "Do you Really Want to be an eBay?," Harvard Business Review, March, 102-108.

Hagiu, Andrei (2014), "Strategic Decisions for Multisided Platforms," MIT Sloan Management Review, Winter, 71-80.

Hagiu, Andrei and Elizabeth J. Altman (2017), "Finding the Platform in Your Product: Four Strategies that Can Reveal Hidden Value," Harvard Business Review, July-August, 94-100.

Moriarty, Rowland T. and Thomas J. Kosnik (1989), "High-Tech Marketing: Concepts, Continuity, and Change," Sloan Management Review, Summer, 7–17.

Nolop, Bruce (2007), "Rules to Acquire By," Harvard Business Review, September, 129–138.

Teixeira, Thales S. and Morgan Brown (2016), "Airbnb, Etsy, Uber: Acquiring the First Thousand Customers," Harvard Business School Case 516-094, May.

Zhu, Feng, and Marco Iansiti (2019), "Why Some Platforms Thrives... and Others Don't," Harvard Business Review, January-February, 118-125.

Zhu, Feng and Nathan Furr (2016), "Products to Platforms: Making the Leap," Harvard Business Review, April, 72-78.

PART 02

하이테크 신상품의
개발과 확산

하이테크 상품의 마케팅조사

환경에 대한 관심과 함께 내연 기관차의 대안으로 등장한 전기차가 전 세계 자동차시장의 패러다임을 변화시키고 있다. 2022년까지 전 세계에서 판매된 전기차는 누적 1,650만대가 넘으며 한국시장에서는 누적 30만 대 이상의 전기차가 판매되었다_{한국자동차산업협회}. 판매 성장률로 본다면 한국시장은 중국 다음으로 가장 높은 전기차 성장률을 보이는 시장이다. 마케팅조사 기관들은 전기차에 대한 수요가 앞으로 더욱 확대될 것으로 예상하고 있다. 글로벌 에너지 정보분석기업 S&P Global Platts는 2030년까지 전기차 판매량이 2,700만대에 이르러 전체 자동차 시장의 30%가량을 차지할 것으로 전망하고 있는데, 2040년에는 전체 시장의 54%인 5,700만대로 확대되어 내연기관차 판매량을 넘어설 것으로 예측하고 있다. 자동차 업계에서는 이보다 더 희망적인 예측을 내놓았는데, 주요 제조사인 테슬라, 폭스바겐, 현대차 등의 판매목표치를 집계해 볼 때 2030년까지 4,600만대_{전체 시장의 56%}, 2040년까지 8,000만대_{전체 시장의 84%}를 판매할 계획을 갖고 있다_{에너지데일리 2022}.

이제 전기차는 자동차 시장의 거스를 수 없는 대세가 되었다. 그렇기에 현 시점의 전기차 수요 예측의 관건은 '방향성'이 아니라 '속도'를 얼마나 잘 예측하는가의 문제가 되었다. 과거 포드 자동차의 '모델 T'가 20세기 대량 생산과 대량 소비 시대를 열며 날개 돋친 듯 팔려 나갔던 것처럼 전기차 수요도 수직적으로 증가할 수 있을까?

앞으로 전기차가 얼마나 빠른 속도로 시장에 확산될 것인가를 잘 예측하기 위해서는 공급자 측면, 제도적 측면, 소비자 측면의 장벽들을 고려해야 한다. 먼저 공급자

측면에서는 '전기차 부품을 안정적으로 조달할 수 있는가'를 고려해야 한다. 현재 전기차 공급망은 배터리, 반도체 등의 핵심 부품을 서로 다른 시간대의 국가에서 각각 조달해오느라 생산시간이 길어지는 문제가 있다. 전기차에 대해 높아진 수요를 감당하기 위해서는 니켈, 리튬, 코발트, 니켈 등의 광물을 채굴해서 가공하고 배터리로 생산해 내는 기술과 관련한 공급망 각 부분의 능력을 강화하고 전 세계 공급망을 연계할 필요가 있다. 이 과정에서 최첨단 배터리 재활용 기술의 개발도 필요하다. 공급망이 예상 물량을 다 소화하지 못하면 배터리와 각종 부품의 가격이 올라갈 수밖에 없다. 수요가 공급을 초과하는 상황에서는 결국 전기차 가격이 높은 수준을 유지하게 되며 그 경우 모델 T가 스키밍 전략_{고가격으로 출시한 후 점차 가격을 낮추는 전략}으로 누렸던 빠른 확산을 기대하기 어려울 것이다.

제도적 측면의 장벽도 고려해야 한다. 정부가 최근 들어 전기차 보조금을 점차적으로 줄이고 있다. 전기차 구매 보조금과 각종 세금, 주차요금, 통행료 감면 혜택은 전기차 초기 비용과 유지 비용을 낮추는 데에 주요한 역할을 해왔다. 따라서 정부 지원 수준이 앞으로의 전기차 수요에 직접적인 영향을 미칠 가능성이 높다. 또한 전기차 충전 인프라 확보도 제도적 측면에서 해결해 나가야 하는 장벽 중 하나다. 아무리 전기차 충전료가 저렴하다고 해도 내가 사는 아파트 주차장에 충전할 장소가 마땅치 않다면 전기차를 구매하기 어려울 것이다. 전기차를 충전하기 위해서는 내연기관차를 주유하는 것보다 훨씬 더 긴 시간이 필요하기에 더 많은 충전소를 확보해야 한다는 특징이 있다. 정부와 지자체에서 얼마나 빠른 속도로 전기차 충전소 인프라를 구축해 나가느냐가 전기차 확산의 키key가 될 가능성이 높다.

마지막으로, 소비자가 가지는 심리적 장벽도 중요한 고려 요소다. 전기차를 채택하는 소비자들은 친환경에 기여한다는 자부심을 갖고 있다. 하지만 여전히 전기차와 관련한 많은 우려들이 소비자의 전기차 선택을 주저하게 한다. 컨슈머인사이트의 2021년 조사에 따르면, 소비자들은 전기차를 구입하기 전에 짧은 주행거리57%, 긴 충전시간56%, 배터리 내구성48%, 높은 차량 가격48%, 부족한 충전소47% 등을 우려했다. 전기차 화재사고와 전기차 리콜 소식은 전기차에 대해 소비자들이 갖는 막연한 불안감을 키웠다. 또한 코로나로 인한 실직이나 소득 감소를 겪은 소비자들이 내연기관차를 유지하고 신차 구매를 연기하는 경향도 있다.

이러한 우려에도 불구하고 이미 글로벌 자동차기업은 누구보다 발 빠르게 전기차로의 전환을 공표하고 나섰다. 제너럴모터스GM는 2035년부터 내연기관차 생산을 완전 중단하겠다는 계획을 밝혔고 현대자동차 역시 2045년 탄소중립 실현을 목표로 유럽시장은 2035년부터, 국내시장은 2040년부터 내연기관차 판매를 중단하고 오직 전기차만 판매하기로 결정을 내렸다. 이들의 자신감 넘치는 선포대로 자동차 시장이 내연기관차에서 전기차로 단시간에 전환될 수 있을지는 앞으로 지켜볼 필요가 있다.

기술 불확실성과 시장 불확실성이 높은 하이테크 제품의 경우에는 미래의 수요를 정확하게 예측하는 것이 매우 어렵다. 어떻게 하면 하이테크 제품의 수요 및 확산을 예측할 수 있을까? 과연 하이테크 제품에서도 마케팅 조사가 필요한 것일까? 본 장에서는 '시장 기회의 발견'과 '시장 기회의 크기 측정'이라는 두 가지 목적을 달성하기 위한 마케팅조사 기법들을 공부하고자 한다.

1 하이테크 산업과 마케팅조사

1.1 고객을 무시하라?

"고객은 왕이다"라는 말을 들어보지 못한 사람은 없을 것이다. 이는 20세기 마케팅

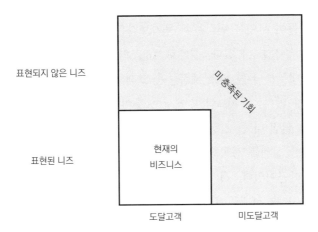

그림1 소비자 주도의 위험

표현되지 않은 니즈

미충족된 기회

표현된 니즈

현재의
비즈니스

도달고객   미도달고객

고객들은 통찰력이 결여되어 있다. 이미 도달한 고객의 표현된 니즈만 쫓는 것은
결국 엄청난 미충족 기회를 경쟁자에게 헌납하는 것과 같다.

출처: Hamel & Prahalad(1994), p. 67.

의 절대적인 운영철학이었고 그만큼 고객지향성customer orientation은 고객에게 엄청난 권력
을 안겨 주었다. 그러나 이에 대한 조심스런 반대의견이 일고 있다. 1995년 5월, 미국의
대표적 경제지인 포춘Fortune은 "고객을 무시하라Ignore Your Customer"라는 과감한 제목의 기사
를 실었다. 그 기사는 "고객이 항상 옳다는 편견을 버려야 한다"고 주장하면서 지금까지
의 고객중심 경영이 도를 지나쳐서 기업이 고객에 끌려가고 있으며, 상상력이 결여된,
그리고 행동의 변화를 지극히 싫어하는 보수적인 고객들의 의견에 너무 이끌린 나머지
새로운 시장의 개척과 혁신을 게을리하여 실패하게 된 기업들이 많다고 지적하고 있다.
한편, 팩스, 워크맨, VCR, 전자레인지, PDA, FedEx, CNN과 같은 신개념 상품들의 성
공은 모두 다 고객의 부정적인 의견을 극복하고 적극적인 시장개척에 나선 결과이며,
이와 같은 사례를 통해서 검증되었듯이 기업이 새로운 제품의 개발과 혁신을 통해 경쟁
자를 앞서는 유일한 대안은 '고객을 무시하는 것'이라고 주장한다.

CHAPTER 06 하이테크 상품의 마케팅조사 **171**

대부분의 고객이 통찰력이 결여되어 있고 현실에 안주하려는 경향이 있다는 말은 일리가 있다. 스티브 잡스는 Apple이 시장조사를 하지 않으며 위대한 제품에 대한 아이디어는 스스로 만든다고 말했고"We built it ourselves.", Sony의 창업자인 모리타 아키오도 "소비자들에게 그들이 무엇을 원하는지 묻기보다는 스스로 신제품을 만들어 대중을 선도해야 한다"고 주장한 바 있다. 실제로 Apple의 iPhone, Sony의 워크맨, MTV, 홈쇼핑 네트워크 등 대부분의 빅 히트 제품들은 고객의 요구보다는 기업의 창안이 가져온 결과물인 경우가 많다. 또 〈그림 1〉에서 보듯이 이미 도달한 고객의 표현된 니즈에만 의존하다가는 훨씬 더 큰 시장기회를 놓칠 위험도 많다. 앞장에서 살펴보았듯이 파괴적 혁신에 의한 실패를 경험했던 대부분의 기업들도 기존 고객의 목소리에 지나치게 집착한 것이 화근이었다. 게다가 시간을 다투는 하이테크 시장에서 엄밀한 마케팅조사를 시행하다 보면 신제품 출시가 지연되어 비즈니스의 타이밍을 놓칠 수 있다. 1990년 말, Zenith는 막대한 투자를 필요로 하는 HDTV 사업을 추진함에 있어 이 혁신제품의 잠재 수요와 소비자 선호를 예측해야 하는 상황에 봉착해 있었다. 그러나, 당시 Zenith의 마케팅 담당 부사장이었던 Bruce Huber는 다음과 같이 말했다.

> "마케팅 조사를 실시하는 것은 단지 신제품의 출시를 늦출 뿐이다. 우리는 신속하게 제품을 개발해야 하며, 이를 위해서는 경우에 따라 프로토타입prototype 단계를 건너뛸 수도 있다. 내 경험에 비추어 볼 때, 혁신적인 제품의 경우 마케팅조사가 도움이 된 경우는 거의 없다."

그렇다면 정말 고객을 무시하는 것이 옳은가? 하이테크 산업에서 마케팅조사는 정말 불필요한 것인가?

1.2 혁신의 유형과 마케팅조사

Mohr2001는 하이테크 상품을 개발할 때, 전통적인 마케팅조사에 의존하는즉, 고객에게 물어보는 것이 나은지 아니면 관리자의 시장통찰력에 의존하는즉, 고객을 무시하는 것이 나은지는 혁신의 유형에 따라 다르다고 주장하였다. 〈그림 2〉에서 보듯이 획기적인 신상품을 통해 시장을 창조해 나가는 경우에는breakthrough innovation 전통적인 마케팅조사가 별로 도움이 되지 않으므로 관리자의 통찰력에 의존하는 편이 낮고, 반대로 기존의 제품을 혁신적으로 개선하는 경우에는incremental innovation 상상력이나 직관에 의존하기보다는 시장조사를 통해 고객의 의견을 반영하는 것이 더 성공가능성을 높여 준다는 것이다. 그러나 두 경우 모두 어느 하나에 전적으로 의존하기보다는 둘다 고려하되 그 중요도를 달리하는 편이 옳다. 즉, 그 신상품의 특징이 획기적 혁신과 점진적 혁신 사이의 어느 정도 위치에 놓이느냐에 따라 시장에 대한 통찰력과 소비자 마케팅조사 결과에 대한 가중치를 달리하여 판단하여야 한다는 것이다. 이는 물론 관리자의 시장통찰력과 마케팅조사 결과가 일치하는 경우에는 문제가 되지 않으나, 결과가 상이할 경우에 어느 것을 더 중시할 것인가가 문제가 되기 때문이다.

하이테크 상품개발에 있어 마케팅조사와 시장통찰력을 화해시킬 또 하나의 방법은, 이 둘을 상품개발의 단계에 따라 적절히 사용하는 것이다. 즉, 연구개발의 성과물을 토대로 상업화 가능성을 탐색하는 아이디어 모색단계에서는 시장에 대한 통찰력에 의존하는 것이 보다 바람직하고, 개발이 진행되어 출시가 가까워질수록 개발된 신상품에 대한 고객의 반응을 알아 보거나 최적의 제품 사양을 확정하는 단계에서 소비자의 의견을 반영하는 등 제품 정교화fine-tuning를 위한 마케팅조사를 실행하는 것이 효과적일 수 있다.

그림2 혁신의 유형과 마케팅조사

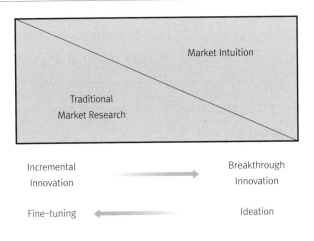

출처: Mohr(2001), p. 119.

위의 두 가지 견해는 앞 절에서 논의된 '고객에게 물어볼 것인가 말 것인가' 하는 질문이 매우 극단적이며 편협한 것임을 보여준다. 즉, '고객에게 묻지 않는 것'도 '고객의 의견에 지나치게 의존하는 것' 만큼이나 위험하고 심각한 오류가 될 수 있으며, 그 선택은 혁신의 유형과 상품개발 단계 등 다양한 상황을 반드시 고려하여 결정하여야 한다.

1.3 하이테크 산업에서 마케팅조사의 역할

하이테크 제품의 시장실패는 많은 경우 개발자의 독단적인그리고 불행히도 잘못된 시장 판단에서 비롯된다. 미국 Wharton School의 Lodish 교수는 그의 저서 〈Entrepreneurial Marketing〉에서 신사업 실패의 약 60%가 마케팅 실패 때문이며 그들의 대부분이 시장조사를 한번도 하지 않았음을 밝히고 있다. 이른바 대기업 중에서도Inc.지가 선정한 500대 기업 약 38%만이 신제품의 컨셉 테스트를 거친 것으로 나타났고, 중소기업의 경우 그 비율은 21%로 매우 낮았다.

그렇다면 하이테크 기업들은 왜 그토록 마케팅조사를 등한시 해온 것일까? 그 이유는 하이테크 기업들의 기술지향적technology-oriented 경영마인드와 엔지니어 위주의 기업문화에서 찾을 수도 있고, 앞에서 논의한 바와 같이 신제품의 특성이 대개 제품 개선보다는 획기적 혁신제품의 특성을 띠고 있기 때문이기도 하다. 그러나, 또 한 가지 중요한 이유를 찾자면, 하이테크 제품의 경우 마케팅조사를 하려고 해도 제대로 하기가 쉽지 않기 때문일 것이다. 혁신적 신상품에 대한 소비자의 니즈, 특히 잠재적인 니즈는 전통적인 마케팅조사 기법으로 파악하기 어렵다. 즉, 전통적인 마케팅조사 기법의 한계가 하이테크 기업들로 하여금 마케팅조사를 덜 수행하도록 만들었을 것이란 얘기다. 시장의 불확실성이 매우 높으므로 하이테크 상품의 경우 마케팅조사의 필요성은 오히려 더 클 수 있지만, '제대로' 마케팅조사를 하기 어렵다는 것이다. 설문지에 주로 의존하는 전통적인 시장조사는 조사자와 응답자 모두의 오류bias로부터 자유로울 수 없으며, 새로이 출현한 기술과 제품의 경우 대개 응답자에게 그 개념을 먼저 설명해 주는데, 그럴 경우 그 설명 자체가 조사결과에 상당한 영향을 미칠 수 있기 때문이다.

따라서 '진정으로 새로운 제품really new product: RNP'에 대한 마케팅조사는 근본적으로 어려울 수밖에 없다. 그렇다고 소비자에게 전혀 물어보지 않고 넘어갈 수도 없다. 그래서 무엇을 물어 보아야 하는가가 중요한 포인트가 된다. 앞에서도 말했지만 시장으로부터의 피드백은 제품개발 초기보다는 개발이 완료되어 가는 시점, 즉 출시를 앞둔 시점으로 갈수록 더욱 중요하고 효과적이다. 그러므로, 하이테크 제품의 시장조사는 그 어느 것보다도 '고객의 수용 여부'에 초점이 맞추어져야 한다. 제품이 혁신적일수록 소비자들에게 더 많은 효용을 제공하지만 그만큼 수용 저항도 거세다는 사실을 알아야 한다. 따라서, 잠재고객들이 느끼는 제품 혁신성의 정도는 얼마나 되는지, 또 그럼으로 인해 고객의 구매 및 사용행동의 '불연속성discontinuity'이 얼마나 심각한지 반드시 확인해 보아야 한다. 이와 같은 'Reality Check'는 제품의 컨셉 단계에서부터 검토되어야 하고 시제품이 나오고 출시전략이 수립되는 단계에 가서 또다시 점검되어야 한다.

한편, Veryzer1998는 마케팅조사를 통해 고객으로부터 획득해야 할 세 가지 핵심적인 정보를 다음과 같이 정리하였다. 첫째는 고객의 잠재적인 니즈에 대한 정보이다. 고객의 잠재적인 니즈를 파악하는 것이 쉽지 않음은 이미 여러 번 말한 바 있으나, 그렇다고 아주 불가능한 것은 아니다. 최근에는 다양한 심층면접 기법과 관찰법 등이 개발되어 소비자의 기본적인 필요나 응용욕구application needs를 발굴하는 데에 활용되고 있다. 마케팅조사의 두 번째 용도는 제품 사양specification의 결정을 위한 정보획득이다. 하이테크 제품은 다양한 기능과 사양을 가지게 되고 각각의 경우 여러 대안을 검토하는 것이 일반적이다. 예기치 않은 시장에서의 반발이나 부작용을 예방하기 위해 전문가나 '선도사용자lead users' 등을 대상으로 한 제품 테스트 및 의견조사가 종종 시행된다. 마지막 세 번째로, 마케팅조사는 신제품과 그 디자인에 관련된 여러 기본 가정들을 확인하는 데 유용하게 사용된다. 이는 앞에서 설명한 Reality Check와 맥을 같이 하는데, 새로 나온 제품에 대한 전반적인 태도와 반응을 예측하고, 각각의 요소와 기능에 대해 고객들이 어떻게 생각하는지, 즉 얼마나 비합리적irrational이거나 — "말도 안된다"는 반응 — 무의미irrelevant하다고 생각하는지—"그게 왜 필요한가?" 하는 반응—를 검토하게 된다.

하이테크 기업의 마케팅조사는 이와 같이 신제품의 기획과 개발을 위한 중요한 정보를 제공해 줄 뿐 아니라, 시장 불확실성을 어느 정도 제거하는 데 상당한 역할을 한다. 우선, 마케팅조사는 고객의 반응을 어느 정도 예측할 수 있게 해 주고'어느 정도' 라고 표현할 수밖에 없다. 자주는 아니지만 가끔 전혀 예측하지 못한 반응이 나오기도 하기 때문이다, 또 표적시 장 고객의 문제를 완벽히 해결해 주는 '완전완비제품whole product'의 설계에 많은 도움을 준다완전완비제품에 관해서는 제3장 참조. 그리고, 마케팅조사 과정에서 경쟁기업과 그 제품에 대한 유용한 정보를 얻게 되는 경우도 많다. 이는 경쟁전략의 기본 요소를 제공하고, 경쟁자의 대응을 예측하는 데에 도움을 준다.

하이테크 상품의 마케팅조사도 일반 소비재의 마케팅조사와 마찬가지로 다양한 목적과 용도로 사용되지만, 본 장에서는 그 중에서 하이테크 상품의 개발과 직접적으로 관련된 두 가지 조사, 즉 시장기회의 발견과 시장규모의 예측을 위한 조사방법에 대해 알아보기로 한다. 그 외의 조사에 대한 기법들이나 사례는 '마케팅조사방법론' 관련 서적을 참고하기 바란다.

2 시장기회의 발견

'행운luck' 혹은 '뜻밖의 발견serendipity'이 혁신의 중요한 원천임은 부인할 수 없다. 직원이 점심을 먹으러 가면서 믹서기에 우연히 방치한 한 가마 분량의 비누가 거품을 만들어 내면서 저절로 생성한 아이보리Ivory 비누, 새로운 용도의 발견으로 부활한 실 패한 접착제인 포스트잇Post It 등, 연구개발 과정에서 얻어진 우연한 발견이 히트상품 으로 연결된 일화는 무수히 많다.

하지만 시장기회의 발견을 행운이나 직관intuition에만 맡겨둘 수는 없다. 최근에 개발된 다양한 시장기회 파악 기법들은 아이디어의 탐색 및 창출의 효율과 성과를 크 게 높여 준다. 그렇다고 이러한 기법들이 매우 엄밀하고 계량적인 방법들을 이용하는 것은 아니다. 오히려 관찰observation에 기반한 정성적 조사기법들이 최근에 각광을 받고 있다.

2.1 관찰조사

최근에 Intel, HP, Microsoft와 같은 하이테크 기업들은 문화인류학과 같은 인문학을 전공한 연구원들의 채용에 매우 적극적으로 나서고 있다. 이들 인문학자들이 첨단기술 제품의 개발에 기여하는 부분은 과연 어디일까? 이들의 임무는 대부분 미래 하이테크 제품의 잠재시장을 발굴하는 일이다. 따라서 이들은 때로는 인디언 보호구역, Alaska의 통조림공장 등 가장 반反 하이테크적인 환경에 파견되어 인간의 일상적 행태를 관찰함으로써 컴퓨터와 같은 하이테크 제품이 필요한 상황과 잠재고객의 필요needs 및 욕구wants를 파악하게 된다.

기술적 민족학記述的 民族學 혹은 민속학이라고 불리는 'Ethnography'는 여러 민족문화의 비교연구 자료를 수집하고 제공하는 학문적인 활동인데, 이에 대한 관심이 최근 특정 민족을 대상으로 한 제품개발과 마케팅의 성공률을 높이고자 하는 기업 사이에서 커져가고 있다. Ethnography는 특정 민족 또는 인종의 생활양식과 제품의 사용행태를 매우 상세하고 정확하게 이해하려는 것으로, 가능한 한 인터뷰 등을 배제하고 연구원이 그들의 생활환경에 함께 참여하여 종합적인 관찰을 함으로써 이루어진다. 이러한 관찰은 하이테크 제품에 대한 태도나 사용행태에 있어서의 민족 간 차이를 파악하는 데에 많은 도움을 주는데, 예를 들면 중국의 중산층이 거실에 큰 TV와 스피커, VCR을 구비하는 것과 달리 인도인들은 작은 TV 여러 대를 집안 곳곳에 두는 것을 좋아한다고 한다. Sirius의 위성 라디오, 그리고 휴대폰 키패드에 손가락으로 한자를 씀으로써 한자를 입력하는 Motorola의 A732 휴대폰은 바로 이와 같은 Ethnography 조사의 산물이다.

원주민 혹은 다른 민족과 생활하며 잠재시장을 발견하는 것은 좀 특수한 예가 될 수 있겠으나 이와 같은 '인간행태 조사'는 이제 새로운 시장기회의 발견을 위한 주요 조사방법으로 자리를 잡아가고 있다. 심층적인 고객의 욕구를 정확히 읽어 내기 위해서는 설문조사와 같은 전통적인 시장조사 기법으로는 한계가 있으며, 치밀하게 소비자들의 행동을 직접 관찰하는 것이 훨씬 효과적이기 때문이다. HP의 의료사업부는 심장계통의 계측기를 병원에 판매한 후에 혹시 발생할지 모르는 문제에 대처하고자 병원에 24시간 대기하는 서비스를 수 주에 걸쳐 제공한 적이 있는데, 이때 병원의 관례와 절차, 그리고 문제점을 상세히 알고 이해하게 되어 신제품의 아이디어를 많이 얻게 되었고 이는 매출로 연결되었다. 이러한 관찰법을 소위 'camping out' 또는 'fly-on-the-wall' 조사기법이라고 부른다.

이와 같이 관찰조사observational research는 개별 소비자에 대한 깊이 있고 지속적인 관찰을 통해 그들이 말로 표현할 수 없거나 하지 않는 내면적인 욕구나 동기를 파악하는 방법이다. 관찰조사는 일반적으로 비용이 많이 들고, 정량조사와 같이 평균적인 소비자의 특성을 알아 내거나 그 조사결과를 일반화할 수 없다는 단점이 있지만, 생각하지 못했던 기발한 아이디어와 시장기회를 종종 발견할 수 있게 해 준다는 점에서 매우 매력적인 도구가 될 수 있다. 또, 과거에는 이른바 '모니터 고객'의 의견을 청취하거나, 기업이 만들어 놓은 실험실 환경에서 고객들의 사용행동을 관찰하는 등의 소극적인 관찰방법을 많이 사용했으나 최근에는 소비자 자신의 환경에서 실제 사용상황을 관찰하는 적극적인 '고객방문' 참여관찰이 많이 활용됨으로써 그 정확도와 신뢰성을 높여 가고 있다.

2.2 감정이입 디자인

감정이입 디자인empathic design은 참여관찰 기법 중의 하나로서, 하이테크 제품의 사용자들이 자신의 제품사용 상황에 너무 익숙해져 있어서 거의 무의식적으로 사용하는 경우 그들의 잠재적 니즈를 말이나 글로 표현하는 데에 어려움을 겪을 것이란 생각에서 출발한다. 따라서, 조사자가 사용자의 환경에 참여하여 사용자의 관점에서 직접 보고 느낌으로써 '공감' 혹은 '감정이입empathy'을 통해 시장기회를 발견하려는 것이다. 감정이입 디자인은 1997년 Harvard Business Review에 Leonard와 Rayport 교수가 소개한 후에 급속도로 확산되어 대표적인 하이테크 기업들인 IBM, Xerox, Intel 등에서 활발히 사용되고 있는 기법이다.

이와 같은 감정이입 관찰법은 다음과 같은 다섯 가지 사항에 대한 기본 정보와 통찰을 얻는 데에 매우 효과적이다. 첫째, 소비자들은 언제 어떤 상황에 특정 제품을 사용하는가, 즉 자사 제품의 사용계기trigger of use를 이해하게 된다. 예를 들어 태블릿 PC를 꺼내어 사용하는 경우가 주로 언제인가를 아는 것은 그 제품의 사용자 인터페이스의 설계에 매우 중요한 정보가 될 것이다. 그리고, 주 사용기능에 대한 이해는 표

센스메이킹

감정이입 디자인과 유사한 참여관찰 기법으로 센스메이킹(sensemaking)이 있다. 센스메이킹은 소비자 행동을 결정하는 미묘하고 무의식적인 동기를 파악하고, 이를 기반으로 신제품 개발과 기업 전략에 대한 시사점을 도출하는 인문과학적 접근법이다. 센스메이킹은 해외시장 진출과 같이 기업이 지금껏 경험하지 못한 새로운 사회적·문화적 상황에서 더욱 진가를 발휘할 수 있는 마케팅조사 방법으로, 기업이 처한 상황을 고객 경험을 중심으로 재정의하는 것을 핵심으로 한다.

센스메이킹 접근법을 성공적으로 활용한 대표적인 사례로 덴마크의 의료기술 기업 Coloplast를 들 수 있다. 1954년에 창립된 Coloplast는 암으로 인해 소화 기관 일부를 절개한 환자들을 대상으로 노폐물 배출을 위한 인공 개구부를 만드는 수술법인 누설치술(ostomy)을 기반으로 성장해 왔다. 그러나, 2008년부터 이 핵심사업 분야는 대대적인 R&D 투자에도 불구하고 극심한 성장의 정체를 겪게 된다. FGI나 설문조사와 같은 마케팅조사를 통해 다양한 기술적 결함을 확인하고 이를 개선하기 위한 각고의 노력을 쏟아 부었지만, 센스메이킹 기법을 도입하기 전까지는 상황이 달라지지 않았다.

Coloplast에게 새로운 성장동력을 확인시켜준 센스메이킹 기법의 절차는 다음과 같다. 가장 먼저 기업이 처한 문제 상황을 재정의하고 근접 관찰을 통해 이와 관련한 데이터를 수집한다. 여기서 주의해야 할 점은 조사 과정에서 어떠한 가설과 예상도 배제해야 한다는 것이다. 충분한 데이터가 확보됐다면 두드러지는 패턴을 찾고, 이를 해결할 수 있는 시사점을 도출해야 한다. 마지막으로 문제 상황을 근본적으로 해결할 수 있는 혁신 전략을 수립해야 한다. Coloplast는 문제 상황을 '인공 개구부를 달고 산다는 것은 어떤 경험일까?'로 재정의하였다. 이후 전 세계의 환자와 간호사들을 대상으로 수 일에 걸쳐 모든 일상을 관찰하였다. 그 결과, 대부분의 환자들이 공공장소에서 노폐물 주머니가 새는 경험을 한 이후에 자신의 행동반경을 제한함으로써 사고의 재발을 예방하는 것을 확인하였다. 이러한 패턴은 기업에 대한 직접적인 불만 제기로 이어지지는 않지만, 환자들의 삶의 질을 현저히 낮추는 것이었다. 노폐물 누출의 원인을 분석한 결과, 기술적 결함이 아니라 환자의 신체 생김새가 각기 다름에도 불구하고 단일한 형태의 제품만을 생산하고 있었기 때문이라는 것을 파악하였다. 최종적으로 Coloplast는 수천 명의 환자들을 연구하여 신체 유형을 네 가지로 분류하였고, 이를 바탕으로 2010년에 새로운 제품라인인 BodyFit을 출시하였다.

출처: "An Anthropologist Walks into a Bar", Harvard Business Review(2014, Mar).

적시장의 선정이나 제품 포지셔닝에 있어 결정적인 단서가 될 수 있다. 또, 마케터가 전혀 의도하지 않은 특이한 용도로 제품을 사용하는 소비자들도 종종 발견되는데 이러한 경우 새로운 시장기회를 발견할 수도 있다.

둘째, 특정 하이테크 제품이나 서비스를 이용하는 시점에서의 사용자 환경에 대한 통찰을 얻을 수 있다. 특히 응용 소프트웨어의 경우 동시에 여러 소프트웨어를 사용하면서 작업을 하는 경우가 많은데 그러한 상호작용을 이해함으로써 제품 개선의 아이디어를 얻을 수 있다. 실제로 Quicken이라는 개인용 금융관리 소프트웨어를 만들어 팔고 있는 Intuit는 고객을 방문하여 사용환경을 관찰한 결과, 많은 고객들이 Excel과 같은 스프레드시트를 이용하여 기초적인 계산을 하는 것을 발견하게 되어, 이러한 기능을 자체 제품에 반영하기도 하였다.

셋째로 마케터가 미처 파악하지 못했던 제품사용에 대한 아이디어를 고객들로부터 발견할 수 있다. '고객은 문제해결의 천재'라는 말도 있듯이 사용자들은 자신의 기호나 상황에 맞게 제품을 변경하거나 결합하여 사용하는데 이를 참여관찰을 통해 알아낼 수 있다.

넷째로 감정이입 디자인은 사용자가 중요시하는 무형의 속성을 발견하게 해 준다. 사용자들은 제품의 사용과정에서 피부에 접촉하는 느낌touch이나 감정feel을 중요시하는 경우가 많고, 소리나 향에 민감하게 반응하기도 한다. 하이테크 제품도 기능적인 속성 외에 감성적인 속성에 대한 사용자의 미묘한 반응을 이해하여야 하며 여기에 참여관찰이 도움이 될 수 있다.

마지막으로 감정이입 디자인은 소비자가 미처 의식하거나 말하지 못했던 사용상의 문제를 발견하게 해 준다. 앞에서 말했듯이 사용자들은 거의 무의식적으로 혹은 습관적으로 제품을 사용하는 경우가 많아 자신들의 잠재적인 불만이나 불편사항을 말하지 못하는 경우가 많다. 그러나 고객의 사용과정을 면밀히 관찰하고 또 함께 함으로써 어떤 부분이 힘들고 어떤 부분을 개선하면 좋을지에 대한 고객의 '표현되지 않은 욕구unarticulated needs'를 종종 발견할 수 있다.

감정이입 디자인은 소비자 자신의 환경에서 관찰한다는 점에서 기존의 관찰조사와 차이가 있으며, 일반적으로 조사자가 한 명이기보다는 여러 명으로 구성된다는 특징이 있다. 혼자 관찰할 경우 놓치는 부분이 많을 수 있으므로, 대개는 다양한 분야의 cross-disciplinary 전문가로 구성된 소그룹이 함께 관찰에 참여하게 된다. 감정이입 디자인이 이루어지는 절차는 다음과 같다.

우선 첫 단계로 집단 관찰이 이루어지게 된다. 이때에는 마케팅과 연구개발 부서의 사람들이 함께 참여하며, 오픈 마인드를 가지고 사용자의 사용환경과 사용행태를 면밀히 관찰한다. 관찰이 끝나면, 관찰에 참여한 조사자들이 정보를 정리하게 되는데 이때에는 사진이나 동영상 등 시청각 자료를 많이 활용하는 것이 도움이 된다. 세 번째 단계는 이러한 정보를 검토하고 분석하는 단계이다. 이 단계의 목적은 고객의 잠재된 니즈와 문제를 파악하는 것이다. 네 번째 단계는 이러한 니즈와 문제를 해결해주기 위한 아이디어들을 논의하는 브레인스토밍brainstorming이다. 마지막으로, 여기서 채택된 몇 가지 해결방안solution들을 구체적으로 어떻게 실현할지를 결정하게 된다. 필요할 경우 프로토타입prototype을 만들어 보면서 논의를 구체화해 가게 된다.

2.3 선도사용자 프로세스

하이테크 기업들이 사용할 수 있는 또 하나의 유용한 조사기법으로 '선도사용자 프로세스lead user process: LUP'가 있다. 이는 주로 획기적인 혁신제품을 개발하기 위한 아이디어를 얻기 위해 사용되는데, '선도사용자lead user'란 "마켓 트렌드를 앞서가며, 평균적

표 1 선도사용자에 의한 혁신

	사용자	제조사	기타
컴퓨터 산업	33%	67%	
화학 산업	70%	30%	
인발성형 공정 기계	85%	15%	
큰 기능적 진보 있는 과학적 기구	82%	18%	
반도체-전자 공정 장비	63%	21%	16%
전자 조립품	11%	33%	56%
신기능 계면화학 기구	82%	18%	

출처: von Hippel(1986), p. 792.

인 소비자들보다 훨씬 높은 요구수준을 가진 소비자"를 말한다. 이들은 종종 새로운 제품이 시장에 나오기도 전에 자신의 요구를 충족할 나름대로의 해결방법을 발견하기도 한다.

MIT의 Eric von Hippel1986은 다양한 하이테크 산업에 걸쳐 혁신적인 제품의 컨셉이 기업이 아닌 사용자로부터 나왔음을 발견했는데, 〈표 1〉에서 보는 바와 같이 산업에 따라서는 그 비율이 70~80%를 상회하기도 한다. 그렇다면 선도사용자 프로세스는 어떻게 이루어지는가? 감정이입 디자인과 마찬가지로 이 경우에도 마케팅과 기술부서를 포함하는 다부문cross-disciplinary 팀으로 구성되며, 상당한 시간에 걸쳐 이루어진다. von Hippel 은 다음과 같은 4단계 과정을 제안하였는데 각 단계는 대략 4주에서 6주 정도의 시간을 요하며 전체적으로 4~6개월이 소요된다.

첫번째 단계는 환경분석을 통해 중요한 시장 및 기술 트렌드를 파악하는 단계이다. 선도사용자는 특정 트렌드를 선도하며 그 트렌드 상에서 매우 높은 요구수준을 갖는 소비자이다. 따라서 선도사용자를 파악하기에 앞서 중요한 트렌드가 무엇인지를 정의하여야 하는데, 이때에는 다양한 환경분석을 통해 마케팅 및 기술적, 사회적, 문화적 트렌드를 파악하여야 한다. 이 트렌드는 어떤 의미에서 새로운 고객의 니즈로 해석될 수도 있다.

다음으로, 파악된 트렌드에 대해 민감하고 강한 요구를 가진 선도사용자lead users를 물색하여야 한다. 첫 단계에서 파악된 니즈를 충족시켜 줄 경우 가장 큰 효용을 느낄 만한 고객이 일차적인 대상이 될 것이다. 개인적인 지식 외에 추가적인 설문조사나 거래 데이터베이스를 활용하는 것도 선도사용자를 파악하는 데 도움이 된다. 파악된 선도사용자에게 또 다른 선도사용자를 지명하게 하는 방법도 선도사용자 물색에 도움이 된다. 사실 이 단계가 여타 조사기법과 가장 다른 부분인데 선도사용자는 앞에서 파악된 문제나 이슈에 대해 답을 가지고 있을 것으로 예상되는 '전문가 집단'의 성격을 가짐으로써 기존의 조사들이 표적시장 '고객'으로 조사대상을 제한하는 것과 큰 차이를 보인다. 예를 들어 3M은 아주 미세한 부분까지 파악할 수 있는 메디컬 이미징 제품을 개발하기 위해 방사선학 전문가뿐만 아니라, 패턴인식이나 반도체 칩 설계 전문가까지 선도사용자 집단에 포함시켰다.

세 번째 단계는 선도사용자들을 중심으로 워크숍workshop을 개최하여 획기적인 아이디어를 모색하는 단계이다. 물론 이때에는 선도사용자뿐만 아니라 기업의 여러 부서를 대표하는특히 마케팅, 연구개발, 생산 사람들이 참가하게 된다. 정보교환과 토론, 나아가서 간단한 제작참여 등을 통해 다양한 아이디어를 검토하게 되며, 선도사용자의 아이디어는 수정과 변경을 거쳐 최종 제품 컨셉으로 채택하게 된다.

선도사용자 프로세스의 마지막 단계는 선도사용자의 아이디어를 주류시장에 접목시켜 보는 단계이다. 선도사용자들이 장차 미래에 주요 사용자 집단으로 발전할 수도 있지만 그렇지 않을 수도 있으므로, 선도사용자 분석의 결과가 평균적인 소비자에게까지 확산될 만큼 보편적 소구universal appeal를 가지고 있는지 확인할 필요가 있다. 시제품이나 컨셉 보드를 가지고 전형적인 미래의 소비자를 대상으로 테스트를 하는 것도 한 방법이다.

〈그림 3〉은 선도사용자와 기업 내부의 혁신을 구체적인 제품으로 개발하고, 시장 내에 확산시키는 과정을 보여준다. 선도사용자에 의한 혁신이 진화하는 과정을 보

그림 3 선도 사용자 혁신과 기업 내부 혁신의 확산 패러다임

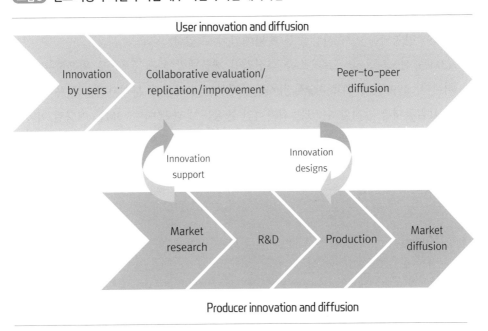

출처: Gambardella, Raasch, & von Hippel (2017), p. 1452

여 주는 첫 번째 화살표는 선도사용자들이 자신들이 상품을 사용하는 과정에서 직면한 문제를 해결하기 위한 아이디어를 구상해내는 것에서 시작한다. 두 번째 단계에 이르면, 사용자들은 자신의 혁신적 아이디어와 디자인을 별다른 보상 없이 해당 제품에 관심있는 사람들과 공유하며 협력적으로 개발시켜 나간다. 선도사용자들의 아이디어는 일반 소비자들에게도 번져 나가게 되는데, 사용자가 해당 혁신을 구현하기 위해 필요한 창조기술을 갖는다면 다음 단계의 Peer-to-peer 확산이 가능해진다. 〈그림 3〉의 아래쪽에 위치한 두번째 화살표는 기업 내부에 의한 혁신이 진화하는 과정을 보여준다. 첫번째 화살표가 두번째 화살표보다 왼쪽에 위치하는 것에서 알 수 있듯이, 사용자에 의한 혁신은 기업 내부의 혁신보다 종종 시간적으로 앞선다. 기업 내부에 의한 혁신은 주로 소비자 니즈에 대한 마케팅 조사로부터 출발한다. 조사에서 얻은 아이디어가 R&D 과정을 거쳐 새로운 제품과 서비스로 탄생하며, 판매를 통해 시장 내에 확산된다. 이 그림에서 가장 흥미로운 부분은 두 화살표 사이에서 발생하는 사용자 혁신과 제조사 혁신 간의 상호작용이다. 제조사는 선도 사용자들이 혁신적 아이디어를 이용해 제품을 변형해서 쓰는 과정에 필요한 정보와 도구, 플랫폼을 제공할 수 있다Innovation support. 또한 선도사용자들이 혁신적 아이디어를 무료로 기업에 제공해 기업의 R&D 과정에 도움을 줄 수도 있으며, 선도 사용자들에 의한 혁신이 제품 개발과 수정에 반영되어 아예 시장을 통해 판매될 수도 있다Innovation designs.

3M은 선도사용자 프로세스를 혁신적인 제품개발에 적극적으로 활용하는 기업 중 하나다. 1996년에 의료수술시장 사업부에서 선도사용자 분석기법을 사용하여 수술 중 감염확대를 방지할 수 있는 획기적인 물질을 발견한 이래, 3M은 메디컬 이미징 등 다양한 분야에서 성과를 거두고 있다'3M의 Lead User Process 사례' 참조. 소비자 가전 분야의 Bose나 광섬유 네트워크 회사인 Cabletron도 선도사용자 프로세스를 자주 활용하는 대표적인 기업에 속한다.

3M의 Lead User Process 사례

제품개발을 고객의 니즈와 일치시키기 위해 Lead User Process를 사용하는 대표적인 기업으로 3M을 들 수 있는데, 3M의 메디컬 이미징 제품개발 사례를 간략히 소개하면 다음과 같다.

1단계: 중요한 시장 및 기술 트렌드의 파악

메디컬 이미징 개발팀은 '더욱 작고 세밀한 부분들(예를 들면 종양)을 포착할 수 있는 능력'을 개발하는 것이 산업 내 주요 트렌드의 하나임을 발견하고, 고해상도의 이미징 기술을 개발하는 것을 일차적인 목표로 설정했다.

2단계: 선도사용자의 포착

연구원들의 인적 네트워크를 활용하여 가장 힘든 의료문제를 다루는 방사선과 의사들을 섭외하는데 성공하였다. 개발팀은 또 몇몇 방사선과 의사들이 시중에서 판매되고 있는 이미징 기술보다 앞선 혁신적 방법들을 사용하고 있음을 알게 되었다.

이미징과 관련된 다른 분야의 전문가들도 찾아내었는데 그들 중에는 패턴인식(pattern recognition) 전문가도 있었고, 반도체 칩 디자인과 관계된 사람들도 있었다. 실제로 패턴인식 전문가는 매우 가치 있는 정보를 가지고 있었는데, 패턴인식 소프트웨어를 나름대로 변형하여 최고의 해상도를 얻는 노하우는 메디컬 이미징 개발팀이 설정한 첫 번째 목표를 달성하는 데 매우 중요한 계기를 제공하였다.

3단계: 획기적인 아이디어의 개발

이틀 동안 진행된 워크숍에 다양한 배경을 가진 전문가들이 함께 모여 논의한 결과, 메디컬 이미징 시장의 니즈를 충족시킬 수 있는 최상의 제품 아이디어가 산출되었고, 그 결과 개발팀은 개발의 획기적인 돌파구를 마련하는 데 성공하였다.

출처: von Hippel, Thomke, and Sonnack(1999).

새로운 정보가 넘쳐나는 오늘날 하이테크 마케터들의 고민은 새로운 아이디어와 기술의 획득보다 더 어려운 주제로 바뀌고 있다. 즉, 아이디어 혹은 신기술을 가지고 어떠한 매력적인 시장을 그려낼 것인가 하는 것이다. 〈Design-Driven Innovation〉의 저자인 Roberto Verganti 교수는 2011년 Harvard Business Review에 기고한 글에서 새로운 기술로 기존 고객의 효용을 높이기보다는 "제품 구매의 완전히 새로운 이유(a completely new reason to buy a product)"를 제시하는 기업이 승자가 된다고 주장한다. 그는 이러한 전략을 "Technology Epiphany"라고 이름 붙였는데 여기서 Epiphany란 어떤 사물의 의미나 본질에 대한 순간적인 깨달음을 의미한다.

Technology Epiphany의 대표적인 사례는 닌텐도 위(Wii)이다. 위가 출시되기 전까지 비디오 게임의 의미가 '가상적인 환경에 수동적으로 몰입하는 것'이었다면 닌텐도는 MEMS(micro-electro-mechanical systems)라는 기술을 이용하여 비디오 게임의 의미를 '능동적인 신체 오락'으로 바꾸어 놓았다. 또 Philips는 CT, MRI 등 환자들이 두려워하는 의료 환경을 아이들이 즐겁고 편안하게 체험하는 환경으로 바꾸어 놓기 위해 LED 디스플레이, 비디오 애니메이션, RFID 기술 등을 활용하여 AEH(Ambient Experience for

Healthcare) 시스템을 개발하였다. Philips는 그 과정에서 사람들이 환경을 어떻게 인식하는지, 새로운 기술이 어떤 새로운 경험을 만들어 낼 수 있는지 연구하였다.

기술이 주는 의미에 대한 깨달음(epiphany)을 얻기 위해서는 일반 사용자들에게 묻기보다 이른바 "통역자(interpreter)"의 도움을 받을 필요가 있다. 통역자란 제품에 대한 참신하고 기발한 관점을 제시할 수 있는 사람을 말하는데 제품을 제조, 판매하는 사람보다는 특정 제품과 관련된 연구를 하는 학자, 연구원, 디자이너, 부품이나 보완재 공급업자 중에 있을 가능성이 많다.

출처: Verganti(2011).

2.4 심층면접을 통한 고객 니즈의 발견

지금까지는 최근에 주목을 받고 있는 '관찰'에 의한 소비자 니즈 파악기법을 논의하였다. 그러나, 설문이나 면접을 통한 방법들도 비용이 적게 들고, 사용하기 편리할 뿐 아니라, 조사결과를 일반화 할 수 있다는 장점으로 인해 지속적으로 활용되고 있다.

고객의 구체적인 니즈를 파악하는 기법으로 'Voice of the Customer' 즉 VOC가 있다. VOC는 고객 스스로의 언어로 표현된 니즈needs와 원츠wants를 최대한 많이 발굴, 수집, 분석하여 이를 체계화하는 기법인데, 신제품 개발의 과정에 매우 유용하게 사용되고 있다.

VOC는 주로 일대일 면접을 통해 이루어지는데 매우 폭넓고 심층적인 니즈를 발굴해 내는 데 목적을 둔다. 우선 '정확한' 고객과의 인터뷰를 실시하기 위해서는 조사의 목적과 범위를 명확히 해야 한다. 지나치게 범위를 넓게 잡거나 너무 좁게 잡을 경우 시간과 노력에 비해 불필요한 응답을 많이 얻게 되기 때문이다. 면접자는 매우 정형화된 면접 가이드를 가지고 면접을 실시하며, 시간은 일인당 30분에서 한 시간 가량 소요된다. VOC 면접을 위해서는 그리 많은 응답자가 필요하지 않다. 일대일 면접

그림 4 친화도 작성

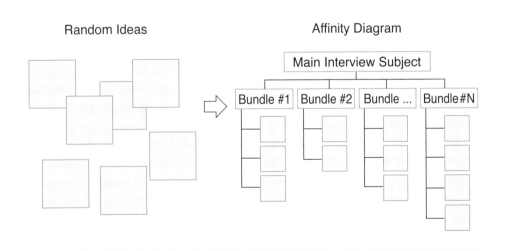

의 경우 30명 정도면 거의 모든 고객 니즈가 추출되는 것으로 알려져 있으며 20명 정도의 고객 의견만으로도 90% 정도가 파악된다고 한다. 고객의 응답을 하나도 놓치지 않기 위해 고객의 허락을 받고 녹음을 하는 경우가 많다.

면접을 통해 파악된 니즈들은 내용과 수준에 따라 체계적으로 분류할 필요가 있는데 이 때 사용하는 도구가 이른바 '친화도affinity diagram'이다. 친화도는 브레인스토밍 등을 할 때 자주 이용되는 기법인데 포스트잇이나 메모지에 적은 아이디어들을 관련성이 높은 것끼리 묶는 방법을 말한다〈그림 4〉 참조. 사람마다 논리적 구조가 다르기 때문에 친화도의 형태가 달라질 수 있는데 마케팅 팀에서 합의된 친화도가 고객이 작성한 친화도와 상이한 경우가 종종 발생한다. 따라서 보다 유용한 친화도를 만들기 위해서는 실제 고객이 친화도 작성 과정에 참여하도록 하는 것이 바람직하다. 친화도 작성을 위해 군집분석cluster analysis과 같은 통계적 방법이 사용되기도 한다.

VOC의 마지막 단계는 파악된 니즈의 우선순위를 정하는 것이다. 이 때에는 두 가지 기준, 즉 중요도—각각의 니즈가 얼마나 중요한가?—와 만족도—각각의 니즈가 '현재' 얼마나 충족되고 있는가?—를 사용하는데, 중요도가 높고 만족도가 낮은 니즈들이 신제품 개발 및 제품 개선 시 최우선 순위로 고려된다.

VOC는 이른바 QFDquality function deployment의 초기단계에 해당한다. QFD는 고객의 니즈를 제품설계 과정에 반영하기 위한 기법으로서, VOC에서 파악된 니즈의 관점에서 제품을 평가하고 그 갭gap으로부터 시장기회를 발견한다. 파악된 고객니즈는 2차 니즈, 3차 니즈로 점차 세분화하여 제품의 속성 및 기술적 특성과 연결하게 되는데, 이러한 과정을 '품질의 집house of quality'이라 부른다.

시장기회의 발견을 위해 자주 활용되는 또 하나의 조사기법은 포커스 그룹 인터뷰focus group interview: FGI이다. FGI는 토론진행자moderator의 주관으로 6~8명의 참가자에게 다양한 질문을 던지고 토론함으로써 미충족된 고객의 욕구를 파악하여 새로운 시장기회를 모색하기 위해 자주 이용된다. 대개는 유사한 연령이나 성별, 사용행태에 따라 다수의 그룹으로 구분하고 각각의 그룹을 두세 시간에 걸쳐 면접하게 된다. 효과적인 FGI가 되기 위해서는 질문 가이드를 사전에 철저히 준비하여야 하며, 제품에 대한 충분한 지식과 숙련된 진행기술을 가진 토론진행자가 진행하도록 하여야 한다. 하이테크 제품의 경우, 기술적 지식이 필요한 경우가 많으므로 토론진행자가 제품의 개념을 충분히 숙지하여야 한다. 때로는 연구개발 혹은 기술지원 부서의 인원이 관찰실

Kano Model은 특정 제품 속성(attribute)과 고객 만족과의 관계를 나타내는 모형이다. 특정 제품 속성 혹은 기능이 있으면 어떨 것 같은지, 없다면 어떨 것 같은지에 대한 설문조사를 통해 아래와 같은 도표를 그리고 각각의 속성이 만족 혹은 불만족에 미치는 영향력에 따라 제품설계에 포함시킬지의 여부를 결정하게 된다.

아래 그림에서 보듯이 Kano Model은 제품 속성을 Threshold(또는 Must-Be), Performance, Excitement(또는 Attractive)의 세 가지 카테고리로 나눈다. 경쟁력 있는 제품은 Threshold 속성들을 만족하고 Performance 속성들을 최대화하며 최대한 많은 Excitement 속성들을 포함하고자 한다.

- Threshold 속성: 제품에 기본적으로 포함될 것으로 고객들이 기대하는 속성들로, 이 속성이 추가된다고 해서 제품 차별화가 이루어지지는 않는다. 오히려 최소한의 성능을 만족시키지 못하면 극도의 고객 불만족을 일으킬 수 있다(예: 휴대폰의 카메라 기능).
- Performance 속성: Performance 속성들은 고객 만족과 선형비례의 관계에 있으며 주로 제품의 가치를 평가하는 데 기본이 된다(예: 휴대폰의 통화음질).
- Excitement 속성: 고객들이 기대하지 않았던 속성들로 상당한 성능을 제공할 경우 높은 고객 만족을 불러일으킬 수 있지만, 없더라도 고객의 불만족으로 이어지지는 않는다. 제품 차별화를 통해 경쟁우위 요소가 될 수 있다(예: 휴대폰의 3D 디스플레이).

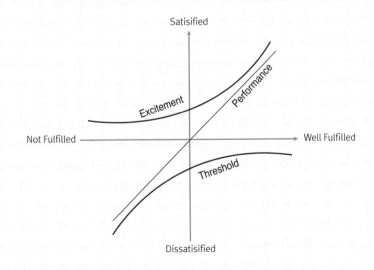

observation room에 대기하고 있다가 응답이나 추가질문에 대한 도움을 줄 수도 있다. FGI는 이와 같이 제품개발 초기에 아이디어를 얻거나 제품 컨셉을 조정하기 위해 시행할 수도 있고, 또 제품개발 완료 후에 시장에서의 수용도를 예측하기 위해 실시하기도 한다. Mead Johnson이라는 영양제 회사는 여성의 영양보충제에 대한 설문조사 결과 상당한 수요가 있는 것을 발견, 추가적인 FGI를 통해 여성용 영양보충제인 Viactiv 브랜드를 만들고 무려 8개에 달하는 제품을 출시하여 크게 성공한 바 있다.

그 외에 고객의 잠재적인 니즈를 파악하기 위한 심층면접 기법들을 간략히 설명하면 다음과 같다. 첫째, '래더링laddering' 혹은 '사다리 기법'은 '왜'라는 질문을 반복함으로써 제품의 물리적 특성과 고객이 느끼는 가치value 간의 연결관계를 파악하는 일대일 심층면접 기법이다. 이 경우 주로 구체적인 제품 속성들로부터 시작하여 "왜 그것이 중요한가?"라는 질문을 통해 점차 추상적이고 포괄적인 개념으로 나아간다. 둘째, 'Repertory Grid' 기법은 응답자들로 하여금 가장 유사한 제품 둘을 선정하게 하고 그 두 제품이 어떤 점에서 유사한지 설명하고 논의하게 함으로써 어떠한 요소가 중요한 비교 판단기준이 되는지를 파악하고자 하는 기법이다. 셋째로 'Echo Technique'이라는 것이 있다. 이는 응답자가 제품에 대해 좋은 점과 나쁜 점, 유용한 점, 쓸모없는 점 등의 모든 면을 다 이야기하도록 유도하여 더 이상 답변할 것이 없을 때까지 계속하는 방법이다. 고객의 이야기를 모두 청취하고 측정하는 기법으로 'Verbal Protocol' 등의 기법이 있는데, 이는 고객들이 물건을 사고, 이용하고, 평가하는 모든 과정을 말로 하게 하여 이를 분석하는 기법이다.

Harvard의 Zaltman 교수가 개발한 'ZMET 기법Zaltman Metaphor Elicitation Technique'도 고객의 잠재된 니즈를 파악하는 유용한 툴로 사용되고 있는데 좀더 자세히 설명하면 다음과 같다. ZMET는 참여자에게 특정 제품을 주고 이에 대해 오랜 기간대략 2주 숙고하게 한 후, 그 제품에 대한 자신의 느낌을 잘 표현한다고 생각하는 그림이나 사진을 수집해 오도록 하고, 이후에 심층면접을 통해 그 의미를 해석하는 기법이다. 따라서, 이 기법은 기존에 마케터나 일반 소비자가 가지고 있던 제품에 대한 이미지를 재확인하거나 그동안 드러나지 않았던 이미지를 발굴하는 데에 탁월한 효과를 보인다. 실제로 Motorola는 새로운 주택보안 시스템을 개발하는 과정에 이 기법을 사용하였으며, 참여자들이 '개'의 이미지가 담긴 그림을 많이 가져오는 것에 착안, 충성스러운 보호자로서의 이미지를 신제품에 투영하여, 그 브랜드명도 'Watchdog'으로 변경하였다.

디자인 컨설팅 기업 Luma Institute가 소비자들의 니즈를 발견하고, 이를 충족시키는 데에 필요한 효과적인 접근법들을 정리하였다. Luma Institute는 현존하는 수백 개의 기법 중 가장 효과적인 36개의 기법을 선정하고, 이를 문제 해결 순서에 따라 관찰하기, 이해하기, 개발하기로 구분하였다. 각 단계는 조사 기법의 특성에 따라 세 개의 하위 집단으로 분류된다. Luma Institute의 공동창립자 Bill Lucas는 기업이 문제를 해결하는 과정 중 어느 시점에 있는지에 따라 적어도 두 개 이상의 카테고리에서 기법들을 선정하여 혼용하는 것이 효과적임을 강조하였다. 이와 더불어, 보다 정교한 문제 해결을 위해서는 관찰하기, 이해하기, 개발하기의 과정을 전후로 오가며 반복하는 것도 중요하다고 덧붙였다.

	민족학 연구 (Ethnographic Research)	참여 연구 (Participatory Research)	평가 연구 (Evaluative Research)
관찰하기 (Looking)	1) Interviewing 2) Fly-on-the-wall Observation 3) Contextual Inquiry 4) Walk-a-mile Immersion	1) What's On Your Radar? 2) Buy A Feature 3) Build Your Own 4) Journaling	1) Think-aloud Testing 2) Heuristic Review 3) Critique 4) System Usability Scale
	사람과 시스템 (People & Systems)	패턴과 우선순위 (Patterns & Priorities)	문제 정의 (Problem Framing)
이해하기 (Understanding)	1) Stakeholder Mapping 2) Persona Profile 3) Experience Diagramming 4) Concept Mapping	1) Affinity Clustering 2) Bull's-eye Diagramming 3) Importance/Difficulty Matrix 4) Visualize The Vote	1) Problem Tree Analysis 2) Statement Starters 3) Abstraction Laddering 4) Rose, Thorn, Bud
	컨셉 아이디에이션 (Concept Ideation)	모델링과 프로토타이핑 (Modeling & Prototyping)	타당성 디자인 (Design Rationale)
개발하기 (Making)	1) Thumbnail Sketching 2) Creative Matrix 3) Round-robin 4) Alternative Worlds	1) Storyboarding 2) Schematic Diagramming 3) Rough & Ready Prototyping 4) Appearance Modeling	1) Concept Poster 2) Video Scenario 3) Cover Story Mock-up 4) Quick Reference Guide

출처: "A Taxonomy of innovation," Harvard Business Review (2014, Jan–Feb).

③ 수요 및 확산의 예측

새로운 시장기회를 발견하였을 때 또는 새로운 혁신제품의 개발을 시작할 때 가장 먼저 하게 되는 질문은 대개 "이 제품의 시장규모는 어느 정도가 될까?", "과연 몇 명이나 이런 제품을 구입하려고 할까?" 하는 것이다. 앞 절에서 논의한 조사방법들이 '시장기회의 발견finding opportunities'을 위한 기법들이었다면, 이번 절에서는 이와 같은 '시장기회의 크기 측정sizing opportunities'과 관련된 기법들을 논의하게 된다.

일반적으로 시장기회의 크기 측정이란 '수요예측demand forecasting'과 관련된 것으로 볼 수 있는데 이는 두 가지 측면을 모두 포괄하는 개념이다. 즉, 첫째는 시장의 잠재수요market potential를 예측하는 것을 말하고 둘째는 시간에 따른 제품확산diffusion 혹은 시장침투율market penetration의 변화에 대한 예측을 말한다고 볼 수 있다. 〈그림 5〉는 이 두 개념의 차이를 보여주고 있다.

예산수립이나 판매예측을 위한 일반적인 수요예측기법에는 이동평균법moving average, 지수평활법exponential smoothing, Box-Jenkins법 등의 다양한 시계열분석time-series

그림 5 잠재수요와 시장침투율

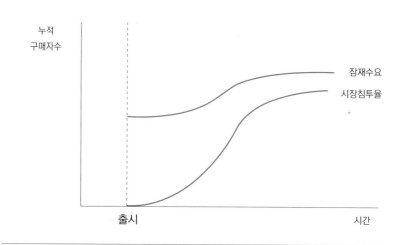

analysis기법들이 다수 포함되고 또 자주 활용되지만, 본 절에서는 과거자료가 없는 새로운 혁신제품의 시장기회 크기를 예측하는 것을 목적으로 하는 기법을 위주로 논의하므로, 시계열분석기법은 논외로 한다.

3.1 잠재수요의 예측

새로운 상품의 잠재수요에 대한 예측은 다양한 방법에 의해 수행될 수 있다. 우선, 수요와 이에 영향을 미치는 변수들 사이의 함수적 관계를 파악하고 이를 예측에 이용하는 계량경제학적econometric 방법으로서, 회귀분석과 계량경제방정식모형, 투입산출분석이나 성장곡선분석 등을 들 수 있다. 이들 기법에 대한 자세한 내용은 계량경제학 관련 서적을 참고하기 바란다.

그 외에도 델파이법, 시장조사, 역사적 유추법 등이 잠재수요의 예측에 자주 이용되는데 이들을 차례로 살펴 보도록 하자.

델파이법

델파이법Delphi method은 1965년에 미국의 Rand Corporation에서 최초로 미래의 기술진보를 예측하기 위해 시도한 기법인데, 기술뿐만 아니라, 경제, 사회, 정치에 관한 장기예측이나 신제품, 신사업의 중장기 수요를 예측하는데 매우 유용한 기법으로 자주 활용되고 있다Delphi는 신탁(神託)으로 유명한 아폴론의 신전이 있던 고대도시 이름임.

한마디로 말해서 델파이법은 선택된 전문 패널들의 견해를 종합정리하고 가능한 한 일치되는 점을 찾아 내어 이를 예측에 사용하는 방법이다. 단, 전문패널들이 함께 모여서 논의할 경우 나타날 수 있는 부작용, 즉 권위적 압력 등 집단의사결정 시 나타나는 제반 문제점들을 최소화하기 위하여, 패널 코디네이터panel coordinator가 질문을 송부하고 응답된 결과를 피드백하는 과정을 수차 반복한다는 것이 일반적인 전문가 의견청취와 다른 특징이라고 할 수 있다. 델파이법의 절차는 〈그림 6〉과 같다.

델파이법의 특징은 첫째, 패널들의 익명성이 보장됨으로써 여러 차례 질문이 시행되는 동안 특정 전문가의 견해가 다른 전문패널의 견해에 영향을 주는 것을 막을

그림6 델파이법의 절차

수 있다는 것과 둘째, 반복되는 정보교환으로 각 패널들이 자신의 견해를 재검토하고 수정하는 과정을 반복하게 된다는 것이다. 그리고, 패널 코디네이터는 그 때마다 패널들의 대다수가 일치하는 의견만을 제시하거나 경우에 따라서는 패널 의견의 평균 값 혹은 기타 각종 통계치를 제시할 수도 있다. 마지막으로 델파이법은 다른 예측기법과 같이 단 하나의 예측치를 결과물로 제시하지 않는다. 여러 패널의 견해가 하나의 결론으로 합의consensus될 수도 있지만 대개의 경우 예측치는 구간range의 형태로 제시된다. 코디테이터가 예측의 구간을 최대한 줄이려고 노력하는 것은 당연하겠으나, 이를 응답자들에게 강요하여서는 안된다.

시장조사

시장상황에 대한 이해를 토대로 수요를 예측한다는 것이 시장조사를 통한 수요예측의 근본 취지이다. 따라서, 소비자, 유통점 등 예측대상 제품의 관계자들에 대한 시장조사를 시행하게 되는데, 이 때에는 우편, 전화, 인터넷 등을 이용한 설문조사나 FGI와 같은 정성조사 및 인터뷰 등의 시장조사기법을 활용하게 된다.

시장조사를 통한 수요예측은 주로 단기적 수요의 예측에 유용하며, 기간이 길어질수록 정확도가 떨어진다. 대개 2년 이내의 수요예측에 사용하는 것이 좋다. 그리고, 시장조사를 하게 되면 미래수요의 예측치 외에 다양한 정보를 추가로 얻을 수 있다. 특히 소비자가 구매 혹은 구매하지 않는 이유를 알려 주기도 하고 누가 진정한 소비자인가 또 그들은 제품의 어떤 특성을 중요하게 생각하는가 하는 것들을 가르쳐 준다. 이러한 정보는 제품의 출시전략과 관련하여 어떤 핵심효용key benefit을 강조하고 누구를 표적target으로 할 것인가에 대한 통찰을 제공해 준다.

역사적 유추법

역사적 유추analogy에 의한 수요예측은 기능이 유사한 기존제품이 존재하고 그 제품의 수요에 대한 자료가 있는 경우에 이용하는 방법으로, 새로운 제품에 대한 수요가 기존제품과 동일한 사용패턴으로 나타나거나 또는 대체관계로 나타날 것을 가정한다. 예를 들어, 디지털 TV의 잠재수요를 예측할 경우, 기존 아날로그 TV를 전부 대체할 것으로 예상할 경우 현재의 TV 보유가구 전부를 잠재수요로 볼 수도 있고, 단기적으로는 대형 TV 소유가구, 혹은 추가적인 TV 구매나 TV 교체 수요만을 잠재수요로 볼 수도 있다.

또 해외 선진국의 역사적 경험이나 사례를 근거로 국내 잠재수요 및 판매추이를 예측하는 것도 가능한데 이 경우 소비자의 문화적, 사회적 차이를 잘못 인식할 경우 오차가 클 수 있음에 유의해야 한다. 또한, 역사적 유추법은 과거의 경향으로부터 유추하므로 환경조건의 변화가 별로 없는 경우에는 비교적 정확한 예측이 가능하지만, 전환기라든가 환경변화가 극심한 상황하에서는 예측이 곤란하다.

3.2 Bass 모형

〈그림 7〉은 새로운 제품을 구입한 사람의 수가 시간에 따라 어떻게 달라지는가를 보여주는 그래프이다. 이와 같은 제품확산 패턴은 대개 시장침투율 혹은 보급률로

표현되는데, 누적 수용자 수의 모양은 대체로 S자 형태를 가진다. 본 절에서는 이와 같은 제품확산 패턴에 대한 예측기법을 논의하고자 한다.

제품확산 예측에 있어 대표적인 모형은 Bass 모형이다. 이는 신제품 확산new product diffusion 모형의 대표적 학자인 Frank M. Bass가 60년대 말에 처음 소개한 후 지금까지 무수히 많은 학자가 연구하고 발전시킨 확산 예측 모형이다. Bass 모형의 원리를 간략히 소개하면 다음과 같다. 소비자의 신제품 수용에는 두 가지 힘이 작용하는데 이는 〈그림 7〉에 잘 표현되어 있듯이 '외적 영향external influence'과 '내적 영향internal influence'이다. 여기서 '외적 영향'이란 광고 및 대중매체와 같은 외부의 자극에 의해 구매의향이 형성되어 구입하게 되는 효과를 말하며, Bass는 이러한 효과에 의해 신제품을 채택하게 되는 소비자를 '혁신자innovators'라고 불렀다Rogers의 기술수용주기상 혁신수용자와 의미가 다름에 유의할 것. Rogers의 혁신수용자는 제품도입 초기에만 있지만 Bass의 혁신자는 상당한 시간이 흐른 후에도 계속 존재한다. 한편, '내적 영향'은 신제품을 먼저 채택한 소비자의 영향을 받아 동기가 유발되어 신제품 구매에 이르게 되는 효과를 말하며 이러한 구매자를 '모방자imitator'라고 부른다. 〈그림 7〉로부터, 혁신자의 수는 시간이 지남에 따라 점차 감소하나, 모방자의 수는 제품의 수용자가 늘어남에 따라 점차 증가하다가 나중에 다시 감소하는 것을 볼 수 있다.

그림7 Bass 모형

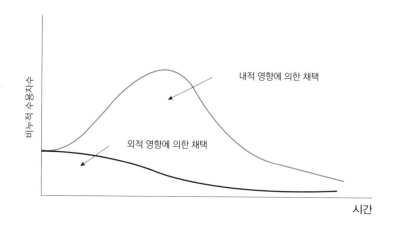

출처: Mahajan, Muller, and Bass(1990), p. 4.

Bass 모형을 식으로 표현하면 다음과 같다.

$$n(t) = m[p + qF(t)][1 - F(t)]$$

여기서, n(t)는 t기에 처음으로 제품을 채택하는 소비자의 수이고, F(t)는 누적 수용자의 비율, 그리고 m, p, q는 추정해야 하는 파라미터이다. 식의 우변을 풀어 쓰면 두 개의 부분으로 나뉘어지는데 그 중 앞의 것 즉, mp[1 - F(t)]은 '혁신효과'를, 뒤의 것, 즉 mqF(t)[1 - F(t)]는 '모방효과'를 나타낸다. 누적 수용자 비율인 F(t)는 시간(t)에 따라 증가하므로, 이 식으로부터도 혁신자의 수가 점차 감소하고, 모방자의 수는 증가하다가 감소하는 것을 확인할 수 있다.

Bass 모형의 추정은 다양한 통계 패키지를 통해 이루어지며, 최근에는 Excel 등 스프레드시트를 통해서 추정할 수 있는 방법도 개발되었다. 수리적인 모형에 대한 언급은 자제하기로 하고, 여기서는 이 모형의 기본가정과 활용방법에 대해서만 얘기하도록 하자.

Bass 모형의 기본가정은 다음과 같다. 첫째, Bass 모형은 신제품의 첫 구매first time purchase를 모형화하고 있다. 따라서, 반복구매repeat purchase는 고려하지 않는다. 즉, Bass 모형은 신제품을 처음으로 채택한 사람의 분포가 어떻게 될 것인지를 예측하는 모형이지, 실제 매출을 예측하는 모형이 아니다내구재의 경우에는 채택이 매출과 유사하므로 그대로 사용이 가능하며 반복구매하는 제품의 경우에도 변형된 모형을 통해 매출을 예측하는 것이 가능하다. 둘째, Bass 모형은 제품군category의 확산에 대한 모형이지, 상표별 확산을 예측하는 모형이 아니다. 셋째, Bass 모형은 공급 측면을 고려하고 있지 않다. 즉, 재고부족이나 유통망 확보와 관련된 부분은 반영되어 있지 않다. 넷째, 이 모형은 한 소비자가 하나만 구입하는 것으로 가정한다. 다섯째, Bass 모형은 앞 절에서 논의한 '잠재수요', 즉 최대 수용자수를 추정하지만파라미터 m, 이것이 시간에 따라 달라지지 않는다고 가정한다. 여섯째, 혁신과 모방을 나타내는 계수인 p와 q도 시간에 따라 변화하지 않으며, 광고나 가격과 같은 마케팅 노력의 영향을 받지 않는다.

이만큼 Bass 모형의 가정과 한계를 언급하면, 독자들은 그 유용성에 상당한 회의를 품을지도 모르겠다. 하지만 다행히도 이 모형은 끊임없이 보완되고 발전되어 왔으며, 그 유용성이 여러 연구와 프로젝트를 통해 입증되었다. 광고와 가격 등 마케팅 변수의 효과를 반영한 '일반화된 Bass 모형generalized Bass model: GBM'이 그 예이다. 최근에는 다세대multi-generation 제품예: 반도체 칩에 대한 확산 패턴의 예측에도 자주 이용되고 있으며〈그림 8〉 참조, 국가간 제품확산의 예측에도 종종 활용되고 있다.

　　Bass 모형을 추정하기 위해서는 최소한 첫 3기 이상의 데이터가 있어야 한다. 또, 정확한 예측을 위해서는 성장 변곡점 정도까지의 데이터가 있는 것이 바람직하다. 즉, 제품 출시 이전에 Bass 모형을 통해 확산 패턴을 예측하는 것은 사실상 불가능하다는 얘기다. 그렇다면 신제품의 확산 패턴을 출시 이전에 예측하는 방법은 없는 것인가? 이 때 사용할 수 있는 한 가지 방법으로는 변곡점의 시기와 최고점 도달 시기 등 몇 가지 사항에 대한 경영자의 주관적 판단에 근거하여 확산 패턴을 추정하는 방법이 있다. 그리고, 델파이기법, 시장조사 등과 같이 앞에서 설명된 정성적 조사기법들도 이 용도로 활용할 수 있다. 또 한 가지 방법은 '역사적 유추법'에서와 마찬가지로 출시하고자 준비중인 제품과 유사한 제품의 과거 확산 패턴으로부터 유추하는 이른바 '유추적 확산analogical diffusion' 예측방법이다. 예를 들어, HDTV를 개발한 미국의 Zenith는 HDTV의 확산이 과거의 컬러 TV 확산과 유사할 것으로 판단하고 확산을 예측한 바 있다. 이 때에는 하나의 제품을 가지고 그대로 유추하기 보다는 유사한 여러 제품을 가지고 유사한 정도에 따라 가중치를 주어 예측하는 것이 바람직하다. 또, 수

그림 8 다세대 제품의 확산

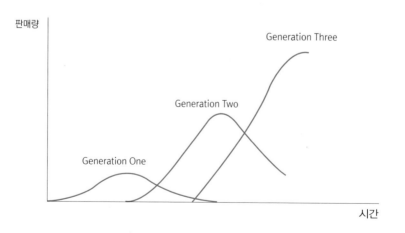

용자의 수를 비교하는 방법보다는 Bass 모형의 계수들을 먼저 예측하여 그것을 가지고 유추하여 확산을 추정하는 것이 더 바람직하다.

지금까지 논의한 Bass 모형의 특징과 활용방안을 조금 더 명확히 이해하기 위해서는 실제 신상품 수요예측의 수행과정과 결과를 살펴볼 필요가 있다. 1990년대 말, 위성 라디오 서비스 출시를 앞두고 있던 XM Satellite Radio이하 XM는 투자 은행, 라디오 제조업체, 위성 운영업체 등 관련업체들의 협조를 이끌어 내기 위해 긍정적이면서도 신뢰할 수 있는 수요예측 결과가 필요했다. 위성 라디오 서비스는 전에 없던 새로운 개념이었고 수신 기기는 내구재의 특성을 가지고 있기 때문에, XM은 Bass 모형을 활용하는 것을 주저하지 않았다.

당시 위성 라디오 서비스는 개발 단계에 머물러 있어 실제 판매 데이터가 존재하지 않았다. XM은 Bass 모형의 파라미터인 m, p, q를 데이터를 통해 추정하는 것이 아니라, 반대로 임의로 세 파라미터의 수준을 결정하고 이를 토대로 실제 판매량을 예측해야 하는 상황이었다. 가장 먼저 XM은 잠재수요 m의 수준을 판단하기 위해 6,000명 규모의 대대적인 설문조사를 시행했다. 설문조사는 시장 세분화나 중요 속성 진단의 목적도 있었지만, 핵심은 기기 구매 비용과 월 구독료에 대해 다양한 시나리오를 제시하고 소비자들의 구매의도가 얼마나 민감하게 변화하는지를 확인하는 것이었다. 조사 결과, XM은 기기 가격이 250달러, 구독료가 월 10달러일 때 약 3,000만 명의 잠재수요가 발생하는 경우를 수요예측의 기준으로 삼았다. 잠재수요m와 달리 혁신계수p와 모방계수q는 설문조사를 통해 파악하는 것이 불가능하다. XM은 위성 라디오 서비스와 공통점이 많으면서 이미 시장 데이터가 존재하는 제품 카테고리를 선정하고, 이들의 혁신계수와 모방계수를 바탕으로 위성 라디오 서비스의 계수를 유추하는 방식을 택하였다. 유추에 사용된 제품들은 휴대용 CD 플레이어, 자동차 라디오, 휴대전화였으며, 시장 구조와 제품 특성이라는 두 가지 측면에서 유사성을 평가하고 이를 가중평균하였다〈표 2〉. 이 과정에서 주의해야 할 것은 관련 제품 선정부터 유사성 평가, 가중치 부여 등 모든 과정이 자의적일 수밖에 없다는 것이다. 다시 말하면, 유추적 방법으로 Bass 모형의 파라미터를 판단할 때에는 객관성을 담보할 수 있는 장치를 마련하는 것이 필요하다.

표2 유추적 방법에 의한 Bass 모형 파라미터 결정의 예

유사 제품군	p	q	평가 항목 및 점수		가중 점수
			시장 구조 (w_a=0.4)	제품 특성 (w_b=0.6)	
휴대용 CD 플레이어	0.00605	0.66	4	7	5.8/18.2=0.319
자동차 라디오	0.0161	0.41	8	9	8.6/18.2=0.473
휴대전화	0.008	0.421	8	1	3.8/18.2=0.208
위성 라디오 가중 평균	0.0112	0.5			18.2/18.2=1.0

설문조사와 유추법을 통해 정해진 세 파라미터를 활용하여 XM은 제품 출시 이후 20년 동안의 위성 라디오 확산 패턴을 예측하였다. 출시 후 5년 정도는 확산이 더디지만, 이후부터는 모방효과가 발휘되면서 급격한 확산을 맞이할 것으로 예측되었다. 그리고, 출시로부터 12년 정도가 지나면 누적 구매자수가 잠재수요에 근사해지는 시장 포화에 접어들 것으로 관측되었다. 그렇다면, XM의 이 예측은 얼마나 정확했을까? 실제로 위성 라디오는 2000년에 출시되어 첫 해 20만 명, 이듬해 110만 명, 그리고 2002년에는 320만 명의 구독자수를 기록하였다. Bass 모형의 추정결과는 각각 30만 명, 80만 명, 192만 명으로 세 번째 해부터는 적지 않은 차이를 보였다. 그러나, 이 예측치는 위성 라디오 출시를 앞두고 발표된 그 어떤 예측보다 실제에 가까운 것이었다. XM의 사례를 통해 두 가지 시사점을 얻을 수 있다. 제품확산의 예측에 Bass 모형이 상당히 우수한 성과를 보인다는 사실과 그럼에도 불구하고 미래를 예측한다는 것은 매우 어렵다는 것이다.

3.3 좋은 수요예측의 조건

IBM은 70년대 말, 20년 이후의 개인용 PC 수요를 예측한 결과 그 규모가 고작 27만 5천대에 불과할 것이란 결론을 내렸다Cooper 2001, p.161. 그러나 1990년 실제 PC

시장규모는 6천만대에 달하였다. 또 90년대에 여러 기관에 의해 이루어진 HDTV의 수요예측은 대부분 엄청난 차이로 빗나갔다. 이처럼 수요예측은 많은 한계를 가지고 있는 것이 사실이다. 요즘은 거의 모든 신규 하이테크 제품이나 서비스에 대해 세계적으로 권위 있는 IT 시장조사 기관들이 정기, 비정기적으로 시장수요를 예측하여 보고서를 내놓고 있는데 이들 간에도 예측치의 차이가 나며, 중장기 수요의 경우 낮게는 몇 배에 달하는 예측치의 차이를 보이는 경우도 종종 있다. 그렇다면 이와 같은 예측의 불확실성을 최소화하고 예측의 함정에 빠지지 않기 위해서는 어떻게 해야 하는가?

일반적으로 좋은 수요예측이 되기 위해서는 다음과 같은 조건들이 충족되어야 한다. 첫째, 합리적인 수요예측을 하기 위해서는 제품에 대한 수요와 그에 영향을 미치는 수요결정요인의 관계에 대한 충분한 지식과 깊은 통찰력이 있어야 한다. 이를 위해 수요예측 정보의 사용자, 즉 의사결정자와 수요예측 수행자_{프로젝트 책임자 혹은 조사대행회사} 간에 예측목적과 범위, 기본가정 등에 대한 충분한 커뮤니케이션이 이루어져야 한다. 둘째, 예측목적에 잘 부합하고, 문제의 특성에 맞는 최적의 수요예측방법이 선택되어야 한다. 앞에서 설명된 다양한 예측기법의 기본가정과 장단점을 고려하여 최적의 방법을 선택하는 것이 좋은 예측치를 얻는 관건이 된다. 셋째, 아무리 좋은 예측기법이라도 엉터리 자료를 입력하여 좋은 결과를 얻을 수는 없다_{Garbage in, garbage out}. 따라서, 신뢰성 있는 자료의 입수는 예측의 어느 과정보다도 중시되어야 할 대전제이다.

이와 같은 조건이 충족되더라도 수요예측의 불확실성을 완전히 제거하는 것은 불가능하다. 따라서, 하나의 수요예측기법에 의존하기보다는 복수의 예측방법을 활용하는 것이 바람직하다. 여러 예측치가 서로 상이할 경우 나름대로의 기준을 가지고 가중치를 만들어 가중평균을 내는 것이 여러 학자들에 의해 제안되었다. 또, 수요예측을 행한 이후에도 수요예측이 전제하고 있는 가정을 변화시키고 그것이 수요에 미치는 영향을 계량화 해보아야 하는데 이를 민감도 분석_{sensitivity analysis}이라고 한다.

전통적으로 자동차, 텔레비전, 냉장고와 같은 내구성 소비재(consumer durable goods)는 구매 주기가 길고 어느 정도 시간이 흐른 후 이용자들의 이용 경험에 따라 제품의 성공여부가 결정되기 때문에 시장 출시 이전에 제품에 대한 수요를 예측하는 것이 매우 어렵다. 어떻게 하면 내구성 소비재의 수요를 보다 정확하게 예측할 수 있을까? Harz et al. (2022)은 이에 대한 답으로 가상 현실(Virtual reality, VR)을 통한 시뮬레이션이 도움이 된다고 주장한다. 저자들은 그 근거로 가상 현실이 지닌 세 가지 장점을 꼽았다. 첫째, 가상 현실의 시각화 기능(visualization capability)은 신제품 형태와 소비자의 터치포인트, 환경과 같은 종합적인 상황을 진짜와 비슷하게 구현해낼 수 있게 한다. 스튜디오에 설치한 선반에 비치된 제품을 통한 기존 실험 방식에 비해 가상 현실을 통한 실험에서는 경쟁 제품이나 제품 관련 다양한 정보원 등 소비자의 구매 여정 단계마다 맞이하는 상황을 보다 현실감 있게 구현할 수 있다. 또한, 소비자가 맞이할 1인칭 시점의 상황을 360도에서 구현해내기 때문에 3인칭 시점의 사진이나 스튜디오 실험보다 참여자가 높은 실재감을 느낄 수 있다. 모션 컨트롤러나 HMD(head-mounted display) 등을 활용한다면 소비자들은 시뮬레이션 상황에 더욱 몰입하게 되고, 실제 구매 상황과 거의 유사하게 행동할 가능성이 높아진다. 둘째, 가상 현실은 시뮬레이션 상황과 소비자 간의 상호작용을 자동으로 추적한다는 장점이 있다. 가상 현실에서는 실험 참여자가 시뮬레이션 현장에 들어오는 것, 제품을 시현해보는 등의 행동이 발생했는가와 함께 해당 행동이 얼마나 지속되었는지도 추적하는데, 이러한 정보를 수요 예측 모델의 설명 변수로 활용한다면 예측 정확도를 월등히 높일 수 있다. 특히 전통적 수요예측 실험과 달리, 가상 현실 실험에서는 정교한 컴퓨터 시뮬레이션 기술과 행동 추적 센서를 통해 참여자가 제품 뿐 아니라 구현된 환경과도 어떻게 상호작용하는지를 알 수 있고 모든 정보를 즉시 디지털화하여 수집한다는 장점이 있다. 셋째, 가상 현실 시뮬레이션은 실험실 세팅, 온라인 세팅 등 다양한 형태로 진행이 가능하다. 실험실 세팅의 가상 현실에서는 HMD를 쓴 참여자의 머리가 움직일 때마다 보여주는 화면이 바뀌고, 선반에서 물건을 집어들고 제품을 써보거나 구입하는 것을 각종 감지 센서로 감지할 수 있다. 온라인상의 가상 현실 시뮬레이션은 정교화된 그래픽 기술과 360도 시각화 기술을 활용해 별도의 장비가 없더라도 인터넷만 연결할 수 있다면 누구든지 어디서나 참여할 수 있는 환경을 제공한다. 참여자들은 커서를 움직이며 모든 방향으로 자유자재로 이동할 수 있고 클릭을 통해 다양한 상품을 선택하고, 선반에 다시 올려놓거나 실제 구입까지 이르며 다양한 상호작용을 경험한다.

저자들이 가상 현실의 수요 예측 우수성을 입증하기 위해 631명의 잠재 소비자를 대상으로 가상 현실 시뮬레이션을 활용한 결과, 제품 출시 후 실제 판매 데이터에 대한 예측 오차는 1.9%에 불과했다. 또한 추가실험에서는 가상 현실 시뮬레이션이 소비자의 정보 탐색, 선호, 구매 행동 간의 일관성을 높이며 가상 현실이 주는 실재감(presence)과 생생함(vividness)이 전통적 스튜디오 테스트에 비해 예측 정확도를 높이는 주원인임을 확인하였다. 이러한 연구 결과는 내구성 소비재의 신제품 출시 과정에서 적절한 가상 현실 기술(실험실 vs. 온라인)을 활용할 필요가 있음을 시사한다. 마지막으로 저자들은 한 차례의 가상 현실 실험으로 모든 것에 대한 답을 구하기보다는 신제품 개발 기간 동안 여러 차례의 실험을 진행하며 프로토타입 테스팅, 수요 예측 등 세부 목적에 맞는 결과를 도출할 것을 제안하였다.

Lab Virtual Reality

Participant operating the lab virtual reality shown on a head-mounted display with controllers

Online Virtual Reality

Participant operating the online virtual reality displayed on a desktop with keyboard and mouse

출처: Nathalie Harz, Sebastian Hohenberg, and Christian Homburg (2022), "Virtual Reality in New Product Development: Insights from Prelaunch Sales Forecasting for Prelaunch Sales Forecasting for Durables," Journal of Marketing, 86(3), 157–179.

 참고문헌

에너지데일리, "2030년 세계 車 시장 전기차 비중 30% 전망" 2022. 04. 14.

Business Week, "Marketing Decisions are the Most Important," 2001. 6. 18.

Cooper, Robert G. (2001), Winning at New Products, 3rd edition, Perseus Publishing.

Fortune, "Ignore Your Customer," 1995. 5. 1.

Gambardella, Alfonso, Raasch, Christina, and von Hippel, Eric (2017), "The User Innovation Paradigm: Impacts on Markets and Welfare," Management Science, Vol. 63, No. 5, 1450-1468.

Hamel, Gary, and C. K. Prahalad (1994), "Seeing the Future First," Fortune, 1994. 9. 5.

Harvard Business School Case 9-591-025 "Zenith: Marketing Research for High Definition Television (HDTV)."

Kelley, Tom (2001), The Art of Innovation, Doubleday.

Leonard, Dorothy and Jeffrey F. Rayport (1997), "Spark Innovation through Empathic Design," Harvard Business Review, Nov-Dec, 102–113.

Madsbjerg, Christian and Mikkel B. Rasmussen (2014), "An Anthropologist Walks into a Bar," Harvard Business Review, March, 80–88.

Mahajan, Vijay, Eitan Muller, and Frank M. Bass(1990), "New Pro-duct Diffusion Models in Marketing: A Review and Directions for Research," Journal of Marketing, Vol. 54(Jan), 1-26.

Mohr, Jakki (2001), Marketing of High-Technology Products and Innovations, Chapter 5 "Marketing Research in High-Tech Markets," Prentice Hall.

Nathalie Harz, Sebastian Hohenberg, and Christian Homburg (2022), "Virtual Reality in New Product Development: Insights from Prelaunch Sales Forecasting for Prelaunch Sales Forecasting for Durables," Journal of Marketing, Vol. 86, No. 3, 157-179.

Ofek, Elie (2005), "Forecasting the Adoption of a New Product," Harvard Business Press.

Takada, Hirokazu, and Dipak Jain (1991), "Cross-National Analysis of Diffusion of Consumer Durable Goods in Pacific Rim Countries," Journal of Marketing, Vol. 55(Apr), 48-54.

Verganti, Roberto (2011), "Designing Breakthrough Products," Harvard Business Review, October, 115–120.

Veryzer, R. W. Jr. (1998), "Key Factors Affecting Customer Evaluation of Discontinuous New Products," Journal of Product Innovation Management, Vol. 15, 136-150.

von Hippel, Eric (1986), "Lead Users: A Source of Novel Product Concepts," Management Science, Vol. 32(July), 791-805.

von Hippel, Eric, Stefan Thomke, and Mary Sonnack (1999), "Creating Breakthroughs at 3M," Harvard Business Review, Sep-Oct, 4757.

하이테크 신상품의 개발과 출시전략

요즘 틔운으로 반려식물 키우기에 재미를 붙인 사람들이 늘고 있다. LG전자의 사내 독립기업인 스프라우트 컴퍼니가 2021년 10월에 출시한 틔운은 복잡한 식물 재배 과정을 자동화한 식물생활가전으로, 선반에 씨앗 키트를 장착하고 물과 영양제를 넣기만 하면 손쉽게 식물을 키울 수 있다. LG전자는 세계 최초 의류관리기 LG 스타일러, 신발관리 솔루션 LG 스타일러 슈케이스, 수제 맥주제조기 LG 홈브루 등 새로운 가전 발굴을 멈추지 않는 도전력과 기술력을 집대성해 틔운을 탄생시켰다.

LG전자가 식물재배기에 대한 아이디어를 처음 구상한 2018년부터 관련 기술을 개발하고 상품화하여 2021년에 비로소 시장에 출시하기까지는 적지 않은 시간이 걸렸다. 당시만 해도 반려식물 시장에 대한 개념이 정립되지 않았고 관련 기술과 자료도 매우 부족했다. 개발팀은 식물을 좋아하지만 집에 들이는 족족 식물을 죽이는 사람들이 많다는 사실에 주목했다. 식물을 잘 키우려면 적절한 온도, 습기, 빛, 토양, 영양분이 필요한데 이를 위해 자주 물을 주며 환기도 해야 하고, 긴 시간 동안 많은 관심과 체계적인 관리가 필요하다. 이에 개발팀은 식물을 좋아하고 가까이에서 키우고 싶지만 관리의 어려움을 느끼는 사람들의 페인 포인트pain point를 해결해 주는 상품을 출시한다면 시장 기회가 충분하겠다는 판단 하에 식물 초보자들도 손쉽게 식물을 재배할 수 있는 식물재배기를 개발하기 시작했다. 이들은 먼저 식물 재배라는 새로운 영역을 개척하기 위해 스리랑카, 에스토니아와 같은 해외 국가를 찾아 식물 성장

에 적절한 토양을 만드는 과정과 토양 관리 방법부터 익혔고, 제품 제작을 위해 LG전자의 가전 기술을 총동원했다. 틔운의 자동 온도조절 시스템은 LG 디오스 냉장고의 핵심 기술을 가져왔다. 식물이 잘 자라기 위해서는 낮과 밤의 온도차가 있어야 하는데, 여기에는 디오스 냉장고의 인버터 컴프레서를 활용한 정밀 온도 제어 기술을 활용했다. 씨앗키트에 하루 여덟 차례 물을 공급하는 자동 급수 시스템은 LG 퓨리케어 정수기의 급수 제어 기술을 활용했다. 또한 LG 휘센 에어컨의 공조기술을 활용해 틔운 제품 내부의 공기흐름을 최적화했고, 공기청정기 기술로 깨끗한 외부 공기를 공급하는 통풍 환기시스템을 갖췄다. 이에 더해 LED 파장과 광량 제어 기술을 활용해 식물이 잘 자랄 수 있도록 광합성 효율을 높였다. 이렇게 LG전자가 지닌 기술을 집약한 끝에 새로운 형태의 식물 재배기가 탄생했고, LG전자는 이 식물재배기를 2019년 12월 세계 최대 전자 IT 전시회 CES에 선보였다Business Post(2022).

　　그 후로 2년 여가 지난 2021년, 틔운이 시장에 출시되었다. 틔운은 식물을 좋아하지만 관리가 어려워 주저하거나 포기하는 사람들을 타깃층으로 선정하여 초보자들도 씨앗 키트를 구매해서 기기에 장착하기만 하면 식물이 생장하는 데에 최적화된 환경을 조성할 수 있도록 한 점을 강조했다. 기존의 식물재배기에 대한 고정관념을 깨기 위해 '식물 생활 가전'이라는 차별화된 컨셉으로 제품 포지셔닝을 잡았다. 기존의 식물재배기가 상추, 허브 식물과 같이 먹는 채소를 키우는 기능만을 갖는 반면, 틔운은 보다 다양한 식물을 기르면서 마음을 정화하는 동시에, 세련된 디자인으로 실내 공간을 인테리어하는 가치가 있다는 점을 강조했다. 틔운 마케팅 팀은 제품 출시와 함께 LG 틔운 커뮤니티를 운영하며, '가틔같이 틔우기 이벤트' 등을 열고 자신이 키우는 식물에 대한 정보를 공유하는 장을 마련했다. 지친 일상을 마친 사람들에게 식물이 자라는 과정을 보며 하루의 고됨을 힐링할 수 있다는 메시지는 소비자들에게 강력하게 다가왔다. LG전자는 틔운을 향한 시장의 뜨거운 반응에 힘입어 틔운의 크기와 가격을 낮춘 '틔운 미니'도 출시했다. 틔운 미니는 틔운 오브제 컬렉션149만원에 비해 훨씬 저렴한 19만 9천원의 가격으로 출시되었는데, 사전 판매 6일 만에 1000대가 완판되었다. LG전자는 식물재배기와 관련한 글로벌 특허를 선점하여 기술 진입장벽을 세우는 한편, 가전 구독 서비스인 케어솔루션으로도 틔운을 이용할 수 있도록 함으로써 제품 구매 초기 비용을 낮추고 시장 내에서 제품이 빠르게 확산되도록 노력하고 있다.

반려식물 생활가전 시장 개척에 성공한 LG 틔운은 새로운 시장을 발굴하기 위해 기술을 개발하고, 상품화하는 과정을 잘 보여주는 사례다. 본 장에서는 이와 같이 혁신적인 신상품을 개발하는 프로세스와 성공 포인트, 그리고 출시전략에 대해 공부하고자 한다. 하이테크 기업의 혁신적 신상품개발 프로세스는 기술개발에서 상품개발, 그리고 시장개발로 이어져야 한다. 그리고 시장출시전략은 시장준비, 표적시장 선정, 포지셔닝, 그리고 론칭의 4단계로 구성되어 있다.

▌1 하이테크 상품의 신상품개발 프로세스

1.1 전통적인 신상품개발 프로세스

〈그림 1〉은 전형적인 신상품개발new product development: NPD 프로세스를 그림으로 나타낸 것이다. 실제로는 학자들의 주장에 따라 혹은 기업들의 관행에 따라 다르며 대개 이것보다 훨씬 복잡하고 많은 단계로 이루어져 있으나, 여기에서는 5단계로 단순화하였다.

우선, 신상품 아이디어를 창출, 수집한 다음 여러 기준에 비추어 적절한 것만 추려서 선택하는 일과1단계, 신상품의 컨셉concept을 정하고 이를 검증하는 것이2단계, 실제적인 제품개발 작업 이전에 반드시 수행되어야 하는 단계이다. 떠오르는 아이디어를 가지고 무작정 개발부터 착수하는 기업이야 없겠지만, 철저한 준비와 마케팅적 검토과정을 거치지 않고 제품을 개발하여 출시하였다가 시장에서 실패한 상품들은 헤아릴 수 없을 만큼 많다. 여기서 신상품 '컨셉concept'과 '아이디어'의 개념을 구분할 필요가 있는데, '컨셉'은 '소비자의 언어로 표현된', 즉 소비자의 효용과 혜택의 관점에서 정의된 제품의 구체적 특징을 말한다. 같은 아이디어도 타깃 고객과 활용 용도에 따라 서로 다른 여러 개의 컨셉으로 표현될 수 있으며, 각각의 컨셉이 표적시장 고객에게 얼마나 받아들여질 것인지를 확인하는 작업을 통해 최선의 상품컨셉을 선정하는 것은 신상품의 성공가능성과 수익성을 결정하는 중요한 작업이 된다. 컨셉 테스트를 위해 서베이나 심층면접과 같은 기법을 사용할 수도 있고, 컨조인트 분석conjoint analysis과 같이 보다 정교화된 계량적 기법을 사용하기도 한다.

제품개발이 완료되고 나면 신상품에 대한 고객의 태도와 구매의향 등을 조사하여 출시 이후의 판매량을 예측하는 프리테스트마켓pre-test market을 종종 실시한다. 이는 소규모의 표본을 가지고 실시하므로 비용도 많이 들지 않고 기간도 대개 3~6개월

그림1 신상품개발 프로세스

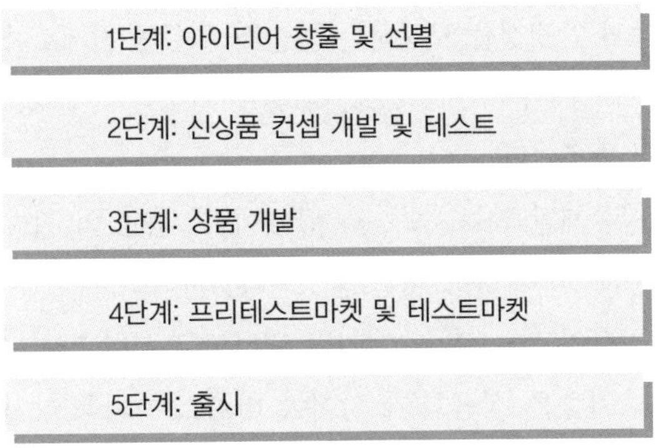

1단계: 아이디어 창출 및 선별

2단계: 신상품 컨셉 개발 및 테스트

3단계: 상품 개발

4단계: 프리테스트마켓 및 테스트마켓

5단계: 출시

정도면 충분하다. 프리테스트마켓을 통과한 제품에 대해 광고, 가격, 유통 등의 마케팅 전략을 정교화하기 위해 실시하는 것이 테스트마켓test market이다. 테스트마켓은 특정 실험장소에 고객을 모아놓고 실시하는 프리테스트마켓과 달리, 나름대로의 기준에 의해 선정된 몇 개의 도시에 실제로 제품을 출시하여 판매하는 과정을 통해 이루어지므로 상당한 비용이 소요된다. 이때 대상 지역의 선정은 컴퓨터 보급률이나 소득 수준 등 상품 특성을 고려한 여러 가지 요인을 종합적으로 검토하여 이루어진다. 테스트마켓을 통해 파악된 결과를 반영하여 마케팅 계획을 조정하고 확정하며, 이 과정에서 신상품의 성공가능성을 확신하게 되면 비로소 출시가 이루어지게 된다.

1.2 하이테크 상품의 신상품개발 프로세스

제1장에서 설명하였듯이 하이테크 마케팅은 시장 불확실성과 기술 불확실성이 모두 매우 높은 상품들을 대상으로 하고 있다. 따라서 하이테크 마켓의 급격한 변화와 경쟁 양상을 고려할 때 신상품개발NPD 프로세스도 이러한 점을 반영하여 새롭게 정의될 필요가 있다.

하이테크 상품을 위한 NPD 프로세스는 기존의 NPD 프로세스를 더욱 확장하여, 앞부분에 '기술개발'을, 뒷부분에 '시장개발'을 추가한 확장된 프로세스로 이해할 수 있다〈그림 2〉 참조.

첫째로, 기술개발technology development 단계는 말 그대로 상품의 핵심역량이 될 수 있는 '획기적' 기술breakthrough technology을 개발하는 단계이다. 소비재와 달리 하이테크 상품은 약속한 기능의 성능과 안정성을 보장하는 기술적 우위를 전제로 한다. 2류, 3류 기술로는 설사 상품개발에 성공한다 하더라도 더 좋은 기술을 가진 경쟁사에 시장을 송두리째 빼앗길 수 있기 때문이다.

두 번째 단계는 상품개발product development 단계이다. Apple의 전 CEO John Sculley는 이 과정을 "상품화Productization"라고 이름 붙였는데, 하나의 기술을 통해 만들 수 있는 여러 상품 가운데 최선의, 즉 소비자가 가장 원하고 흥분할 만한 상품을 찾아 내어 만드는 과정을 말한다. 기술은 '상품화'가 되어야 비로소 가치를 가진다. 개발된 기술을 자신이 개발했건 남이 개발했건 누구보다 빨리 상품으로 변환하는 능력, 그것이 하이테크

그림 2 하이테크 상품의 NPD 프로세스

1단계: 기술개발
Technology
Development

2단계: 상품개발
Product
Development

3단계: 시장개발
Market
Development

기업의 핵심 경쟁력이다. 일단 혁신수용자나 얼리어답터와 같은 초기시장 고객을 대상으로 상품을 만들어 내놓고 그 다음으로 공략할 실용주의자를 대상으로 한 개선제품을 지속적으로 출시하여야 한다제3장 내용 참조.

세 번째는 시장개발market development 단계이다. 하이테크 제품들은 전통적 소비재 신제품들이 의무적으로 거치는 프리테스트마켓과 테스트마켓을 거칠 시간적 여유가 없는 경우가 많다. 이른바 'Time-to-market'이 중요하기 때문이다. 설사 시간적 여유가 있다고 하더라도 상품의 특성상 시장테스트의 결과를 신뢰하기 어렵다. 특정 하이테크 제품을 사용하기 위해서는 다양한 관련 보완재 등 인프라가 갖추어져야 하고 또 사용자 간 호환성이나 네트워크 효과 등을 함께 고려하여야 하기 때문이다. 그래서, 하이테크 신상품의 경우에는 시장테스트 단계를 건너뛰는 경우가 많다.

하지만 하이테크 상품은 Reality check과 시장규모 예측 등을 위한 엄밀한 조사를 실시해야 하고, 또 적극적으로 시장을 개발해야 한다. 시장개발의 한 형태는 시장교육market education이다. 고객들이 그 상품에 대한 필요성을 절실히 느끼게 하기 위하여 다양한 커뮤니케이션 경로를 통해 상품의 사용상황과 효용을 알려야 한다.

많은 기업들이 혁신적 아이디어를 창출하고 이를 상업화하여 수익을 창출하는 과정에서 각종 어려움에 부딪히게 된다. 이들이 겪게 되는 어려움은 기업이 가진 내부적 자원이나 문화, 또는 외부적 환경에 따라 각기 다른 형태로 나타나기 때문에 산업 전반의 공통된 룰을 통해 해결되기 어렵다. 보다 성공적인 혁신을 위해서는 혁신의 과정 전반을 하나의 Value Chain으로 보고 이 사슬 중 자사의 가장 약한 고리weak link를 찾아내어 해결점을 모색하는 전략이 필요하다.

Hansen & Birkinshaw2007가 제안한 Innovation Value Chain은 크게 세 단계로 이루어져 있다. 첫 단계인 'Idea Generation'은 혁신적 신상품을 위한 아이디어를 창출하는 단계이다. 혁신적 아이디어는 상품개발 부서 내부에서 고안되는 경우가 많지만, 때로는 부서 간 브레인스토밍이나 조직 외부의 별도의 인력에 의해 도출되기도 한다. P&G의 경우 기초 화장품 브랜드인 Olay의 개발 과정에서 스킨 케어 뿐 아니라 티슈, 페이퍼 타올, 세제, 섬유유연제 등 여러 부서의 전문가들이 협력하여 제품개발 아이디어를 도출하였다. 이 단계에서 약점을 가진 이른바 'idea-poor company'의 경우, 조직 외부로부터 아이디어를 조달하는 시스템이 부족하지 않은지 점검할 필요가 있다. 외부 아이디어 소싱을 통해 내부 인력이 해결하지 못한 문제를 풀어낸 사례는 쉽게 찾아볼 수 있으며, 현재 고객에 집중하느라 놓치기 쉬운 제품 개선 아이디어를 얻는 경우도 있다.

두 번째 단계인 'Conversion'은 아이디어를 선별하고 투자 자본을 확보함으로써 혁신적 아이디어를 본격적인 상업화로 이끌어 내는 단계이다. 좋은 아이디어가 넘쳐

그림 3 Innovation Value Chain

Idea Generation	IN-HOUSE	부서 내부에서 혁신 아이디어 창출
	CROSS POLLINATION	부서 간 협력을 통한 혁신 아이디어 창출
	EXTERNAL	조직 외부로부터 혁신 아이디어 조달
Conversion	SELECTION	아이디어를 선별하여 상업화를 위한 초기자본 투자
	DEVELOPMENT	아이디어의 컨셉을 개발하고 본격적인 제품(서비스) 개발을 통한 초기 수익 창출
Diffusion	SPREAD	조직 전체에 걸친 혁신 아이디어 전파 및 적용

출처: Hansen & Birkinshaw(2007).

나더라도 이들 중 채택되는 비율이 현저히 낮고, 채택되더라도 매번 개발 과정이 지연되거나 무산되는 기업에서는 직원들이 좌절감에 빠지고 혁신에 대한 동기를 잃게 된다. 한편 너무 많은 아이디어를 섣불리 실행에 옮겨서 어려움을 맞는 기업들도 있다. 이와 같은 'conversion-poor company'의 경우, 실제 수익을 창출할 수 있는 제품 혹은 서비스 아이디어를 선별하는 과정이나 투자 자본을 확보하고 집행하는 과정에 존재하는 문제를 해결하는 데에 보다 집중해야 한다. 가령 별도의 신 사업팀을 구성하여 성공적 제품개발에 대해 높은 인센티브를 제공함으로써 빈번한 제품개발 지연을 막거나, 다채널 펀딩을 통해 다양한 경로로 투자 자본을 모으는 대안을 생각할 수 있다.

마지막 단계인 'Diffusion'은 조직 전체에 혁신의 중요성을 인식시켜 해당 혁신을 통해 개발된 제품 컨셉을 이해하고 이를 적극적으로 적용하도록 하는 단계이다. 이 단계의 고리가 가장 약한 'diffusion-poor company'에게는 혁신적 아이디어의 장점과 필요성을 조직 전체에 전파하는 일종의 '아이디어 전도사idea evangelist'가 필요하다.

이처럼 Innovation Value Chain은 성공적 혁신을 위한 총체적인 프레임워크를 제시하고 있다. 기업에서는 자사의 상황에 맞게 Innovation Value Chain을 면밀히 점검해 나가야 하며, 이를 통해 이미 강한 고리strong links에 투자되는 자본과 인력을 조정하여 약한 고리weak links에 재배치함으로써 기업의 혁신 역량을 높일 수 있다.

1.3 신기술의 상품화 기회분석(MOA)

신기술을 어떻게 상품화 할 것인가? 연구개발의 성과물로 얻어진 신기술 혹은 남이 개발하여 보편적으로 알려진 신기술을 응용하여 하나의 제품이나 서비스를 만들어 내는 일은 지금까지 매우 비체계적으로 이루어져 왔다. 하나의 기술로 대응할 수 있는 잠재적 응용분야가 너무 많기 때문이다. 예를 들어 광섬유optical fiber 기술은 통신을 위해 사용될 수도 있지만 의료분야에 응용될 수도 있는 것이다. 본 절에서는 이와 같은 상황에서 신기술의 상품화 기회를 체계적으로 분석할 수 있는 기법인 '상품화 기회분석market opportunity analysis: MOA'을 소개한다.

Mohan Reddy는 경제적 가치를 가지는 기술의 '응용분야'를 "고객기능customer

그림 4 상품화 기회분석 5단계

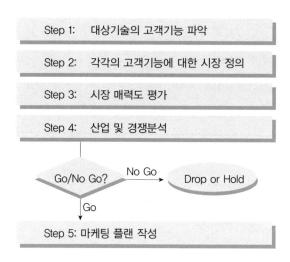

Step 1: 대상기술의 고객기능 파악

Step 2: 각각의 고객기능에 대한 시장 정의

Step 3: 시장 매력도 평가

Step 4: 산업 및 경쟁분석

Go/No Go? ──No Go──→ Drop or Hold

│Go

Step 5: 마케팅 플랜 작성

출처: Reddy(1990), p. 11.

function"이라고 부르고, 이들을 평가하는 절차를 〈그림 4〉와 같이 제안하였다. MOA의 1단계는 주어진 기술로 응용가능한 모든 '고객기능'을 정의하는 단계로서, 주로 포커스 그룹 인터뷰나 브레인스토밍 등을 통해 이루어진다. 고객기능은 그 기술이 '누구를 위해', '무엇을 해주는가' 하는 점을 명확히 함으로써 정의되는데, 이 단계에서 이들 응용분야의 매력도를 평가하거나 우선순위를 매기려는 시도는 되도록 자제하는 것이 좋다. 즉, 조금의 가능성이라도 있다면 일단 리스트에 포함시켜 놓는 것이 좋다. 각 고객기능의 시장성에 대한 평가는 2~5단계에서 이루어지게 된다.

2단계는 각각의 고객기능에 대하여 시장을 정의하고 묘사하는 단계이다. 이때 사용되는 설명변수는 고객이 기업인 경우 산업분류, 고객의 지리적 분포, 조직 내 담당부서 등이 되며, 일반 소비자인 경우 특정 세분시장 고객의 특성을 나타내는 변수들이 된다. 이 단계는 '고객이 누구인가'를 이해하는 단계이며, 해당 고객에의 접근성 accessibility과 핵심의사결정자를 파악하는 것이 매우 중요하다. 이는 고객 기업이 속한 산업에 따라 매우 다를 수 있으므로 인적 네트워크 등을 통해 충분한 자료를 수집할 필요가 있다.

MOA의 3단계는 시장의 전반적인 매력도를 평가하는 단계이다. 이를 위해 정부 간행물이나 협회자료 등의 2차 자료를 수집하고 분석하여 산업의 전망과 경쟁 혹은 대체제품의 존재 여부, 잠재시장 규모, 구매 의사결정자가 중요시 하는 핵심요소 등을 파악하여야 한다.

3단계가 시장의 '존재'와 '절대적 매력'을 평가하는 것이었다면, 4단계는 자사 제품의 '상대적 매력도'를 가늠하는 단계이다. 따라서, MOA의 5단계 중에서 가장 중요한 단계를 고른다면 바로 이 단계가 될 것이다. 대부분의 신기술은 특정 고객기능을 수행하고 있는 기존기술과 제품을 대체하게 된다. 소비자들은 어떠한 형태로든 특정 고객기능과 관련한 나름대로의 행동방식을 가지고 있으며, 이를 대체하고 새로운 행동을 유도하기 위해서는 매우 강력한 유인incentive을 필요로 한다. 따라서, 신상품이 뚜렷한 장점을 가지고 있는가, 그리고 그것이 기존의 경쟁제품들과 확실하게 차별화 되는가를 면밀히 검토하고 정리하여야 한다. 이는 마케팅전략 수립과정과 흡사하여, 이 단계의 최종 결과물은 상품의 포지셔닝 전략을 정리한 가치명제value proposition가 된다.

4단계의 분석이 종료되면 이 신상품을 개발할 것인지 아닌지를 결정하는 'Go/No Go'의 의사결정이 이루어진다. 이때의 기준은 신상품이 기존의 경쟁제품을 대체할 만한 강력한 판매소구점selling point을 가지고 있느냐 하는 것과, 그 상품의 경쟁우위가 '입증할 만하고demonstrable' 지속적으로 '유지가능한sustainable' 경쟁우위인가 하는 것이다. Reddy는 이러한 의사결정을 내리기 전에 반드시 검토해야 할 2-4단계의 핵심질문들을 〈표 1〉과 같이 정리하였다.

마지막 5단계는 출시가 결정된 신상품에 대해 마케팅 실행계획을 수립하는 단계로서, 제품product, 가격price, 촉진promotion, 유통place의 이른바 4P의 관점에서 구체적인 계획을 수립하게 된다.

다음의 사례를 통해 MOA를 적용하는 구체적인 과정을 살펴보자사례 출처: Reddy (1990). 어떤 한 기업이 광섬유를 엮어서 한쪽 면으로만 빛을 내는 매트를 만드는 기술을 개발했다. 이들은 이 기술에 'Bili-Blanket'이란 이름을 붙이고 고객기능을 '신생아 황달치료 보조매트'로 정의했다1단계 완료. 회사는 이 기술의 잠재사용자 고객을 황달 증세를 보이는 유아로 정의하였고, 구매자 시장을 '일반 의료 및 외과 병원'으로 결정했다2단계 완료. 당시 주로 사용되는 황달 치료법은 유아에게 청색 등을 쬐어주는

표 1 신규 기술 상품화를 위한 MOA 체크리스트

A. 상품의 아이디어와 컨셉은 무엇인가?

B. 목표로 하는 시장의 특징은 무엇인가?

C. 신상품이 대체할 것으로 예상되는 기존상품을 충분히 분석하고 이해하였는가?

D. 신상품은 대체하고자 하는 기존 상품보다 우월한 무엇을 제공할 수 있는가?

E. 시장의 규모와 성장률은?

F. 기존상품을 만들어 제공하는 기업은 누구이고 어떤 성향을 가지고 있는가?

G. 우리가 성공적으로 시장에 진입한다면 뒤따라 들어올 가능성이 있는 경쟁자는?

H. 진입 후에 어떠한 기술적 비기술적 진입장벽을 구축할 수 있는가?

I. (1) 시장개발과 (2) 제품개발을 위해 취해야 하는 구체적인 액션은 무엇인가?

J. 상품개발 이후 시장진입까지의 구체적 단계는 어떻게 되는가? 각 단계의 시점과 목표는?

K. 현재 보유하고 있는 자사 상품과의 관계는 어떠하며 시너지를 얻을 수 있는 가능성은?

L. 기존 제품라인과의 자기잠식 가능성은 어떻게 되는가?

M. 소요될 자원의 규모와 예상되는 수익은 얼마나 되는가?

N. 만약 4단계 이후 판단 결과가 "No Go"라면 다음 세 분야에 있어서 이루어져야 할 변화는?

　　(1) 자사 상품시장　(2) 경쟁자 상품시장　(3) 신상품 조직

O. 만약 결과가 "Go"라면, 성공을 위한 조건(contingencies)과 출구전략(exit strategy)은?

출처: Reddy(1990), p. 18.

'phototherapy'였는데, 비용은 저렴하지만 체온 상승, 탈수 등의 위험요소가 있다는 단점이 있었다. 이 회사는 출생률 및 황달 증세의 발생빈도, 그 외의 수많은 자료를 검토하여 잠재시장의 규모를 추정하였다3단계 완료. 다음으로, 황달치료와 관련한 경쟁업체를 조사하는 과정에서 산업 내에 가격 경쟁이 상당하다는 사실을 발견했다4단계 완료. 이처럼 가격 경쟁이 심한 시장에서 개당 8천불을 호가하는 Bili-Blanket을 팔기 위해서 이 회사가 선택한 방법은 'life-cycle cost'를 강조하는 것이었다. 이는 Bili-Blanket은 내구성이 좋아 자주 교체할 필요가 없기 때문에 전체적으로 비교해보면 더 높은 사용가치가 있다는 주장이었다. 그리하여 이 회사는 Bili-Blanket의 상업화Go!를 결정하고 제5단계인 마케팅 플랜의 작성에 착수하였다.

2 이노베이션과 하이테크 R&D

2.1 이노베이션의 원천

"Invention is a flower, innovation is a weed." 이는 3Com의 창업자인 Bob Metcalfe가 창안invention과 혁신innovation의 차이에 대해 말한 것이다. 이 말은, 창안이 반짝이는 아이디어로 사람들의 이목을 끄는 꽃과 같은 존재라면, 혁신은 일시적인 흥분을 가져오는 데 그치지 않고 강한 생명력을 가지고 퍼져가는 잡초와 같은 존재라는 말이다. 이러한 혁신은 종종 "효과적인 놀라움effective surprise"이라는 말로 표현되는데, 그냥 새롭다는 것에서 더 나아가서 '미처 몰랐지만 알고 나니 당연하게 느껴지는' 그런 혁신이 강한 생명력을 가진다는 것이다Schrage(2001), p. 149.

이와 같은 효과적인 이노베이션의 모범을 제시하고 있는 디자인 회사가 바로 IDEO이다. Apple 컴퓨터의 첫 마우스, 팜파일럿 PDA 등 무수히 많은 히트제품을 디자인하여 혁신적인 디자인회사에서 이노베이션 컨설팅 회사로 성장한 IDEO의 이노베이션 노하우는 Tom Kelley 부사장이 저술한 〈The Art of Innovation〉에 잘 나와 있다. 이 책은 제목과 달리 구체적인 '기법'보다는 조직의 이노베이션 '문화'를 강조하고 있는데 이른바 '열정passion 팀'을 만들고, 자유롭고 효과적인 브레인스토밍을 통해 이노베이션을 위한 '영감inspiration'을 얻었던 다양한 경험을 서술하고 있다.

한편, '영감'이 아닌 '노력'을 혁신의 중요한 원천으로 제시한 사람은 다름아닌 Peter Drucker이다. Drucker는 이노베이션을 위해서는 지식knowledge이 필요하며 이러한 지식을 체계적으로 습득, 정리, 연결하는 것은 상당한 노동hard work을 수반한다고 주장했다Drucker(2002), p. 25. 그는 혁신의 원천으로 일곱 가지를 제시하였는데 그 중 네 가지는 뜻밖의 결과, 불일치, 공정개선 니즈, 산업의 변화 등 기업 및 산업 내부에서 찾을 수 있는 것이고 나머지 세 가지는 인구통계적 변화, 인식의 변화, 신지식 등 기업 외부의 사회적, 지적 환경에서 찾을 수 있는 것이다.

〈초超발상법〉의 저자 노구찌 유끼오 동경대 교수도 "모방 없이 창조 없다", "데이터를 머리 속으로 집어넣는 작업이 필요하다", "환경이 발상을 좌우한다" 등을 주장하여, 영감과 노력의 결합이 진정한 이노베이션의 필요조건임을 말한 바 있다.

이노베이션, 즉 혁신적인 문제해결을 도와주는 다양한 기법이 있는데 그 중에

TRIZ가 각광을 받고 있다. TRIZ는 러시아 과학자 알트슐러가 전 세계의 혁신적 특허 40만 개를 분석해 고안한 창의적 문제해결 기법인데 어떤 현실의 문제에서 모순되는 점을 정의하고 문제해결기법을 적용하여 문제점을 극복함으로써 혁신적인 해결법을 찾아내는 방법론이다. TRIZ는 주로 공학적인 문제를 해결하는 기법으로 알려져 왔으나 최근 정치, 사회, 경제 및 비즈니스 분야 등에서 폭넓게 적용되기 시작했다.

TRIZ의 핵심은 일반화Regularity, 모순Contradiction, 기술진화Technology Evolution의 세 가지이며 이것이 기존의 문제 해결방법과 차별화되는 부분이다. 즉, 기존의 문제 해결 방식이 전문화로 문제를 정의하는 반면 TRIZ에서는 일반화로 문제를 정의하고, 기존 방법은 타협을 통해 최적해를 찾지만 TRIZ에서는 모순을 통해 최적해를 찾으며, 기존 방법은 시행착오를 통해 해답을 찾지만 TRIZ에서는 기술진화를 통해 방향을 한정한다는 것이다.

'효과적인 놀라움'을 만들어 낸다는 것은 결코 쉬운 일이 아니다. 그렇다면, 고객이 스스로 원하는 제품을 디자인하고 개발할 수 있는 툴을 만들어 소비자에게 제공하는 것은 어떨까? 이것은 'Customers as Innovators'라는 글을 Harvard Business Review에 발표한 Thomke와 von Hippel의 생각이다. 이들은 GE와 같은 대기업들의 사례를 소개하면서 웹 기반의 소프트웨어를 통해 소비자들이 직접 제품을 디자인해 볼 수 있는 툴킷tool-kit을 제공한다면 보다 효과적인 제품혁신 아이디어를 획득할 수 있을 것이라고 주장하였다. 단, 이와 같은 툴킷 어프로치가 성공하기 위해서는 사용자들이 조합해 볼 수 있는 다양한 모듈과 검증된 구성요소component들을 라이브러리를 통해 충분히 제공하여야 하며, 소비자가 디자인한 제품을 스스로 어느 정도 시험 사용해 볼 수 있도록 설계되어야 한다.

2.2 혁신적 기업문화

독창적이고 혁신적인 하이테크 상품으로 업계를 리드하기 위해서는 창의성 creativity을 극대화할 수 있는 기업문화와 시스템이 매우 중요하다. 혁신적인 제품과 서비스로 명성을 쌓은 기업들은 공통적으로 직원들의 자유롭고 유연한 사고를 방해하지 않는 기업문화를 가지고 있다.

동영상 스트리밍 기업 Netflix의 CEO Reed Hastings는 2009년, "넷플릭스의 문화: 자유와 책임Netflix Culture: Freedom and Responsibility"이라는 125장 분량의 PPT 문서를 웹사이트에 올렸다. 훗날 Facebook COO인 Sheryl Sandberg가 "실리콘밸리에서 가장 중요한 문서"라고 칭한 이 문서는 무려 1700만 이상의 누적 조회수를 기록했다. 많은 창업자들에게 영감을 제공한 Netflix 기업문화의 핵심은 '자유를 누리되 책임을 지도록 하는' 것이다. 대표적으로, 회사 내 규율을 최소화했다. 직원들은 원하는 만큼 길게 휴가를 쓸 수 있고 회사에 필요한 것이라면 예산을 쓰는 데에도 제약이 없다. 또, "복장규정이 없다고 해서 발가벗고 오는 직원은 없다"며 자유로운 복장을 허용했다. 이와 같이 Netflix에서는 직원들에게 자유를 주는 대신 성과 측면에서 개개인이 책임감을 갖도록

그림 5 IDEO의 이노베이션 5단계

---

1. 관찰(Observation)
무엇이 진짜 사람들을 움직이는지 알아내기 위해 실제 상황에서 그들을 관찰한다. 관찰팀은 다양한 배경을 가진 멤버로 구성한다.

2. 브레인스토밍(Brainstorming)
관찰로부터 얻어진 자료들을 분석하고 브레인스토밍을 통해 아이디어를 추출한다. 브레인스토밍은 절대 한 시간이 넘지 않도록 하고, 룰을 벽에 붙여놓고 엄격하게 지킨다.

3. 신속한 시제품 제작(Rapid Prototyping)
시제품을 만드는 것은 가능한 해법에 대한 사람들의 시각적 이해를 도울 뿐 아니라 의사결정 시간을 단축한다.

4. 정교화(Refining)
이 단계에서 아이디어들 중 실현 가능한 몇 가지 해법들을 선정한다.

5. 실행(Implementation)
IDEO의 공학, 디자인, 사회과학 분야 전문가의 능력을 최대한 발휘하여 제품이나 서비스를 실제로 구현한다.

출처: BusinessWeek 2004.5.17, p. 65.

그림 6 IDEO의 혁신적 기업문화

IDEO의 브레인스토밍 장면   IDEO의 사무실

한다. 책임감 있는 인재에게 업계 최고수준의 연봉을 주며 스스로 동기를 부여하여 최고의 효율을 내기를 기대하는 것이 이들의 인재경영 방침이다.

세계적인 디자인 컨설팅 업체 IDEO 역시 직원들의 창의성과 협업을 장려하는 기업문화를 지녔다. IDEO의 브레인스토밍에는 그들만의 원칙이 있는데, 이는 다른 사람의 아이디어가 아무리 엉뚱하다고 하더라도 이를 절대로 '평가'하지 말고 또 다른 아이디어로 살을 붙여나가는 방식으로 발전시켜 나가는 것이다. IDEO의 혁신적인 신상품들은 5단계로 요약되는 이노베이션 프로세스를 통해 탄생했다〈그림5〉 참조. IDEO는 이 프로세스 전반에 걸쳐 '협업'의 가치를 중시하며 자유로운 분위기에서 끊임없는 상호작용이 이어지도록 장려한다〈그림6〉 참조.

Google 내부의 연구소 Google X에서 현재는 모기업 알파벳의 자회사로 분사한 X는 구글글래스, 자율주행차 프로젝트, 프로젝트 룬 등 Google의 대담한 프로젝트들의 산실이다. 스스로를 '문샷팩토리'라 칭하는 이 연구조직은 문샷Moonshot, 달 탐사과 같이 세상을 변화시키는 중요한 문제를 팩토리factory의 실질적인 기술을 활용하여 해결하는 것을 목표로 한다. X에는 추진 중이던 프로젝트가 실패로 밝혀질 경우 오히려 박수를 치고 환호하는 문화가 있다. 실패한 프로젝트를 바탕으로 승진을 하는 경우도 있다. 이처럼 실패를 두려워하지 않는 환경은 무모한 아이디어를 눈치보지 않고 내놓을 수 있게 하고, 실험적인 프로젝트의 현실화 과정에서 때로는 'stop'이라는 중요한 결단을 내릴 수 있게 한다. 실패를 존중하는 구글의 문화는 '구글 공동묘지The Google Cemetery'에서도 엿볼 수 있다. '구글 공동묘지'는 2006년부터 지금까지 구글이 실패한 프로젝트의 개요와 나이, 관련 프로젝트 목록을 적은 비석을 전시하는 웹 상의 공간이다. 이를 통해 세계 최고 IT기업의 위트를 보여주는 동시에 실패하더라도 새로운 도전을 계속한다는 구글의 강력한 메시지를 전달하고 있다.

한편, 기업들은 직원들의 창의성을 극대화시키기 위한 목적으로 근무 공간의 형태를 변화시키기도 한다. 실리콘밸리에는 유독 직원들 간의 벽이나 막힌 공간을 없앤 '개방형 사무실'을 도입한 기업이 많다. 개방형 사무실은 서로 다른 부서의 직원들 간에 정보를 공유하는 과정에서 우연적으로 발생하는 아이디어를 기대할 수 있고 회의 일정을 따로 잡지 않고 즉석에서 문제를 토론할 수 있다는 장점이 있다. Facebook의 West Campus 사옥에서는 2800명의 직원이 칸막이 없는 한 공간에서 일한다. 건물 옥상에는 축구장 7개와 맞먹는 크기의 공원에 나무 400여 그루를 심었다. Apple 역시 신사옥 애플파크Apple park의 외관을 우주선과 닮은 독특한 형태로 짓고 내부에 직원들을 위한 카페, 피트니스센터, 친환경 공원 등의 시설을 두었다. 이러한 공간은 그 자체로도 "Think different"를 외치는 Apple의 기업 문화를 보여주는 동시에, 직원들의 창의성과 영감을 자극하는 역할을 하고 있다.

2.3 개방형 혁신

혁신의 패러다임이 '폐쇄형 혁신closed innovation'에서 '개방형 혁신open innovation'으로 바뀌고 있다. 〈Open Innovation〉의 저자인 Henry W. Chesbrough 교수는 연구개발 투자 증가 → 중요한 기술혁신 → 새로운 상품과 서비스 → 판매와 이익 → 연구개발 투자로 이어지던 기존의 폐쇄형 혁신의 선순환 고리가 깨지면서 개방형 혁신이 그 자리를 대체하고 있다고 말한다. 즉, 〈그림 7〉에서 보듯이, 가치 있는 아이디어와 기술은 기업 외부에서 내부로 자유롭게 유입되고, 내부의 연구개발 프로젝트가 외부로 나가 새로운 기업이나 시장에서 상용화 기회를 맞이하는 시대가 된 것이다.

개방형 혁신이 대두된 배경을 살펴보면 다음과 같다. 우선 연구개발 생산성의 하

그림 7 개방형 혁신 패러다임

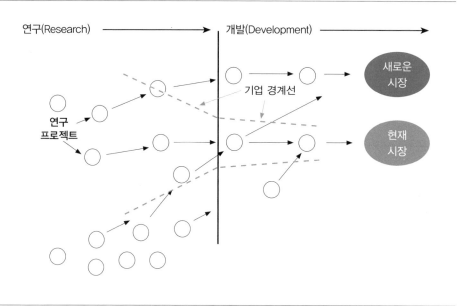

출처: Chesbrough (2003).

락과 신상품 성공률 저하로 기업들이 혁신의 아이디어를 찾아 외부로 눈을 돌리기 시작했다. 치열한 신상품 출시 경쟁과 속도 전쟁은 "invent-it-ourselves" 모델을 치명적으로 약화시켰다. 한편, 엔지니어들의 이동이 많아지고 인터넷을 통해 지식의 경계 없는 확산이 이루어지면서 개방형 혁신의 토양이 마련되었다. 해마다 쏟아져 나오는 신기술과 벤처 캐피털의 증가도 개방형 혁신 패러다임의 발전에 기여했다.

개방형 혁신의 대표적인 유형은 아이디어 혹은 기술의 도입sourcing 혹은 제공placing 이다. 외부로부터 아이디어를 도입한 예로, Unilever의 'Open Innovation Platform'을 들 수 있다. 웹사이트를 통해 제시된 프로젝트에 누구나 아이디어를 제출할 수 있으며, 접수된 아이디어는 컨설팅 사이트의 심사를 거친 뒤 Unilever의 오픈이노베이션팀에서 최종적으로 검토하여 반영된다. Unilever는 이 플랫폼을 통해 다양한 분야의 전문가로부터 환경친화적인 상품개발에 필요한 아이디어를 얻어냈다.

하이테크 기업들은 기술개발 아이디어를 얻기 위해 정부나 학계 전문가를 파트너로 끌어들이기도 한다. IBM은 기술 아이디어를 도입하기 위해 사우디아라비아, 스위스, 중국, 아일랜드, 대만, 인도 등 전 세계의 각국 정부와 협력해왔다. IBM의 수석부사장 John E. Kelly는 "이제 전 세계가 우리의 연구실이다."라고 말했다. 적극적인 개방형 혁신이 IBM에게 주는 혜택은 명확하다. 바로 자체 개발 대비 높지 않은 수준의 비용 투자로 자신들의 연구 포트폴리오research portfolio를 풍부하게 만들 수 있다는 점이다. Intel 역시 미국과 영국 내 주요대학 인근에 연구소를 개설하고 대학 교수의 연구를 지원하는 등 광범위한 학계 네트워크를 활용하고 있다. 또한 Intel Capital이라 불리는 벤처 캐피털 프로그램을 통해 유망 기술을 보유한 창업 회사의 활동에 영향을 미침으로써 자사의 사업영역을 확장해 가고 있다.

Cisco의 'A&DAcquisition and Development' 모델도 개방형 혁신의 좋은 예라고 할 수 있다. Cisco는 회사 내부의 연구개발을 최소화 하고 투자나 제휴를 통해 뛰어난 기술과 신상품을 계속해서 내놓을 수 있었다.

한편, 아이디어 조달을 위해 '해커톤hackathon'을 활용하는 사례도 점점 늘어나고 있다. 해커톤은 '해커hacker'와 '마라톤marathon'의 합성어로, 마라톤처럼 쉬지 않고 주어진 시간하루에서 일주일 정도 동안 새로운 아이디어를 기획하고 그 자리에서 프로그래밍하여 프로토타입을 만들어내는 행사를 말한다. 대개는 기업 주관의 경연대회가 열리면 해당 주제에 관심 있는 디자이너, 기획자, 프로그래머들이 팀 단위로 최종 아이디어를 발표하는 형식으로 진행된다. Facebook의 '좋아요' 기능이나 '타임라인' 등이 사내 해커톤을 통해 창안되었다. 최근에는 IT뿐 아니라 다양한 분야의 산업, 심지어 정부 부처에서도 문제해결에 필요한 아이디어를 모으기 위해 해커톤을 활용하고 있다. 국내 기업 중에서는 삼성전자, SKT, KT, 네이버, 다음 등이 해커톤 대회를 열었다. 기업 입장에서 해커톤은 신선한 R&D 아이디어를 얻을 수 있을 뿐 아니라 개발자 그룹을 유입시켜 개발 플랫폼을 강화할 수 있다는 이점이 있다. 또한 해커톤에 아두이노나 3D프린팅 기술을 활용하면 신제품 개발 기간을 단축할 수 있다는 이점도 커서 많은 기업에서 기존의 혁신 프로세스를 압축하기 위한 수단으로 해커톤을 채택하고 있다. 한편, Lifshitz-Assaf 등 2021은 해커톤으로 인해 지나친 속도의 덫Speed trap에 빠지는 것을 경계할 필요가 있다고 주장한다. 연구자들이 분석한 13개 해커톤 프로젝트 중 단 3개의 프로젝트만 정상적으로 기능하는 제품을 개발해냈는데, 이들의 성공에는 팀원 간 협업방식과 시간 분배 방식이 주요하게 작용했다. 이들은 해커톤에서 주어진 짧은 시간에 대한 압박감을 최소한의 체계로 인식하고 개발 작업에서 발생하는 실패 과정에서 구성원 간의 빠른 아이디어 조율과정을 거쳐 신속히 역할을 조정해 나가며 유연하게 대응함으로써 성공적인 신제품을 완성해낼 수 있었다.

Nambisan & Sawhney2007는 HBR에 기고한 글에서 아이디어 혹은 기술을 외부로부터 도입하려는 기업이 참고할 만한 실행방안을 제안하였다. 이들은 개방형 혁신을 위한 투자 대상을 '초기 아이디어', '시장준비 아이디어', '시장준비 상품'으로 분류하면서, 위험, 선택의 폭, 비용, 속도 측면의 상충관계trade-off를 기준으로 세 대안을 비교했다. 먼저, '초기 아이디어raw ideas'의 경우, 낮은 비용으로 도입이 가능하지만 그만큼 위험이 높고 시장에 선보이기까지 오랜 시간이 걸린다는 단점이 있다. 반면에, 벤처기업 등이 이미 개발을 완료한 '시장준비 상품market-ready products'은 다소 비싸지만 낮은 위험으로 빠른 시간 내에 시장출시가 가능하다. 비용과 위험의 측면에서 이 두 대안의 중간지점에 있는 것이 바로 '시장준비 아이디어market-ready ideas'다. Nambisan과 Sawhney는 '시장준비 아이디어'야말로 '초기 아이디어'에 비해 개발 초기의 위험이나 출시 준비기간은 짧은 반면, '시장준비 상품'에 비해 폭넓은 혁신 아이디어를 얻을 수 있다는 강점이 있어 좋은 투자대상이 될 수 있다고 제안했다. 이와 함께, 세 가지 투자대상별로 각기 다른 중개기관 — 초기 아이디어의 중개기관인 Invention Capitalist, 시장준비 아이디어의 중개기관인 Innovation Capitalist, 시장준비 상품의 중개기관인 Venture Capitalist — 이 있음을 소개하고 각 기관의 특징과 역할을 설명하기도 했다.

혁신의 외부제공outplace도 개방형 혁신에 해당한다. IBM은 반도체 설비의 잉여부분을 다른 기업에 대여하고 다양한 서비스를 제공했는데, 이는 설비의 가동률을 높이고 고정비를 낮출 뿐 아니라 크로스 라이선싱cross-licensing을 통해 지적재산권IP 관련 소송을 예방하는 효과도 있었다. IBM은 PC 사업에서 철수했지만 그 과정에서 자사가 보유한 지적 재산권 공여를 통해 Dell과 Lenovo로부터 상당한 수익을 올렸고, IT 서비스 사업을 중국으로 확장하는 계기도 마련했다. IBM이 특허 등 지적 재산권으로부터 벌어들이는 수익만 해도 수십억 달러에 달한다. 지적 재산은 경쟁자의 발목을 잡기 위해 사용하는 것보다, 다른 사람들이 그것을 사용하는 것에서 이익을 내는 방향으로 관리되어야 한다. Schlumberger도 시추기술 등 유전 개발과 관련된 혁신적 아이디어를 고객과 경쟁사에 제공하고 그 대가로 상당한 로열티 수익을 획득했다.

한편, Xerox는 자사의 연구소인 PARCPalo Alto Research Center에서 컴퓨터 마우스, 그

래픽 유저 인터페이스GUI, 이더넷Ethernet, 레이저 프린팅 기술 등 획기적인 기술을 개발하고도 이와 관련된 이익을 내지 못했다. 이는 복사기와 프린터 등 자사 사업과 직접적으로 관련되지 않은 기술에 대한 Xerox의 '닫힌 기술혁신'이 얼마나 부정적인 결과를 가져왔는지, 다시 말해 개방형 혁신의 사고로 기술을 관리한다는 것이 어떤 차이를 가져올 수 있는지 보여주는 아주 좋은 사례다.

개방형 혁신의 또 다른 형태는 'R&D 아웃소싱'이다. 제조원가 절감을 위해 시작된 글로벌 생산 및 제조 아웃소싱은 이제 기업의 핵심분야인 R&D와 디자인으로까지 확대되고 있다. Google, Intel을 포함한 상당수의 글로벌 IT 기업들이 R&D의 일부를 해외 외주업체에 맡기고 있으며, 그 결과 Xilinx, ARM과 같이 생산설비 없이 R&D에 전념하는 연구개발 전담업체가 등장하고 있다. 요즘은 해외에 연구개발 센터를 설립하여 인건비가 싸고 우수한 인력을 확보하는 사례도 늘고 있다. 이 경우 연구개발 비용 절감, 개발속도 단축뿐 아니라 인도, 중국 등의 시장 확대를 위한 전진기지를 마련한다는 전략적 측면에서도 도움이 되므로 이러한 현상은 앞으로도 가속화될 전망이다.

R&D 아웃소싱이 연구개발 생산성을 향상시키고 개발시간을 단축하는 효과가 있는 것은 틀림없지만 위험요소가 전혀 없는 것은 아니다. 핵심기술을 아웃소싱하는 경우 기술유출과 향후 외주 업체에 의존하게 될 가능성을 배제할 수 없다. 게다가 외주 업체가 비즈니스 모델을 확장할 경우 경쟁자로 부상할 위험도 있다. 중국 시장에서 자체 브랜드로 휴대폰을 만들어 점유율을 높여가고 있는 몇몇 기업들은 과거에 Motorola, HP, Apple의 휴대폰 개발과 생산을 맡았던 외주 업체들이다.

Rigby & Zook2002는 그들의 논문에서 'closed R&D'와 'open R&D'가 각각 유리한 상황을 여러 차원에서 분석하였는데 그들이 내린 결론은 다음과 같다. 즉, 혁신의 강도intensity of innovation가 높아 매출 대비 R&D 투자비율이 상대적으로 높고 제품의 cycle time이 짧다면 'open'이 바람직하다. 진입장벽이 낮고 소규모 벤처에게 혁신이 용이한 구조, 즉 이른바 '혁신의 경제economies of innovation' 효과가 낮을 때에도 'open'이 바람직하다. 또 보완재가 많고 표준을 통한 호환성이 중요하다면 'open'이 유리하고, 혁신기술의 기업간 혹은 산업간 적용범위가 넓거나, 기술변화가 자주 일어나 시장의 휘발성이 높은 경우에도 'open' R&D가 바람직한 것으로 나타났다.

한편, Almirall & Casadesus-Masanell2010은 개방형 혁신이 폐쇄형 혁신에 비해 유리한 상황을 판단하는 기준으로 제품의 '복잡성complexity'을 고려할 것을 제안했다. 이들

메이커스(Makers) 운동

'롱테일(long tail) 경제학'과 '프리코노믹스(Freeconomics)' 이론의 창시자 Chris Anderson은 2012년 저서 〈메이커스(Makers)〉에서 취미로 물건을 직접 만드는 '메이커스'가 앞으로 다가올 산업혁명을 주도할 것이라고 주장했다. 메이커스란 기술지식과 디지털 도구를 활용해 직접 물건을 설계하고 온라인에서 지식을 나누는 사람들을 말한다. 과거에는 전문지식이 있는 대규모 공장시설에서만 제조업이 가능했다면, 이제는 개인의 간단한 마우스 클릭 몇 번만으로도 제조가 가능해졌다.

'메이커스 운동'은 전통적 수공예부터 하이테크 산업까지 다양한 분야에서 이뤄지는 메이커스의 제조 활동을 일컫는 말이다. 메이커스는 자신이 원하는 제품을 만들기 위해 SNS나 커뮤니티를 통해 아이디어를 공유하고, 새로운 아이디어가 생길 때마다 피드백을 받으며 제품을 개선시켜 나간다. Chris Anderson은 메이커스 운동의 특징을 다음의 세 가지로 요약했다. 첫째, 이들은 데스크톱 디지털 도구를 사용해 새로운 제품과 디자인을 구상하고 시제품을 만드는, 일종의 '디지털 DIY' 활동을 한다. 둘째, 온라인 커뮤니티에서 다른 사람과 디자인을 공유하고 공동 작업하는 문화 규범을 따른다. 셋째, 디자인 파일을 공유해서 누구라도 제조업체에게 보내기만 하면 몇 개의 수량이든 생산할 수 있도록 한다.

이러한 형태로 진행되는 메이커스 운동은 개방형 플랫폼을 통해 누구든지 제품 개발과 제조에 참여할 수 있게 함으로써 결론적으로 아이디어가 제품화되는 경로를 대폭 단축시키는 역할을 한다. 그러한 점에서 이는 과거 소프트웨어 산업에 국한되었던 오픈소스(open source) 운동이 하드웨어 산업으로까지 확장된, 새로운 형태의 개방형 혁신이라 볼 수 있다. 최근 들어 창업을 장려하는 사회적 분위기와도 맞물리면서 점차 메이커스 운동이 글로벌 트렌드로 확산되고 있다. 우리나라에서도 '카카오 메이커스'와 같은 공동주문생산 플랫폼 서비스가 등장했으며 정부 차원에서 메이커스 운동을 장려하고 있다. 오늘날 디지털화되고 민주화된 제조 환경 덕분에 창의적인 아이디어를 지닌 개인들이 전보다 쉽게 사업에 뛰어들 수 있게 되면서 메이커스가 주도하는 개방형 혁신은 앞으로도 가속화 될 것으로 기대된다.

출처: 크리스 앤더슨 저 〈메이커스: 새로운 수요를 만드는 사람들〉 참조.

의 분석에 따르면, 계산기나 초기 휴대폰처럼 복잡성이 낮은 단순한 제품은 내부 역량으로도 충분히 개발될 수 있기 때문에 굳이 개방형 혁신이 필요치 않다. 반대로 초기 PDA처럼 복잡성이 높은 제품의 경우에도, 하나의 문제를 푸는 기술이 또 다른 측면의 문제를 야기할 수 있기 때문에 개방형 혁신으로 진행될 경우 제품 개발이나 마케팅 등에 있어 협력사 간의 갈등이 불거질 수 있음을 지적했다. 결론적으로 저자들은 중저Medium-low 수준의 복잡성을 지닌 제품이 개방형 혁신으로 개발되기에 가장 적합한 대상이라고 제안한다. 표준적인 PC나 자동차 모터와 같이 복잡성이 아주 낮지도, 높지도 않은 제품의 경우 파트너 간의 서로 다른 우선순위를 수렴하는 과정에서 제품 기능을 향상시킬 수 있고 협력으로 인한 이점이 단점에 비해 훨씬 크다는 것이다.

Chesbrough 교수는 개방형 혁신의 범위를 신상품개발과 연구개발을 넘어 비즈니스 모델의 혁신에까지 확장시키고 이를 '개방형 비즈니스 모델Open Business Model'이라 불렀는데, 외부에서 도입된 아이디어와 기술이 경제적인 결과물을 만들어내기 위해서는 종종 비즈니스 모델의 혁신이 필요하기 때문이다. 개방형 비즈니스 모델은 다른 회사가 자사의 기술을 사용하도록 허가하는 것을 포함하므로, 가치 사슬 혹은 가치 네트워크의 변형이 이루어지게 된다. 이 부분에 대한 내용은 제7장에서 보다 상세히 다루기로 하자.

2.4 블록버스터 탄생의 조건

Apple은 iPod, iPhone, iPad 등과 같은 이른바 '블록버스터blockbuster' 제품을 지속적으로 개발, 출시하여 혁신제품 창조의 모델이 되고 있다. 그렇다면 혁신제품의 성공적 개발을 위한 비법은 무엇일까?

블록버스터 탄생의 첫 번째 조건은 고위 경영진의 적극적 참여이다. Steve Jobs의 경우를 보더라도, 완벽한 제품을 만들겠다는 최고 경영자의 의지는 혁신제품 창조의 핵심 자양분이 된다. CEO는 전략적인 혁신제품의 개발을 직접 진두 지휘하며 개발팀과 함께 구상하고 실제 개발단계에 필요한 지원을 아끼지 말아야 한다.

둘째로 혁신적 신제품의 개발에 성공하기 위해서는 분명하고 일관된 제품원칙이

프로젝트 기둥

〈블록버스터〉의 저자 Gary Lynn과 Richard Reilly는 이른바 '블록버스터' 상품을 성공적으로 개발한 개발팀을 10여 년간 연구한 끝에 혁신적 신상품 개발 성공의 다섯 가지 황금률을 발견했다. 그 중 하나가 바로 '프로젝트 기둥(project pillars)'인데 이것은 '개발해야 하는 상품에 대한 명료하고도 확고한 목표 혹은 비전'을 말한다. 프로젝트 기둥은 팀의 방향을 제시하는 불변의 원칙이며, 이해하기 쉬워야 하고 팀원 모두가 동의한 것이어야 한다. 또 저자들은 어떠한 난관에 부딪치더라도 포기하지 않고 전 개발과정을 통틀어 프로젝트 기둥을 끝까지 사수한 기업들만이 블록버스터의 개발에 성공했다고 말한다. 프로젝트 기둥의 몇 가지 사례를 살펴보면 아래와 같다.

상 품	프로젝트 기둥	영 역
Apple IIe	• 제조과정을 단순화한다. • 최신 성능을 갖춘다. • 디자인은 애플 II와 비슷하게 한다. • 개발 비용을 최소화한다.	제조, 성능, 원가, 형태
Iomega Zip Drive	• 100MB를 저장할 수 있어야 한다. • 충분히 빨라야 한다. • 외장형 드라이브로서 내장형 드라이브보다 저렴한 200–300달러에 판매한다. • 바보도 설치할 수 있을 만큼 단순하게 만든다. • 컴덱스 이전에 개발을 완료한다.	성능, 가격, 형태, 시간
PalmPilot PDA	• 호주머니에 들어갈 정도로 작아야 한다. • 완벽하게 호환이 되어야 한다. • 쉽고 빠르게 사용할 수 있어야 한다. • 가격은 299달러를 넘지 않는다.	형태, 성능, 기능, 가격
Kodak Funsaver Camera	• 35밀리 필름을 사용한다. • 판지 상자에 포장한다. • 원가를 2달러 이하로 낮춘다. • 개발 기간을 7개월로 줄인다. • Ektralite(Kodak의 히트상품)보다 성능이 뛰어나게 만든다.	호환성, 형태, 제조, 가격

출처: 게리 린, 리차드 라일리(2003), 〈블록버스터〉, p. 65.

마련되어야 한다. Gary Lynn과 Richard Reilly는 이를 '프로젝트 기둥project pillars'이라고 이름 붙였는데 Palm Pilot PDA, Motorola의 Startac 폰 등 수많은 혁신 제품의 성공에는 결코 타협하지 않는 제품원칙이 있었음을 입증했다'프로젝트 기둥' 참조.

셋째로 혁신제품의 개발과정에서 가장 중요한 요소로 팀 매니지먼트team management를 들 수 있다. 팀 매니지먼트는 연구개발 프로젝트의 신행 관리process management와 싸이클 타임cycle time의 단축에 직접적인 영향을 줄 뿐 아니라, 신속한 정보공유와 협력을 이끌어 내는 데 핵심적인 역할을 한다. Microsoft는 Windows와 같은 대형 개발 프로젝트에 엄청난 개발 인력을 투입하면서도 이른바 "synch-and-stabilize approach" 개발방식을 통해 소규모 팀과 같은 효율적 운영을 이끌어 내었다. 팀 매니지먼트에 있어 특히 중요한 몇 가지 사항을 언급하자면, 팀은 반드시 다양한 경험과 배경을 가진 cross-functional team으로 구성하여야 하며, 팀의 문제해결을 도울 수 있는 전문가를 적절히 투입하여 종종 돌파구를 마련해 주어야 한다. 제품개발 진행상황을 한눈에 볼 수 있게 하는 이른바 '워룸war room'을 마련하는 것도 팀의 원활한 의사소통을 위한 훌륭한 방법이 될 수 있다.

혁신제품 개발을 성공시키기 위해 꼭 필요한 또 하나의 조건은 연구개발 부서와 마케팅 부서의 긴밀한 협력이다. 이 부분에 대해서는 절을 바꾸어 좀 더 상세히 논의하도록 하자.

2.5 R&D와 마케팅의 연계

이미 제1장에서도 언급한 바 있지만, 기능간 연계cross-functional interface 특히 R&D와 마케팅 기능의 협력은 하이테크 신제품개발의 성패를 결정하는 매우 중요한 요소이다. 여기에 대해서는 마케팅 학자들이 지금까지 많은 연구를 하였는데 그 연구들의 대부분은 마케팅과 연구개발부서 간의 커뮤니케이션이 신제품의 성공가능성을 상당히 높여주는 것으로 보고하고 있다. 하이테크 기업의 '연구개발 능력'이 혁신적인 기술과 상품의 개발력과 관련되어 성공적인 신제품 개발의 필요조건이 된다고 한다면, 고객의 잠재적 니즈를 충족시킬 수 있는 혁신제품으로 컨셉을 설계하여 상업적인 성공가능성을 높이는 '마케팅 능력'은 신제품 성공의 충분조건이 된다고 볼 수 있을 것이다.

그렇다면 현실적으로 R&D 부서와 마케팅 부서 간에 원활한 커뮤니케이션이 이루어지지 못하는 이유가 무엇일까? Gupta, Raj & Wilemon1986은 연구개발 부서의 사람들과 마케팅 부서 사람들 간에 인성personality의 차이가 있을 것으로 보고 167개 하이테크 기업을 대상으로 조사하였으나 그 차이를 발견하는 데 실패하였다. 따라서 그들은 R&D-마케팅 연계의 진정한 장애물은 사람의 차이가 아니라, 그들 사이에 차이가 있다고 생각하는 고정관념stereotype 그 자체라고 결론지었다. 그들은 개념적 모형을 통해 통합의 필요성과 실제 통합 정도를 결정하는 요인들을 정리하기도 하였다. 다른 학자들은 두 집단 간의 세계관의 차이나 사용하는 언어의 차이, 또는 물리적인 거리에서 두 집단 간의 커뮤니케이션 장애의 이유를 찾기도 하였다.

결국은 두 부서 간의 커뮤니케이션을 활성화하는 것이 신제품 개발의 성과를 높이는 확실한 하나의 방법임에 틀림없는데, 그렇다면 구체적으로 어떤 방법을 생각해 볼 수 있을까? 우선, 두 부서를 한자리에 모아 함께 근무하게 함co-location으로써 서로의 커뮤니케이션 기회를 많이 만들어 주고 서로에 대한 이해의 폭을 넓힐 수 있다. 최근에 실제로 이러한 현상이 많이 관찰되고 있는데 삼성전자도 가전 사업부의 마케팅 부서를 연구소와 공장이 위치한 지방으로 이동시킨 바 있다. 이러한 지역적 재배치 외에도 인적 교류의 활성화나 조직구조의 개편, 상호 커뮤니케이션 인센티브나 보상의 제공, 비공식적 상호작용 기회의 확대 등을 생각해볼 수 있다. AMS나 IBM 같은 기업은 조직 혹은 팀 레벨의 시뮬레이션을 통해 하이테크 프로젝트팀이 문제에 봉착했을 때 공동의 해답을 도출하는 과정에 대한 연습을 하게 하며, Data General과 같은 기업은 마케팅 교육과정에 연구개발 부서와 서비스 부서의 공동 참여를 의무화했다.

신제품개발 과정에서 연구개발 부서와 마케팅 부서가 함께 연계하여 작업을 하도록 이를 공식화, 제도화한 것으로 QFDquality function deployment 제도가 있다. QFD는 추상적인 고객의 니즈needs와 욕구wants를 제품 컨셉, 디자인, 기술 등 구체적인 제품 속성으로 변환하는 기법인데, 1972년 일본의 Mitsubishi에서 개발되어 80년대 후반에는 미국의 Ford나 Xerox, DEC, AT&T와 같은 기술 선도기업에 의해 채택되었다. QFD의 효과는 대단한 것으로 알려져 있는데, 연구개발 부서와 마케팅 부서의 커뮤니케이션을 활성화할 뿐만 아니라 도입기업의 신제품 개발기간을 40%, 설계비용을 60% 가량이나 감소시켜 주는 것으로 보고되고 있다Cooper 2001, p.199. QFD는 4개의 집house으

그림8 House of Quality

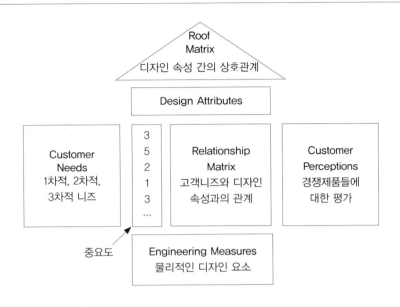

출처: Cooper(2001), p. 200.

로 구성되어 있다. 그 중의 첫 번째 집인 '품질의 집house of quality: HOQ'을 구성하는 투입input 요소는 고객의 니즈 그리고 인식perception이다. 이들은 연구개발 부서의 언어, 즉 측정가능한 제품 디자인 속성design attribute으로 변환되는데 그 과정은 이른바 '관계 매트릭스relationship matrix'에 의해 수행된다. 관계 매트릭스는 연구개발 부서와 마케팅 부서가 상호에 대한 이해를 기반으로 함께 논의하여 작성하게 되므로, '고객의 소리voice of the customer'와 '엔지니어의 소리voice of the engineer'를 신제품 개발 과정에서 동시에 모두 고려하게 한다. 참고로 두 번째 집은 디자인 속성을 솔루션solution으로, 또 세 번째 집은 솔루션을 마케팅, 연구개발, 생산을 아우르는 운영계획process operations으로, 그리고 마지막으로 네 번째 집은 운영계획을 생산 요구사항production requirements으로 변환해 주는 틀을 제시한다.

③ 하이테크 상품 출시전략

신상품 성공요인에 대한 다수의 연구를 실시한 바 있는 R.G. Cooper는 그의 책에서 혁신적 제품개발의 핵심성공요인critical success factors을 15가지로 요약하였다. 이는 〈표 2〉에 정리되어 있는데, 이 요인들을 자세히 관찰하여 분류해 보면 크게 세 가지의 요소가 신상품 성공의 핵심요소인 것을 알 수 있다. 우선, 첫째는 아이디어The Idea이다. 신상품 아이디어 자체가 좋지 않으면 어떠한 마케팅 노력도 결실을 거두기 힘들다. 그리고, 둘째는 개발 프로세스The Process이다. Cooper는 이른바 'Stage-Gate Process'의 주창자인데 그와 같은 체계적이고 합리적인 제품개발 프로세스가 불필요한 투자를 줄이는 동시에 성공의 가능성을 크게 높여준다고 말한다. 그러나, 이 두 가지 요소보다 더욱 중요한 셋째 요소는 바로 '신상품 컨셉The Concept'으로 요약할 수 있는 상품개발 및 출시전략이다. 좋은 아이디어로 출발하여 좋은 과정을 거쳐 완성된 신제품이 시장

표2 **제품혁신 성공의 15가지 핵심요소**

---

1. 뭐니뭐니해도 첫 번째 성공요소는 월등한 제품, 즉 고객에게 확실한 가치를 제공하는 제품이다.

2. 강력한 시장지향성 – 고객중심의 상품개발 프로세스

3. 디자인, 개발, 표적시장에 있어서의 국제적 감각

4. 개발 이전의 작업, 즉 homework를 얼마나 제대로 수행했는가

5. 정교하고 신속한 제품의 정의(definition)

6. 잘 고안되고 적절하게 실행(execution)된 출시전략

7. 조직구조와 혁신적 분위기

8. 최고경영층의 지원이 성공을 보장하지는 못하지만 큰 도움이 되는 건 당연

9. 핵심 역량을 얼마나 충분히 활용하느냐 – 핵심 역량을 벗어나는 프로젝트는 대부분 실패

10. 매력적인 시장 – 시장의 매력도는 프로젝트 선정의 주요 기준

11. 엄밀한 Go/Kill 결정

12. 각 단계를 완전하고(complete), 일관성 있게(consistent), 제대로(quality) 실행하는 것

13. 자원의 적절한 투입

14. 속도는 모든 것(speed is everything)! 그러나 품질은 절대 희생하지 않는 범위에서

15. Stage-Gate와 같은 시스템을 활용하여 개발과정을 체계적으로 관리

출처: Cooper(2001), p. 84.

에 출시된 후에 시장의 냉담한 반응에 별로 빛을 보지 못하고 사라지는 경우가 종종 있는데 이것은 전적으로 잘못된 출시전략 때문이라고 할 수 있다. 그 신상품은 누구를 위한 것이며for whom 어떠한 분명한 장점, 즉 구매이유what benefit를 가지고 있느냐 하는 것을 명확히 제시하지 못했기 때문인 것이다. 하이테크 제품의 경우에는 시장의 불확실성이 워낙 크고 예측이 어려우므로 적절한 마케팅 전략을 수립하는 것이 너무욱 어렵고 또 중요하다.

새로운 하이테크 제품의 출시와 상업화commercialization는 제품개발 단계에서 가장 비용이 많이 드는, 그리고 성공에 가장 직접적인 영향을 끼치는 중요한 단계이다. 그럼에도 불구하고 많은 하이테크 기업들이 기술개발에 힘을 기울이는 만큼 시장개발에 관심과 노력을 기울이지 않아, 훌륭한 제품을 가지고도 시장에서 실패하는 경험을 수도 없이 반복하고 있다.

본 절에서는 개발된 하이테크 상품을 시장에서 성공시키기 위하여 신제품 출시 전에 반드시 수행해야 하는 — 그래서 '숙제homework'라고 불리는 — 신상품 출시전략의 수립 및 실행 단계를 Business Horizon에 소개된 Easingwood & Koustelos2000의 틀에 입각하여 논의하고자 한다〈그림 9〉 참조. 이들이 제시한, 시장준비와 표적시장 선정, 그리고 포지셔닝과 실행으로 연결되는 상업화의 4단계는 기본적으로 잠재 소비자로부터 새로운 하이테크 제품에 대한 채택adoption을 끌어 내기 위한 소비자와의 커뮤니케이션 활동이라고 할 수 있다. 따라서, 각 단계의 활동들을 소비자와의 효과적인 커뮤니케이션을 위해 어떠한 노력을 해야 하는가 하는 관점에서 이해하기 바란다.

그림 9 하이테크 제품 상업화의 4단계

출처: Easingwood & Koustelos(2000), p. 27.

3.1 시장준비

일반 소비재와 달리 대부분의 하이테크 제품은 신제품의 출시 이전에 소비자들을 준비시키는 이른바 시장준비market preparation 활동을 필요로 한다. 이는 주로 새로운 제품 카테고리에 대한 인지도를 높이고 제품의 용도와 사용법 등을 알리는 활동을 중심으로 이루어지는데 다음과 같은 방법을 활용한다.

전략적 제휴와 라이센싱

새로운 상품이 시장에 출시되는 시점에 잠재적인 사용 고객들의 머릿속에 드는 첫 번째 생각은 과연 이 제품이 장차 산업의 표준이 될 것인가 하는 것이다. 또 미래의 표준이 될 것인가를 가늠하는 중요한 잣대는 과연 누가 만들고 누가 서비스를 제공하는가 하는 것이다. 이 때 단일 업체보다 다수의 업체가 연합하여 제시하는 서비스에 무게가 실리는 것은 당연한 이치이다. 대부분의 하이테크 제품이 하나만으로 제 기능을 다하는 이른바 'stand alone' 제품이 아니라 여러 제품과 서비스가 결합되어야 하는 'system' 제품인 관계로 다양한 기술적 노하우와 서비스가 뒷받침되어야 한다. 혹자는 이와 같은 하이테크 제품과 서비스의 연계성을 일컬어 'mini-ecology'라고 하였다.

OEM 공급

A, B 두 회사가 계약을 맺고 A사가 B사에 상품의 제조를 위탁하여, 그 제품을 A사의 브랜드로 판매하는 생산방식, 즉 OEMoriginal equipment manufacturing을 통해 공급을 확대하는 것도 시장준비의 좋은 수단이 된다. IBM은 자사의 하드디스크 드라이브를 직접 제조하기도 하였지만, Acer, Gateway, Dell 등에 OEM 라이선스를 주기도 하였는데, 이는 자사 기술에 대한 소유권은 유지하면서 시장을 획기적으로 확대하는 훌륭한 도구로 작용하였다.

사전예고

Microsoft는 새로운 버전의 Windows 출시를 실제 출시 날짜보다 훨씬 일찍 예고한다. 출시 전 사전예고는 구매자들뿐만 아니라 유통업자들과 공급업자들까지도 신제품 출시에 준비하게 하는 정보전달 효과를 가지고 있다. 더 나아가서, 경쟁 제품으로의 고객이탈을 막고 전환하고자 하는 소비자의 구매의사결정을 지연시키는 효과도 있다. 얼마나 일찍, 얼마나 구체적으로, 또 어떠한 커뮤니케이션 경로포럼, 언론, 또는 광고 등를 통하여 사전예고를 할 것인가는 제품과 시장의 특성을 고려하여 신중하게 결정하여야 한다.

시장교육

시장을 준비시키는 가장 적극적인 방법은 시장교육market education이라고 할 수 있다. 시장교육은 단순히 정보를 흘리는 차원이 아니라 시장을 개척하기 위한 장기적 관점의 적극적인 노력을 말한다. 설명회나 포럼을 열어 일반 대중이나 관련 업계 종사자들을 설득하고, 개별적인 접촉을 통해 기업 소비자나 개인 소비자에게 신기술과 신제품 혹은 서비스의 장점과 사용방법 등을 알리는 것이다. Intel은 새로운 칩을 개발할 때마다 새로운 기능과 용도를 설명하는 데에 상당한 노력을 투입하고 있다.

소비자를 대상으로 커뮤니케이션 할 경우, TV 광고나 인쇄 광고, 설명서 등을 활용할 수도 있고, 온·오프라인을 통한 체험 기회를 제공하는 것도 좋다. TV 드라마나 영화 등을 협찬하여 신상품의 필요 상황과 사용 요령을 자연스럽게 알리는 PPLproduct placement 방법을 사용하는 것도 효과적이다.

일반 소비자가 아닌 기업을 대상으로 하는 시장교육을 위해서는 영업 담당자의 방문 설명이나 설명서의 배부뿐만 아니라 그 제품의 성능과 효과를 입증하는 연구 결과의 배부, 발표회의 개최 등을 고려해 볼 수 있다. 과거 Compaq의 부사장이었던 Gary Stimac은 자사가 개발한 System Pro라는 PC 서버의 장점을 알리기 위해 방금 열거한 모든 방법을 동원하였고 결국 메인프레임 컴퓨터에 의존하고 있던 다수의 고객들을 설득하여 PC서버로 교체하도록 하는 데 성공하였다.

3.2 표적시장의 선정

과거의 역사를 면밀히 검토한 여러 학자들이 내린 결론은 '타깃이 명확한 제품일수록 확산이 빠르다'는 것이다예: Easingwood and Lunn(1992). 누구를 대상으로 마케팅할 것인가를 명확히 알고 있는 기업은 마케팅 활동을 보다 집중적으로 할 것이고 그 효과가 빠른 신제품 수용으로 나타날 것은 어찌 보면 당연한 얘기이다.

〈표 3〉은 다양한 표적시장 선정의 사례를 보여주고 있다. 즉, 기존 제품 사용자의 상당한 수용저항acceptance resistance이 예상되는 혁신 제품의 경우에는 기술을 잘 이해하고 변화에 민감한 혁신수용자나 얼리어답터를 타깃으로 하는 것이 좋으며, 제품의 범용적 소구universal appeal나 획기적인 편익benefit으로 인해 신속하고 폭넓은 수용이 예상되는 경우 — 즉, 캐즘에 빠질 위험이 적어 보이는 경우 — 처음부터 실용주의자를 대상으로 하는 마케팅을 펼치는 것이 좋다. 실용주의자들을 대상으로 마케팅 할 경우, 산업표준이 될 것이라는 확신을 심어주는 것이 중요하며, 광고 등의 매스 마케팅 노력도 게을리해서는 안 된다. 그들은 '최신 기술'이나 '첨단'이라는 말보다는 '모두가 인정하는'이란 말을 더욱 좋아한다는 사실을 잊어서는 안 된다. 따라서, 콘퍼런스 참가나 업계 잡지에 기사화하는 등의 홍보 노력을 반드시 병행해야 하며, 동종 업계 내의 지지자들을 만들어 나가는 것이 매우 효과적인 마케팅 수단이 된다.

표적시장 선정과 관련하여 생각해 볼 수 있는 또 다른 두 가지 대안은 자사 고객을 타깃으로 하는 경우와 경쟁상품 고객을 타깃으로 하는 것이다. 많은 기업들이 경

표 3 다양한 Targeting 사례

혁신수용자를 타깃으로	NTT는 글로벌 사진 전송 시스템(photo transmission system) 판매를 위한 최초의 타깃으로 얼리어답터일 가능성이 높은 보험산업을 선정하였음.
실용주의자를 타깃으로	Amgen은 자신이 개발한 간염치료제인 '헤파티티스 C'의 타깃으로 '모든' 일반 병원 전문의로 규정하고, 대규모 판매원을 가동하였음.
보수주의자를 타깃으로	Microsoft는 문서 작성, 스프레드시트 등의 통합 소프트웨어 패키지인 'Works'의 타깃으로 보수적인 PC 사용자를 선정함.
자사 고객을 타깃으로	IBM은 자사의 제품을 사용하고 있는 Global 5000기업을 타깃으로 하여 제품을 개발하고 서비스를 제공하였음.
경쟁사 고객을 타깃으로	Canon은 디지털 복사기를 판매하기 위해 HP의 고객을 일차적으로 겨냥하여 마케팅하였음.

출처: Easingwood & Koustelos(2000), p. 29.

쟁사 고객을 빼앗아 오는 것에 혈안이 되어, 자사 고객에게 신제품을 마케팅 하는 것을 우선적으로 고려하지 않는 경향이 있다. '자기잠식cannibalization'은 마케팅에서 가장 금기禁忌시 하는 정책 중의 하나이기 때문이다. 그러나, 급격하게 기술이 진보하고 소비자의 욕구가 빠르게 변화하는 하이테크 마켓에서는 기존 자사 고객을 표적시장으로 하는 전략도 훌륭한 대안이 될 수 있다. 자사 고객이라고 해서 언제까지 자사 고객이 된다는 보장이 없어졌기 때문이다.

IBM의 소프트웨어 그룹이나 Intel은 자사 고객을 계속해서 공략하는 전략을 펼치는 것으로 유명하다. 호시탐탐 더 낮은 가격을 제시하는 거래 상대를 물색하고 있는 자사 고객들의 이탈을 막기 위해 더 우수한 제품을 개발하고 고객기업의 원가를 낮추기 위한 노력을 계속하는 것이다. 한편, 이미 상당한 정도의 Lock-in이 진행되어 전환switch이 용이하지 않은 자사 고객을 상대로 Up-selling이나 Cross-selling을 통한 더 높은 이윤획득 기회가 있는 경우에도 자사 고객 타기팅은 매우 효과적인 마케팅전략이 될 수 있다. 경쟁사의 시장점유율이 매우 크거나 수익성이 좋은 경우, 경쟁제품 고객을 타깃으로 하는 전략이 매우 매력적이다. 프린터 시장을 지배하고 있는 HP의 고객을 겨냥하여, 프린팅 기능뿐만 아니라 팩스, 스캐너 기능까지 갖춘 복합기를 출시한 Canon의 경우가 바로 이 경우에 해당한다.

3.3 포지셔닝

이미 제 3장에서 포지셔닝에 대해 설명한 바 있지만, 신제품 출시와 관련하여 다시 한번 포지셔닝에 대해 생각해 보도록 하자. 하이테크 제품은 대부분의 경우 용도application와 편익benefit이 다양하여 표적시장 선정targeting과 포지셔닝에 있어 '선택'과 '집중'을 요구한다. 포지셔닝은 결국 '고객에게 이 상품을 무엇이라 부를 것인가'의 문제이다. 그 '무엇'은 눈에 보이는 기술적인 장점일 수도 있고 어떤 하나의 '이미지'일 수도 있다. USPunique selling proposition, 혹은 가치명제value proposition로 압축되는 신제품의 포지셔닝에 활용할 수 있는 몇 가지 대안을 살펴보면 다음과 같다.

첫째, 고유성exclusivity 또는 독특성uniqueness을 강조하는 방법이다. 가격과 품질 면에서 시장의 톱 세그먼트를 차지하는 제품예: Bang and Olufsen 오디오 제품, 특수한 편익에 있어서 확실한 위치를 지닌 제품예: Volvo 승용차의 안전강조, 또는 혁신적 디자인을 통해 확실한 이미지 차별화를 이룬 제품예: Apple의 MacBook 등이 이러한 전략을 따른 좋은 예이다.

둘째, 가격 리더로서의 포지셔닝이 좋은 대안이 되기도 한다. 대개 출시 단계에서부터 저가격으로 승부를 거는 것은 품질에 대한 부정적 인식을 심어주거나 가격이 앞으로 더 낮아질 것을 기대하게 만드는 부작용이 있을 수 있다. 그러나 남들이 모방할 수 없는 원가우위를 지녔거나 침투가격penetration pricing 정책을 통해 신속히 고객기반을 확보하는 것이 중요한 경우라면 가격 리더로서의 포지셔닝도 매우 효과적인 전략이 될 수 있다.

셋째, 하이테크 산업에 있어 기술적 우위를 강조하는 것은 매우 보편적이고도 유용한 포지셔닝 전략이다. 단, 실제 고객들은 기술에 있어서 비전문가인 경우가 많기 때문에 '기술 리더'로서의 포지셔닝을 하더라도 기술 자체를 강조하기보다는 신기술이 어떠한 편익으로 연결되는지를 구체적으로 설명하는 방식이 바람직하다.

넷째, '안전한 선택safe bet'임을 강조하는 것으로 포지셔닝의 방향이 정해질 수도 있다. 초기 시장의 소비자들은 이른바 FUD Fear, Uncertainty, Doubt 요소로 인해 새로운 혁신제품의 수용에 상당한 불안을 느낀다. 제품의 세부 속성을 산업표준과 일치시키고, 보완재와의 호환성을 극대화하는 등의 노력은 소비자들에게 신제품이 '안전한 선택'임을 시사하여 호감을 끌어낼 수 있다.

3.4 론칭

론칭launching은 위의 세 단계를 거쳐 준비된 시장출시 전략을 실행execution에 옮기는 단계로, 여기에는 잠재고객과의 적극적인 커뮤니케이션 활동이 포함된다. 성공적인 론칭을 위해서는 다음의 사항에 각별한 주의를 기울여야 한다. 먼저, 론칭 시기에는 제품과 관련한 입소문word-of-mouth을 세심하게 관리해야 한다. 기본적으로 산업 내의 전문가들과 잡지 등에 기술제품 리뷰를 하는, 이른바 오피니언 리더들로부터 긍정적인 입소문을 얻어 내는 것이 매우 중요하다. 신제품에 대해 시시각각으로 등장하는 시장에서의 평가에 신경을 곤두세울 필요도 있다. 상대적 우위, 호환성, 사용 용이성 등의 다양한 차원에서 신제품의 매력을 강조하는 동시에, 표준에 대한 불확실성, 초기 비용 및 가격, 기능과 서비스 안정성에 대한 불안 등의 측면에서 위험 요소는 없는지 신속히 파악해 장애물을 적극적으로 제거해 주어야 한다. 하이테크 제품들은 종종 전혀 예상 못했던 소비자의 반응과 저항에 부딪힐 수 있기 때문이다.

Heat Index – 당신의 혁신은 얼마나 Hot한가?

세계적 컨설팅 기업인 모니터 그룹은 수백 개 기업의 사례를 바탕으로 혁신의 열 가지 요소를 제안하였다(그림 참조). 만약 어떤 아이디어가 여러 기준에서 혁신성을 충족한다면, 그 아이디어는 성공할 가능성이 크다고 할 수 있다. 모니터 그룹에 따르면 열 가지 기준 중 여섯 가지 이상에서 혁신적이라면 그 아이디어는 충분히 'Hot'하다고 할 수 있지만, 세 가지 미만일 경우 성공은 어렵다고 봐야 한다. 열 개의 혁신 요소 중에서 특히 Business Model 과 Customer Experience에서 혁신성을 보여줄 수 있다면, 성공의 열기는 더욱 뜨거워질 것이다.

모니터 그룹은 해당 아이디어가 얼마나 혁신적인 가치를 제공할 수 있는지를 계산하여 이를 'Heat Index'로 표시하였다. Heat Index는 이른바 경제 가치 추정법(Economic Value Estimation, EVE)에 의해 측정되는데 이는 경제 가치의 증가분(Incremental Economic Value, IEV) — 각 혁신요소별로 증가된 매출 혹은 감소된 비용을 더한 값 — 을 준거 가치 (Reference Value, RV) — 고객이 차선의 대안에 지불하는 금액 — 로 나누어 그 값으로 해당 아이디어의 가치를 평가하는 방식이다.

예를 들어 GenetiCorp이 개발한 DynaTest라는 혁신적인 DNA 실험 도구는 기존의 경쟁 제품들과 달리 동일한 샘플에서 더 많은 DNA를 추출할 수 있고, 샘플을 더 오랫동안 보관할 수 있는 혁신성을 내재하고 있었다. 그러나, 모니터 그룹에서 제안한 열 가지 기준 중에서는 Enabling Process, Product Performance, Customer Experience, Brand의 단 네 가지 기준밖에 충족하지 못하여, '미적지근'한 아이디어로 생각됐다. 하지만 EVE 값을 계산한 결과는 놀라웠다. DynaTest는 총 $134의 인건비 절감효과를 가져왔고, 이를 준거 가치인 $50로 나눈 값은 2.68이었다. 따라서, 다양한 기준에 부합하는 혁신적인 아이디어를 발굴하는 것도 중요하지만, 그 아이디어가 실제로 고객들에게 충분한 경제적인 가치를 제공해 주는가의 여부가 더욱 중요하다고 할 수 있다.

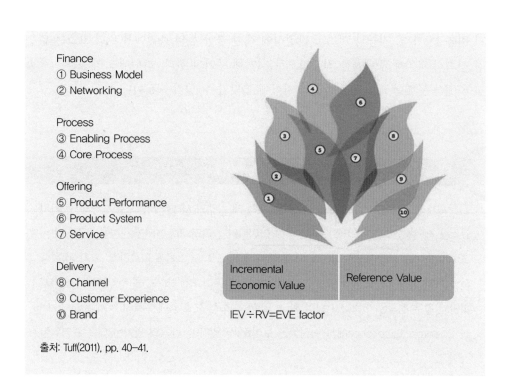

Finance
① Business Model
② Networking

Process
③ Enabling Process
④ Core Process

Offering
⑤ Product Performance
⑥ Product System
⑦ Service

Delivery
⑧ Channel
⑨ Customer Experience
⑩ Brand

Incremental
Economic Value

Reference Value

IEV÷RV=EVE factor

출처: Tuff(2011), pp. 40–41.

이와 함께, 제품의 출시와 동시에 마켓 리더, 즉 승자로서의 이미지를 구축하는 데에도 적극 투자하는 것이 좋다. Apple이나 Samsung은 어느 신규 사업에 진출하더라도 승자 이미지를 형성하는 데에 유리한 지위에 있다. 그러나 그 정도의 명성을 가지고 있지 못한 중소 규모의 기업이라면 매우 작은 연못을 찾아 그 연못의 승자가 되는 것이 좋은 방법이다. 작은 연못을 소유own하게 된다면, 그 때 가서 더 큰 연못을 생각해도 좋다.

새로운 하이테크 제품에 대한 소비자의 반응은 언제나 미적지근할 수밖에 없다. 이러한 상황에서 제품 구매를 유도하기 위해서는 '꼭 사야만 하는 이유', 즉 '킬러앱 killer application'을 제시해야 한다. 킬러앱을 발굴하기 위해서는 제품을 사는 '이유'를 기준으로 시장을 나누어보는 것이 도움이 된다. 세분화된 시장의 니즈와 신제품이 줄 수 있는 편익이 가장 잘 맞아떨어지는 응용분야를 발견한다면 이를 킬러앱으로 선정하여 소비자들에게 적극 홍보해야 한다.

참고문헌

게리 린, 리차드 라일리(2003), <블록버스터>, (이병수 옮김), 청림출판.

크리스 앤더슨(2013), <메이커스: 새로운 수요를 만드는 사람들>, (윤태경 옮김), 알에이치코리아.

Almirall, Esteve, and Casadesus - Masanell, Ramon (2010), "Open versus closed Innovation: A Model of Discovery and Divergence," Academy of Management Review, Vol. 35, 27-47.

Business Post, "힐링 가전 LG전자 틔운 개발기, 노하우 얻으려 아프리카까지 뒤졌다." 2022.06.28.

Business Week, "Wireless Wonders," 2004.4.26.

Business Week, "The Power of Design," 2004.5.17.

Chesbrough, Henry W. (2003), "A Better Way to Innovate," Harvard Business Review, July, 12-13.

Cooper, Robert G. (2001), Winning at New Products, 3rd edition, Perseus Publishing.

Cusumano, Michael (1997), "How Microsoft Makes Large Teams Work Like Small Teams," Sloan Management Review, Fall, 9-19.

Drucker, Peter F. (2002), "The Discipline of Innovation," Harvard Business Review, August, 95-102.

Easingwood, Chris, and Anthony Koustelos (2000), "Marketing High Technology: Preparation, Targeting, Positioning, Execution," Business Horizon, May-June, 27-34.

Easingwood, Chris, and Simon O. Lunn (1992), "Diffusion Paths in a High-Tech Environment: Clusters and Commonalities," R&D Management, Vol. 22, No. 1, 69-80.

Gupta, Ashok K., S. P. Raj, and David Wilemon (1986), "A Model for Studying R&D-Marketing Interface in the Product Innovation Process," Journal of Marketing, Vol. 50(April), 7-17.

Hansen, Morten T., and Julian Birkinshaw (2007), "The Innovation Value Chain," Harvard Business Review, June, 121-130.

Kelley, Tom (2001), The Art of Innovation, Doubleday.

Lifshitz-Assaf, Hila, Lebovitz, Sarah, and Zalmanson, Lior (2021), "Minimal and Adaptive Coordination: How Hackathons' Projects Accelerate Innovation without Killing It," Academy of Management Journal, Vol. 64, No. 3, 684-715.

Mohr, Jakki (2001), Marketing of High-Technology Products and Innovations, Prentice Hall.

Nambisan, Satish, and Mohanbir Sawhney (2007), "A buyer's Guide to the Innovation Bazaar," Harvard Business Review, June, 109-118.

Reddy, N. Mohan (1990), "Market Opportunity Analysis for Emerging Technologies," Management Decision, Vol. 28, No. 8, 10-19.

Rigby, Darrell, and Chris Zook (2002), "Open-Market Innovation," Harvard Business Review, October, 80-89.

Schrage, Michael (2001), "Playing around with Brainstorming," Harvard Business Review, March, 149-154.

Thomke, Steven, and Eric von Hippel (2002), "Customers as Innovators," Harvard Business Review, April, 74-81.

Tuff, Geoff (2011), "How Hot is Your Next Innovation?" Harvard Business Review, May, 40-41.

시장형성 및 제품확산 전략

버스를 탈 때에도, 식당에서 계산을 할 때에도 스마트폰을 리더기에 대기만 하면 된다. 백화점에서 멤버십 포인트를 적립하거나 사용할 때에도 역시 스마트폰 하나면 충분하다. 간편결제 서비스는 신용카드나 현금 대신 스마트폰으로 각종 대금을 결제하는 서비스를 말한다. 은행이 제공하는 모바일 뱅킹 앱을 사용하지 않고도 송금이 가능하며, 카드 앱을 열지 않고도 대금 지불이 가능하다. 깜빡하고 지갑을 집에 두고 오는 것보다 스마트폰 배터리가 방전되는 것이 더 큰 일인 시대다.

간편결제 서비스는 2000년대 초반부터 이동통신업체를 중심으로 시작되었으나 10년이 넘도록 확산에 큰 어려움을 겪어왔다. 스마트폰 보급이 가속화되고 Google Pay와 Apple Pay에서 NFCNear Field Communication라는 근거리 쌍방향 통신 기술을 접목하면서 새로운 국면을 맞이하는 듯 보였으나, NFC 리더기가 구비된 매장에서만 결제가 가능하기 때문에 사용 범위가 제한적이었다. 이러한 상황에서 삼성전자는 세계 최초로 마그네틱 보안결제 MSTmagnetic Secure Transmission 방식을 지원하는 간편 결제 서비스 삼성페이를 출시했다. 별도의 리더기가 필요한 NFC와 달리 MST는 카드단말기 접촉부에 스마트폰을 가까이 붙이는 방식으로 결제가 가능하다는 장점이 있어 신용카드 결제가 가능한 모든 곳에서 사용이 가능했다. 2015년에 서비스를 시작한 삼성페이는 갤럭시 폰 이용자들을 중심으로 빠른 속도로 확산했고 2022년 기준으로 국내 2000만 명 가량이 삼성페이로 결제를 하고 있다. 오늘날 삼성페이는 '갤부심갤럭시 폰을 사용하는 사람들의 자부심'의 원천으로 자리잡았다.

　　삼성페이를 시작으로 다양한 주체들이 유사한 서비스를 출시하면서 간편결제 시장이 빠르게 성장했다. 2022년 기준 국내 간편결제 제공 사업자는 약 51개로, 플랫폼 업체, 단말기 제조사, 유통 업체 등 매우 다양한 업체들이 자체적인 간편결제 서비스를 제공하고 있다. 카카오의 카카오페이, 네이버파이낸셜의 네이버 페이가 대표적인 경쟁자이며, SSG페이신세계, 쿠페이쿠팡 등 유통업체 기반의 페이 서비스도 가입자를 늘려 나가고 있다. 여기에 카드시장이 페이 사업자로 대체될 수도 있다는 위기를 느낀 전통적인 금융그룹들도 간편결제 시장에 뛰어들어 우리금융의 우리페이, 신한금융의 신한페이, KB금융의 KB페이 등을 출시했다. 점점 경쟁이 치열해지자 삼성전자는 삼성페이의 기능을 확장하며 차별화에 나섰다. 이들은 삼성페이에 '디지털 키' 기능을 추가해 실물 출입카드가 없이도 자동차나 집 문을 열 수 있도록 했고, 모바일 운전면허 확인 서비스 기능과 항공권 티켓이나 영화 관람 티켓을 보관하고 사용할 수 있는 기능도 추가하며 삼성페이를 단순 결제서비스를 넘어 생활 금융플랫폼으로 성장시키겠다는 포부를 펼치고 있다.

　　Google Pay나 Apple Pay보다 뒤늦게 출시한 삼성페이가 다수의 경쟁 서비스 등장에도 불구하고 국내 간편결제 시장을 석권할 수 있었던 원인은 무엇인가? 삼성 페이는 NFC 방식을 고집하던 기존 서비스들과 달리 MST 방식을 혼용함으로써 소매업자들이 새로운 단말기를 구비하지 않고도 삼성페이를 사용할 수 있도록 호환성을 갖추고 있었다. 이러한 호환성은 NFC 단말기 보급과 관련한 이해관계자들의 책임전가 문제를 해결함으로써 단기간에 간접 네트워크 효과를 창출하는 바탕이 되었다.

이른바 'NPD'에는 두 가지가 있다. 첫째는 신상품 개발New Product Development이고 둘째는 신상품 확산New Product Diffusion이다. 많은 기업들이 신상품 개발에 열을 올리지만 신상품 확산에 대한 노력은 상대적으로 적게 한다. 획기적인 기술을 보유하고 있는 하이테크 기업들일수록 이런 현상이 더 많이 관찰된다. 새로운 제품과 서비스는 지금도 계속해서 개발되고 있다. 하지만 아무리 훌륭한 상품이 개발된다 해도 시장에서 받아들여지지 않아 확산에 실패한다면 아무 소용이 없다. 앞 장에서 우리는 신상품의 성공적 개발과 출시에 대해 공부했다. 본 장에서는 신상품 출시 이후에 어떻게 시장을 형성하고 성공적으로 확대해 나갈 것인지에 대해 논의하고자 한다.

〈그림 1〉에서 보듯이 이 과정은 크게 3단계로 나누어 볼 수 있다. 첫 단계는 시장에 새로이 선보인 혁신적 신상품을 소비자들이 쉽게 받아들이고 채택adopt하도록 하기 위한 시장진입 및 초기 고객기반 형성 단계이다. 초기 시장의 형성을 위해서는 혁신제품의 매력도를 높이고, 혁신에 대한 수용저항을 극복해야 하며, 초기 고객기반을 형성하기 위해서 성능과 호환성의 상충관계를 이해하고 적절한 커뮤니케이션 전략을 수립해야 한다.

두 번째 단계는 고객기반의 확대 단계이다. 혁신적 제품과 서비스를 통해 수익을

그림 1 시장 형성 및 확대 과정 - 단계 및 전략

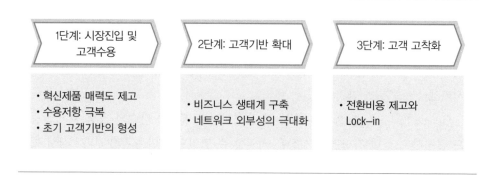

창출하기 위해서는 혁신적인 비즈니스 모델이 필요하다. 비즈니스 모델을 설계할 때에는 통제control와 개방openness 사이에서 시장의 특성을 고려, 최적 지점을 선택해야 하며, 사업 파트너들이 공생할 수 있는 비즈니스 생태계, 즉 '에코시스템ecosystem'을 디자인해야 한다. 또한 이 단계에서는 신상품의 고객기반을 빠르게 확대하기 위해 직접/간접 네트워크 외부성을 극대화할 수 있는 전략을 구사해야 한다.

마지막 세 번째 단계는 고객 고착화 단계이다. 이 시점에서 시장 지배기업의 입장에서는 자사 고객을 고착화하기 위해 전환비용switching cost을 높여야 하고, 후발 기업의 경우에는 고착화를 최대한 회피하기 위한 전략을 강구해야 할 것이다. 그럼 이제 하나의 아이디어로 시작된 혁신제품들이 시장 창조, 확대 및 고착화에 성공하기 위해 취해야 할 능동적 실행전략을 하나씩 살펴보기로 하자.

1 시장진입 및 초기 고객기반의 형성

1.1 혁신제품 확산의 영향요인

일반적으로 신제품에 대한 초기 시장반응은 '시용trial'으로 나타난다. 새로 나온 제품을 시험 삼아 써본다는 뜻이다. 시용이 '반복구매repeat purchase'로 발전되면 그 신제품은 시장에 안착할 가능성이 커진다. 하이테크 마켓에서는 '시용'이라는 말보다는 '채택adoption'이라는 표현을 많이 사용하는데 그 이유는 하이테크 제품이 대개 고가이고 내구재durable goods여서 사용자가 최초의 구매 의사결정을 내릴 때 매우 신중을 기하는 경향이 있기 때문이다. 잠재 소비자들의 채택이 하나둘 늘어나는 과정을 신제품의 '확산diffusion'이라고 하는데, '채택'이 개인소비자의 행위라면, '확산'은 제품시장product market 수준에서 관찰되는 현상이라고 할 수 있다.

Everett Rogers는 그의 명저 〈Diffusion of Innovation〉에서 확산diffusion을 '하나의 혁신이 사회적 시스템의 구성원들 간에 시간에 따라 의사소통 경로를 통해 전파되어 가는 과정'으로 정의하였는데, 그의 정의에 나타난 용어와 개념들을 하나씩 살펴봄으로써 확산을 결정하는 요소들에 대해 좀더 정확히 이해해 보도록 하자.

첫째로 Rogers는 확산의 대상을 '혁신innovation'으로 정의했다. 혁신은 '새로운 것' 혹은 '새로운 아이디어new idea'를 말하며 좁은 의미로는 하이테크 마케팅의 주 대상인 혁신적 신상품을 말하는 것으로 볼 수 있다. 혁신제품의 특성은 주로 '기존의 방식'이나 아이디어와의 관계로부터 살펴볼 수 있는데, 상대적 이점relative advantage, 호환성compatibility, 복잡성complexity, 인지된 위험perceived risk, 시용가능성trialability, 그리고 관찰가능성observability 등이 혁신의 확산속도에 직접적인 영향을 주는 것으로 알려져 있다.

둘째로 사회적 시스템social system은 확산의 패턴을 결정하는 중요한 요소가 된다. 즉, 사회를 구성하는 구성원 간의 네트워크가 어떠한 형태와 강도로 구성되어 있는가 하는 것은 혁신이 확산되는 패턴뿐만 아니라 확산의 속도와 궁극적으로 모두에게 확산될 가능성이 어느 정도인가를 가늠하는 중요한 잣대가 되기도 한다. 예를 들어 개인주의가 만연된 서구의 사회는 사회적 네트워크가 비교적 다원화되어 있는 반면 우리나라를 비롯한 동양의 사회적 네트워크는 상당히 집단cluster화되어 있는 경향을 보인다. 실제로 Rogers와 Kincaid는 1981년에 피임법의 확산에 대한 연구결과를 발표한 바 있는데, 한국의 마을을 대상으로 조사한 결과 특정 지역에는 콘돔이 또 다른 지역에는 피임약이 압도적인 비율로 많이 채택되고 있다는 사실을 발견하여 확산에 대한 사회적 구조의 영향을 입증하였다.

세 번째 확산의 요소는 시간이다. 혁신을 하나의 아이디어라고 할 때 혁신의 채택과정은 대개 지식knowledge, 설득persuasion, 채택 혹은 거부 결정decision, 실행implementation, 재확인confirmation의 다섯 단계를 거친다고 볼 수 있다. 게다가 이러한 다섯 단계는 혁신의 종류와 특성에 따라 전혀 다른 속도로 진행될 수 있고, 또 구성원에 따라 그 속도가 달라지기도 한다. 일반적으로 확산은 S자 모양의 곡선을 따라 진행되는 것으로 알려져 있지만 그 속도를 예측하는 것은 매우 중요하고도 어려운 과업이다. 혁신의 채택속도에 따라 잠재고객을 구분하고 그들의 특성을 파악하는 것도 하이테크 소비자들의 행태를 이해하기 위한 중요한 연구분야이다.

네 번째 확산의 요소는 의사소통 경로communication channel이다. 혁신은 매스 미디어를 통해 다른 사회적 구성원들에게 전달될 수도 있고 사회적 네트워크social network 경로를 통해 전달될 수도 있다. 전달 속도와 효율 면에서는 전자가 바람직하겠지만, 설득의 효과 측면에서는 후자가 더 중요할 것이다. 특히 하이테크 상품과 같은 고관여 제품의 경우 입소문word-of-mouth 커뮤니케이션의 역할이 매우 중요한 것으로 알려져 있는데, 최근에는 인터넷과 모바일 기기의 발달로 이메일이나 메신저 등의 새로운 의사소통 경로를 포함한 디지털 입소문 마케팅에 대한 많은 연구가 이루어지고 있다.

효과적인 확산이 이루어지기 위해서는 앞에서 살펴본 네 가지 확산의 요소가 모두 적절히 관리되어야 하며 특히 생각과 행동의 변화를 요구하는 혁신제품의 경우에는 각별한 노력이 전세되어야 한나는 사실을 잊지 말아야 할 것이다.

혁신의 저주

"혁신의 저주(curse of innovation)"라는 말은 Harvard의 John Gourville 교수가 처음으로 사용했던 말이다. 그는 거의 모든 혁신 제품이 시장에서 실패한다는 사실을 지적하기 위해 이 충격적인 말을 만들어냈다.

마케터는 자신이 개발한 혁신상품의 시장규모와 고객의 반응을 과대 예측하는 경향이 있다. 신상품의 획기적인 기능과 효용에만 초점을 맞추기 때문이다. 이와 반대로 고객들은 신상품이 가져다 주는 이득(gain)보다 현재 자신이 사용하고 있는 '익숙한 대안'을 버리고 새로운 상품으로 이전할 때 발생하는 손실(loss)에 더 큰 신경을 쓴다. 새로운 상품이 주는 혁신적 효용이 이런 손실을 압도하고도 남는다면 문제가 되지 않으나, 그렇지 못하다면 '저주의 늪'에 빠져들게 되는 것이다.

전기자동차는 환경친화적이라는 장점이 있지만 충전의 불편함을 해소하지 못해 외면받고 있으며, Webvan이라는 인터넷 슈퍼마켓도 무료배달과 쇼핑시간 절감의 이득에도 불구하고 모르는 사람(Webvan 직원)에게 신선한 야채와 과일을 선택할 권리를 양도해야 한다는 심리적 손실로 인해 결국 파산하고 말았다.

따라서 혁신의 저주에서 벗어나기 위해서는 반드시 혁신이 가져올 혜택뿐 아니라 고객의 잠재적 손실, 특히 고객행동변화의 요구수준을 가늠해 보아야 한다(그림 참조). 적은 혜택을 주면서 커다란 행동변화를 요구한다면 '쪽박(sure failures)'은 불가피하다. 반대로 혁신의 혜택이 크고 변화요구의 정도가 낮다면 '대박(smash hits)'을 기대해도 좋다. 변화가 적으면 혁신성이 다소 떨어지더라도 나름대로 '잘나가는 제품(easy sell)'이 될 수 있다. 하지만 획기적인 효용이 언젠가 인정을 받게 되리라는 기대로 고객의 변화를 마냥 기다리고 있다면 '장기전(long haul)'을 감수해야 한다.

혁신의 저주는 벗어날 수 있다. 일본 도요타 자동차의 Prius 하이브리드카는 '혁신의 저주'를 '혁신의 축복'으로 바꾼 사례다. 전기자동차는 사용자에게 엄청난 행동변화를 요구했지만 하이브리드카는 전기충전의 불편함을 확실히 제거해 대박을 터뜨렸다. Nintendo의 콘솔 게임기 Wii는 혁신적인 변화에도 불구하고, 고객이 받아들일 수 있는 적당한 가격(경제적 측면), 호환성 확보(행동적 측면), 여성과 중장년층에게 게임에 대한 자신감 부여(심리적 측면) 등을 통해 마법과 같이 혁신의 저주를 풀어냈다.

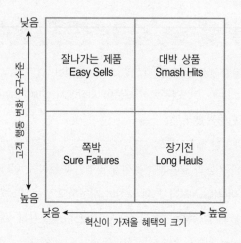

출처: Gourville(2006), p. 105. 강희흔(2008), p. 43.

1.2 불연속적 혁신제품의 특성과 고객수용

앞 절에서 간략히 설명한 바 있지만, 본 절에서는 Rogers가 제시한 불연속적 혁신제품의 특성 차원을 보다 면밀히 검토하고 그 시사점을 논의하고자 한다. 혁신제품, 특히 불연속적인 혁신제품의 경우불연속적 혁신제품의 개념에 대해서는 제3장 참조 소비자들의 채택adoption에 영향을 주는 다양한 제품측면의 특성들이 존재한다. 그 중 가장 대표적인 혁신제품의 특성 차원 여섯 가지를 묶어서 ACCORDAdvantage - Compatibility - Complexity - Observability - Risk - Divisibility 모형이라고 한다. 이 모형은 혁신적 신상품의 성공 여부를 예측하는 데 활용되기도 하지만, 혁신제품의 초기시장 전략 수립 시 가이드라인으로 사용될 수 있다. 혁신제품을 출시하는 시점에 이러한 여섯 가지 관점에서 소비자들이 어떻게 그 신제품을 인식하는지 점검하여 긍정적인 요소를 부각하고 부족한 부분을 보강한다면 채택 가능성을 높이고 확산을 앞당길 수 있기 때문이다. ACCORD 모형을 구성하는 제품 특성들의 구체적인 내용은 다음과 같다.

첫째, 가장 직접적으로 잠재고객의 의사결정과 관련된 혁신의 특성은 상대적 이점relative advantage이다. 상대적 이점은 기존제품에 비해서 새로운 혁신제품이 얼마나 더 좋게better 인식되느냐 하는 것인데, 여러 혁신제품 특성 중에서 구매자의 채택의도에 가장 직접적인 영향을 주는 것으로 많은 연구결과가 말하고 있다. 상대적 이점은 제품의 성능속도, 기능, 안정성 등 측면에서 주로 평가되며, 기존의 제품으로는 할 수 없었던 것들을 혁신제품에서 할 수 있게 되었는가, 아니면 그전에도 할 수 있었지만 훨씬 뛰어난 성능, 혹은 훨씬 적은 비용으로 할 수 있게 해주는가 하는 것들을 의미한다. DVD 플레이어의 경우에는 기존의 VCR이 할 수 없던 기능들예: 장면 찾기, 언어선택 등과 VCR보다 뛰어난 화질과 음질을 제공한다는 뚜렷한 상대적 이점을 가지고 있다. 이와 같은 상대적 이점이 클수록 혁신제품의 채택가능성은 높아질 것이다. 성능의 획기적인 개선을 위해서 때로는 과거와의 단절, 즉 기술적인 호환성을 포기하는 결단이 필요하기도 하다. 호환성을 보장하려면 제품을 개발하는데 여러 가지 제약이 따르고 이로 인해 성능 개선에 한계가 생기기 때문이다. 예를 들어 Microsoft가 Windows 95, 98에 이르기까지 유지하던 DOS 기반의 운영체제를 포기하고 NT 기반의 Windows XP로 옮겨간 이유는 DOS 기반으로는 성능을 향상시키는 것에 한계가 있기 때문이었다.

두 번째로 호환성compatibility에 대해 알아보자. 호환성은 넓은 의미에서 '사회시스템에서 개인이 가지고 있는 태도, 가치, 활동과의 일치성의 정도Rogers(1995)'로 정의된다. 한편, 제품의 사용상황과 관련하여 보다 구체적으로 호환성을 정의한다면, 호환성은 하드웨어와 하드웨어 간의 호환성주제품과 보완재, 하드웨어와 소프트웨어 간의 호환성, 그리고 사용자와 제품 간의 호환성으로 나누어 볼 수 있다. Dhebar1995는 호환성이 신규 혁신제품의 확산속도에 큰 영향을 줄 수 있으며, 특히 호환성의 결여가 초기 시장에서의 실패를 초래하는 주요 요인으로 작용한다고 주장하였다. 호환성은 그 방향성에 따라 두 가지 유형으로 나누어 볼 수 있는데 대부분의 애플리케이션 소프트웨어와 같이 다음 세대의 제품에서 그 전 세대의 프로그램이나 시스템의 사용이 가능한 것을 후방호환성backward compatibility이라 하고, 반대로 기존제품으로 다음 세대의 관련 기능을 이용할 수 있으면 이를 전방호환성forward compatibility이라고 한다. 전방호환성의 경우 소프트웨어나 프로그램의 질은 기존제품의 질로 나타나는 경우가 일반적인데 일반 TV로 3D TV 방송을 시청할 수는 있지만 3D가 아닌 2D로 보이는 것과 같은 이치이다.

혁신의 수용과 관련된 혁신제품의 세 번째 특성은 복잡성complexity이다. 하이테크 제품들은 대부분 높은 학습비용learning cost을 수반한다. 따라서 새로운 혁신제품이 지나치게 복잡하고 사용하기 어렵다면 잠재고객들은 채택을 유보하게 될 것이다. 복잡성에 대응되는 개념은 사용의 용이성ease of use이다. 사용의 용이성을 증대시키기 위해서는 제품의 설계에 상당한 노력을 기울여야 한다. Apple은 이 부분에 상당한 투자를 하고 있다. 이른바 'Plug and Play'라는 개념도 사용의 용이성을 강조하는 개념이다. 유저 인터페이스user interface: UI도 이러한 관점에서 최초 채택의 중요한 요인이 되는데, 혁신제품의 수용을 유도하기 위해서는 사용자의 불필요한 작업을 최소화하고 논리적으로 이해하기 쉽도록 디자인해야 한다. 소프트웨어 제품들이나 인터넷 사이트 등의 경우 사용하기 쉬운 유저 인터페이스는 깔끔한 디자인이나 색상보다 더 중요하다. 또, 다양한 서비스를 제공하기 위해 유저 인터페이스를 너무 자주 변경하는 것은 좋지 않은데 그때마다 사용자들은 재학습을 해야 하기 때문이다. 한마디로 말해서 처음에 쓰기 쉽게 제대로 만들어야 하고, 개선이 필요한 경우 변화를 최소화하는 것이 좋다.

네 번째 혁신특성은 관찰가능성observability이다. 혁신제품 간의 비교를 해보면 눈으로 관찰이 가능한 제품, 즉 시연데모: demonstration이 가능한 제품의 확산 속도가 빠른 것을 알 수 있다. 시연은 구매의사결정을 도와주는, 그래서 구매를 앞당기는 역할을 하는 동시에 입소문을 촉진시키는 기능도 하기 때문이다. 혁신제품을 구매하지 않은 사람도 시연 경험을 통해 긍정적인 입소문을 내기도 한다. TV나 DVD 등과 같은 디지털 가전제품은 그냥 틀어 놓기만 해도 시연이 되지만 그렇지 않은 통신 서비스나 게임 등의 경우에는 이벤트나 체험관의 설치, 홍보 비디오 등을 통한 창의적인 시연방법을 강구하는 것이 좋다. 눈에 잘 띄는 획기적인 형태나 색상의 디자인도 관찰가능성을 높이는 데 도움이 된다. Apple iPod의 경우 이어폰 줄을 흰색으로 함으로써 본체가 노출되지 않은 상태에서도 누구든지 iPod임을 쉽게 알아볼 수 있게 하였다.

다섯 번째 혁신특성은 인지된 위험perceived risk이다. '인지된'이란 수식어가 말하듯이 소비자가 혁신제품의 경제적, 신체적 리스크에 대해 어떻게 느끼는가가 중요하다. 여기서 경제적 리스크는 불확실성uncertainty이라는 말로 바꾸어 생각해 볼 수 있는데,

과연 이 신제품이 새로운 표준이 될 것인가 아니면 반짝하고 사라져버릴 제품인가 하는 고민을 말한다. 또 이보다 더 나은 신기술이 금방 나타나서 이 혁신제품을 한순간에 진부화obsolescence시켜 버리지는 않을까 하는 위험도 있다. 이와 같은 인지된 위험을 줄이기 위해서는 미래의 기술발전에 대한 소비자의 기대를 어느 정도 관리할 필요가 있다. 실제로 많은 연구결과가 소비자들이 빠른 기술발전을 기대하는 경우 혁신제품의 채택을 뒤로 미루는 경향이 있음을 밝히고 있다. 여기에 착안한 NEC는 자사의 컴퓨터 Z1 모델의 수용을 앞당기기 위해 다음과 같은 광고 문안을 사용한 적이 있다. "컴퓨터에 있어서 더 이상의 진보는 없습니다. Z1이야말로 궁극적인 개인용 컴퓨터입니다."그런데 뒤의 1이란 숫자는 무엇이란 말인가? 한편, 신체적 리스크에 대한 인지된 위험을 줄이기 위해서는 다양한 홍보수단을 통해 제품의 안전성을 알리는 노력이 필요하다.

마지막 여섯 번째 혁신의 특성은 시용가능성trialability 혹은 분할가능성divisibility이다. 즉, 사용자가 채택 결정을 내리기 전에 조금 일부만 사용해 볼 수 있는가 하는 것이다. 만약 부분적인 체험을 해 볼 수 있다면 많은 잠재고객이 시용을 할 것이고 그 결과 채택과 수용이 손쉽게 이루어질 수 있다. 신규제품 체험단의 모집이나 일정 기간 무료사용 혜택, 혹은 렌탈을 이용한 판매 등도 시용 혹은 분할가능성을 높여주어 혁신제품의 채택을 앞당기는 데 효과적이다.

디지털 세상의 향기 | iSmell 이야기

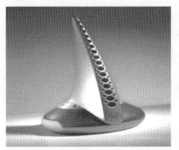

사람은 다섯 가지 감각을 가지고 있다. 그러나 디지털 세상 속에는 두 가지 감각만이 존재한다. 그것은 시각과 청각이다. 인류는 모니터와 스피커를 통해 눈과 귀에 디지털 정보를 전달하는데 성공하였다. 그렇다면 다음에 도전할 감각 기관은 무엇일까? 답이 코(후각)라고 생각한 자들의 이야기가 있다.

2000년, DigiScent는 후각 정보 전달에 대한 시연회를 개최하였다. 이 회사는 인터넷이 후각이라는 측면에서 큰 기회를 제공하리라 보았으며 냄새를 발생시키는 기계를 만들어서 이를 시연해 보이기로 한 것이다. Digiscent는 iSmell이라는 장치가 전혀 색다른 즐거움과 유용함을 선사할 것이며 컴퓨터를 통한 후각 시스템의 활용은 새로운 금맥이라고 생각하였다. iSmell이라는 장치의 기본원리는 매우 간단했다. iSmell은 128가지의 화학적 향기 세트를 기본으로 여러 가지 향기들을 조합할 수 있는 소프트웨어의 힘을 빌어 무수히 많은 향기들을 만들어 낸다는 것이다. 이 장치를 사용한다면 컴퓨터 사용자들은 화면 속에 나타난 이미지를 클릭함으로써 향기를 맡을 수 있고 이를 다운받거나 친구에게 보낼 수도 있게 된다. 구체적인 예로, 유명한 레스토랑의 메뉴들을 이미지와 글로만 보는 것이 아니라 직접 냄새를 맡아볼 수 있게 된다는 것이 이들의 주장이었다.

이러한 후각 자극 장치는 전망이 매우 밝아 보였다. 기존에 전혀 체험해 보지 못한 합성된 냄새라는 새롭고 흥미로운 것을 제공하는 Wow Factor를 지니고 있었고 향기마케팅과 더불어 거대하고 지속적으로 성장해갈 디지털 산업과도 깊이 연관되어 있었다. 그러나 결과는 참혹했다. 2001년 중반, 제품출시 6개월 만에 Digiscent는 파산하였고, iSmell은 Fortune지가 선정한 2001년 'Worst technology product of the year'에 선정되었다.

iSmell은 왜 실패했을까? 무엇이 문제였는지는 아래의 ACCORD 모형을 통해 분석한 내용을 보면 금방 알 수 있다. 강력한 니즈가 없었기에 상대적 이점도 없었고, 호환성, 복잡성, 시용가능성에 있어서도 문제가 있었다. 무엇보다도 신체적 위험에 대한 인지된 위험이 커다란 장벽으로 작용했다. ACCORD 분석만 미리 실시해서 대응전략을 잘 수립하였다면 우리는 혹시 지금쯤 디지털 향기가 가득한 세상에서 살고 있지 않을까?

iSmell의 ACCORD 분석

기준	설명	평가
상대적 이점(Relative Advantage)	냄새에 대한 강력한 니즈가 없음 기술적 미완성(잔향, 화면보다 느린 속도)	하
호환성(Compatibility)	기존 PC 사용 행태와 불일치	하
복잡성(Complexity)	사용하기에는 간편하나 이해하기 어려움	중
관찰가능성(Observability)	화제성 있으나 가시성 낮음	중
인지된 위험(Perceived Risk)	화학성분 흡입에 대한 두려움 알레르기 반응 유발가능성	하
시용가능성(Divisibility)	상점 내 체험공간 마련 용이 샘플이나 한시적 서비스 제공 어려움	중

1.3 혁신저항의 극복

혁신저항innovation resistance이란 '혁신이 야기하는 변화에 대한 소비자들의 저항'이라고 할 수 있다. 즉, 소비자는 혁신으로 인한 '변화'에 직면하였을 때 심리적인 균형이 깨어짐을 느끼며 이때 이를 해결하기 위하여 심리적인 재조정을 하거나 또는 변화에 대한 저항을 선택하게 된다는 것이다. Ram & Sheth1989는 혁신을 채택하는 데 있어서 주요한 소비자의 저항요인을 기능적 장벽과 심리적 장벽으로 구분하였다.

기능적 장벽functional barrier은 다시 세 가지 장벽으로 구분된다. 첫째는 가치장벽value barrier으로서 혁신제품의 성능이나 효과, 가격이 기대수준에 부합하지 않을 때 나타나는 저항을 말한다. 둘째는 사용장벽usage barrier인데 이는 혁신제품으로 인해 소비자들이 기존의 생활습관이나 관행을 변화시켜야 할 때 나타나는 장벽이다. 하이테크 제품은 종종 기존의 사용방식과는 전혀 다른 새로운 방식의 제품사용과 나아가서는 생활 패턴의 변경까지 요구하는 경우가 많다. 셋째 장벽은 위험장벽risk barrier이다. 이는 혁신을 수용함에 따라 겪게 될지 모르는 신체적, 경제적, 사회적 위험이 크다고 느껴지는 경우에 나타나는 수용거부이다.

한편, 심리적 장벽psychological barrier은 다시 관습장벽traditional barrier과 이미지장벽image barrier으로 나누어진다. 관습장벽이란 혁신제품이 기존 사회관습이나 규범과 다르거나, 사용자가 주변 사람들의 시선을 의식해야 하는 경우 나타나는 저항을 말한다. 이는 매우 미묘하게 나타나기 때문에 잠재 소비자와의 심층면접이나 면밀한 관찰을 통해 파악해야 한다. 이미지장벽은 혁신제품 자체에 대한 부정적인 편견이나 선입관 같은 이미지상의 문제이다. 게임이나 인터넷 중독을 우려하는 사람들은 제품의 성능과 관계없이 그 자체에 대한 부정적인 이미지를 가지고 있어 아무리 혁신적인 제품이라도아니 오히려 혁신적일수록 수용을 거부하게 된다.

2011년 Nestlé가 출시한 캡슐형 분유 제조기 BabyNes는 소비자들의 혁신저항으로 인해 확산의 정체를 겪고 있는 대표적인 사례이다. BabyNes는 캡슐형 커피 제조기와 동일한 방식으로 간편하게 유아용 분유를 만들어 먹일 수 있는 제품으로, 분유 한 병을 만드는데 고작 30초밖에 걸리지 않는다. BabyNes 분유 분말 캡슐의 가격은 커피 캡슐의 네 배 수준이었지만, 직접 분유를 타는 것에 비해 사람의 손길이 현저하게 줄어들었기 때문에 가격에 대한 소비자들의 저항은 그리 크지 않았다. 또한, 위생이나 영

그림 2 혁신 채택에 영향을 주는 요인

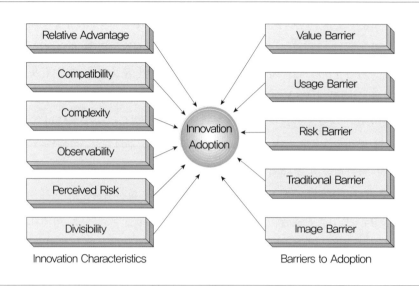

양소 측면에서도 기존의 분유에 비해 더 신뢰할 수 있다는 데에 소비자들도 동의했다. 즉, 기능적 장벽 측면에서는 BabyNes에 대한 소비자들의 저항은 문제가 되지 않았다. 소비자들의 채택을 주저하게 만든 요인은 심리적 장벽에서 찾을 수 있다. 다수의 시민단체들은 BabyNes가 모유 수유를 권장하는 시대적 흐름에 역행하는 상품이라고 비판적 성명을 발표했다. 더 나아가, 부모 스스로도 아이에게 먹일 음식을 만드는 수고를 덜기 위해 돈을 지불한다는 것에 죄의식을 갖는 경우가 있었다. 주변 사람들의 시선을 의식하게 만드는 관습장벽과 제품 자체에 대한 부정적인 이미지를 갖는 이미지장벽이 BabyNes의 앞길을 막고 있는 것이다.

소비자 개인의 혁신저항 외에도 혁신제품의 안전성, 사회적 규제 측면 등의 사회적 저항도 만만치 않을 수 있다. 따라서, 법적, 제도적, 기술적 환경을 면밀히 점검하여 뜻하지 않은 저항에 부딪치지 않도록 하여야 한다.

제3장에서 우리는 연속적 혁신과 불연속적 혁신에 대해 논의한 바 있다. 지금까지 앞에서 설명한 바에 따르면 연속적 혁신보다는 불연속적 혁신의 경우에 혁신저항

이 훨씬 클 것으로 예상할 수 있다. 불연속적 혁신은 대개 소비자의 행동변화를 요구하는 경우가 많아 사용장벽과 관습장벽을 높이게 되어 적지 않은 혁신저항에 부딪치게 될 것이기 때문이다. 이와 같이 혁신의 정도가 너무 높아 상당한 저항이 예상되는 경우, 마케터들은 이른바 '동태적 연속혁신dynamically continuous innovation'을 고려해 볼 수 있다. 동태적 연속혁신은 연속적 혁신과 불연속적 혁신의 중간 다리를 놓아주는 것으로 볼 수 있는데, 불연속적 혁신제품에 대한 고객수용이 늦어질 것을 감안하여 기존제품과 신규 혁신제품의 일부 기능만을 융합 혹은 복합하여 만들어 낸 제품을 일컫는다. 예를 들면, 디지털 카메라의 사용방법과 소비행동의 급격한 변화촬영–파일 이동–소프트웨어를 이용한 작업–프린트 등로 인해 디지털 카메라에 대한 시장에서의 저항이 수년간 지속될 것으로 예상한 Kodak은 기존 기계식 카메라를 사용하여 촬영을 한 후 인화점에 맡기면 인화지 대신 CD에 사진을 스캔하여 돌려주는 'Picture CD'를 출시한 바 있다. 또 초기 DVD 출시 시점에 DVD의 녹화기능에 한계가 있어 전면적인 확산이 어려운 점을 포착하여, DVD와 기존의 VCR을 하나로 결합하여 출시한 'DVD 콤보' 제품이나 전기자동차와 기존 가솔린자동차의 장점을 결합한 하이브리드카hybrid car도 일종의 동태적 연속혁신이라 할 수 있다. 이러한 제품들을 'Bridge' 제품이라 부르기도 하는데, 이들의 성공은 불연속적 혁신제품에 대한 저항의 크기와 그 기간의 길이에 상당히 의존한다. 그리고 이 경우 소비자들이 기존기술을 선호하는 집단과 혁신기술을 선호하는 집단으로 뚜렷하게 양분되는지 아니면 중간 단계의 수요가 상당한지에 대해 반드시 확인해 보아야 한다.

Bridge Technology

90년대 말 등장한 디지털 카메라는 전형적인 불연속적 혁신 제품이었다. 과거에는 사진을 찍은 후 필름만 사진관에 맡기면 모든 일이 해결되었다. 하지만, 디지털 카메라의 경우에는 촬영 후 컴퓨터에 연결하여 응용 소프트웨어를 이용해 추가 작업을 하고, 직접 프린터를 통해 인쇄를 해야 했다. 적지 않은 시간과 돈이 필요했던 것은 물론이고, 사진을 찍고 필름을 인화하던 기존의 행동에 상당한 변화가 요구되었다.

필름인화 사업에 주력했던 Kodak이 디지털 카메라에 대응하기 위해 개발한 상품이 바로 'Picture CD'였다. Picture CD는 기계식 카메라를 사용하던 고객들이 '행동을 전혀 변화하지 않고도' 디지털 카메라의 장점을 경험할 수 있게 도와주는 획기적인 아이디어였다. 소비자들이 현상소에 필름을 맡기면, 사진을 스캔하여 CD에 저장해주는 디지털화 작업은 Kodak이 맡게 된다. 고객은 인화지 대신 CD에 수록된 사진을 찾아가면 그만인 것이다. 이는 Kodak이 일관되게 추구해 온 고객 가치인 '사용 편의성'과도 상통하는 아이디어였으며, 기존 제품과 혁신 제품 사이에 다리를 놓아주는 이른바 'Bridge Technology'였다.

모바일 페이먼트 업체 Square 역시 Bridge Technology를 통해 확산을 촉진하고 있다. Square는 엄지 손톱보다 조금 큰 정도의 단순한 리더기를 스마트폰과 연결하는 것만으로 소상공인들이 장소에 구애 받지 않고 손쉽게 신용카드를 결제할 수 있도록 만들어 주었다. Square의 결제 방식은 소비자들로 하여금 전자지갑의 보안성에 대한 우려를 줄여줄 뿐만 아니라, 행동의 변화도 수반하지 않았다. 신용카드에서 전자지갑으로 지불수단이 전환되는 과정에서 효과적인 이음새가 된 것이다.

1.4 초기 고객기반의 형성

혁신제품의 여러 특성을 개선하여 매력을 높이고 소비자와 사회적 혁신저항을 극복하게 되면 그 혁신제품은 고객들의 혁신 수용acceptance 과정을 통해 일단 시장에 발을 붙이는 데 성공하게 된다. 그 이후부터는 시장에서의 성장전략에 대한 고민이 시작된다. 초기 시장에서 고객기반을 확대해 가기 위해서는 무엇을 해야 하는가?

시장의 확대와 관련하여 내려야 하는 중요한 전략적 결정이 있는데, 그것은 성능과 호환성에 대한 것이다. 성능과 호환성은 상충관계trade-off에 놓여 있으므로 기업과 제품, 시장 상황을 고려하여 매우 신중한 판단을 내려야 한다.

혁신제품의 특성 중에서도 성능상대적 우위과 호환성은 소비자의 구매의도에 가장 직접적인 영향을 주는 두 가지 혁신특성으로 많은 실증연구 결과가 밝히고 있다. 그런데, 성능과 호환성이 모두 높다면 개인 소비자의 채택 의도가 높아지고 따라서 제

그림 3 성능-호환성 상충관계

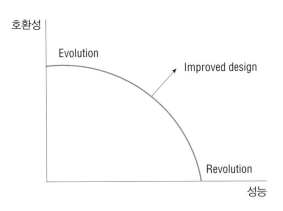

출처: Shapiro & Varian(1999), p. 191.

품 확산속도도 매우 빨라질 것이지만, 제품의 획기적인 성능개선을 위해서 호환성을 포기해야 하는 경우가 종종 있다는 것이 문제다. 그렇다면 하나의 혁신제품을 개발, 출시할 때 기존의 제품과 호환성을 유지하면서 성능을 적당히 개선할 것인지 아니면 성능을 대폭 향상시키기 위해 호환성을 포기할 것인지를 결정해야 한다. Shapiro와 Varian은 이러한 현상을 '성능-호환성 상충관계performance-compatibility tradeoff'라고 규정하고, 〈그림 3〉에 나와 있는 것과 같이 호환성을 극대화하고 점진적인 개선을 해나가는 'Evolution' 전략과, 호환성을 일부 희생하더라도 획기적인 성능개선으로 제품의 우위성을 강조하는 'Revolution' 전략 사이에서 결정해야 한다고 주장하였다.

　　Evolution 전략은 'Migration 전략'이라고도 부르는데 앞에서 말한 바와 같이 호환성에 무게를 두는 전략이다. 특히 기존제품 사용자를 끌어들이기 위해서는 후방호환성이 중요한데, Borland사의 Quattro Pro라는 스프레드시트 제품이 당시의 시장지배 제품이었던 Lotus 1-2-3의 명령 키를 그대로 사용할 수 있도록 유저 인터페이스user interface를 디자인한 것이라든가, MS Word의 초기 제품이 당시의 베스트셀러였던 Word Perfect 유저들을 겨냥하여 메뉴를 바꾸어 주는 토글 키를 제공하고, Help 기능을 강화하는 한편 WP 문서를 Word 문서로 쉽게 변환할 수 있는 기능을 만들어 포함시키는 등의 적극적인 노력을 한 것이 그 예이다.

하지만 Evolution 전략의 가장 큰 함정은 경쟁자가 Revolution 전략을 취하는 경우 마켓 리더십에 치명타를 입을 수 있다는 것이다. 기존제품의 시장지배력과 고객 충성도가 매우 높거나, 뚜렷한 성능우위를 가지는 대체재가 없는 경우 Evolution 전략의 성공가능성은 높다. 그러나, 비호환의 불편함을 상당 부분 커버할 만큼 탁월한 성능을 가진 제품으로 Revolution 전략을 쓰는 경쟁자가 나타난다면 Evolution 전략을 쓰는 기업은 기술 리더로서의 지위는 물론 마켓 리더로서의 지위를 잃게 될 가능성이 높아지게 되는 것이다. 또 Migration 전략을 취하기로 하고 단계적으로 시장을 견인하고자 하는 경우에도 기술적, 제도적 장애물에 봉착할 가능성이 많으므로, 특허 등 다양한 요인들을 면밀히 검토하여야 한다.

한편, Revolution 전략은 호환성보다 성능에 초점을 맞춘 전략이다. 이 전략은 시장이 특정 제품에 Lock-in 되어 있지 않고, 제품군product category 자체가 아직 형성 단계에 있는 경우에 매우 효과적이다. 즉, 호환성이 큰 문제가 되지 않을 만큼 아직까지는 시장이 소위 파워 유저power user에 의해 주도되는 경우에는, 기존기술의 족쇄를 끊고 장래성 있는 기술에 적극적으로 투자하여 성능을 대폭 개선하는 것에 우선순위를 두는 것이 효과적이다. 마케팅 전략도 일반 소비자보다는 그 제품을 많이 사용하는 헤비유저heavy user, 특히 성능에 민감한 파워 유저를 표적시장으로 선정하여야 한다.

환자분께는 디지털 치료제를 처방하겠습니다.

디지털 치료제에 대한 시장의 관심이 뜨겁다. 디지털 치료제는 질병을 관리, 치료하고 건강을 증진시키는 소프트웨어를 뜻한다. 화학적, 생물학적 작용원리를 이용해 신체에 직접 쓰여지는 전통적인 치료제와는 달리, 디지털 치료제는 스마트폰 앱, VR, 게임, AI 등 디지털 기술을 기반으로 질병을 모니터링하고 인지행동 조절을 통해 치료효과를 거둔다. 이미 해외에서는 다양한 기업이 우울증, 수면장애, 조현병, 당뇨, 자폐 등의 질병을 대상으로 하는 디지털 치료제 개발에 뛰어들었다. 스타트업 빅헬스(Big Health)는 슬립피오(Sleepio)라는 앱을 통해 불면증에 대한 디지털 인지 행동 치료를 제공하는데, 이 앱에는 행동, 인지,

교육 등의 하위 파트로 구성된 20분 길이의 세션 6개가 포함된다. 그런가 하면 의사의 처방을 받아야만 할 수 있는 게임도 있다. 아킬리 인터랙티브(Akili Interactive)가 개발한 EVO라는 태블릿PC 게임은 아동의 ADHD(주의력 결핍 과잉 행동 장애) 치료를 목적으로 개발됐다. 이 게임은 외계인 캐릭터를 조종하면서 장애물을 피하는 동시에 다른 특정 사물을 구분하는 방식으로 고도의 멀티 태스킹을 요구하는데, 이를 통해 소아 ADHD 환자의 주의력을 향상시킨다. 한편 고소 공포증, 밀실 공포증, 대중 연설 공포증 등을 앓는 환자를 위해 VR 기술을 활용한 치료제도 등장했다. 외상 후 스트레스 장애(PTSD) 치료를 위해 VR을 최초로 이용한 '버추얼 베트남'은 베트남전에 참전했던 군인들의 공포감과 트라우마를 치료하기 위해 정글을 헤치고 가는 상황, 군용 헬리콥터를 타고 날아가는 상황 등을 VR로 구현해 플레이어를 실제 베트남전에 있는 것처럼 느끼게 했다. 그 결과 전통적 심리 치료에 효과를 보이지 않았던 PTSD 환자 전원이 유의미한 치료 효과를 얻었다.

디지털 치료제는 형태와 사용 방식 모두 기존의 치료제와는 판이하다는 점에서 아직 '누구도 가보지 않은 길'이라 할 수 있다. 임상, 인허가, 보험, 의사 처방, 환자 사용까지 모든 과정에서 아직 넘어야 할 산이 많다. 그 중에서도 의사가 과연 디지털 치료제를 처방할 것인가, 그리고 환자가 디지털 치료제를 과연 사용할 것인가의 문제는 초기시장 형성에 매우 중요하게 고려되어야 하는 사안이다. 의사 입장에서 디지털 치료제가 기존의 약 대비 장점이 명확하지 않다면 굳이 이를 처방할 이유가 없다. 보험 적용 여부도 큰 변수가 될 수 있다. 한편, 환자가 디지털 치료제를 어떻게 인식할지도 미지수다. 아파서 병원에 갔는데 의사가 게임이나 앱을 처방한다면 거부감이 들지는 않을까? 환자와 관련해서는 고령의 환자가 앱이나 게임을 '제대로 활용할 수 있을 것인가'의 디지털 리터러시(digital literacy)와 디지털 치료제를 환자가 정말 '꾸준히 잘 쓸 것인가'의 지속 사용성(engagement) 문제에 대해 고민해보고 여러 방해 요소들을 제거해 나가야 한다. 디지털 치료제는 기존 약보다 개발 기간, 비용, 부작용 발생 가능성이 상대적으로 낮다는 강력한 장점이 있지만 사람의 건강과 생명을 다루는 분야인만큼 충분한 준비가 동반되어야 한다. 디지털 치료제가 약효와 안전성을 입증하고 보험사와 정부, 의사와 소비자를 설득하는 등 무수한 난관을 뚫고 시장 개척에 성공할지 많은 기대가 주목된다

출처: 최윤섭 (2020), "불면증 치료 앱, 공포 덜어주는 VR… 디지털 기술도 이젠 하나의 치료제," 동아비즈니스 리뷰, Vol. 296, No. 1.

② 고객기반의 확대

2.1 오픈 비즈니스 모델

비즈니스 플랫폼을 구축함에 있어서 비즈니스 모델의 혁신은 필수이며, 그 과정에서 가장 큰 고민은 어느 정도까지 비즈니스를 개방할 것인가 하는 것이다. 비즈니스의 개방은 다양한 사업자의 참여뿐 아니라, 사용자의 사용장벽을 낮추는 문제, 타제품이나 서비스로의 이동장벽을 낮추는 이동성의 개방을 포괄하는 것으로, 수많은 변수를 고려해서 결정해야 한다.

개방은 기업의 독점적 지위를 다소 포기하도록 하지만 반대급부로 시장의 '범위'와 '규모'가 확대되는 효과를 가지고 온다. 우선 기업이 개방을 하게 되면 경쟁사, 협력업체, 소비자들의 적극적 참여가 일어나고 그 결과 경쟁이 심화되며 소비자들의 다양한 사용 행태를 관찰할 기회가 주어진다. 이에 기업들은 기술투자와 혁신적인 비즈니스 모델 개발에 전력 투구를 하게 되고, 그 결과 다양한 상품들의 출현으로 시장범위가 확장되고 비즈니스 기회가 확대된다. 또 개방으로 인해 혜택을 얻게 되는 참여자들의 만족도가 증가하여 시장규모가 급속히 확대되며 이는 매출기회의 확대로 이어진다〈그림 4〉 참조. 실제로 삼성전자는 사물인터넷 시장에서 선도적 지위를 차지하기

그림 4 개방에 따른 효과

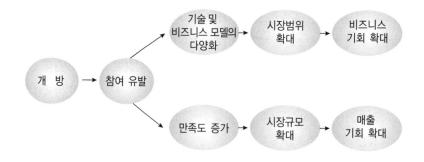

출처: 최재혁(2008), p. 85.

위해 OS 타이젠의 오픈소스를 전격 공개하며 개방형 생태계 조성을 도모했다. 또한, 음성인식 시장에서도 Amazon, Google, Apple, Microsoft 등 주요 업체들이 자사의 기술을 다른 업체에서 무료로 사용할 수 있도록 개방형 정책을 펼치고 있다.

그렇다고 개방이 언제나 좋은 것은 아니다. 개인용 컴퓨터 시장에서 Apple은 지나친 폐쇄정책으로 자신이 창조한 시장을 대부분 IBM 진영에 빼앗겼지만, 호환기종을 내세워 시장의 표준으로 자리잡은 IBM 또한 개방정책의 희생양이 되고 말았다. 표준화와 개방성을 위해 선택한 파트너인 Intel과 Microsoft에게 산업의 주도권을 모두 빼앗겼기 때문이다. 모바일 OS 시장에서 개방정책을 택한 Google의 Android 역시 깊은 고민에 빠져 있다. 다양한 모바일 단말들이 Android를 채택하면서 막대한 시장점유율을 누리게 되었지만, 단말기기마다 스크린 사이즈가 천차만별인지라 앱 개발자 입장에서는 어떤 사이즈를 기준으로 삼을 것인지 결정하기가 쉽지 않다.

통제control와 개방openness 사이의 선택은 〈그림 5〉에 나와 있는 사각형, 즉 보상reward의 크기를 최대화하는 지점을 선택하는 문제이다. 즉, 보상의 크기는 산업 전체 가치의 크기와 자사의 점유율에 의해 결정되는데, 개방전략은 산업 전체의 가치, 즉 시장의 크기를 증가시키는 반면 자사점유율을 낮추고, 통제전략은 자사의 점유율을

그림 5 통제냐 개방이냐

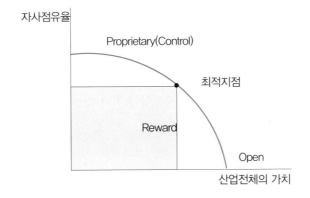

출처: Shapiro & Varian(1999), p. 198.

증가시키는 대신 산업 전체의 크기를 제한한다. 따라서, 개방전략을 취할 경우의 보상과 통제전략을 취할 경우의 보상의 크기를 비교하여 최적의 지점을 선택해야 하는 것이다.

Intel과 Microsoft는 통제전략을 취하는 대표적인 기업들로서, 개방했을 경우에 늘어나는 시장가치보다 자신의 점유율 감소가 더 클 것을 인식하고 매우 폐쇄적인 제품전략을 채택하고 있다. 반면에 Apple 컴퓨터와 Sony의 Betamax VCR은 시장확대에 관한 자신의 능력을 과신하여 초기에 지나치게 통제적인 전략을 취하였다가, 시장의 대부분을 경쟁사에게 넘겨 준 경우이다. 이러한 사례를 통해 볼 때, 통제전략은 자사의 시장지위, 기술적 능력, 특허 등으로 인해 혼자만의 힘으로 혹은 소수 기업들 간의 연계를 통해 시장을 확대해 갈 능력이 확고할 경우 효과적인 전략이 될 것이고, 그렇지 않다면 어느 정도 점유율의 희생을 감수하더라도 시장의 파이를 키우는 개방전략이 더 바람직할 것이다. Adobe, Linux 등은 개방전략을 통해 시장의 규모를 크게 성장시키면서도 어느 정도의 주도적 지위를 유지하고 있는 기업들이다.

또 개방전략이 성공하기 위해서는 개방 후에도 상당 부분의 지속적인 수익을 가져올 수 있는 이른바 수익 잠금장치가 있어야 한다. 이는 다양한 방식으로 구현이 가능하지만 원천적으로 가치 네트워크value network상 일부 영역에서 독점적 지위를 확보한 후 지속적으로 그 지위를 유지할 수 있어야 하고 그 지위를 이용한 수익모델을 만들어야 한다. Google은 다양한 서비스를 개방하였지만 트래픽 독점권을 확보하여 수익모델인 AdSense나 AdWords를 통해 지속적인 수익을 얻고 있고, Palm은 PDA의 개발자 소프트웨어를 개방하는 대신 운영체제os에 대한 독점적 지위를 확보하여 수익을 얻었다.

개방으로 인한 효과를 기대하기 위한 또 하나의 성공조건은 업계의 협력적인 생태시스템collaborative ecosystem이 가동되어야 한다는 것이다. 즉, Win-Win할 수 있는 비즈니스 모델을 만들어 구성원들의 적극적인 참여와 기술개발 등 활발한 활동을 촉진하여 궁극적으로 소비자들이 만족할 만한 상품의 품질과 다양화를 가져와야 한다는 것이다.

통제와 개방의 의사결정이 반드시 전면적으로 이루어질 필요는 없다. 다시 말해 일부 영역은 개방적으로, 또 다른 영역은 폐쇄적으로 가져 갈 수 있다. Apple은 iTunes 뮤직 스토어를 개방적으로 설계하여 가수와 음반업계를 아우르는 생태계를 구축했지만, MP3 플레이어인 iPod에 대해서는 폐쇄적인 전략으로 일관했다. 즉, iTunes에서 다운로드 한 음악은 오직 iPod에서만 들을 수 있게 한 것이다. 여기에 대한 시장의 반발은 적지 않았지만 사용의 용이성과 디자인에 매료된 소비자들의 구매가 줄을 이었고, Microsoft의 Zune 플레이어 등 후발 주자들의 개방정책에도 불구하고 압도적인 점유율을 유지했다. 이와 같이 개방과 폐쇄 전략을 자유자재로 혼용하며 시장 지배력을 키워가는 Apple의 '선택적 개방' 전략은 iPhone과 iPad에도 이어졌다.

네트워크 성장전략

1.4절에서 논의한 성능-호환성 상충관계와 통제-개방전략을 결합하면 〈표 1〉에 제시된 것과 같은 네 가지의 전략 대안이 나온다. 호환성을 강조하는 Migration 전략은 제품전략의 개방성 여부에 따라 'Controlled Migration'과 'Open Migration'으로 나누어 볼 수 있는데, 전자는 Quattro Pro나 MS Word의 사례와 같이 시장을 지배하는 경쟁제품의 고객을 효과적으로 이전시키려는 경우와, Microsoft의 Windows나 Intel의 Pentium과 같이 자사 제품의 업그레이드를 통한 Migration의 경우에 많이 사용되는 전략이다. 반면에 'Open Migration'은 제품 표준 간의 경쟁 상황이나 새로운 차세대 기술 혹은 제품군으로의 이전을 도모하는데 한 회사만의 노력이 한계가 있을 경우, 공동 연합전선을 만들어야 할 필요를 느껴 주로 사용하는 전략이다. 기존제품과의 적당한 호환성을 유지하면서 지속적으로 발전하는 전자부품이나 프린터 등의 산업이 이러한 전략을 취하고 있다.

한편, 독점적 지배력을 유지하면서 성능우위를 강조하는 'Performance Play' 전략은 매우 리스크가 크고 대담한 전략인데, 차별화된 기술력과 이미지를 가진 기업들이 종종 사용하는 전략이다. 특히 Nintendo, PlayStation, Xbox 등의 콘솔 게임기 산업은 서로의 호환성을 완전 배제하고 철저히 본체와 보완재_{게임 타이틀}의 성능으로 승부하는

표 1 본원적 네트워크 성장전략의 네 가지 대안

	통제(control)	개방(openness)
호환성	Controlled Migration	Open Migration
성능	Performance Play	Discontinuity

출처: Shapiro & Varian(1999), p. 204.

'Performance Play' 전략을 구사하는 대표적인 산업이다. Palm의 PDA나 Iomega의 Zip Drive 같은 경우도 호환성보다 성능 위주의 독자적인 제품전략을 펼친 사례이다.

'Discontinuity' 전략은 'Open Migration'의 경우와 달리 기존의 제품을 완전 대체하는 것을 목표로 여러 기업이 공동으로 새로운 제품군을 적극적으로 마케팅하는 전략으로, 카세트 테이프를 대체하는 CD Player나 VTR을 대체하는 DVD, 혹은 Linux나 Java의 확산을 위한 소프트웨어 기업들의 개방 제품전략이 대표적인 사례이다. 이들의 경우 주요 기술의 개방을 통해 제품의 성능이 더 빨리 개선되고 발전함으로써 개방전략과 성능 위주의 Revolution 전략을 동시에 추구할 수 있었다.

2.2 네트워크 효과

이 책의 제2장에서 우리는 하이테크 산업의 경우 시장의 확대가 네트워크 외부성network externality을 기반으로 한 긍정적 피드백 효과에 의해 이루어진다고 배운 바 있다. IT 주도의 경제를 'Network Economy'라 부를 만큼 네트워크의 크기와 힘이 중요해지고 있는 것이다. 그렇다면 구체적으로 네트워크 효과란 무엇이고 어떻게 이를 활용하여 긍정적 피드백을 만들어 낼 수 있는지 알아보자.

네트워크 효과 혹은 네트워크 외부성이란 '네트워크에 연결하는 것의 가치가 그 네트워크에 이미 연결되어 있는 다른 사람들의 수에 의존하는' 현상을 말한다. 좀 더 쉽게 풀어서 말하면, 네트워크에 연결한다는 것을 특정 하이테크 상품을 구매하는 것으로 볼 때 그 제품의 가치는 이미 그 제품을 사용하고 있는 사람들의 수에 비례한다는 뜻이다. 그것도 선형 관계로서의 비례가 아니라 기하급수적인 비례의 관계가 있다.

네트워크 효과가 존재하는 상품의 경우, 구매 의사결정 당시 가장 많은 사람들이 사용하고 있는 제품의 가치가 높아지므로 구매가 더욱 그 상품에 집중되어 '부익부 빈익빈' 현상을 부채질하게 된다. 그러므로 신속하게 사용자 네트워크를 확보한 상품은 자신의 네트워크를 레버리지로 하여 네트워크 효과를 활용한 마케팅 전략을 구사할 필요가 있다. 그러다가 어느 순간 임계치critical mass를 넘게 되면 긍정적 피드백 루프가 작용하여 고객이 지속적으로 증가하는 선순환의 싸이클을 만들게 된다. 혹자는 이러한 현상을 공급 측면의 규모의 경제economies of scale 효과에 빗대어 '수요 측면의 규모의 경제'라고 부르기도 한다.

네트워크 효과는 팩스나 전화, 인터넷 통신이나 이메일과 같이 실제 물리적 네트워크에 연결된 경우뿐 아니라, 사용자 기반installed base이라고 하는 가상적 소비자 네트워크의 경우에도 나타날 수 있다. 예를 들면, 워드프로세서나 스프레드시트 같은 사무용 응용 소프트웨어의 경우, 더 많은 사람들이 동종 제품을 사용할수록 사용자가 파일 교환이나 공동 작업 등에서 얻을 수 있는 효용이 증가하므로 네트워크 효과가 적지 않게 발생한다. 또한 네트워크 효과는 실제 네트워크의 크기가 아니라 소비자들이 인식하거나 예상하는 미래의 네트워크 크기에 의해 나타나기도 하므로, 시장지배 기업으로서의 이미지를 구축하고 이를 적극적으로 커뮤니케이션하는 것도 매우 효과적일 수 있다.

그리고, 경우에 따라 사회 전체의 네트워크보다 로컬local 네트워크가 더 중요하고 직접적인 영향을 줄 수 있다이를 '로컬 네트워크 효과'라고 한다. 즉, 소비자들은 자신의 주위에 있는 친구, 친지들의 구매행동을 관찰하고 그들의 사용 제품을 인식하여 제품의 가치를 가늠하게 되므로, 구매 의사결정에 있어서 친구·친지 네트워크상의 점유율이 특정 제품의 전체 시장 점유율보다 더 큰 의미를 가질 수 있다. 직장인이나 학생의 경우 자신과 공동 작업을 할 가능성이 많은 가까운 동료들이 많이 사용하는 제품을 구매할 가능성이 많은 것이 그런 이유에서다. 특정 오피스 소프트웨어나 메신저 등과 같은 통신 서비스들이 이러한 경우에 자주 해당한다.

네트워크 효과에는 지금까지 설명한 직접 네트워크 효과direct network effect 외에 '간접 네트워크 효과indirect network effect'가 있는데 이는 보완재complementary goods의 사용자 네트워크가 커질수록 본 제품의 가치가 올라가는 현상을 말한다. 특히 하드웨어와 소프트웨어의 관계에 있는 제품들은 대부분 상호 의존적인 관계에 놓이게 되는데, 게임기와 게임 타이틀, 블루레이 플레이어와 블루레이 영화 타이틀의 경우와 같이 하드웨어 보급이 더 많은 소프트웨어 개발을 촉진하고 반대로 더 많은 소프트웨어 출시가 하드웨어의 구매를 촉진하는 경우가 그 예다.

Healey and Moe2016은 간접 네트효과를 극대화하는 데에 있어서 사용자 기반의 크기뿐 아니라 사용자 기반의 혁신성innovativeness과 최신성recency도 주목해야 한다고 주장한다. 비디오 게임 시장의 콘솔 게임기와 게임 콘텐츠 시장을 조사한 결과, 사용자 기

그림6 간접 네트워크 효과의 개념도

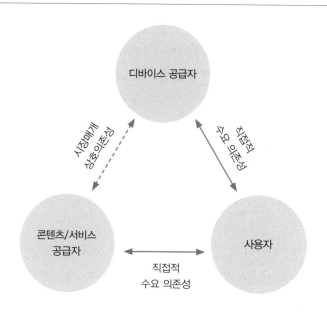

디바이스 공급자

시장매개
상호 의존성

간접적
의존성

콘텐츠/서비스
공급자

사용자

직접적
수요 의존성

출처: Gupta, Jain, and Sawhney(1999), p. 398.

반 내 출시 초기에 제품을 채택하거나즉, 혁신성이 높거나 최근에 제품을 채택한즉, 최신성이
높은 사용자의 비중이 높을수록 더 많은 콘텐츠를 구매하는 것으로 나타났다. 최신성
이 콘텐츠 판매에 미치는 긍정적 효과는 사용자들의 혁신성이 낮은 경우에 더욱 강하
게 나타났다.

    간접적 네트워크 효과가 존재하는 경우 종종 이른바 'chicken-and-egg'닭이 먼저인가
달걀이 먼저인가 문제가 발생하는데, 이는 하드웨어가 많이 보급될 때를 기다려 소프트웨
어 개발을 적극적으로 하지 않는 소프트웨어 사업자와, 소프트웨어의 개발이 많이 이
루어질 때를 기다려 하드웨어 보급에 적극 나서지 않는 하드웨어 사업자 간의 책임전
가 상황을 의미한다. 이 경우 누군가 먼저 적극적으로 초기 투자를 감행하지 않으면
사업 전체가 위축되어 고사할 수도 있다.

3 고객 Lock-in과 전환비용

3.1 Lock-in 현상과 이유

매우 강력한 Lock-in의 사례로 QWERTY 자판을 이미 이야기한 바 있다제2장 참조. 그러나, 이러한 Lock-in 현상은 하이테크 산업에 있어서 예외라기 보다는 오히려 매우 보편적인 현상으로 보아야 한다. 하이테크 제품들은 여러 가지 이유로 인해 한번 사용하게 되면 다른 제품으로 변경하기가 용이하지 않기 때문이다. 승용차를 하나의 브랜드에서 다른 브랜드로 바꾸는 것과 비교하면, 컴퓨터를 PC에서 Mac으로 바꾸는 것은 '대단한 결단a mighty good reason'을 필요로 한다.

Bell Atlantic이란 미국의 전화회사는 AT&T의 디지털 스위치 장비를 30억불에 구매했다가 그 후에 톡톡한 대가를 치러야 했다. 수신자 요금부담 전화번호 인식에 8백만달러, 음성 다이얼링에 천만달러 등, 후속적인 서비스 변경 때마다 장비 공급자인 AT&T에 의존해야 했고 그 때마다 AT&T는 막대한 금액을 요구했기 때문이다. Bell Atlantic은 AT&T의 서비스에 'Lock-in' 된 것이다. IBM의 메인프레임 컴퓨터용 소프트웨어를 만들어 파는 Computer Associates도 자사의 제품에 Lock-in된 고객으로부터 막대한 수익을 올릴 수 있었다. 이와 같이 당신이 Lock-in의 열쇠를 가지고 있는 주체인가 아니면 문 안에 갇힌 고객인가에 따라 Lock-in은 상당한 부의 원천이기도 하고 반대로 엄청난 골칫거리의 원천이 되기도 한다. 결국, Lock-in은 하나의 현상으로 볼 것이 아니라 항상 미리 예상하고 대처해야 하는 전략적 변수로 인식해야 한다는 얘기다.

그렇다면, Lock-in은 왜 생기는가? Lock-in의 원천은 크게 두 가지다. 첫째는 앞 절에서 설명한 '네트워크 효과'이다. 네트워크 효과에 의해 사용자들은 자연스럽게 하나의 제품에 몰리게 되고, 그 결과 시장 전체가 그 제품을 '사실상의 표준de facto standard'으로 받아들이게 된다는 것이다. QWERTY의 예에서도 보았듯이 이러한 상태가 되면 어느 개인이 표준이 아닌 상품으로 혼자서 전환할 인센티브가 없게 되고, 사회 전체가 하나의 제품에 의존하게 된다. 이른바 '남들이 다 쓰는 것'을 나도 써야만 하게 되는 것이다.

두 번째 Lock-in의 원천은 '전환비용switching costs'이다. 네트워크 효과가 자연스러운 Lock-in의 원천이라면 전환비용은 다분히 인위적인 Lock-in의 원천이다. 전환비용이란 말 그대로 전환하려고 할 때 발생하는 물리적, 경제적, 심리적 비용이다. 바꾸려고 하면 노력과 시간, 그리고 돈이 든다는 것이다. 이러한 효과가 강력하다면 사용자들은 웬만해선 다른 제품이나 서비스로 전환하려고 하지 않을 것이다. Shapiro와 Varian은 전환비용을 Lock-in의 유일한 원천"the source of lock-in"이라고까지 말했는데, 그들은 네트워크 효과도 일종의 '집단적' 전환비용collective switching cost으로 해석하였다.

하이테크 제품이 이른바 '시스템 제품system goods'이라는 사실도 하이테크 산업의 Lock-in 현상을 부채질한다. 하이테크 제품들은 대개 개별적으로 사용하는 단독stand-alone 제품이라기 보다는 여러 보완재와 더불어 사용하는 시스템 상품인 경우가 많다. 보완재 간의 완벽한 호환성이 보장되지 않는 경우에는 동시에 전체 시스템을 전환해야만 하는데, 그것은 막대한 비용이 될 것이고 소비자들은 대개 현재 시스템의 일부를 업그레이드 하는 수준에 만족하거나 전환결정을 미루게 된다.

3.2 전환비용의 개념과 유형

사실 전환비용의 개념은 Michael Porter가 그의 책 〈Competitive Strategy〉에서 처음 언급한 후에 서비스 마케팅 분야에서 먼저 연구되기 시작했다. 참고로 Jones & Sasser1995가 만족도와 충성도의 관계에 대한 실증연구 결과를 발표한 논문을 보면, 전환비용이 높은 경우예: 금융, 통신서비스에는 만족도가 매우 낮은 수준에서도 상표 충성도가 높은 것으로 나타나, 제품에 따라서는 '만족'보다 '전환비용'이 충성도의 진정한 원인이 될 수 있음을 알 수 있다〈그림 7〉 참조.

한편, Burnham과 그의 동료들은 2003년 발표된 연구에서 기존의 실증연구를 종합하여 전환비용의 개념을 정립하고 체계적으로 분류하였는데 이를 설명하면 다음과 같다.

첫 번째 전환비용의 범주는 '절차적 전환비용procedural switching costs'인데 한마디로 하면 전환할 때 '시간과 노력이 든다'는 것을 말한다. 구체적으로 살펴보면, 전환을 하려면 정보를 수집하고 평가하는 노력이 수반되고 또 전환 이후에 다시 셋업을 하는 노력과 함께 새로운 제품의 사용에 익숙해지기까지 상당한 학습비용이 든다는 부분이 있다. 게다가 Burnham은 전환을 잘못하여 상황이 더 악화될 수도 있는 위험까지 이 범주에 포함시켰다.

그림7 Satisfaction-Loyalty Link

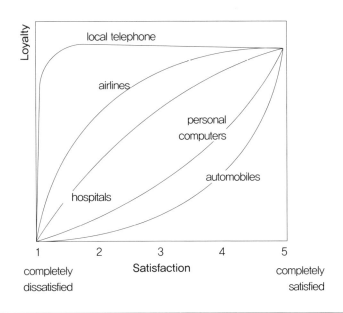

출처: Jones & Sasser(1995), p. 91.

    전환비용의 두 번째 범주는 '재무적 전환비용financial switching costs'이다. 하이테크 제품의 경우 전환을 하게 되면 대개는 추가적으로 '돈이 든다.' 제품을 새로 구입하는 것뿐 아니라 관련된 보완재나 부품, 소모품에 드는 돈까지 따지면 만만치 않은 액수를 추가로 부담해야 할 경우도 있다. 서비스의 경우 기존의 서비스를 종료하고 새로운 서비스에 가입함으로써 가입비나 설치비 등을 추가로 내야 한다. 이와 같은 거래비용을 제외하더라도, 전환은 '호의적 기회의 상실'이라고 하는 추가적 비용을 발생시킨다. 요즘 고객 유지를 위해 활성화 되어 있는 마일리지나 포인트 제도 등에서 누적된 포인트들을 포기해야 하므로 결국 금전적 손해를 발생시키는 것과 같다.

    마지막 세 번째 전환비용의 유형은 '관계적 전환비용relational switching costs'이다. 특히 고객이 기존 서비스 사업자나 제품 제조회사에 대해 호감을 가지고 있고 또 서비스 등을 통해 좋은 관계를 맺고 있는 경우, 전환구매는 바로 관계의 단절을 의미하므로 이러한 관계적 전환비용이 고객의 이탈을 막고 Lock-in을 진행시킬 수 있다. '상표 충

표 2 전환비용의 유형과 개념

구분	전환비용 유형	전환비용의 개념
절차적 전환비용	경제적 위험비용	• 변경 후에 더 나쁜 제품이나 서비스를 사용하게 될 수 있다. • 보이지 않는 추가적 노력이 필요하게 될 수 있다.
	평가 비용	• 다른 대안 모두에 대해 완전한 정보를 습득하기 어렵다. • 다른 대안에 대한 정보가 있더라도 일일이 비교해 보고 평가할 시간이 없다.
	학습 비용	• 효과적으로 새로운 제품/서비스를 이용하기 위해서는 사용법을 새로 배워야 한다. • 변경 후에 그 제품이나 서비스의 공급자에 대해 새로 알아가야 한다.
	셋업 비용	• 새로운 제품/서비스로 변경하려면 여러 단계를 거쳐 다시 시스템을 갖추어야 한다. • 셋업에 상당한 시간과 노력이 든다.
재무적 전환비용	혜택 상실 비용	• 변경하게 되면 기존 제품/서비스 공급자로부터 얻은 포인트, 서비스 등의 각종 혜택을 상실하게 된다.
	금전적 손해 비용	• 변경하게 되면 보완재 등에 추가적인 비용이 발생하거나 새로이 수수료, 회비 등을 부담해야 한다.
관계적 전환비용	인적 관계 비용	• 기존 공급자의 판매원이나 서비스 인력과 관계를 지속하는 것이 새로운 관계를 만들어 가는 것보다 좋다.
	브랜드 관계 비용	• 기존 공급자의 브랜드에 대해 심리적인 애착을 가지고 있어 그 관계를 단절하고 싶지 않다.

출처: Burnham et al.(2003)로부터 정리.

성도'도 이런 의미에서는 관계적 전환비용으로 볼 수 있다.

그리고 Burnham은 언급하지 않았지만 하이테크 제품과 같은 내구재의 경우 물건이 망가져서 교체구매를 하는 경우보다는 더 나은 제품으로의 업그레이드를 위해 교체하는 경우가 많은데, 소비자들은 종종 아직도 쓸 수 있는 제품을 처분하는 것에 대한 죄의식을 느낄 수 있다. 이와 같은 심리적 상태도 전환비용으로 작용할 수 있다.

Shapiro와 Varian은 "전환비용을 정확히 파악하고, 측정하고, 이해하지 못한 상태에서 효과적으로 경쟁하는 것은 이제 더 이상 불가능하다"고 말하고 있다. 시장을 Lock-in한 기업의 입장에서는 어떻게든 전환비용을 높여 더욱더 그 입지를 강화하여야 할 것이고, 후발 주자로서 시장을 파고들기 원하는 기업은 어떻게든 전환비용을 낮추어 자사제품으로의 고객전환을 유도하여야 할 것이다. 다음 절 이하에 보다 구체적으로 그러한 전술을 논의하겠지만 전환비용의 항목들을 이해하는 것만으로도 상당한 전략적 통찰력을 얻을 수 있다.

2004년 1월부터 시행된 휴대전화 번호이동성 제도서비스 업체는 바꾸어도 번호는 그대로 사용할 수 있도록 한 제도는 이동통신 1위 업체인 SK텔레콤이 수년간 상당한 투자를 통해 쌓아온 011 번호의 브랜드 가치를 한순간에 무력화시키는 결과를 가져왔다. 고객들이 통신회사 변경 시 새로운 전화번호를 지인들에게 일일이 알려야 하는 부담이 일종의 전환비용switching cost으로 작용해 왔는데, 이 전환비용이 일순간에 사라지게 된 것이다. 이에 대응하여 SK텔레콤은 기존 고객들에게 번호이동을 하면 휴대전화도 새로 구입해야 하고, 기존의 멤버십 혜택도 상실하게 된다는 사실을 적극적으로 안내했다. 이는 번호이동성 제도 시행 이후에도 서비스 업체를 변경하려면 적지 않은 전환비용이 요구됨을 고객들에게 주지시킴으로써 이탈을 최소화하려 한 것이다.

3.3 선도 기업의 Lock-in 전술

선도 기업의 경우 위에서 설명한 전환비용을 잘 이해하고 전술적으로 활용함으로써 시장을 자신이 원하는 방향으로 Lock-in 시킬 수 있다. 본 절에서는 실무적인 관점에서 시장을 Lock-in 하기 위한 구체적인 방법들을 생각해 보고자 한다.

첫 번째로 가장 손쉽게 생각해 볼 수 있는 것은 계약contractual commitment에 의한 Lock-in이다. 독점적 관계나 일정 기간의 거래 의무와 이의 위반시의 보상 등을 명시한 계약을 통해 고객이 다른 제품으로 전환하는 것을 막는 방법이다. 이는 제도적, 법적으로 강압적인 전환비용으로 작용할 수 있지만, 계약기간이 종료되어감에 따라 오히려 전환가능성을 높일 수 있다는 단점을 안고 있다.

두 번째 Lock-in 전술은 앞에서 얘기한 AT&T의 사례와 같이 고객의 대규모 초기 투자를 유도하여 자사에의 의존도를 높이는 방안이다. 이 경우 기업 입장에서는 서비스와 보완재, 업그레이드 등의 후속 매출을 통해 엄청난 판매 후aftermarket 수익을 올릴 수 있다. 그러나, 이 전술도 시간이 지남에 따라 초기 투자 내구재의 노후화 등으로 인해 전환비용이 감소한다는 단점이 있다. 특히 기술진보가 빠른 산업의 경우 노후화와 이에 따른 감가상각이 신속하게 이루어질 수 있다. 이러한 효과를 최소화하기 위해서는 보완재의 교차판매cross-selling를 적극적으로 추진하여 시스템 전체가 노후화하는 것을 막고 여러 제품의 맞물림interlock으로 인해 전환이 어렵게 만들어야 한다.

초기에 대규모 하드웨어 투자를 유도하는 전술이 'Hardware Lock-in'이라면 새로운 하이테크 제품이나 시스템의 학습비용을 높여 Lock-in하는 전술은 'Software Lock-in'이다. 전자는 시간이 지남에 따라 전환비용이 감소하여 효과가 줄어드는 반면, 후자의 경우는 고객이 제품에 적응하고 학습을 진행함에 따라 전환비용이 점점 증가하므로 더욱 효과적인 Lock-in 전술이라 할 수 있다. QWERTY 타자기의 경우도 이와 같은 Software Lock-in에 해당하며, 하이테크 제품의 유저 인터페이스 설계는 이와 같은 전술적 고려를 바탕으로 이루어져야 한다. 예를 들어, 휴대폰의 한글 입력방식도 일단 익숙해지고 나면 바꾸기 쉽지 않으므로 사용자들이 신규 단말기를 구매할 때 전환비용으로 작용할 수 있다.

넷째로, 고객에 대한 정보나 데이터베이스의 구축, 활용도 Lock-in의 원천이 될 수 있다. 즉, 고객들은 자신을 더 잘 알고 자신에게 높은 효용을 주는 상품이 무엇인지 알고 있는 기업에 머무르고자 하는 경향이 있고, 상당한 거래가 이루어진 다음에는 높은 충성도를 보이게 된다. Amazon과 같은 온라인 상거래 기업들은 이러한 점을 간파하고 개인화된 서비스를 제공하고 있으며, 고객관계관리customer relationship management: CRM 시스템도 이러한 점에서 기존고객을 Lock-in하는 하나의 전략적 수단이 되고 있다.

마지막으로 고객의 반복구매를 유도하기 위한 로열티 프로그램loyalty program을 생각해 볼 수 있다. 항공사나 호텔, 각종 레스토랑 등이 사용하고 있는 마일리지나 포인트 제도 등은 모두 '인위적인artificial Lock-in' 전술 중 하나로 볼 수 있는데, 위에서 설명한 고객정보나 데이터베이스 관리와 결합하여 매우 강력한 Lock-in 수단이 될 수 있다. 단, 충분한 Lock-in이 이루어지기 위해서는 초기에 포인트를 소진하고자 하는 고객의 노력을 억제discourage하고 포인트를 증가시키고자 하는 유인을 지속적으로 가지게끔 인센티브 제공방식이 비선형적으로 기획되어야 한다.

위의 다양한 Lock-in 전술은 모두 앞에서 설명한 전환비용의 유형과 관계되어 있으며, 두 가지 이상의 전술을 동시에 사용할 수도 있으므로 상품의 특성과 경쟁상황을 고려하여 적절히 활용될 경우 매우 효과적인 고객유지, 시장 고착화의 수단이 될 수 있다.

고객의 Lock-in은 다음과 같은 3단계로 진행할 때 매우 효과적이다〈그림 8〉 참조.

우선, 첫 단계로 고객을 확보하기 위한 투자invest가 적극적으로 이루어져야 한다. 특히 시장이 성장기에 들어섰다면 다양한 수단을 모두 동원하여 고객 기반을 확대해야 하는데, 본 장의 앞 절에서 설명한 고객 기반 형성전략들을 참고하여 대체재를 포함한 각종 경쟁상품을 압도하여야 한다.

두 번째 단계는 굳히기entrench 단계이다. 즉, 고객들이 만족하여 완전히 자사 제품에 정착, 즉 Lock-in 될 때까지 '잘 해주는' 단계이다. 이때 디자인과 UI에 길들여지고 중독되도록 로열티 프로그램 등을 가동하여 반복구매를 유도하여야 한다.

세 번째는 이와 같이 충분히 Lock-in된 고객을 레버리지leverage하는 단계이다. 즉, 관련제품이나 보완재를 판매하는 교차판매cross-selling와 고성능 고가의 제품으로의 교체구매를 유도하는 업그레이드 판매up-selling, 고객 기반을 활용한 새로운 수익원천을 개발하는 등의 활동을 통해 수익을 극대화하는 단계이다. Microsoft는 자신의 상품에 Lock-in된 고객을 기반으로 다양한 신상품을 성공시켜 기업가치를 극대화한 대표적인 기업이다.

이와 같이 Lock-in Process는 단계적으로 접근하는 것이 바람직하며 지나치게 성급히 고객을 Lock-in하고 레버리지하려고 했다가 오히려 고객을 쫓아버리는 실수를 하지 않도록 신중하게 전술을 구사할 필요가 있다.

그림 8 고객 Lock-in의 3단계

3.4 후발 기업의 Lock-in 풀기

선도 기업은 Lock-in을 강화하기 위해 앞 절에 소개된 다양한 전술을 구사한다. 게다가 많은 하이테크 제품들의 경우, 네트워크 효과로 인해 자연스러운 Lock-in이 진행된다. 이러한 상황에서 Lock-in을 풀기 위해 후발 기업이 할 수 있는 것은 없을까?

부익부 빈익빈의 사슬을 끊기 위한 전략은 이미 제2장에서 상세히 설명한 바 있다. 끊임없는 혁신, 전환비용 낮추기, 파워유저의 공략, 로컬 네트워크 효과의 활용 등이 그것이다. Lock-in을 풀기 위한 전략도 동일하다. 호환성보다 성능을 중시하는 파워유저는 Lock-in이 어려운 고객이며, 이들은 성능만 좋다면 호환성을 희생하고 새로운 제품으로 이동할 준비가 되어 있다. 또 전환비용을 하나하나 분석하여 가장 빠른 효과를 볼 수 있거나 쉽게 실행할 수 있는 대안을 찾아보는 것도 좋은 방법이다. 아직 특정기업에 Lock-in 되지 않아서 전환비용이 낮은 시장 세그먼트를 찾아내는 것도 유용한 방법이 될 수 있다.

또 하나의 Lock-in 와해전술은 Gateway Technology를 통한 연결고리의 제공이다. Gateway Technology란 서로 비호환적으로 경쟁하는 제품이나 시스템 간에 어떤 연결고리를 만들어 호환이 가능하게 하는 기술이다. 직류DC를 교류AC로 바꾸어 주는 로터리 컨버터 같은 것이 그 예이다. 이 경우에도 로터리 컨버터는 교류가 직류를 대체하는 데에 결정적인 기여를 했다. 앞에서 말한 바 있는 Bridge Technology도 유사한 개념이다. 유저 인터페이스나 컨버터 등을 통해 기존의 기술과 제품에 익숙한 사용자를 쉽게 새로운 기술로 이동하도록 만들어 주는 방법을 적극적으로 개발할 필요가 있다.

경우에 따라서는, 기존 선도 기업의 전략적 실수가 있을 경우 후발 주자의 신속한 대응과 전환유도 전술이 업계의 판도를 바꾸어 놓기도 한다.

아이폰을 갤럭시폰처럼 쓴다? 이 황당한 아이디어가 iTest에서는 가능하다. 삼성은 아이폰을 쓰는 사람들이 갤럭시폰으로 바꾸기를 주저하는 이유 중 하나가 iOS에 지나치게 익숙해진 나머지 안드로이드 운영 체제를 전혀 모르기 때문이라는 사실에 주목하고 아이폰 사용자들이 안드로이드 운영체제를 체험할 수 있는 iTest 앱을 출시했다. "trygalaxy.com" 웹사이트에 접속하면 "Try Galaxy on your iPhone."라는 문구와 함께 iTest 앱 설치가 가능한 QR코드가 뜬다. 이 앱을 홈 화면에 추가하면 아이폰이 갤럭시 폰의 인터페이스로 전환되며 갤럭시 스토어, 전화, 갤러리, 메시지 앱이 바뀐다. 갤럭시폰에 기본으로 탑재된 갤럭시 웨어러블, 삼성키즈, 삼성헬스 앱 등도 아이폰에서 체험할 수 있다. iTest는 갤럭시폰으로의 전환을 고려하거나 호기심이 많은 아이폰 사용자들에게 자신의 스마트폰에서 안드로이드 플랫폼을 자유롭게 경험하는 기회를 제공하는데, 삼성은 iTest를 갤럭시 버즈 프로, 갤럭시 와치 등의 다른 갤럭시 제품을 홍보하는 기회로도 활용한다.

아이폰 사용자의 아이폰에 대한 강한 충성도를 끊기 위한 삼성의 노력은 이뿐만이 아니다. 미국 내 삼성 제품 판매를 위한 공식 웹사이트(Samsung.com/us)에서는 'Switch to Galaxy'라는 메뉴를 통해 아이폰에서 갤럭시로 바꿔야 하는 이유를 거리낌없이 나열하고 있다('Top reasons to ditch your iPhone for a Galaxy'). 이를테면 Smart Switch 앱을 통해 간단하게 사진, 연락처, 즐겨 찾는 앱 정보를 갤럭시 폰으로 바로 이전할 수 있으며, 갤럭시폰의 카메라 기능과 함께라면 누구나 사진 프로(pro)가 될 수 있고, 갤럭시폰은 (아이폰과 달리) 배터리가 내장되어 있고 초고속 충전이 가능하다는 것이다. 2022년 삼성전자 미국 법인이 공개한 'On the fence'라는 제목의 광고도 애플 사용자를 직접 겨냥했다. 해당 광고는 애플 사용자가 모인 곳에서 한 사람이 담장 밖을 보고 놀란 후 그 위로 올라가는 장면으로 시작한다. 한 행인이 그에게 뭐하는지를 묻자 그는 담 위에 앉은 채로 "삼성에는 폴더블폰과 최고급 카메라가 있다."라고 답한다. 광고는 '울타리에서 내려올 시간(time to get off the fence)'라는 문구를 띄우며 막을 내린다. 이 광고는 우수한 기술력을 가진 삼성제품을 홍보하는 동시에 여전히 아이폰을 고수하는 이용자를 비꼰 것으로 해석된다. 애플 사용자들이 애플과의 Lock-in을 끊고 갤럭시로 전환하기를 바라는 삼성의 적극적인 구애작전은 지금도 계속되고 있다.

출처: trygalaxy.com   출처: https://r1.community.samsung.com

3.5 구매자의 Lock-in 대처방법

하이테크 제품의 경우에는 이런저런 이유로 고객이 Lock-in될 가능성이 매우 높다. 기업의 입장에서는 부의 원천이 되기도 하지만, 고객의 입장에서 Lock-in은 결코 즐거운 일이 아니다. 그렇다면 구매자의 입장에서 Lock-in에 대처하는 전략은 어떤 것들이 있을까?

우선, Lock-in이 예상되는 구매라면 구매협상 과정에서 최대한 얻어낼 것을 얻어내는 것이 현명하다. 하드웨어 구입 할인이라든지, 보증기간extended warranty 등에 있어 최대한 유리한 구매조건을 끌어 내고 또 미래의 사용에 있어서도 무료 업그레이드나 장기 A/S, 우선협상 권한 등을 확보하도록 협상해야 한다.

일단 거래가 성립되어 구매를 한 후에는 전환비용이 증가하고 있는지 자주 확인하고, 전환비용을 낮게 유지하도록 노력해야 한다. 특정 부품이나 보완재 등의 부분적 전환 등으로 일시적인 손해가 발생하더라도 공급선을 다변화하여 장기적인 이익이 극대화되는 방향으로 전략적인 플레이를 해야 한다.

Lock-in은 고객의 입장에서는 상당한 미래의 골칫거리가 될 수 있다. "한번의 결정이 10년을 좌우한다"는 말처럼.

사물인터넷 시대의 Lock-in 전략

　　사물인터넷 시대의 선도지위를 확보하기 위해 통신사업자, OS 개발업체, 단말 제조업체 등 이해관계자들 간의 합종연횡이 두드러지고 있다. 이러한 추세라면 사물인터넷 시장은 여러 기업들이 연합전선을 구축한 생태계 간의 경쟁으로 귀결될 것으로 보인다. 이 경쟁에서 승리하기 위해서는 특정 생태계로 소비자를 유입시키는 것 못지 않게 한 번 유입된 소비자를 오랜 기간 해당 생태계에 Lock-in 시키는 것이 중요하다. 사물인터넷은 하나의 플랫폼에 연결된 단말이나 기기의 수가 증가할수록 전체적인 효용이 늘어나는 네트워크 효과를 창출하기 때문에 소비자가 특정 생태계에서 일정 수준 이상 사물인터넷 서비스를 이용하다 보면 자연스레 전환비용이 상승하게 된다.

　　그러나 사물인터넷 서비스를 처음 사용하는 소비자의 경우를 생각하면 이야기는 달라진다. 사물인터넷은 전에 없던 혁신적인 신상품이기 때문에 소비자로 하여금 상당한 학습과 행동의 변화를 요구한다. 하지만, 첫 번째 제품에서 상당한 학습비용을 지불한 소비자라 할지라도 미래에 다수의 제품을 추가적으로 구매할 가능성이 높다면 충분히 다른 생태계로 전환이 가능하다. 더욱이, 생태계 간에 차별화 정도가 크지 않다면 그 가능성은 더 커질 수 있다. 즉, 사물인터넷 채택과 동시에 상당한 학습비용이 수반됨에도 불구하고 그로 인한 Lock-in 효과는 그리 크지 않을 수 있다는 것이다.

　　그렇다면, 사물인터넷 시대의 초기부터 자사의 생태계에 소비자를 묶어둘 수 있는 전략은 없는 것인가? 그렇지 않다. 위에선 언급한 Lock-in 효과가 발생하지 않을 수 있는 전제들을 제거하는 것이 곧 전략이다. 첫째, 개별 상품이 아닌 번들링 상품을 제공하라. 처음부터 하나의 생태계에 존재하는 여러 제품을 동시에 사용하기 시작한다면 네트워크 효과로 인한 Lock-in이 가능하다. 둘째, 다른 생태계와 확실히 차별화하라. 자사의 생태계에서 학습한 내용이 다른 생태계에서 유효하지 않도록 호환성을 낮추면 전환비용은 증가한다.

강희흔(2008), "혁신의 저주를 혁신의 축복으로," 동아비즈니스 리뷰, Vol. 7, 42-43.

남성준, 김상훈(2003), "혁신제품의 경쟁적 특성이 확산에 미치는 영향," 마케팅연구, 18권 1호, 31-52.

최윤섭 (2020), "불면증 치료 앱, 공포 덜어주는 VR… 디지털 기술도 이젠 하나의 치료제," 동아비즈니스 리뷰, Vol. 296, No. 1.

최재혁(2008), "개방형 혁신의 함정," 동아비즈니스리뷰, Vol. 13, 84-85.

Burnham, Thomas A., Judy K. Frels, and Vijay Mahajan (2003), "Consumer Switching Costs: A Typology, Antecedents, and Consequences," Journal of the Academy of Marketing Science, Vol. 31, No. 2, 109-126.

Dhebar, Anirudh (1995), "Complementarity, Compatibility, and Product Change: Breaking with the Past?" Journal of Product Innovation Management, Vol. 12, 136-152.

Gourville, John T. (2006), "Eager Sellers, Stony Buyers," Harvard Business Review, June, 99-106.

Hagiu, Andrei and Julian Wright (2013), "Do you Really Want to be an eBay?," Harvard Business Review, March, 102-108.

Hagiu, Andrei (2014), "Strategic Decisions for Multisided Platforms," MIT Sloan Management Review, Winter, 71-80.

Hagiu, Andrei and Elizabeth J. Altman (2017), "Finding the Platform in Your Product: Four Strategies that Can Reveal Hidden Value," Harvard Business Review, July-August, 94-100.

Healey, John, & Moe, Wendy W. (2016), "The Effects of Installed Base Innovativeness and Recency on Content Sales in a Platform-Mediated Market," International Journal of Research in Marketing, Vol. 33, No. 2, 246-260.

Jones, Thomas O., and W. Earl Sasser, Jr. (1995), "Why Satisfied Customers Defect," Harvard Business Review, Nov-Dec, 88-99.

Ram, S. and R. Sheth (1989), "Consumer Resistance to Innovation: The Marketing Problem and Its Solution," Journal of Consumer Marketing, Vol. 6, No. 2, 5-14.

Rogers, Everette M. (1995), Diffusion of Innovations, 4th edition, Chapter 1 "Elements of Diffusion," Free Press.

Shapiro, Carl and Hal R. Varian (1999), Information Rules, Chapter 7 "Networks and Positive Feedback," Harvard Business School Press.

Teixeira, Thales S. and Morgan Brown (2016), "Airbnb, Etsy, Uber: Acquiring the First Thousand Customers," Harvard Business School Case 516-094, May 2016.

Zhu, Feng and Nathan Furr (2016), "Products to Platforms: Making the Leap," Harvard Business Review, April, 72-78.

PART 03

하이테크
마케팅믹스 관리

하이테크 상품의 시간 기반 전략

1969년 '삼성전자공업주식회사'라는 이름으로 태어난 삼성전자가 스마트폰, D램, 낸드플래시, TV 등 총 11개 품목의 세계 1등 상품을 만드는 세계 초일류 IT기업이 된 배경에는 철저한 'Fast Follower' 전략이 있다.

삼성전자는 창립 이듬해인 1970년부터 백색가전 및 AV 기기를 생산하기 시작했고, 1974년에 한국반도체를 인수하면서 반도체 사업에 본격적으로 뛰어들었다. IT 산업의 불모지인 한국에서 후발주자로 반도체 산업에 뛰어든 삼성은 연구 인력과 자원을 집중 투자해 높은 품질의 제품을 지속적으로 개발, 출시해냈다. 그 결과 1992년 세계최초로 64메가 D램을 개발하면서 일본 업체를 따돌렸고, 이후 줄곧 세계 1위를 유지하고 있다. 낸드플래시 역시 2002년부터 선두를 유지하고 있으며 부품 분야에서의 경쟁력이 완제품으로 옮겨져 디지털 TV 시장에서도 2006년부터 세계 1위 자리를 고수하고 있다.

삼성이 지속적인 선두 자리를 유지하기 위해서는 'Fast Follower' 전략을 수정할 수밖에 없었다. 1993년 삼성전자는 경쟁사들이 5인치 웨이퍼wafer에 이어 세계적인 추세인 6인치 웨이퍼로 넘어갈 당시 아무도 시도하지 않았던 8인치 웨이퍼 공장을 짓는 모험을 감행했다. 당시 이건희 회장은 "다른 기업의 뒤를 쫓아가면 영원히 2등에 머물 것이다. 1등을 하려면 과감히 월반을 단행해야 한다"며 결단력을 발휘했다.

2012년은 삼성전자에게 역사적인 한 해였다. 스마트폰 분야에서 Apple을 제쳤고, 일반폰까지 합친 시장에서도 14년 동안 우위를 유지했던 Nokia를 넘어선 것이

다. 2007년 2월 스페인 바르셀로나에서 열린 모바일 관련 행사인 '3GSM 세계회의'에서 당시 삼성전자 정보통신총괄 최지성 사장은 "3년 내에 Nokia를 따라 잡겠다"고 공언했었다. 당시 Nokia는 삼성전자 휴대폰 부문보다 매출이 3배 가량 많았던 세계 1위 기업이었는데 5년 만에 그 목표를 달성한 것이다. 삼성전자의 이러한 성과 역시 탁월한 시간 전략을 기반으로 한 것이라 할 수 있는데, 무엇보다 '시장의 변화기'에 과감한 돌파로 시장을 선도해 나가는 전략이 성공의 열쇠로 작용했다. 이런 성과는 특히 'Apple 신드롬'에 떠밀려 큰 위기에 몰렸다가 역전에 성공한 것이어서 더욱 주목되는데, 2009년 갤럭시S를 처음 출시했을 때만 해도 스마트폰 절대 강자로 여겨지던 Apple을 넘어설 수 있을 것이라고 아무도 쉽게 장담하지 못했다. 하지만 삼성전자는 후발주자의 지위를 오히려 이점으로 이용해 경쟁 상품에 대한 시장의 반응과 고객의 숨은 니즈, 기존 제품의 문제점들을 빠르게 간파해냈고, 더욱 개선된 상품을 가지고 시장에 진입할 수 있었다. 2012년 5월경 출시된 갤럭시S3는 세계 145개국 269개 이동통신사를 통해 선보인 이후 5개월 만에 3천만대가 넘는 판매 성과를 달성했으며, 이에 그치지 않고 갤럭시노트, 갤럭시노트2 등을 잇달아 출시하며 5인치대 '패블릿phablet' 시장을 창출했다.

이러한 전략은 TV 부문에서도 마찬가지인데, 아날로그 시대에는 브라운관 TV에서 일본의 소니, 샤프, 파나소닉 등과 큰 격차를 보였으나, LCD TV 등 평판 TV로 전환하면서 시장 역전을 달성해 냈다. 이렇듯 시장의 변혁기에 찾아오는 기회를 놓치지 않은 것이 삼성전자의 성공열쇠였고, 이러한 예를 볼 때 삼성전자의 시간 기반 전략은 단지 선도기업을 뒤쫓는 추격자 전략이 아닌, 시장의 변화에 능동적이고 발 빠르게 대처해 시장의 판도를 바꾸는 'Fast Mover' 전략이라 할 수 있을 것이다. 실제로 삼성은 Fast Mover로서의 마케팅 전략으로 선견先見, 선수先手, 선제先制, 선점先占의 이른바 '4선 원칙'을 정한 바 있다.

2023년, 삼성전자의 주요 경영진과 임직원이 참석한 시무식에서 한종희 부회장과 경계현 사장은 "세상에 없는 기술, 세상을 바꿀 수 있는 기술을 발굴하고, 양보할 수 없는 절대적 가치인 품질력을 제고하고, 고객의 마음을 얻고 차별화된 경험을 제공해 기술 경쟁력 확보에 전력을 다하자"고 강조했다. 삼성전자의 전통적 주력사업인 스마트폰, 가전뿐 아니라 미래 먹거리 사업인 바이오, 배터리, 반도체 사업에서 경쟁이 치열해지고 선두 자리를 위협받는 상황에서 과감한 도전과 변신으로 도약의 전환점을 만들기 위함이다. 또한 ESG 경영 기조 하에 경영 체질과 조직 문화를 친환경적으로 변모시키는 데에 앞서겠다는 포부를 내세웠다. 과연 삼성전자가 새로운 미래 IT 산업 분야에서도 'First Mover'로서의 위상을 지킬지 귀추가 주목된다.

본 장에서는 시간time과 관련하여 하이테크 기업의 경영자가 내려야 하는 중요한 의사결정 이슈들을 살펴볼 것이다. 제품이나 가격 기반 전략에 대응하여 이를 "시간 기반 전략time-based strategy"이라 부른다.

1 시장 진입 순서의 영향

1.1 선도 진입자 우위

"더 좋은 것보다는 맨 처음이 낫다." 이는 Al Ries와 Jack Trout가 그들의 저서 〈22 Immutable Laws of Marketing〉에서 '선도자의 법칙law of leadership'을 22가지 마케팅 법칙 가운데 첫 번째 법칙으로 제시하면서 던진 말이다. 그들의 주장대로 우리가 기억하는 최고의 브랜드들은 시장에 처음으로 진입한 선도 진입자first-mover들인 경우가 많다. 미국 최초의 대학인 Harvard의 위상이나, 미국 최초의 시사주간지인 Time의 시장지위

그림 1 Law of Leadership

세계 최초로 대서양을 단독 횡단한 비행사였던 Charles Lindbergh를 모르는 사람은 없지만, 두 번째로 대서양을 횡단한 Bert Hinkler를 기억하는 이는 거의 없다.

는 오랜 세월 변함없이 그 분야에서 최고에 머물러 있으며, Coke Coca-Cola나 Kleenex, FedEx 등은 이제 브랜드라기보다 하나의 제품군 product category을 일컫는 보통명사가 되었다. 3M이 만든 스카치테이프 Scotch Tape도 사람들이 설명하기 힘든 제품군 이름 대신 브랜드를 사용하게 되어 제품군 이름처럼 된 경우이다.

하이테크 제품 중에도 브랜드가 제품군을 뜻하게 된 사례는 쉽게 찾을 수 있다. '복사하다 copy'를 의미하는 단어가 된 Xerox, '구글링 googling'이란 말을 만들어 낸 Google, 그리고 PVR private video recorder과 동일시되고 있는 TiVo가 그것들이다. 하이테크 제품의 경우에는 복잡한 전문용어로 된 제품군의 이름 대신 브랜드를 사용하여 커뮤니케이션 하는 경우가 유독 많은데, 이럴 경우 소비자들은 처음부터 브랜드 명을 제품군의 이름처럼 사용하게 되는 것이다. TiVo도 사실 PVR이나 DVR digital video recorder과 같은 제품군 이름을 사용하지 않고 아예 처음부터 브랜드로 커뮤니케이션 한 경우이다〈그림 2〉 참조.

이와 같이 시장에 가장 먼저 진입한 브랜드는 소비자들의 생각 top of mind을 먼저 점령하여 가장 먼저 기억되는 브랜드가 됨으로써 이른바 '개척자 우위 pioneer advantage' 혹

그림2 TiVo의 초기 광고

TiVo는 초기 광고에서 DVR이라고 하지 않고 TiVo라고 부름으로써 TiVo를 VCR, DVD, TV와 함께 하나의 상품군 이름으로 인식하도록 하려고 했다.

은 '선도 진입자 우위first-mover advantage'를 누리게 된다.

선도 진입자가 누리게 되는 첫 번째 이점은 초기시장의 일시적 독점이다. 가장 먼저 시장에 들어가 개척을 하려면 어려움도 있겠지만 경쟁자가 없는 일시적 독점 상태를 활용하여 높은 마진의 이윤을 챙길 수 있다. 또 경험곡선experience curve 혹은 학습곡선learning curve의 효과로 인해 후발 주자가 진입할 즈음에는 원가의 우위를 확보하게 되어 후발 주자보다 상대적으로 높은 마진을 계속해서 유지할 수 있게 된다.

둘째, 선도 진입자는 경쟁자보다 시장을 먼저 경험함으로써 여러 가지 면에서 유리한 위치에 서게 된다. 기술에 대한 경험, 고객과의 관계, 공급자와의 관계 등에 있어 한발 앞서 나갈 수 있고, 먼저 확보한 양질의 자원을 효율적으로 사용할 수 있게 된다.

셋째, 선도 진입자는 위의 두 가지 이유로 인해 시장에서의 지배적인 위치에 서

그림 3 선도 진입자의 이점

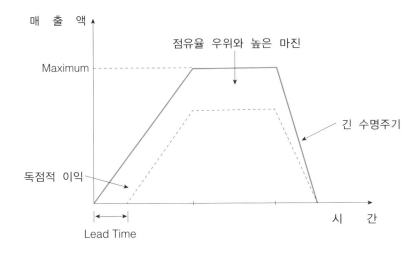

그림 3 선도 진입자의 이점

게 됨으로써 궁극적으로 높은 시장점유율을 확보하게 된다. 마케팅 학자들은 여러 실증연구를 통해 이러한 사실을 입증했는데, 많은 경우에 다른 조건을 모두 통제한 상태에서 진입순서만으로 시장점유율의 차이를 설명할 수 있었다.

앞서 설명한 세 가지 효과를 결합하면 수명주기 전체에 걸친 선도 진입자의 수익은 후발 진입자와 비교할 수 없을 만큼 커진다. 〈그림 3〉은 이를 잘 묘사하고 있는데, 선도 진입자는 초기단계에서는 독점적 이익을, 중간에는 점유율 우위와 높은 마진을, 그리고 전체적으로 더 긴 수명주기를 통해 차별적 이익을 누릴 수 있게 된다.

그렇다면 이러한 선도 진입자 우위의 원천sources은 무엇일까? 선도 진입자 우위를 연구한 수많은 학자들 가운데 대표격인 Liberman과 Montgomery1988는 다음의 세 가지를 선도 진입자 우위의 대표적 이유로 제시하였다.

첫째, 선도 진입자는 기술의 리더십technological leadership을 갖게 된다. 선도 진입자가 기술리더가 되는 것이 아니라 기술의 리더가 먼저 시장에 진입할 수 있는 것이 아니냐고 반문할 수도 있겠지만, 일단 먼저 시장에 진입한 기업은 산업표준industry standards에 상당한 영향을 주고 또 특허 등으로 연구개발 상의 우위lead를 지킬 수 있으며, 게다가 혁신자의 명성까지 얻게 됨으로써, 지속적인 기술적 우위를 유지하게 될 가능성이 높다. 한마디로 시장리더와 기술리더의 지위는 선순환의 싸이클virtuous cycle을 만들어 내는 것이다.

둘째로, 선도 진입자는 여러 요소의 선점preemption을 통해 지속 가능한 경쟁 우위sustainable competitive advantage에 서게 된다. 우선, 기술개발과 제품생산에 필요한 다양한 투입요소를 선점하는 이점을 누릴 수 있다. 이는 원재료의 선점뿐 아니라 유능한 엔지니어의 선점, 공급자와 유통경로의 선점 등을 포함하는 넓은 의미이다. 더욱 중요한 것은 소비자의 마음을 선점한다는 것이다. Carpenter & Nakamoto1989는 심리학적 실험을 통해 선도 진입자가 소비자들의 마음을 선점할 수 있다는 사실을 확인했는데, 새로운 상품에 대한 소비자의 인식perception은 그 특정 상품군에 대한 이상점ideal point으로 고착화되는 경향이 있다. 즉, 이후에 진입하는 경쟁 상품들을 최초 진입 상품의 관점에서 바라보게 된다는 것이다. 최초에 경험한 상품과 유사할수록 호감을 가지게 되고, 다를수록 선호도가 낮아진다는 것이다.

Liberman과 Montgomery가 제시한 세 번째 선도 진입자 우위의 원천은 다름아닌 전환비용switching costs이다. 앞에서 이미 여러 번 설명했듯이 전환비용은 종종 고객의 'Lock-in'을 초래하며 한번 Lock-in 된 고객을 전환시키는 것은 여간 어려운 일이 아니다. 선도 진입자가 처음 시장에 진입한 시점으로부터 후발 진입자가 진입하기까지의 기간을 '리드타임lead time'이라고 하는데, 리드타임이 길수록 고객의 고착화가 많이 진행되어 전환비용을 통한 선도 진입자의 우위는 더욱 커지게 된다. "선도 기업이 장악하고 있는 시장에서 그 선도 기업을 내쫓고 후발 기업이 그 자리를 차지하기 위해서는 제품 혹은 서비스가 10배 더 훌륭해야 한다"는 '드러커의 법칙Drucker's Rule'은 이와 같이 고객이 Lock-in 되어 강력한 선도 진입자 우위가 존재하는 경우에 더 설득력을 얻는 법칙이다.

위의 세 가지 이유는 하이테크 산업에 매우 잘 적용이 되는데, 하이테크 상품 중에서도 일종의 '네트워크 상품'이라 할 수 있는 인터넷 관련 상품의 경우 선도 진입자 우위가 갖는 의미는 더욱 커진다. 인터넷에서 새로운 비즈니스 모델을 가지고 시장을 개척한 경우 선도 진입자 우위는 수확체증의 법칙law of increasing returns과 함께 상승작용을 일으켜 부익부 빈익빈의 결과를 가져온다. 수확체증 효과의 원인 중 하나인 네트워크 효과가 크게 작용하기 때문이다.

1.2 후발 진입자 우위

앞 절에서 우리는 선도 진입 그 자체가 마치 성공을 보장하는 것처럼 얘기했다. 과연 그럴까? Golder와 Tellis1993는 100년이 넘는 기간의 문헌을 조사하여 선도 진입자 우위는 '논리logic'가 아니라 '전설legend'이라고 반박했다. 즉, 선도 진입과 성공은 논리적인 인과관계라기보다는 성공한 브랜드를 미화한 '전설'에 불과하다는 것이다.

〈표 1〉은 7개 제품군의 개척자pioneer 브랜드와 1993년 당시의 마켓리더 브랜드를 비교한 것이다. 보다시피 이 7개 제품군 중에서는 어느 하나도 선도 진입자가 시장의 리더지위를 유지하지 못했다. Golder와 Tellis는 이를 근거로 선도 진입자 우위 이론은 과장된 것이며 실제로 우리가 알고 있는 개척자 브랜드 중 상당수가 실제로는 최초 시장 진입자가 아니라고 주장했다. 오히려 선도 진입 기업들은 시장을 개척하느라 고생만 하고, 시기가 무르익어 시장이 어느 정도 준비된 후에 새로이 진입한 후발 주자가 그 열매를 취하게 된다는 것이다.

이와 같이 후발 주자가 갖는 이점도 상당할 수 있는데 이를 '후발 진입자 우위late-mover advantage'라고 부른다. 후발 주자의 이점을 선도 진입자 입장에서 보면 단점이 되어 후발 진입자 우위를 '선도 진입자 불이익first-mover disadvantage'이라 부르기도 한다. 그렇다면 후발 진입자의 이점에는 어떤 것들이 있는지 좀더 구체적으로 살펴보자.

표 1 개척자와 마켓 리더

품목	개척자(시장진입연도)	마켓 리더
VCR	Ampex(1956)	RCA, Sony
Microwave	Raytheon(1946)	GE, Samsung
Fax	Xerox(1964)	Sharp
PDA	Amstrad(1993)	Palm
Camera	Daguerrotype(1839)	Kodak
Copier	3M Thermofax(1950)	Xerox
PC	Apple(1976)	Compaq/Dell

출처: Golder & Tellis(1993).

첫째로, 앞에서도 말했듯이 후발 진입자는 선도 진입자가 개척해 놓은 시장을 공짜로 누리는, 즉 'free ride'하는 이점을 누릴 수 있다. 새로운 시장을 개척하기 위해서는 연구개발과 마케팅, 구매자 교육, 즉 시장 준비market preparation, 인프라 구축 등에 막대한 투자를 해야 하는 경우가 많은데 후발 진입자의 경우 이러한 비용을 상당히 절감할 수 있다.

둘째로, 후발 진입자는 기술 및 시장의 불확실성으로 인한 리스크risk를 상당히 회피할 수 있다. 개척자가 내놓은 새로운 상품에 대한 시장의 반응과 기술적인 결함이나 부작용 등을 살펴보고, 잠재고객의 니즈를 더 정확히 충족시킬 수 있는 개선된 상품을 가지고 시장에 진입함으로써 실패 가능성을 현저하게 낮출 수 있는 것이다. 스마트폰의 예만 보더라도, Nokia는 90년대 중반부터 스마트폰을 출시하였으나 킬러 애플리케이션의 부족과 불편한 유저 인터페이스로 고전하며 '선도진입자 불이익'을 당했고, 이들 문제점을 개선하여 시장에 진입한 Apple은 '후발 진입자 우위'를 톡톡히 누렸음을 알 수 있다.

셋째로, 후발 진입자는 급격한 첨단기술의 발전으로 인한 기술 진부화obsolescence의 위험을 회피할 수 있다. 선도 진입자는 초기의 막대한 고정자산 투자로 인해 새로운 기술이 나타나도 그것으로 바꿀 수 없는 경우가 생기는데 이를 '생산자producer Lock-in' 이라고 부른다. 기술의 발전속도가 매우 빠른 산업에서는 그만큼 선도 진입자가 진부화의 리스크를 부담할 가능성이 많다. 단, 진보된 기술의 개발을 위해 선행 기술에 대한 노하우가 결정적으로 필요한 경우에는 후발 주자의 이점은 상대적으로 작아진다.

🔍 모방과 혁신

모방(imitation)이 혁신(innovation)보다 더 효과적이다?

우리가 혁신자로 기억하는 기업이 알고 보면 성공한 모방자인 경우가 많다. Boeing은 최초의 민항기 업체를 모방하여 Boeing 707을 개발하였고, IBM은 최초의 대형 컴퓨터 Remington Rand를 모방하여 4년 뒤 시장에서 리더 자리를 빼앗았다.

모방자는 연구개발비나 시장개발 비용을 아낄 수 있으며 잘나가는 사업으로부터 손쉽게 아이디어를 얻을 수 있다. 그러나 모방으로부터 고안된 사업 모델을 적절한 변형 없이 단순히 따라 하기만 한다면 '짝퉁'으로 치부되어 사람들의 외면을 받으며, 특허 분쟁에 휩싸이는 곤욕을 치를 수도 있다.

성공적인 모방은 쉽지 않다. 현명한 '카피캣(copycat)'이 되기 위해서는 혁신과 모방 사이의 균형점을 찾아야 한다. 최고의 카피캣은 모방의 기회를 무작정 기다리기보다는 적극적으로 다양한 분야에 걸쳐 아이디어를 찾아낸다. 기존 제품의 단점을 개선해 현저히 뛰어나거나 저렴한 제품을 선보이고, 전혀 다른 분야에서 아이디어를 가져와 자신만의 혁신을 더해 차별점을 만든다. Oded Shenkar 교수의 저서 〈Copycats〉에는 모방자로 성공을 거두기 위한 6가지 전략이 다음과 같이 소개되어 있다.

첫째, 모방을 높이 평가하는 사람들을 파악하라. 기업 전체에 걸쳐 혁신만큼이나 모방을 가치 있게 생각하는 문화와 사고방식을 확립해야 한다. 이를 위해서는 성과에 중점을 두고 항상 호기심과 융통성을 발휘하는 사람들이 있어야 한다. 둘째, 모방하려는 적절한 모델을 찾아라. '유력한 모델'에 집착하느라 지나치게 시간을 낭비해서는 안 된다. 유망한 모방 모델이 될 수 있다면 탐색 영역을 세계로 확장시키고 자신의 산업 이외의 다른 분야 역시 체계적으로 살펴보아야 한다. 셋째, 기회를 살피고 걸러내라. 기업 내 모든 사람들에게 창의성을 발휘할 환경을 마련하여 가장 유망한 모방 대상을 찾아내야 한다. 또한 어떻게 미래의 제품 또는 비즈니스 모델에 부합시킬지를 직원들이 함께 고민할 필요가 있다. 넷째, 모방의 맥락을 이해하라. 모방 대상의 최종 결과 자체만 볼 것이 아니라 아이디어가 활용되는 맥락을 이해해야 한다. 상황의 변화가 그들의 일에 어떠한 영향을 미치는지를 파악하고 그들과는 또 다른 상황에 처한 자신들의 입장에서는 어떠한 수정 과정이 필요할지 파악해야 한다. 다섯째, 이면에 놓인 인과관계를 이해하라. 복잡한 문제에 대해 피상적이고 단순한 대답을 하기보다는 복잡성을 인식하고 이에 대처해야 한다. 모방 과정에서 부딪히는 모순을 해결해나가기 위해서는 전체적 시스템을 완성하기 위해 필요한 역량, 과정, 문화를 이해해야 한다. 여섯째, 실행에 역점을 둬라. 창의적인 모방 아이디어일지라도 실천되지 않는다면 발전이 없다. 관련된 팀을 구성하여 실행계획을 구상해야 한다.

모방하기 쉬운 카피캣은 또 다른 카피캣을 낳게 되며, 카피캣의 등장 속도는 더욱 빨라지고 있다. 카피캣의 등장은 더 이상 부정할 수 없는 대세가 되고 있다. 결코 쉽지만은 않은 모방의 과정을 견디고 성공한 카피캣으로 자리 잡기 위해서는 끊임없는 상상력과 지혜, 그리고 실행력을 종합적으로 발휘해야만 한다.

참조: Shenkar(2010).

1.3 시장 진입 타이밍의 결정

앞의 두 절에서 살펴본 바와 같이 선도 진입자의 우위도 있고 후발 진입자의 우위도 있다면 과연 어떤 것이 옳은 것인가? 많은 학자들이 실증연구를 통해 다양한 결론을 내렸지만 그 어느 것도 일반화하기에는 무리가 있다. 오히려 상황에 따라 다른 결과가 나올 수 있다는 것이 더욱 타당할 것이다.

2005년에 Harvard Business Review에 발표된 Suarez와 Lanzolla의 논문은 이런 맥락에서 매우 유용한 시각을 제공해 준다. 즉, 선도 진입자 우위는 어떤 경우에도 확실하다고 말할 수 없는 '신비한' 현상이며 상황에 따라 가능성이 높을 수도 있고 낮을 수도 있는 '확률적'인 것으로 보아야 한다는 것이다. 그들은 특히 이러한 가능성에 영향을 주는 요인으로 시장변화의 속도와 기술변화의 속도를 들고 이 두 요인의 결합으로 네 가지 시나리오를 제안했다.

〈표 2〉에 나와 있는 바와 같이 시장과 기술의 변화속도가 모두 느린 '잔잔한 바다Calm Waters'인 경우는 단기적 선도 진입자 우위의 가능성이 낮은 반면 장기적인 선도 진입자 우위가 발생할 가능성은 매우 높다. 앞에서 언급했던 크리넥스나 스카치테이프와 같은 소비재의 경우가 대부분 여기에 해당한다.

한편, 기술보다 시장의 변화속도가 빠른 '시장 리드Market Leads'의 상황에서는 오히려 단기적인 선도 진입자 우위의 가능성이 매우 높다. Sony가 70년대 말에 발표한 Walkman이 바로 이 경우에 해당하는데 이 제품은 이미 성숙기에 접어든 기술을 활용한 제품이고 오랜 기간 동안 기술적인 측면에서 변화가 거의 없었던 제품이다. 하지만 소비자의 기호와 생활 양식의 변화는 이 시장을 엄청난 속도로 성장시켰고 그 과정에서 Walkman은 단기적인 선도 진입자 우위와 더불어 장기적인 시장지배력도 확보할 수 있었다. 물론 이와 같은 장기적 선도 진입자 우위를 유지하는 데에는 대규모 마케팅 및 유통능력, 그리고 생산능력이 뒷받침 되었음은 물론이다.

그렇다면 시장보다 기술의 변화속도가 빠른 '기술 리드Technology Leads' 상황에서는 어떨까? 이 경우에는 '시장 리드'의 경우와 반대라고 생각하면 된다. 즉, 선도 진입자 우위를 확보하기가 매우 힘들고 특히 단기적인 효과는 더욱 가능성이 낮다. 하지만 이 경우에도 막대한 자금력을 가지고 지속적인 R&D와 신상품 개발을 수행할 능력이 있다면 가능성을 높일 수 있다.

표 2 시장 및 기술 상황과 선도 진입자 우위의 가능성

구분	시장 변화 속도	기술 변화 속도	선도 진입자 우위		핵심역량
			단기	장기	
잔잔한 바다 (Calm Waters)	느림	느림	가능성 낮음	가능성 매우 높음	브랜드 인지도
시장 리드 (Market Leads)	빠름	느림	가능성 매우 높음	가능성 높음	대규모 마케팅, 유통, 생산 능력
기술 리드 (Technology Leads)	느림	빠름	가능성 매우 낮음	가능성 낮음	R&D, 신상품 개발 능력, 자금력
거친 바다 (Rough Waters)	빠름	빠름	가능성 높음	가능성 매우 낮음	대규모 마케팅, 유통, 생산, R&D, 신상품 개발 능력 (동시에 모든 역량 필요)

　　마지막으로 시장과 기술의 변화속도가 모두 빠른 '거친 바다Rough Waters'에서는 단기적인 선도 진입자 우위가 발생할 가능성이 상대적으로 높은 반면 장기적인 선도 진입자 우위를 누릴 가능성은 극히 낮다. AT&T나 SUN과 같은 개척자pioneer 기업들이 초기 시장에서 선도 진입자 우위를 누리다가 시장과 기술의 변화 속에 심각한 어려움에 처한 것이나 Netscape를 비롯한 많은 인터넷 비즈니스의 개척자들이 역사 속으로 사라져 간 것들을 보면 이 시나리오 하에서 장기적인 선도 진입자 우위를 확보하는 것이 얼마나 어려운지 알 수 있다. 하지만, 앞에서 언급했듯이 〈표 2〉에 나온 내용은 모두 '가능성likelihood'에 대한 것이지 어느 것도 결정적deterministic인 것은 아니다. 따라서 '거친 바다'의 상황에서도 장기적인 선도 진입자 우위를 누리는 것이 불가능한 것은 결코 아니다. Intel이 그 좋은 예가 될 수 있는데 마케팅, 유통, 생산, R&D 등의 모든 역량을 총 집결하여 극심한 환경변화 속에서도 시장에서의 지배적 위치를 유지하고 있다. 특히, 제2장에서 논의한 긍정적 피드백 루프를 만들어낼 수 있다면 장기적인 선도자 우위를 누릴 수 있다.

　　어떠한 경우이든 시장 진입의 순서가 기업의 생존과 수익성에 커다란 영향을 미

치는 것은 명백한 사실이다. 그래서 선도 진입자 우위를 '시장진입 순서의 효과order-of-entry effect'라고 부르기도 한다. Intel의 CEO였던 Andy Grove는 이러한 진입시기 결정의 중요성을 강조하면서 "타이밍이 모든 것이다Timing is everything"라고 말하였고, Cisco의 CEO인 John Chambers는 Cisco 성공의 이유에 대해 "Cisco가 마침 그 때에 그 곳에 있었기 때문We happened to be at the right place at the right time"이라고 말한 바 있다. 두 기업은 지금도 새로운 상품을 출시할 때마다 정확한 타이밍에 내놓기 위해 철저한 예측과 분석을 실시하고 있다. 너무 일찍 시장에 진입하게 되면 막대한 비용을 지불하고도 수익을 내지 못해 한참을 기다려야 하거나 실패할 수 있고, 또 너무 늦게 들어가다가는 경쟁자에게 시장을 몽땅 내어줄 수 있기 때문이다.

그렇다면, 최적진입시기optimal entry timing를 결정하기 위해 고려해야 하는 요소들은 어떤 것들인가?

첫째는 불확실성의 크기이다. 사업이나 제품의 성격상 불확실성의 크기가 너무 크다면 선도 진입자로서 얻을 수 있는 이점보다 불리한 점이 더 많다. 따라서 확실한 니즈가 있으며 이를 충족시켜 줄 수 있는 비즈니스 모델을 가지고 있는 경우가 아니라면, 불확실성이 줄어들 때까지 기다렸다가 후발 주자로 시장에 진입하는 것이 유리하다.

둘째는 기대수익의 규모와 기회의 창window of opportunity이다. 단기적인 기대수익의 크기가 클수록, 또 수익을 실현할 수 있는 기간, 즉 기회의 창이 작을수록 선도 진입자가 되는 것이 유리하다. 장기적인 시장의 규모가 충분히 크지 않으면 후발 주자에게 돌아갈 것은 거의 없다.

셋째 고려요소는 잠재적 경쟁 상대의 규모와 능력이다. 경쟁자의 기술이나 마케팅 능력이 비교적 만만하다면 그들이 선도 진입자가 되어 어느 정도 시장에서의 성공을 먼저 거두더라도, 다양한 경쟁전략을 통해 시장의 일부를 우리 쪽으로 빼앗아 오거나 시장의 판도를 바꾸어 놓을 수 있을 것이다. 그러나, 만일 잠재적인 경쟁 상대가 막대한 자금력과 기술력, 혹은 마케팅 능력을 보유하고 있다면시장을 아예 포기하지 않는 이상 조금이라도 일찍 시장에 들어가는 편이 낫다.

사실 하이테크 산업에 있어 선도 진입자 우위는 무시할 수 없을 만큼 막대하다. 그러나, 위의 요소들을 고려할 때 개척자의 리스크가 만만치 않다면 진입 시기를 늦추는 것도 현명한 전략이 될 수 있다.

2 Fast Follower 전략과 Time-to-market

2.1 Fast Follower 전략

하이테크 마케팅의 많은 사례들을 보면 시장 진입의 '타이밍timing'만큼이나 중요한 것이 '속도speed'임을 알 수 있다. 다음은 PDA용 운영체제인 WinCE를 가지고 선발 주자인 Palm과 경쟁하고 있던 Microsoft의 Bill Gates가 한 말이다.

> "우리가 워드프로세서 시장의 선도 진입자였는가? 그렇지 않다. 우리가 스프레드시트 시장의 선도 진입자였는가? 아니다. 우리가 PC 네트워킹의 선도 진입자였는가? 아니다. 그러나, 혁신innovation의 여지가 있는 한, 우리에게 언제나 기회는 있다."

삼성전자의 CEO였던 윤종용 전 부회장도 다음과 같이 속도의 중요성을 강조했다.

> "초밥이든 휴대폰이든 부패되기 쉬운 상품의 핵심은 속도다. 고가의 생선도 하루 이틀이면 가격이 내려가듯이 디지털 업계의 재고는 불리하다. 속도가 전부다."

Microsoft나 삼성전자는 전형적인 'Fast Follower'이다. 이들은 언제나 시장의 불확실성이 어느 정도 제거된 매력적인 시장을 찾아내고 그 곳에 집중적인 자원을 투자하여 선도 진입자를 순식간에 따라잡고 시장을 지배하는 데 있어 천재적인 수완을 발휘해 왔다. Microsoft는 워드프로세서인 MS Word를 Word Perfect의 성공 이후에, 스프레드시트 제품인 Excel을 Lotus 1-2-3의 성공 이후에, 그리고 인터넷 브라우저 시장에 있어 Internet Explorer를 Netscape가 만든 Navigator의 대성공 이후에 진출하였지만, 특유의 추진력과 빠른 속도의 제품 개선, 그리고 공격적 마케팅으로 기존의 시장 리더들을 제압하고 시장을 장악하였다. 삼성도 마찬가지로 반도체 산업에 후발 주자로 진입하였으나 지금은 독보적인 1위의 자리를 굳히고 있다. 이러한 과정에서 유용하게 활용되는 전략이 한 가지 핵심요소의 차별화를 꾸준히 진행시키는 '차별화 벡터'의 추구임은 제8장에서 이미 언급한 바 있다.

이러한 사실을 보면 'Fast Follower' 전략의 핵심은 '타이밍'을 '속도'로 만회하는 것임을 알 수 있다. 물론 먼저 시장에 진입한 기업이 속도까지 빠르다면 누구도 쫓아갈 수 없는 선도자가 되겠지만, 초기 위험의 규모를 고려할 때 '속도'의 경쟁력을 가지고 있는 기업의 입장에서는또 이것을 뒷받침할 자원이 있다면 불확실성이 조금이라도 줄어든 시점에 들어가 선도 진입자를 추월하는 것이 더욱 합리적인 전략이 될 것이다.

Fast Follower가 되기 위해서는 시장의 변화에 민감해야 하지만 그렇다고 혁신자innovator가 될 필요는 없다. 〈The Rule of Three〉라는 책에서 Sheth와 Sisodia는 혁신innovation이 2등 기업의 전략이라고 말한 적이 있다. 2등 기업은 1등 기업과 끊임없이 차별화하여야 하며 이를 위해 혁신을 해야 한다. 그러나 혁신은 언제나 위험을 수반하므로, 1등 기업의 입장에서는 그 혁신이 소비자의 입장에서 가치 있는 혁신인지 판명될 때까지 기다렸다가 대세라고 판단이 서게 되면 그 때 가서 과감한 투자를 통해 자사고객을 지켜야 한다는 것이다.

지금까지는 주로 후발 주자, 즉 Follower의 입장에서 속도의 중요성을 논의하였지만 '속도'는 누구에게나 중요하다. '속도'라고 하면 제품을 개선하는 속도도 있고 시장에 침투하여 고객 기반installed base을 키워가는 속도도 있겠지만 많은 하이테크 기업들이 가장 염두에 두고 있는 '속도'는 다름아닌 신기술 혹은 신제품의 개발과 관련된 것이다.

2.2 Time-to-market과 R&D 경쟁

신제품 개발에 걸리는 시간을 과거에는 주로 '싸이클 타임cycle time'이라고 많이 불렀지만, 요즘은 'Time-to-marketTTM'이라는 말을 더 많이 사용하는 것 같다. 굳이 차이를 찾자면 싸이클 타임은 제품 컨셉concept의 도출로부터 제품개발의 완료시점까지를, Time-to-market은 출시launching 시점까지의 기간을 말하는 것으로 볼 수 있다. 어떤 학자는 Time-to-market을 대량 생산volume production이 처음으로 이루어지는 시점까지로 정의하기도 한다.

신제품개발 기간의 단축은 다양한 관리 기법들을 통해 지속적으로 이루어지고 있는데, 예를 들면 '동시병행설계' 혹은 '동시공학concurrent engineering'이라는 것이 있다. 동시공학은 신제품의 디자인에서 생산에 이르기까지의 각 단계를 동시에 진행시킴으로써 제품개발의 기간을 획기적으로 단축하기 위한 기법이며 '일관화 엔지니어링'이라고 불리기도 한다. 과거에는 한 단계가 끝나고 나서 다음 단계를 시작하는 식으로

그림 4 Time-to-market과 시장예측의 정확성

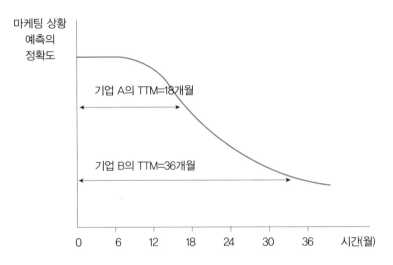

마케팅 상황
예측의
정확도

기업 A의 TTM=18개월

기업 B의 TTM=36개월

0   6   12   18   24   30   36   시간(월)

TTM이 길어질수록 출시 시점의 마케팅 상황에 대한 예측의 정확도가 떨어진다.

출처: McGrath(2001), p. 224.

진행하던 것을 동시에 중복되게 시행함으로써 전체 기간을 줄이는 원리이다. 이외에 도 QFD quality function deployment, 컴퓨터 시뮬레이션에 의한 테스트, 온라인 제품설계 등의 기법을 활용하여 'Time-to-market'을 단축할 수 있다.

'Time-to-market'을 단축하기 위한 연구개발 경쟁 R&D race은 라이벌 기업 간에 종종 맹목적인 경쟁의식에서 이루어지기도 하지만 이는 시간 기반 전략의 기본 fundamental이 된다. 남들보다 먼저 제품을 개발해 낼 능력이 있어야 'First-mover'도 될 수 있고 'Fast Follower'도 될 수 있기 때문이다. 더 나아가서, Time-to-market을 줄이게 되면 신제품 의 시장성공 확률을 높일 수 있는데, 그 이유는 다음과 같다.

첫째, Time-to-market이 짧을수록 신제품 출시 시점 시장상황 market conditions에 대한 예측의 정확도가 높아진다. 〈그림 4〉는 이를 그림으로 나타낸 것이다. 기업 A는 신제 품을 개발하여 출시하는 데 걸리는 TTM이 18개월이고 기업 B는 그 두 배인 36개월 이다. 이 경우 기업 A는 신제품개발에 착수할 때 1년 반 이후의 시장상황을 예측하여

제품을 설계하면 되므로 예측이 상대적으로 용이한 반면, 기업 B의 경우는 약 3년 후의 시장상황을 예측하여야 하므로 그 예측의 정확도가 크게 떨어질 수밖에 없다. 시장의 규모, 잠재 사용자의 니즈, 적정한 가격수준 등의 시장상황에 대한 예측의 정확도는 바로 그 상품의 성공 여부와 직결되므로, TTM이 짧은 기업은 TTM이 긴 기업보다 신제품 성공확률이 높을 것이다.

둘째, TTM이 짧으면 더 진보된 새로운 기술을 사용하여 제품을 개발할 수 있게 된다. 기술은 끊임없이 발전하며, 더 나은 제품 플랫폼 기술로 개발한 제품은 더 많은 가치를 만들어 내는데, TTM이 긴 기업은 상대적으로 더 진부화된 기술요소를 가진 제품을 출시하게 되는 불리한 상황에 놓이게 된다.

Time-to-acceptance

하이테크 마케팅의 아버지라 불리는 Regis McKenna는 그의 저서 〈Real Time〉에서 'Time-to-acceptance'라는 개념을 소개했다. 이는 신제품의 컨셉으로부터 시장 출시까지의 기간을 말하는 'Time-to-market'에 대응되는 새로운 개념으로, 시장에서의 '수용(acceptance)'을 강조하는 표현이다. 아무리 빨리 신제품을 개발하여 시장에 출시하더라도 소비자들의 수용이 더디다면 TTM의 단축이 아무 의미가 없다는 뜻이다.

제품이 시장에 나오자마자 빠른 속도로 수용되게 하기 위해서는 여러 방법을 통해 시장을 준비(ready)시킬 필요가 있는데, McKenna는 그 열쇠를 관계마케팅(relationship marketing)에서 찾는다. 그는 "대화가 브랜드다(The dialog is the brand)"라고 말한다.

고객과의 대화는 제품이 출시되기 전부터 이루어져야 한다. 즉, 제품개발 과정에 적극적으로 고객을 참여시키고, 광고보다는 일대일 마케팅 커뮤니케이션을 통해 고객의 진정한 니즈를 이해하려고 힘써야 한다.

또 그러기 위해서는 대화의 '접근경로(access)'를 가능한 한 많이 만들어 두는 것이 중요하다. 그것은 쌍방향(interactive)의 링크여야 하고 고객들이 쉽게 접근할 수 있는 경로여야 한다. 인터넷은 이러한 경로 제공의 매우 유용한 도구가 될 수 있다.

출처: McKenna(1997).

2.3 속도와 품질의 상충관계

제품개발과 관련된 격언 중에 "Good품질, Fast속도, Cheap비용, 이 세 가지 중에 단두 개만 선택하라"는 말이 있다. 세 가지 다 추구하는 것이 불가능하단 얘기다. 우선, 품질과 속도 사이에 상충관계trade-off가 있을 수 있다. 개발속도를 단축하다 보면 고품질의 제품을 내놓지 못할 수 있다는 뜻이다. 또 품질과 비용 간에도 상충관계가 있다. 고품질 고사양의 제품을 만들기 위해서는 상당한 개발비용을 감수해야 한다. 마지막으로 속도와 비용 사이에도 상충관계가 있다. 사실, 이 둘 사이의 관계는 어느 한 방향으로 정의하기 어려운데 〈그림 5〉를 통해서 이들의 관계를 이해해 보자.

〈그림 5〉를 보면, 개발기간과 개발비용이 U자 형태의 관계를 갖는 것을 알 수 있는데, 이는 개발기간을 단축할 경우에도 개발비용이 증가하고, 또 개발기간이 길어져도 개발비용이 증가함을 의미한다.

개발기간을 단축할 때 비용이 증가하는 이유그래프의 왼쪽 부분는 인력과 자원 등 투입요소 증가로 인한 생산성 증가의 폭이 점차 줄어들게 되기 때문이다. 경우에 따라서 초단기간에 제품을 개발해야 하는 상황에 처할 수 있는데 이러한 '집중적 연구개발crash'에는 막대한 자금이 소요된다. 또, 전체 개발시간을 줄이기 위해서 제품개발의 여러 모듈을 동시에 줄여야 하는 것도 비용 증가의 한 이유가 된다. 앞에서 말했던 동시공학concurrent engineering도 기존의 순차공학sequential engineering보다 일반적으로 비용이 더 많이 든다.

그래프의 오른쪽이 우상향 하는 이유는 개발기간이 지연될 때 추가적인 비용이 발생하기 때문이다. 특히 개발지연의 이유가 어떤 근본적인 문제 때문이라면 상당한 추가비용의 발생을 우려해야 한다. 노하우와 모티베이션의 저하도 개발비용 상승의 원인이며, 개발이 오래 계속되다 보면 인력의 이동이나 재배치로 인한 추가적 셋업비용 등 상당한 비효율이 발생하게 된다.

〈그림 5〉에서 Tmin은 개발비용이 최소화 되는 지점이다. 대부분의 개발 프로젝트들이 이보다 오른쪽에 위치하는데예를 들어 Tnow, 이때 개발기간을 단축하게 되면 비용절감이라는 추가적 혜택을 얻을 수 있다. 그러나 만일 Tmin보다도 짧은 시간에 제품개발을 완료해야 하는 상황이라면, TTM 단축으로 인한 효과와 개발비용의 상승을 반드시 비교해 보아야 한다. 무조건 시간을 단축하는 것만이 최선이 아니라는 것이

그림 5 개발기간과 개발비용의 관계

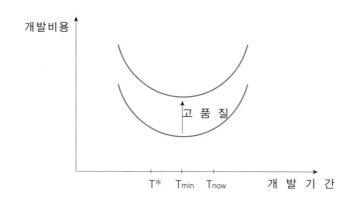

출처: Smith & Reinertsen(1998), p.13을 변형.

다. 경쟁 기업의 제품 출시가 임박했다든가 하는 특수한 상황이 아니라면 비용 대비 효과를 극대화하는 최적의 지점T*이 존재한다.

〈그림 5〉는 또 품질수준을 고려할 경우의 개발비용을 보여주고 있는데, 위쪽의 곡선은 같은 기간 내에 더 품질 좋은 제품을 개발하기 위해서는 개발비용의 추가 상승이 불가피함을 시사하고 있다.

2.4 Fast-mover 전략의 함정

90년대 말 신경제new economy의 주역이 되기 위해 엄청난 스피드로 회사를 설립하고 상품을 개발했으며 공격적인 마케팅을 했던 기업들은 이른바 '닷컴.com' 기업들이었다. 인터넷이라는 새로운 비즈니스의 장에서 '선도주자first-mover'가 갖는 의미는 대단한 것이었고, 인터넷은 극단적인 스피드 경영의 각축장이 되었었다.

컨설턴트인 Marty Bates와 그의 동료들은 닷컴 버블이 꺼진 2000년 9월, 80여 개의 인터넷 기업들을 대상으로 스피드 경영의 허와 실을 분석하였다. 그들의 결론은,

'fast-mover'의 전략이 대체로 효과적이지만, 동시에 매우 위험한dangerous 전략일 수 있다는 것이다. 그러므로 기업가entrepreneur들은 'fast moving'의 효과와 위험을 잘 비교하여 '속도조절'을 해야 한다.

속도조절의 필요성을 잘 보여주는 사례로 인터넷을 통한 에너지 거래energy-trading라는 동일한 사업을 했던 두 회사, Altra와 HoustonStreet의 성공과 실패 사례를 들 수 있다.

Altra의 창업자 E. Russell Braziel은 에너지 트레이딩에 있어 가장 중요한 것이 '관계relationship'라는 사실을 인식하고 기존의 오프라인 기업들을 위협하기보다 그들과의 파트너링을 추진했다. 또, 확실한 사용자 기반을 가지고 천연가스의 거래를 위한 소프트웨어를 만들어 온라인 거래를 시작하였으며, 천연가스의 인터넷 거래에 있어 리더의 자리를 굳힌 이후 점차 액화천연가스나 원유와 같은 다른 에너지원으로 사업을 확대해 나갔다. 그 결과 Altra의 소프트웨어와 트레이딩 시스템은 전 세계 500여 기업의 7,000여 에너지 전문가들이 이용하게 되었고 그 거래량도 폭발적으로 증가하게 되어 2000년에 3천만 배럴 판매라는 경이적인 기록을 수립하였다.

한편, Altra의 경우와 매우 대조적으로, HoustonStreet는 "일단 해보고, 배워서, 개선하는try it, learn from it, and improve it" 전략을 취했던 대표적인 인터넷 기업이었다. CEO였던 Frank W. Getman은 "그 때 우리에게 가장 중요한 것은 가장 먼저 시장에 진입하는 것being first to market이었다"라고 Oil Daily라는 신문과의 인터뷰에서 말했다.

HoustonStreet는 1999년에 미국 북동부에서 온라인을 통한 전기 트레이딩을 시작한 지 불과 몇 달 만에 서비스를 전국으로 확대했다. 또 그와 동시에 그들은 웹사이트를 에너지 포털로 탈바꿈 시켰다. 그리고 일 년도 안 되어 전혀 다른 고객을 상대해야 하는 원유oil의 트레이딩을 시작하였으며 또 몇 달 만에 천연가스도 취급하기 시작했다. 바로 그 해가 가기도 전에 HoustonStreet은 웹 기반의 범유럽pan-European 에너지 트레이딩 플랫폼을 마련하였다. 이 모든 일이 2000년 한해 동안 이루어진 일들이었다.

이 과정에서 HoustonStreet는 충분히 검증되지 못한 시스템을 사용해야 했고 수차례의 개선과 변경이 불가피했다. 또 문제의 수습에 급급하여 온라인 트레이딩 산업의 경쟁자들과 차별화하기 위한 노력은 전혀 이루어지지 않았다. 결국 수익성이 악화되어 2001년 1월, 최소 20%의 인원삭감layoff이 이루어졌고, 많은 프로젝트가 취소되었다. 한마디로 그들은 스피드 경영을 통해 신속한 개발은 했으나 경쟁우위의 원천은 하나도 마련하지 못하고 있었던 것이다.

앞서 사례에서 보듯이 Fast-moving이 경쟁우위의 확보로 연결되지 못한다면 그 자체는 아무것도 아니다. Bates 등은 Fast-mover 전략이 효과적인 전략이 되기 위해서는 다음과 같은 세 가지 조건을 충족해야 한다고 결론을 지었다. 첫째, 시장을 선점한 후에 고객을 Lock-in 시킬 수 있어야 한다. 즉, 진입장벽을 구축할 수 있을 때에 선도 진입이 효과적일 수 있다. 둘째, 시장의 규모가 충분히 커야 한다. 이른바 e-speed로 사업을 전개하는 것은 많은 초기투자를 요구하며 이를 충분히 상쇄할 만한 시장이 있을 때 Fast-moving이 정당화 될 수 있다. 마지막 셋째는 위험관리 능력이다. 초스피드 경영을 하다 보면 기술적 문제나 정부 규제, 혹은 대형 경쟁자와 같은 암초에 부딪힐 수 있기 때문이다.

3 기술대체 타이밍의 결정

3.1 기술발전 S자 곡선

기술의 진보progress를 예측하기 위해 자주 사용되는 분석도구 중의 하나는 기술발전 S자 곡선technology S-curve이다. 이는 McKinsey의 컨설턴트 Richard Foster가 70년대에 제안한 것으로 〈그림 6〉과 같이 연구개발 투자가 이루어짐에 따라 기술의 성능performance이 어떻게 향상되는지를 보여주는 그래프이다. 연간 연구개발 투자가 일정하다고 가정할 경우 가로축을 단순히 시간으로 보기도 한다.

그렇다면 기술의 진보는 왜 S자 형태로 이루어지는 것일까? 그 이유는 다음과 같다. 초기에는 연구개발 투자의 성과가 미미한데, 이는 무엇이 성능을 결정짓는 핵심적인 요인인지 파악이 되지 않았기 때문이다. 그러나, 경험과 전문지식, 그리고 시행착오가 누적되어 가다가 어느 순간이 되면 이들 경험과 지식이 결합되면서 획기적인 성능개선이 급속도로 이루어지게 된다. 그러나 이러한 성능개선도 어느 순간에 한계에 도달하게 되고, 새로운 돌파구가 나올 때까지 기술의 발전은 정체된다.

기술발전 S자 곡선은 연구자가 지속적으로 기술의 진보를 관찰하고 기록함으로써 얻게 되는 것인데, 그 일차적인 용도는 연구개발의 생산성을 측정하고, 투자 및

그림 6 Technology S-Curve

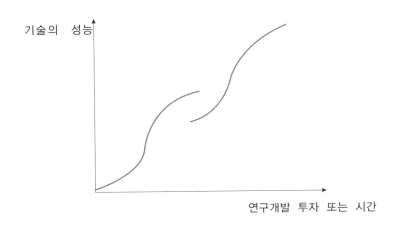

자원배분에의 시사점을 얻는 것이다. 그러나, 최근에는 제품 및 기술 대체technological substitution와 관련된 의사결정에 도움을 얻기 위해 자주 활용되고 있다.

〈그림 6〉에는 두 개의 S자 곡선이 제시되어 있다. 앞의 것은 기존의 기술이고 뒤의 것은 신기술이다. 역사적으로 수많은 기술이 나타났으나 그 중 대부분은 뒤에 나타난 신기술에 의해 대체되었다. 백열등은 형광등에 의해, 트랜지스터는 IC에, IC는 반도체에 의해 대체되었다. 최근에 개발된 디지털 기기들은 아날로그 기기들을 하나둘 대체해 나가고 있으며, 통신서비스도 2세대, 3세대라는 이름을 달고 나타나 기존의 통신기술을 대체하고 있다.

이러한 기술대체 과정에서 다음 세대 기술로의 전환에 뒤처진다면 이전 세대 기술을 바탕으로 시장지배력을 행사하던 기업도 새로운 경쟁체제에서는 도태되기 십상이다. 반면, 기술의 진보를 예측하여 선제적으로 사업구조를 개편한다면 새로운 기술이 등장하여도 시장지배력을 유지할 수 있다. DVD 대여 시장을 선도하던 Blockbuster는 인터넷 기술의 발전에 관심을 두지 않아 급격한 쇠락을 맞이했지만, 후발주자였던 Netflix는 시장의 반발에도 불구하고 빠르게 스트리밍 서비스를 도입함으로써 글로벌

그림 7 기술발전과 사업성과 곡선

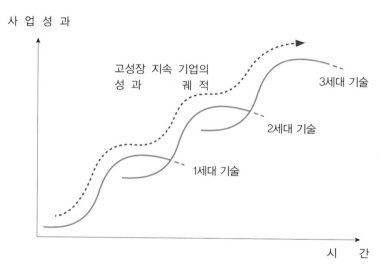

출처: Nunes & Breene(2011).

미디어 기업으로 성장할 수 있었다.

Nunes와 Breene2011은 고성장을 지속하고 있는 기업들이 경쟁사에 비해 차세대 기술로의 전환에 빠르고 적극적으로 대처했다는 공통점을 찾아냈다. 〈그림 7〉에 나타난 바와 같이 성공 기업들은 기술발전 S자 곡선 사이에 간극을 허용하지 않음으로써 성장을 유지해 나간다는 것이다. 그러나, 이러한 성장 곡선을 이어가는 것은 말처럼 쉬운 일이 아니다. 다음 세대 기술로의 전환에 성공하기 위해서는 현 세대 기술의 성과가 정점에 도달하기 이전부터 사업 구조 개편이 요구되기 때문이다. 하지만 대부분의 기업은 현재 사업의 성장세에 안주하거나 현 세대 기술에의 투자를 늘리는 결정을 내리기 쉽다. Nunes와 Breene은 기술대체 과정에서도 성장을 지속하기 위해서는 시장의 변두리에 집중해야 한다고 주장했다. 기술 전환의 필요성을 절감하기 위해서는 현 시장을 대변하는 다수의 목소리보다는 새로운 효용을 원하는 소수의 목소리가 더 중요할 수 있다는 것이다. 이와 더불어, 적극적인 사업구조 개편을 시행할 수 있는 최고 경영자 층의 결단력과 꾸준한 R&D 투자가 수반되어야 한다고 덧붙였다.

3.2 Exploration vs. Exploitation

새로운 기술의 출현은 그 기술의 사용자가 기업이건 개인이건 마찬가지로 하나의 딜레마dilemma를 가져다 준다. 그 딜레마는 바로 기존의 기술을 계속해서 사용할 것인지 아니면 새로운 기술을 채택할 것인지 하는 것이다. 또, 결국 언젠가 새로운 기술로 이동해 가야 한다면 도대체 '언제' 기존 기술을 버리고 새로운 기술로 이전jumping the technology S-curve해야 하는 것인가 하는 '타이밍'의 결정도 결코 쉬운 결정이 아니다.

1990년대 초에 새로 개발된 RISCreduced instruction set computing 아키텍처가 286 및 386 PC의 기반이 되었던 기존의 CISCcomplex instruction set computing 기술을 위협했을 때 Intel은 이와 같은 딜레마에 놓였었다. 만약 RISC 아키텍처를 채택한다면 Intel은 차세대 마이크로프로세서의 성능을 획기적으로 개선할 수 있지만, CISC 마이크로프로세서에 최적화된 기존의 소프트웨어를 사용하고 있는 고객들에게는 큰 도움이 되지 않을 것이기 때문이었다. 그 당시를 회고하는 Andy Grove의 말이다.

> "그 문제는 회사나 마이크로프로세서 산업에 있어 굉장히 중요한 문제였고 우리는 신속하게 의사결정을 내려야 했습니다. 한편으로, RISC의 추세를 보면 전략적인 변곡점에 도달해 있는 상태여서 Intel이 적절히 대처하지 못할 경우 마이크로프로세서의 리더로서의 지위를 오래 지속할 수 없는 것으로 판단되었습니다. 그러나 반면에, CISC에 기반하고 있는 386의 강력한 시장 모멘텀을 보게 되면, 그것이 486이나 그 이후의 세대에까지 이어갈 수 있는 잠재력도 무시할 수 없을 만큼 큰 것이었습니다. 게다가 RISC의 시장은 우리가 아무런 경쟁우위도 가지고 있지 못하는 상태에서 경쟁에 나서야 하는 매우 척박한 격전지가 될 것처럼 보였습니다."

Intel은 i860이라고 하는 RISC칩을 개발하기도 하였으나, 결국 RISC를 포기하고 CISC에 남기로 하였으며, 다행히 CISC에 기반한 후속 마이크로프로세서로 PC 시장에서의 지배적 위치를 이어갈 수 있었다. 그러나, 워크스테이션 시장에서 일어난 결과는 이와 반대였다. Digital Equipment는 CISC를 고집하다가 몰락하였고, 재빨리

RISC로 옮겨간 SUN은 번창할 수 있었다.

이와 같이 기술대체의 딜레마에서 기업이 취할 수 있는 대안은 크게 두 가지이다. 첫째는 새로운 기술로의 이전을 유보하고 기존의 기술을 계속 이어가는 것으로서 착취를 의미하는 단어인 'Exploitation'으로 표현한다. 또 다른 하나는 기존의 기술을 버리고 신속하게 신기술을 채택하는 것인데 탐험을 뜻하는 'Exploration' 전략으로 불린다.

더 나은 신기술이 개발되어 나름대로 기술발전의 S-curve를 그리고 있을 때, 기존기술을 사용하고 있는 기업이 선뜻 신기술로 이전하지 못하는, 즉 'Exploit' 하게 되는 이유는 무엇일까?

첫째, 새로운 기술이 처음부터 이전 기술을 성능면에서 압도하는 경우도 있지만, 〈그림 6〉에서 보듯이 초기에는 대부분 이전 기술의 발전된 수준에 못 미치게 된다. 신기술이 제4절에서 논의했던 '파괴적 기술disruptive technology'인 경우에는 더더욱 그렇다. 따라서 신기술은 초기단계에 생각만큼 큰 '가치value'를 제공해 주지 못하므로 자주 외면당한다.

둘째, 새로운 기술의 잠재력을 충분히 알고 있다고 해도 이전 기술을 계속해서 사용해온 기업들은 대개 이전 기술에 상당히 Lock-in 되어 있다technological lock-in. 이런 경우 그들은 '전환비용'이 충분히 낮아질 때까지 상당한 시간을 필요로 한다. 여기에 조직의 관성inertia 혹은 저항resistance까지 있다고 하면 신기술로의 이전은 더욱 힘겨운 일이 된다.

셋째, 신기술은 대개 불연속적 혁신기술인 경우가 많으며, 일반 소비자가 혁신기술에 대해 망설이고 두려워하는 것과 마찬가지로 기업들도 신기술과 관련된 불확실성으로 인해 FUDfear, uncertainty, doubt의 심리상태를 경험하게 된다.

넷째, 파괴적 기술의 경우와 마찬가지로, 기존의 고객들이 이미 써보았던 기술에 대한 지속적인 지지support를 보냄으로써 새로운 기술의 가능성을 모색하려는 기업을 방해하거나 단념시킬 수 있다. 시장이 과연 새로운 기술을 기반으로 한 제품으로 이전해 갈 것인가 아닌가를 단순히 고객에게 물어보아서는 알아내기 힘들다. 기존고객의 소리에만 귀를 기울이지 말고 신기술이 가져올 새로운 가치와 새로운 시장의 관점에서 신기술을 평가해야 한다.

이와 같은 Exploitation 전략은 기술의 진부화가 신속히 진행되어 신기술이 기존기술을 완전히 대체하게 될 경우, 보수적인 행보를 결정했던 기업에게 매우 치명적인 결과를 가져다 줄 수 있다. 이른바 '근시안적 선택myopic choice'으로 인한 실패다. 신기술을 완전히 포기하지 않고 '뒤늦은 선택'을 하더라도 그 기업은 신기술로 무장한 경쟁자들의 틈에 끼지 못할 가능성이 많고이를 'Lock-out'이라 함., 기술의 학습에 많은 시간이 필요할 경우에는 더욱 그러하다.

2007년에 있었던 SKT와 KT의 3G 서비스로의 전환 과정도 이 같은 맥락에서 이해할 수 있다. 당시 2G2nd Generation 시장에서 2천만 가입자를 확보해 시장점유율 50%를 유지하던 SKT는 차세대 통신 서비스인 3G로 이행하는 것에 다소 소극적이었다. 2G 서비스의 통화품질을 높이기 위해 10년간 5조원을 투자한 바 있고, 수익성 측면에서도 기존의 충성도 높은 2G 고객을 대상으로 ARPU가입자당 수입를 극대화하는 것이 바람직하다는 내부 목소리도 무시할 수 없었다. 그러나, 만년 2위 이미지를 벗고 새로운 시장을 선도할 기회를 모색하던 KT는 전혀 다른 입장이었다. 2007년 3월 1일부로 3G 전국망 서비스를 개시한 KT는 영상통화를 대표 서비스로 선정하고 기발한 광고를 앞세운 'SHOW' 브랜드 캠페인으로 소비자의 전환 심리를 자극했다. 예상을 넘어서는 KT의 가입자 증가 소식에 당황한 SKT는 3G 전국망 구축 계획을 서둘러 앞당기고 3월 말부터 서비스를 개시했다. 3G 시장에서 주도권을 쥐려는 KT의 Exploration 전략으로 인해 3G로의 이동을 지연하려는 SKT의 Exploitation 전략에 차질이 생기게 된 것이다.

Exploration 전략은 이와 같은 Exploitation 전략의 단점을 극복하게 해 주고 적극적으로 신기술을 채택한 기업으로 하여금 차세대의 시장 선도자로 나설 가능성을 높여주지만, 마찬가지로 나름대로의 한계와 위험을 가지고 있어 다음과 같은 사실을 충분히 고려하지 않고 섣불리 신기술로 'jump'했다가 괜히 '황금알을 낳는 거위만 죽이는' 결과를 초래할 수 있다.

첫째, 너무 일찍 신기술로 시장 공략에 나설 경우 시장이 미성숙하여 많은 개척비용이 든다. 특히 파괴적 기술과 같이 초기에 빈약한 성능을 가지고 있는 신기술의 경우, 기존기술을 사용하고 있는 고객들을 설득하여 전환시키는 것이 쉽지 않다.

둘째로, 대부분의 하이테크 제품은 하나의 기술이 아니라 여러 기술에 동시에 의존한다. 따라서, 하나의 기술요소에 급진적인 발전이 이루어진다 하더라도 전체적인 제품의 가치가 높아지려면 오랜 시간이 걸릴 수 있다. 또, 시장의 발전을 나타내는 '마케팅 S자 곡선marketing S-curve'은 대개 '기술발전 S자 곡선'보다 늦게 시간적인 지연'time lag을 두고 나타난다. 더군다나 신기술이 혁신적이어서 소비자들의 행동변화를 요구할 경우 마케팅 S자 곡선의 시간적 지체는 더욱 더 커진다.

셋째로, 기존기술의 수명이 혁신 등을 통해 의외로 연장될 수 있다. 신기술이 가지고 있는 획기적인 성능을 기존기술이 따라가는 경우가 종종 있기 때문이다. 기존기술은 이미 수많은 연구와 실험을 통해 축적된 지식을 가지고 있고, 경험 곡선 효과에 의해 상당한 원가상의 우위를 가지고 있다. 따라서 신기술에 뒤지는 한두 가지 차원을 신기술과 비슷한 수준 정도로 끌어올릴 수만 있다면 오히려 소비자에게 더 좋은 대안이 될 수도 있다. 하드디스크 드라이브의 경우 플래시 메모리에 의해 신속히 대체될 것으로 예상되었으나 저장밀도의 한계를 지속적으로 극복함으로써 상당 기간 수명을 연장했다.

신기술에 대응하는 제3의 전략

새로운 기술의 출현에 대응하는 방법이 Exploitation과 Exploration 두 가지만 존재하는 것은 아니다. 특히, 재정적인 자원이 부족한 기업에게는 기존 기술에 투자를 늘리면서 새로운 기술과 정면 대응하거나, 빠르게 새로운 기술로 전환하는 것 모두 현실적인 대안이 될 수 없다. Adner와 Snow(2010)는 대규모의 투자 없이도 기존 기술로 새로운 기술에 맞설 수 있는 제3의 대안으로 '과감한 후퇴(bold retreat)'를 제안했다. 이 전략은 이전 기술이 대상으로 하고 있는 주류시장을 새로운 기술에게 내어준다는 의미에서 '후퇴'라고 볼 수 있지만, 이 결정이 선제적이고 전략적이라는 측면에서 '과감하다'는 수식어가 동반된다.

과감한 후퇴는 표적시장을 수정하는 전략이라 요약할 수 있으며, 두 가지 유형으로 나뉠 수 있다. 첫번째 유형은 지속 가능한 틈새시장으로 표적시장을 축소하는 전략이다. 일반적으로 신기술은 기존 기술에 비해 소비자들의 욕구를 더 효율적이고 효과적으로 충족시켜준다. 그러나, 아무리 뛰어난 기술이라 할지라도 모든 세분시장의 욕구를 만족시킬 수는 없으며, 일부 세분시장에서는 오히려 기존 기술이 상대적 이점을 가질 수 있다. 기계식 시계에 비해 가격이 저렴하고 정확성도 높은 쿼츠(quartz) 시계가 등장했을 때 일부 기업들은 새로운 기술을 수용하기 보다는 작은 틈새시장에 집중하는 전략을 택했다. 기존의 세분시장 중 '기계식'이라는 사실만으로도 높은 가치를 부여하는 틈새시장이 존재함을 확인했고,

손목시계의 일부를 투명하게 디자인함으로써 기계식 시계임을 더욱 분명하게 드러내기 시작한 것이다. 이러한 표적시장의 축소는 대성공을 거두었으며, 현재도 고가의 기계식 시계에 대한 수요는 꾸준히 이어지고 있다.

두번째 유형은 새로운 시장으로 표적을 이동하는 전략이다. 여기서 새로운 시장은 기존 기술과 신기술 모두 표적시장으로 고려하지 않던 시장이지만, 기존 기술이 신기술에 비해 차별적 가치를 드러낼 수 있는 곳을 말한다. 원통형 배터리는 2000년대 후반 시장에서 모습을 감추기 시작했다. 모바일 기기들이 작고 얇아지면서 주머니형이나 각형 배터리를 채택했기 때문이다. 하지만 2010년대 중반 이후부터 전동공구, 무선 청소기, 전기자전거와 같은 새로운 시장에서 원통형 배터리에 대한 수요가 급증했다. 이 시장에서는 주머니형이나 각형 배터리에 비해 가격도 저렴하고 강한 출력을 낼 수 있는 원통형 배터리가 더 적합했던 것이다.

3.3 혁신기업의 대안

Exploitation과 Exploration이 모두 위험하다면 도대체 어떻게 하는 것이 좋을까? 결국 최적의 타이밍을 선택하는 것이 관건이 될 것인데, IBM의 연구원인 Asthana1995는 다음과 같은 실무적 제안을 하였다.

첫째, 신기술의 기술발전 S자 곡선을 계속 주시하라. 〈그림 8〉에 나와 있는 것처럼, 면밀히 기술 발전과정을 관찰하고 분석하다 보면 어느 순간에 신기술이 기존 기술을 추월하는지 또 언제 변곡점에 도달하는지에 대해 미리 감感을 얻을 수 있다.

둘째, 근시안적 태도와 보수적인 선택을 버리고 언제나 능동적으로 자신의 제품을 대체할 준비를 하라. IBM이 System 360 컴퓨터를 출시하였을 때 그들은 자사의 제품시장을 상당 부분 대체할 각오를 했었고, System 360은 IBM 역사상 가장 성공한 제품이 되었다.

셋째, 기존의 고객에 지나치게 밀착하지 말고 그들로 하여금 미래의 기술을 선택하게 하지도 말라. 신기술에 대해서는 그 기술이 가져올 새로운 시장의 고객에게 물어보라.

넷째, 경쟁자에 대한 레이더를 더욱 넓게 펼치라. 기존의 경쟁자에게만 초점을 맞추게 되면 새로운 기술의 위협을 간과하는 실수를 범할 수 있다.

다섯째, 신기술의 잠재력을 확인했다면 용기를 가지고 과감하게 S-curve를 점프하여 뛰어 넘으라. 단, 건너뛰기 전에 반드시 주위를 살피라.

Asthana의 조언은 모두 옳지만, 원칙만 확인해 줄 뿐 딜레마의 해결에 실질적인 도움을 주고 있지는 못한 것 같다. 그렇다면 실제로 하이테크 기업들이 사용하고 있는 방법 중에 좋은 방법은 없을까?

사실, 신기술의 투자에 대한 결정을 가장 자주 내리고 있는 조직은 다름아닌 벤처 투자가들venture capitalists: VC이다. 이들은 어떤 방법을 사용하고 있는가? VC들은 대부분 'milestone approach'라는 투자의 룰을 가지고 있다. 이 룰에 따르면 매력적인 신기술이 포착되었을 경우 초기투자는 언제나 소규모로 시행하고, 그 기술의 상업화 가능성이 커짐에 따라 점차 많은 금액의 추가적인 투자를 실시한다는 것이다. 이러한 식의 투자결정 방식을 'adaptive decision rule'이라고 하는데, 구기술과 신기술 사이의 딜레마로 고민하는 기업들도 사용할 수 있는 방법이다.

일본의 전자업체인 Sharp도 이와 유사한 방법을 사용하고 있다. Sharp는 신기술에 대한 투자를 처음에 작게 시작하여, 정기적으로 그 사업성과 기술발전 속도를 평가하고 이에 맞추어 인력 및 자금의 투입을 점차 늘리거나 아니면 줄이는 방법을 통하여 적절하게 위험을 관리하고 있다.

Intel과 같이 자금력이 많은 기업은 양쪽에 모두 다리를 걸치는 전략을 사용할 수도 있다. Intel은 RISC의 위협에 직면하여 가만히 있지 않고 RISC 칩의 자체 개발을 실시했고 제품을 만들어 내기도 하였다. 그러나, 시장의 반응을 지속적으로 관찰하여 정확한 소비자의 니즈를 파악했다고 판단되었을 때 CISC로 전략적 방향을 설정했다.

이처럼 서로 상충 관계에 있는 Exploitation과 Exploration의 균형을 유지할 수 있는 조직을 양손잡이 조직이라 한다. 양손잡이 조직에서는 두 활동 사이의 갈등을 완화하고 균형을 맞추기 위해 시간 분리 혹은 조직 분리의 방법을 사용한다. 시간 분리란 Exploitation에 집중하는 시기와 Exploration에 집중하는 시기를 구분함으로써 균형을 달성하는 방법이다. 하드디스크HDD의 표준이 130mm에서 95mm로 전환되는 과정에서도 130mm의 생산에 주력하면서 적절한 시차를 두고 95mm의 개발을 진행한 기업들이 가장 높은 성과를 거두었다. 130mm를 생산하면서 동시에 95mm의 개발에 자

그림8 S-Curve를 주시하라

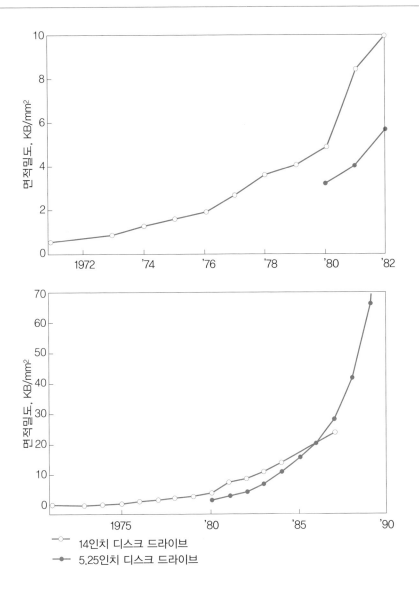

14인치 디스크 드라이브
5.25인치 디스크 드라이브

1982년에 5.25인치 디스크 드라이브의 면적밀도는 14인치 제품보다 훨씬 낮았다(위 그림).
그러나, 그 때는 5.25인치 드라이브 S―곡선의 시작에 불과했다. 이 기술은 급속도로 발전하였고
1985년 이후에 14인치 드라이브의 시장을 대부분 잠식하였다(아래 그림).

출처: Asthana(1995), p. 51.

원을 투자한 기업들은 비효율성에 직면했고, 지나치게 늦게 95mm의 개발에 뛰어든 기업들은 시장 환경의 변화에 적응하지 못했다. 한편, 조직 분리는 각 활동을 담당하는 조직 단위를 분리함으로써 균형을 추구하는 방법이다. HP는 기존의 레이저프린터 사업부와 별개로 지리적으로도 먼 곳에 독립적인 잉크젯 사업부를 설립했다. 잉크젯 사업부는 제조, 마케팅, 유통 등 모든 기능을 자체적으로 수행함으로써 새로운 시장 개척에 성공할 수 있었다.

3.4 Time Pacing

'타임 페이싱time pacing'은 Stanford대학 교수인 Kathleen Eisenhardt와 McKinsey 컨설턴트인 Shona Brown이 그들의 연구결과를 토대로 창안한 새로운 개념으로, 하이테크 기업들이 중요한 변화 혹은 이행transition을 각자가 나름대로 '미리 정해둔' 시기에 하는 것을 말한다. 여기서 말하는 '중요한 변화나 이행'은 신제품이나 새로운 서비스의 출시, 차세대 기술의 도입, 신시장 진입 등과 같이 전략적으로 매우 중요한 이벤트를 지칭한다. 타임 페이싱은 시장 및 기술의 변화 등 어떤 상황이 발생했을 때마다 그때그때 대응하는 '이벤트 페이싱event pacing'에 상대되는 개념으로서, 이벤트 페이싱이 수동적인reactive 시간전략이라면, 타임 페이싱은 능동적인proactive 시간전략이라고 할 수 있다.

본 서의 제2장에서 논의했던 'Moore의 법칙'은 Intel이 사용해온 '타임 페이싱'의 좋은 사례라고 할 수 있다. 매 18개월마다 칩의 성능이 두 배로 증가한다는 '법칙'은 Intel의 연구원들에게 부여된 사실상의 '목표'였으며, Intel 칩을 사용해서 제품을 만드는 제조업체나 Intel 칩에서 돌아가야 하는 소프트웨어를 만드는 기업에게는 기술발전의 '페이스pace'에 대한 신호signal였다. Intel은 'Moore의 법칙' 외에도 매 9개월마다 새로운 생산설비에 투자한다는 식의 타임 페이싱을 여러 곳에 적용하고 있다.

예측가능한 시간 간격에 따라 주요 이벤트를 스케줄링 하는 타임 페이싱 전략은 다음과 같은 점에서 매우 효과적인 시간 기반 전략이라고 할 수 있다.

첫째, 어차피 미래를 예측하기 어려운 상황에서 투자결정을 해야 한다면 자신이 정한 페이스로 진행해 나감으로써 산업 전체의 예측가능성predictability을 높일 수 있다.

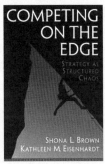

타임 페이싱 전략을 제대로 실행하기 위해서는 다음의 세 가지 기본요소를 잘 관리해야 한다.

1. 성과측정 기준(Performance metrics)

모든 기업들이 매출이나 이익, 그리고 비용에 대한 성과측정 변수들을 관리하고 있다. 그러나, 시간과 관련된 성과측정 항목은 별로 없다. 신제품 개발, 기업 인수 등에 있어 시간과 관련된 성과측정 항목을 개발하여 관리하라. 이는 시기(timing)와 기간(duration), 그리고 속도(speed)에 대한 모든 것을 포괄한다.

2. 이행(Transitions)

당신의 비즈니스에 있어 중요한 이벤트는 어떤 것들인가? 특히 어느 단계에서 다른 단계로 이행하는 것이 많다면, 그러한 변화를 공식화된(formalized) 프로세스로 정립하라. 과정을 가능한 한 줄이고 단순화하려고 노력하라. 이행의 작은 부분도 모두 준비하여 안무(choreograph)하고 연습(practice)하라.

3. 리듬(Rhythms)

당신 기업의 리듬을 잘 살펴보라. 무엇이 계획된 리듬이고 무엇이 습관에 의한 것인지 구분해내고, 리듬이 깨졌거나 아예 없는 중요한 영역이 있는지 알아보라. 또 그 리듬이 산업 내 다른 구성원들, 특히 소비자들과 일치하고 있는지 점검해 보고, 일치하고 있지 않는 부분이 있다면 그것을 일치시킴으로써 가치를 만들어낼 새로운 기회가 있는지 찾아보라.

출처: Brown and Eisenhardt(1998).

Intel의 CEO였던 Andy Grove는 다음과 같이 말한 적이 있다. "우리는 반도체 칩 생산 설비를 시장이 그 제품을 필요로 하는 시점보다 2년 앞서서 만들어 놓아야 하는데, 그때에는 어차피 산업이 2년 후에 어떻게 될지 도무지 알 수 없다." Intel이 능동적으로 정해놓은 타임 프레임은 관련 산업의 동기화synchronization를 유도하여 결국 그들의 예측은 실현가능성이 높아지게 되고, 따라서 미래에 대한 불확실성이 감소하게 되는 것이다.

시장이 느리게 변화하는 상황에서는 '이벤트' 페이싱도 변화에 대응하는 매우 효과적이고 기회주의적인opportunistic 전략이 될 수 있다. 그러나, 하이테크 산업과 같이 시장환경이 급격히 변화하는 경우에는 타임 페이싱이 오히려 더 효과적이다.

둘째, 타임 페이싱은 라이벌과 잠재적인 진입자를 위협하는 전략이 된다. Intel의 주기적인cyclical 설비투자는 앞으로 발생할 수요를 거의 모두 흡수하여 별로 남겨놓지 않겠다는 의지를 반영하고 있다. 이러한 상황에서 만에 하나 발생할지 모르는 작은 기회를 위해 투자를 감행하겠다는 경쟁자는 별로 많지 않다. 또 시장에 진입하기 위한 타이밍을 찾고 있는 잠재적인 진입자는, 산업 내 선도기업의 페이스에 의해 산업 전체가 맞추어지는 상황을 보면 시장진입 의지를 잃게 된다.

셋째, 타임 페이싱은 메트로놈metronome과 같이 조직 내에 리듬과 활력을 불어넣어 준다. 조직은 변화에 적응하며 끊임없이 스스로 변화해야 한다. 그러나, 그 변화가 너무 급격하게 이루어지면 마치 달리는 자동차의 팬 벨트를 갈아 끼우는 것과 같이 위험할 수 있다. 조직 내에 리듬을 부여하기 위해 사용하는 방법은 다양하다. 마케팅과 관련된 것으로 가장 중요한 것은 제품 라인의 변화인데 몇 가지 사례를 살펴보면 다음과 같다.

Gillette는 매년 약 20개 정도의 제품 이행product transition을 실시한다고 한다. 즉, 개발–출시–수확으로 이어지는 제품 파이프라인의 여러 단계에 걸쳐 제품들이 균형 있게 분포하도록 관리하는 것이다. 그리하여 매 5년 동안의 매출 중에서 신제품이 차지하는 비중이 40%가 되도록 하고 있다. 신제품을 통한 혁신을 강조하는 3M도 매년 연간 매출의 30% 이상이 개발된 지 4년 미만의 신제품으로부터 나오도록 정함으로써, 조직구성원 각자가 언제 무엇을 해야 하는지 정확히 알게 한다.

타임 페이싱 전략은 언제나 특정한 숫자와 관련되어 있다. 타임 페이싱의 가장 중요한 차원은 변화를 위한 올바른 리듬right rhythm을 만들어 내는 것이며, 올바른 리듬은 시장과 기술의 변화, 그리고 자사의 내부 역량을 감안한 최적의 것으로 선택되어야 한다. 이는 나름대로의 룰을 나타내는 계량화된 기준metrics으로 정의되어야 하며, 이를 조직 내 모든 구성원들이 분명하게 인지하고 있어야 한다.

3.5 자발적 자기잠식

'제살 깎아먹기', 즉 자기잠식cannibalization은 항상 나쁜 것이고 될 수 있는 대로 피해야 하는 것으로 누구나 생각한다. 기존의 캐쉬 카우cash cow를 잠식하는 신제품 출시는 더더욱 금기시된다. 그러나, 하이테크 시장에서는 기술 대체technological substitution에 의한 자기잠식을 피할 수 없을 뿐더러, 경우에 따라서는 자기잠식이 유용한 전략이 될 수도 있다. 이슈는 어떻게 장기적인 이익을 극대화하는 방향으로 자기잠식을 감수할 것인가 하는 것뿐이다.

증기기관은 내연기관에 의해 대체되었고, IC 회로는 반도체에 의해 대체되었으며, 카세트 테이프와 LP는 CD에 의해 대체되었다. 기계식 카메라는 디지털 카메라에, VCR은 DVD에, CD 플레이어는 MP3 플레이어에 자리를 내주었고, 거의 모든 아날로그 제품들은 디지털 제품에 의해 대체되고 있다. 낡은 기술을 대체한 신기술은 많은 경우 젊은 피의 상징인 혁신적 '벤처기업'에 의해 개발되었으며 그때마다 기존기술의 지배자였던 거대한 기업들이 역사의 뒤안길로 사라져 갔다. 그러나, 최근의 두드러진 현상 중의 하나는 이미 기존의 기술을 활용한 제품을 통해 시장을 지배하고 있는 거대기업들이 적극적으로 자신을 와해시킬 미래기술에 대한 투자를 감행하고 있다는 사실이다. 즉, Intel, Microsoft, HP, 삼성전자와 같은 하이테크 마켓 리더들이 '자발적 자기잠식self-cannibalization'에 나서고 있다는 것이다.

자발적 자기잠식은 기존 기술에 매달리다가 시장을 송두리째 경쟁자에게 빼앗기느니 어느 정도의 단기적인 손해를 감수하더라도 스스로 신기술로 대체하는 편이 낫다는, 하이테크 기업들의 계산된 의지를 대변하고 있다. 그렇다고 하더라도, 수익을 내고 있는 기존 제품을 아직 미래가 불확실한 차세대 제품으로 대체하는 것은 결코 쉬운 일이 아니다. 기존 고객들은 현재의 기술을 더욱 발전시켜 줄 것을 바라지, 새로운 기술로 이전해 갈 것을 요구하지 않는다. 게다가 시장조사 결과들은 대부분 신기술이 고객에게 받아들여지기까지 아직 많은 시간이 남아 있다고 얘기한다. 그래서 미적미적하다 보면 타이밍을 놓치게 된다.

차세대 기술을 확보하고 있으며 시장이 받아들일 준비가 어느 정도 되어 있다고 판단되면, 자연스럽게 기술대체가 이루어지도록 조치를 취해야 하는데, 이때 사용되는 가장 유용한 수단이 바로 가격이다. Intel도 새로운 칩을 발표할 때마다 이전 세대의 칩에 대해 가격인하를 실시하며, 가격인하의 폭은 이전 세대의 칩도 특정 세분시장에서 상당한 매력을 유지하여 두 세대의 기술이 상당 기간 공존할 수 있도록 하는 선에서 결정된다.

지금까지 설명한 자발적 자기잠식 전략은 마켓 리더의 입장에서 논의하였으나, 사실 시장의 후발 주자, 즉 도전자의 입장에서 더욱 매력적인 전략이 될 수 있다. 왜냐하면, 기술대체가 이루어질 경우 도전자도 손실을 감수해야 하지만 마켓 리더의 손실이 더 크기 때문이다. 잘만하면 차세대 제품시장에서 상당한 시장점유율 증대를 기대할 수도 있다. VoIP에 기반한 인터넷 전화의 경우도 시장전체의 수익성은 악화될 수 있지만 시장재편의 기회를 노리는 도전자에게는 유혹적인 사업이 아닐 수 없었다.

자기잠식은 피할 수 없는 상황에서 선택해야 하는 일종의 고육책이지만 하이테크 기업이라면 이것도 자발적으로, 또 능동적으로 판단하고 대처하여 장기적 이익을 극대화하여야 한다.

3.6 하이테크 제품의 업그레이드

하이테크 제품의 독특한 특징 중의 하나는 계속해서 새로운 버전version이 나온다는 것이다. 기술은 계속 발전하고, 새로운 기술을 반영한 업그레이드upgrade 버전은 보다 나은 성능과 디자인을 가지고 계속해서 출시된다. Palm PDA의 경우, 1996년에 첫 모델이 나온 이후 5년간 20여 종의 신모델이 나왔으며, 노트북 컴퓨터나 스마트폰 등의 하이테크 제품들도 해마다 많게는 10개 이상의 새로운 버전을 쏟아내고 있다.

하이테크 제품 구매자의 입장에서는 제품의 발전이 항상 좋은 것만은 아니다. 제품을 구입한 지 얼마 되지 않아 더 좋은 제품이 출시되면 일찍 산 것을 '후회regret'하게 되고, 새로운 버전을 구매할 때 '망설이게hesitate' 되고, 사고 나서는 금방 진부화될까 봐 '불안anxiety'해 하게 된다. 게다가, 일반적인 내구재와 달리 하이테크 제품은 고장이 나거나 제품수명이 다하여 새로 구매하는 '정상적' 교체구매normal replacement purchase보다, 더 나은 기능과 서비스를 사용하기 위해 새로운 제품으로 업그레이드 하는 '재량적' 교체구매discretionary replacement purchase가 더 일반적이다. 그렇기 때문에 영리한 소비자는 기술발전의 속도 등을 감안하여 최적의 구매시기를 저울질 한다. 기업의 입장에서는 이

그림 9 Upgrade or Wait?

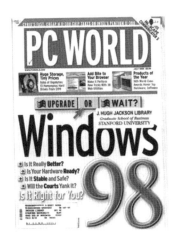

Windows98의 출시에 즈음하여 고객들이 업그레이드 할 것인지 말 것인지 고민하고 있을 때 PC World는 업그레이드에 관한 고객의 혼란스러운 결정에 도움을 주고자 이 주제를 커버스토리로 다루었다.

와 같이 합리적인 고객의 구매 타이밍 결정이 어떻게 이루어지는지 잘 이해하여 업그레이드 제품의 개발과 출시에 대해 전략적 의사결정을 내려야 한다.

하이테크 제품의 업그레이드 구매에 대해서는 별로 많은 연구가 이루어져 있지 않으나 대략 다음과 같은 요인들이 업그레이드 싸이클, 즉 '제품구매 후 업그레이드까지의 기간'에 영향을 주는 것으로 알려져 있다.

첫째, 기술발전technological improvement에 대한 소비자의 기대가 업그레이드 결정에 영향을 미친다. 의사결정 이론 분야의 많은 연구들은 소비자들이 제품의 진보가 급속하게 이루어질 것으로 예상할 경우 구매를 미루게 될 것으로 예측하였고, 여러 실증연구도 이를 뒷받침하고 있다. 기술이 매우 빠르게 발전하여 새로운 버전이 자주 출시되는 경우, 'Leapfrogging'을 하는 소비자들이 늘어나게 된다.

둘째, 업그레이드 비용이 업그레이드 타이밍에 영향을 준다. 즉, 전환비용switching

costs은 업그레이드 상황에도 그대로 적용되어, 업그레이드를 위한 절차적procedural, 재무적financial, 관계적relational 혹은 심리적psychological 비용이 높을 경우 업그레이드 시점을 늦추게 된다전환비용의 개념에 대해서는 제7장 참조. 특히, '아직 쓸 수 있는 제품을 버리고 새로운 제품을 사는 것에 대한 죄책감'은 심리적 비용의 하나로서 일반 소비자들에게 있어 매우 강력한 업그레이드 비용으로 작용한다. 미국에서는 이와 같은 재무적, 심리적 비용을 낮추어 준다는 측면에서 유통업자들이 일정 기간 후 반 값에 되사주는 이른바 'buyback insurance'가 인기를 끌고 있다.

셋째, 업그레이드 기간은 소비자 개개인의 특성과 관련이 있다. 즉, 혁신적인 소비자의 경우에는 업그레이드 구매를 자주하는 경향이 있으며, 나이나 성별, 라이프스타일 등도 영향을 미친다. 또 개인 소비자의 주위에 새로운 버전으로 이전한 소비자가 많을 경우, 일종의 '또래집단의 압력peer pressure'이나 '로컬 네트워크 효과'가 소비자의 업그레이드를 앞당기는 쪽으로 작용할 수 있다.

넷째, 업그레이드 버전 자체의 특성이 업그레이드 기간에 영향을 준다. 새로운 버전의 제품으로부터 얻을 수 있는 효용과 기존 버전으로부터 얻을 수 있는 효용의 차이가 클수록 업그레이드 결정이 앞당겨지는 경향이 있다. 따라서, 업그레이드 버전의 상대적 이점relative advantage뿐만 아니라 호환성compatibility, 지각된 위험perceived risk 등이 직접적인 영향 요인으로 작용한다.

하이테크 기업의 마케터들은 이와 같은 영향 요인들을 충분히 고려하여 적절한 업그레이드 규모, 즉 'how much to improve'와 업그레이드 제품 출시시기, 즉 'when to upgrade'를 결정하여야 한다.

The art of the Pivot

기존의 비즈니스 모델을 수정해 새로운 모델로 전환하는 피벗팅(Pivoting) 전략이 주목을 받고 있다. 피벗전략은 시장상황과 소비자의 선호가 급변하는 상황에 민첩하게 대응할 수 있도록 사업 방향을 재빨리 바꿔 나가는 것을 말한다. 신종 코로나바이러스 감염증 시대가 도래하면서 속옷에서 마스크로 생산을 다변화한 기업, 화장품에서 손소독제로 주력사업을 변화시킨 기업들이 피벗 전략의 성공 사례라 할 수 있다. 피벗전략은 어려움에 처한 기업의 생존가능성을 높이는 좋은 수단이 될 수 있지만 실행에 앞서 간과해서는 안될 사항들이 있다. 이와 관련해 Hampel, Tracey, and Weber(2020) 연구에서는 피벗전략에 대한 바른 이해와 피벗전략이 성공하기 위한 조건 등에 관한 담론을 제기했다. 연구진은 먼저 피벗전략을 선택하기에 앞서 현재 기업이 처한 상황이 지속가능성이 없는 절체절명의 상황인지를 냉철히 판단해야 한다고 조언한다. 또한 기업의 성장 단계 역시 피벗전략의 성공가능성을 가늠하는 중요한 요소가 된다. 창업 초기의 스타트업이라면 피벗 전략을 통한 과감한 궤도 수정이 용이하지만, 중견 기업이 피벗전략을 실행하려면 기존 투자자, 고객, 공급업체 등 이해관계자들과의 관계를 변화시켜야 하기에 이에 따른 리스크가 적지 않다. 이에 관한 예로 연구진은 아날로그에서 디지털로 피벗팅을 모색했던 한 영상기기 업체의 사례를 소개했다. 당시 아날로그 기술 산업은 급격한 내리막을 겪고 있어 사업 전환이 필요한 상황이었다. 그러나 디지털 기술로 사업을 전환하겠다는 결정을 공식적으로 발표하자 기존의 충성 고객, 투자자들이 공분했다. 이들은 심지어 사업 전환을 방해하고, 의심하고 조롱까지 했다. 결국 이 업체는 이해관계자들과의 관계 재정립에 힘썼고 아날로그와 디지털 기술을 접목한 영상기기를 출시해 기존 시장과 새로운 시장을 모두 겨냥할 수 있었다.

현재 많은 관심을 받고 있는 피벗전략의 핵심은 시장 중심적 사고라 할 수 있다. 시장이 원한다면, 과감한 전략 변경을 통해 단시간 내에 가시적인 성과를 거두는 방식이다. 그러나 피벗팅 전략이 예상대로 시장에 어필할 수 있을지, 그리고 이해관계자들의 이해를 구할 수 있을지에 대해서는 보다 진지하게 고려할 필요가 있다. 결국 피벗팅의 성공을 위해서는 피벗전략이 혁신과 변화를 위한 창조적 파괴(creative destruction)가 아닌 이해관계자들과 함께 새 길을 모색해 나가는 창조적 수정(Creative revision)의 과정이라는 이해가 필요하다.

출처: 류주한(2021) "피벗전략은 창조적 파괴 아닌 창조적 수정 과정," 동아비즈니스리뷰, vol.316, No. 1.

김상훈, 심소연, 이승환, 주은혜 (2008), "기술 전환기의 마케팅 전략: SK텔레콤과 이동통신 서비스," 경영교육연구, 제12권 1호.

류주한(2021) "피벗전략은 창조적 파괴 아닌 창조적 수정 과정," 동아비즈니스리뷰, Vol. 316, No. 1.

Adner, Ron, and Daniel C. Snow (2010), "Bold Retreat," Harvard Business Review, March, 76-81.

Asthana, Praveen (1995), "Jumping the technology S-curve," IEEE Spectrum, June, 49-54.

Bates, Marty, Syed S. H. Rizvi, Prashant Tewari, and Dev Vardhan (2000), "How Fast is Too Fast?" McKinsey Quarterly.

Bayus, Barry L. (1997), "Speed-to-Market and New Product Performance Trade-offs," Journal of Product Innovation Management, Vol. 14, 485-497.

Brown, Shona L., and Kathleen M. Eisenhardt (1998), Competing on the Edge, Harvard Business School Press.

Carpenter, Gregory S., and Kent Nakamoto (1989), "Consumer Preference Formation and Pioneering Advantage," Journal of Marketing Research, Vol. 26 (August), 285-98.

Eisenhardt, Kathleen M., and Shona L. Brown (1998), "Time Pacing: Competing in Markets that Won't Stand Still," Harvard Business Review, Mar-Apr, 59-69.

Golder, Peter N. and Gerald J. Tellis (1993), "Pioneer Advantage: Marketing Logic or Marketing Legend?" Journal of Marketing Research, Vol. 30 (May), 158-170.

Hampel, Christian E., Tracey, Paul, and Weber, Klaus (2020), "The Art of the Pivot: How New Ventures Manage Identification Relationships with Stakeholders as They Change Direction," Academy of Management Journal, Vol. 63, No. 2, 440-471.

Lieberman, Marvin B. and David B. Montgomery (1988), "First-Mover Advantage," Strategic Management Journal, Vol. 9 (Summer), 41-58.

McGrath, Michael E. (2001), Product Strategy for High-Technology Companies, 2nd edition, Chapter 9 "Taking Advantage of First-to-Market and Fast-Follower Strategies," McGraw Hill.

McKenna, Regis (1997), Real Time, Harvard Business School Press.

Nunes, Paul, and Tim Breene (2011), "Reinvent Your Business before it's Too Late," Harvard Business Review, January-February, 80-87.

Shenkar, Oded (2010), Copycats: How Smart Companies Use Imitation to Gain a Strategic Edge, Harvard Business Press.

Sheth, Jagdish N., and Rajendra S. Sisodia (2002), The Rule of Three, Free Press.

Smith, Preston G., and Donald G. Reinertsen (1998), Developing Products in Half the Time, Van Nostrand Reinhold.

Suarez, Fernando, and Gianvito Lanzolla (2005), "The Half-Truth of First-Mover Advantage," Harvard Business Review, April, 121-127.

하이테크 제품전략

반듯한 직사각형 바bar 형태의 천편일률적인 스마트폰의 모양이 다양해지고 있다. 화면을 좌우, 상하로 접고 펴는 폴더블 스마트폰이 상용화되면서 스마트폰 제조업체간 경쟁이 이제 폼팩터form factor 경쟁으로 옮겨 가고 있다. 폼팩터는 제품의 외형이나 크기, 물리적 배열을 뜻한다. 2000년대 중반, 2G 이동통신 시대에는 슬라이드폰, 플립폰, 폴더폰 등 휴대폰 제조사별로 폼팩터가 다양했다'애니콜 가로본능' 열풍을 기억하는가?. 그러나 2000년대 후반 아이폰의 등장과 함께 스마트폰이 본격적으로 휴대폰 시장을 주도하면서 물리적인 버튼을 최소화한 바 형태의 폼팩터로 진화했다. 이 시기에는 발전된 디스플레이 기술을 적용하여 화면의 해상도를 높이는 동시에 좌우 측면을 구부린 엣지edge 디스플레이로 베젤을 최소화하고 스마트폰 전면을 화면으로 꽉 채우는 풀스크린 형태가 대세로 되었다. 스마트폰 제조업체들은 '어떻게 하면 더 얇은 기기에 더 큰 화면을 담을 수 있을까?'에 몰두했고 그 사이 시장은 점점 포화상태에 이르렀다. 어느덧 기능, 내구성, 디자인이 모두 훌륭한 스마트폰이 시장에 많아져 더 이상 단순한 기능 개선만으로는 소비자들의 감탄을 끌어내기가'wow factor' 쉽지 않은 상황이었다. 이 시점에 삼성전자는 측면을 구부린 엣지 디스플레이만으로는 더 이상 차별화가 어렵다 판단하고, 디스플레이가 아예 접히는 폴더블 스마트폰 기술을 준비했다. 이들은 오랜 기간 유기 발광 다이오드OLED 디스플레이의 곡률반경과 초박형 유리의 내구성 테스트를 거쳐, 2019년, '갤럭시 폴드'를 세상에 선보였다.

삼성전자의 예상대로 폴더블 폰 폼팩터는 '스마트폰=bar형태'라는 고정관념을

깨며 많은 사람들의 이목을 집중시켰다. 폴더블 폼팩터가 시장에 처음 나왔을 당시만 해도 폴딩 기술에 대한 우려와 함께 급진적이며 과감하다는 평이 있었으나, 불과 3년 만에 갤럭시 Z폴드, Z플립 시리즈가 연달아 성공하며 폴더블 폰 시장을 계속해서 확장하고 있다. 새로운 스마트폰 폼팩터는 외관상의 변화뿐 아니라 사용자 경험User Experience, UX의 변화를 가져왔다. 폴더블 폰은 많은 측면에서 사람들이 모바일을 사용하는 방식을 변화시키고 있다. 가령, 폴더블폰을 절반만 접어 사진을 촬영하면 다른 사람의 도움 없이도 두 손 자유롭게 셀피Selfie를 촬영할 수 있다. 폴더블폰 사용자는 스마트폰을 작은 크기의 PC처럼 사용하기도 하는데, 이에 갤럭시 Z폴드4는 아예 PC와 유사한 레이아웃으로 PC화면 하단의 작업 표시줄과 유사한 '태스크바'를 추가해 자주 쓰는 앱을 빠르게 실행시키고 앱 간 화면 전환을 쉽게 했다. 폴더블 폰이 지니는 대화면의 장점은 이미지 센서 기능과 화소의 향상으로 이어졌다. 대화면을 분할하면 여러 앱을 동시에 띄우는 멀티 윈도우를 실행할 수 있어 사용자들이 멀티태스킹을 하기에도 용이하다. 주 화면으로 유튜브 영상을 보면서 보조 화면으로는 카카오톡 채팅, 모바일 쇼핑을 즐기는 식이다.

삼성전자는 폴더블 폰을 통해 스마트폰 디자인 차별화에 성공했고, 해당 기술에 대한 기술선점과 홍보 효과를 누렸다. 삼성전자의 갤럭시 폴드 시리즈가 시장 내에서 좋은 반응을 얻자 이들의 폴딩 방식과 디자인을 벤치마킹하여 다양한 인터페이스를

그림 1 하이테크 제품전략

핵심전략비전	• 우리는 어디로 가고자 하는가? • 어떻게 거기에 도달할 것인가? • 왜 성공적으로 도달할 것이라 생각하는가?

제품 플랫폼 플랜	• 결정기술과 플랫폼 기술요소 관리 • 제품라인 전략

개별 제품전략	• 차별화 벡터의 추구 • 다양한 차별화 전략의 구사 • 디자인 전략

적용한 제품들이 후발주자로 나섰다. 갤럭시 폴드와 갤럭시 Z플립이 화면을 안으로 접는 인폴딩 스마트폰을 내세우자 중국의 화웨이는 메이트 X로 화면을 바깥으로 접는 아웃폴딩 스마트폰을 내세웠고, 샤오미, 오포 등 중국의 IT 업체들도 앞다투어 폴더블 폰을 출시하며 폴더블 폰 대중화 경쟁에 뛰어들고 있다.

폴더블 폰은 기술 수준이 상향 표준화된 스마트폰 시장에 폼팩터라는 새로운 제품 차별화 축을 제안했다. 삼성전자는 한번의 성공에 머무르지 않고 소비자에게 새로운 편의성과 가치를 줄 수 있는 차세대 플렉시블 디스플레이 기술 개발에 집중하며 계속해서 폴더블 폰 만의 차별화 벡터를 확장할 예정이다. 이제는 디스플레이를 안팎으로 접는 것을 넘어 두 차례, 세 차례 접거나 아예 동그랗게 말아서 기기의 크기를 줄이는 롤러블 스마트폰 개발도 한창 진행 중이다.

본 장에서는 이와 같이 자사 제품을 경쟁사 제품과 차별화하여 시장을 장악하고 기업의 성장을 도모할 수 있는 '제품전략'에 대해 공부한다. 〈그림 1〉에 제시되었듯이, 하이테크 제품전략은 '핵심전략비전'으로부터 시작되어야 한다. 핵심전략비전은 기업의 사명mission이나 목적과 같은 모호한 비전이 아닌, 시장과 기술변화를 반영한 것이어야 하며, 이러한 '핵심전략비전'으로부터 개별 제품전략의 기반이 되는 '제품 플랫폼 플랜'이 도출되어야 한다. 제품 플랫폼은 개별 제품들이 공유share하고 있는 기술요소들의 총합이며, 제품라인은 다양한 세분시장을 공략하기 위한 제품구성을 말한다. 마지막으로, 개별 제품전략은 핵심전략비전과 제품 플랫폼 플랜의 연장선상에서 차별화된 개별 제품을 만들어 내고 관리하는 활동을 중심으로 일관성 있게 수립되고 실행되어야 한다.

1 핵심전략비전

제품지도 혹은 로드맵roadmap은 하이테크 제품전략의 결정체이다. 그러나 지도란 것은 어디에 있는지현재 위치 또 어디로 가려고 하는지도착 지점가 분명할 때에만 비로소 가치를 가지므로, 하이테크 기업의 제품 로드맵을 작성하기 위해서도 그 기업의 '전략적 비전'이 먼저 정해져야 한다. Michael McGrath는 그의 책 〈Product Strategy for High-Technology Companies〉에서 '핵심전략비전core strategic vision: CSV'을 강조하고 있는데, 이때 핵심전략비전의 의미는 많은 전략 교과서들이 다루고 있는 'Vision'이나 'Mission Statement'와는 조금 다른 의미이다. 즉, 핵심전략비전은 '하이테크 기업의 제품개발과 기술전략을 가이드하는 비전'으로서, 기업의 존재이유나 추구가치를 말하는 '미션'이나 일반적인 의미의 '비전'과 달리, 기술 및 시장환경의 변화에 따라 계속 수정되고 변경될 수 있는, 또 변경되어야 하는 '전략적'인 비전을 말한다.

특정 하이테크 기업의 미래를 보고 싶다면, 그 기업의 제품 로드맵을 보면 된다. 그러나, 그 로드맵 상에 나와 있는 개별 제품의 가치와 성공가능성도 중요하지만 더욱 중요한 것은 그 제품들이 연결되어 '전략적' 비전을 제시하고 있는가이다. 따라서, 성공적인 CSV가 되려면 첫째, 어느 시장에 집중할 것인지 구체적으로 표현하고 있어야 하고focus, 둘째, 모호한 미래가 아니라 명확한 방향을 제시하고 있어야 하며clarity, 셋째, 현재위치와 도달목표가 나와 있어야 하고completeness, 마지막으로 어떠한 방법으로 그 목표에 도달할 수 있는지에 대한 구체적인 전략이 실행가능성과 함께 제시되어 있어야 한다feasibility. 이러한 네 가지 조건을 모두 갖추지 못한 비전은 맹목blindness, 근시 안myopia, 환시hallucination 등의 나쁜 시력 유형 중 하나에 비유될 수 있다.

Innosight 수석 컨설턴트 Mark W. Johnson은 애플 혁신의 원동력이 된 '퓨처 백 Future Back' 사고법에 주목했다. 퓨처 백 사고법이란 대부분의 조직이 미래보다는 현재 에 주목하는 현재 편향에 빠지기 쉬운데, 이러한 편향을 극복하고 5년, 10년 후 미래 에 되고자 하는 지향점을 비전으로 먼저 세우고, 이를 달성하기 위해 해야 할 일을 역 순으로 현재시점까지 계획하는 것이다. 많은 기업이 비전이 곧 전략이라 오해하기 쉬 운데, 이를 분명히 구별할 필요가 있다. 비전은 5년 혹은 그 이상을 내다보며 나아가 야 할 목적지를 설정하는 과정인 반면, 전략은 3년 이내의 비교적 단기적인 의사결정 으로 비전을 실행에 옮기는 것을 뜻한다.

핵심전략비전의 제시는 하이테크 기업의 CEO가 갖추어야 할 가장 중요한 역량 중의 하나가 되었다. Steve Jobs와 같은 IT기업의 스타 CEO들은 하나같이 그 기업의 제품 및 기술전략을 리드할 전략비전 제시에 탁월한 경영자들이다. Compaq의 경우 에는 이사회가 핵심전략비전의 수정을 위해 CEO를 몇 차례나 바꾸기도 하였다'CSV in Action' 참조.

 CSV in Action — Compaq story

핵심전략비전(CSV)이 한 기업의 성패에 얼마나 큰 영향을 주는지는 Compaq의 역사 를 살펴보면 잘 알 수 있다. 1983년에 설립된 Compaq의 핵심전략비전은 명확했다. '최고의 포터블 컴퓨터(best portable computer)'를 만드는 것이 그것이었다. 이는 일종의 창업정신 이었고 Compaq(compact와 같은 발음)이란 회사명에도 잘 드러나 있었다. 뚜렷한 전략비 전은 첫 해부터 결실을 맺었다. Compaq은 창립 첫 해에 1억불 매출이라는 경이로운 기록 을 세웠고 두 번째 해인 1984년에는 3억 3천만불의 매출을 달성했다.

1988년 PC 데스크톱 시장에 진입한 Compaq의 비전은 '최첨단 고성능 기술의 PC'로 수정되었는데, 이는 그 전의 CSV와 연속선상에서 'best'의 의미를 보다 명확하게 해주었고 (즉, leading-edge, high-performance technology), PC 시장으로의 확대를 의미하는 탁월 한 전략비전이었다. 새로운 전략비전은 훨씬 더 큰 시장기회를 약속해 주었고 그 결과 2년 만에 Compaq은 36억불의 회사로 성장하게 된다.

그러나, 1991년이 되면서 Compaq의 CSV는 시장상황의 변화와 기술발전의 둔화로 도전을 받게 된다. 핵심전략비전을 수정할 때가 온 것이다. 결국 새로운 비전 제시 없이 그대로 회사를 끌고 나가려던 CEO Rod Canion은 이사회에 의해 사임 압력을 받고 CEO 자리에서 내려오고 말았다. 1993년에 새로 CEO로 임명된 Eckhard Pfeiffer가 가장 먼저 한 일은 Compaq의 새로운 전략비전을 제시하는 것이었고, 그가 제시한 Compaq의 새 CSV는 다음과 같았다. (내용의 정확한 이해를 위해 원문을 그대로 옮긴다)

"We want to be the leading supplier of PCs and PC servers in all customer segments worldwide. We intend to accomplish this goal by leading the industry in developing new products, pricing competitively, controlling costs, supporting customers, and expanding distribution. Compaq understands the dynamics of the industry and is poised to move decisively to exploit new opportunities."

위의 CSV는 PC에서 더 나아가서 PC 서버 시장까지를 포괄하겠다는 'market focus'를 명확히 하고 있으며, 전략방향과 구체적인 도달방법(원가관리를 통한 가격 경쟁력의 확보, 고객 지원과 유통망 확대 등)도 상세히 제시하고 있다. 이때 Pfeiffer는 1996년 이전에 세계 1위 PC 제조 업체가 되는 것을 목표로 발표했는데, Compaq은 새로운 CSV에 입각하여 제품 플랫폼을 재정리하고 공격적인 마케팅을 펼친 결과, 결국 세계 1위 PC 제조업체라는 목표를 2년이나 앞당겨 달성하였다.

Compaq은 1996년에 'PC와 PC 서버 시장'을 대상으로 하는 기존의 CSV를 'Top 3 Total Solution 업체'로 또다시 변경하게 된다. 그 결과 PC 시장에서의 No.1 지위를 Dell에게 물려주고 말았지만, Tandom과 Digital Equipment를 인수하는 등 나름대로 IT 리더로서의 자리매김을 하는 데 성공하였다. 그러나, 이사회는 이러한 전략비전이 회사를 잘못된 방향으로 이끌고 있다고 판단해, 1999년에 Michael Capellas를 새로운 CEO로 임명하게 된다. Capellas는 인터넷과 eBusiness를 포함한 다소 추상적인 전략비전을 제시하였으나, Compaq은 PC 시장을 빼앗아간 Dell의 선전만큼 서버 및 IT 서비스 시장에서 성과를 얻지 못하다가 결국은 Hewlett Packard에 인수되는 비운을 맞이하게 된다.

② 제품 플랫폼 플랜

하이테크 제품의 경우 핵심적인 기술을 중심으로 다양한 기술과 부품을 결합하는 과정에서 이른바 '제품 플랫폼product platform'을 정의하고 관리하는 것이 제품전략의 핵심이 된다. 제품 플랫폼이 결정되면 이를 기반으로 다양한 고객의 니즈를 만족시키기 위한 상품을 기획하고 '제품라인product line'을 구성하게 된다.

2.1 플랫폼 사고

디지털 경제에 접어들면서 마케터들이 직면한 가장 큰 압력 가운데 하나는 'High Variety'라고 하는 수요 측면의 압력이다. 구체적으로 말해서, 고객들은 저마다variety across consumers 차별화된 개별적 니즈를 추구하고, 또 개인 소비자도variety within consumers 시간에 따라 다양한 제품을 구매하고자 하는 다양성 추구variety-seeking 행동을 자주 보이게 되었다. 이에 대한 기업의 대응은 '대량맞춤mass customization'이나 '개인화personalization' 등으로 나타났으나, 하이테크 제품의 경우에 이는 막대한 비용상승을 초래하게 되어 보다 비용 대비 효과가 큰cost-effective 대안을 모색하게 되었다.

Kellogg 경영대학원의 Mohanbir Sawhney 교수는 바로 이러한 비용효과적인 High Variety 전략의 핵심에 '플랫폼 사고'가 있다고 주장한다. 플랫폼 사고란 한 기업이 다루는 제품, 브랜드, 시장고객, 지역, 제조 및 마케팅 프로세스상에 있어서의 공통분모를 찾고 이를 적극적으로 활용하는 것을 말한다〈그림 2〉 참조. 우리가 실제로 가전제품이나 컴퓨터, 자동차 등을 구매할 때, 다양한 모델들 간에 '공유된' 속성들을 발견할 수 있는데 그런 것들이 바로 '플랫폼'이다. 플랫폼은 어떤 경우 매우 핵심적인 원천기술일 수도 있고, 아주 간단한 부품이나 서비스일 수도 있다. 제조나 조달상에 있어서 공통분모를 찾을 수도 있고, 유통이나 광고, 마케팅 등에 있어서도 플랫폼 사고는 가능하다주의: 여기서 말하는 '플랫폼'은 제5장에서 다룬 '비즈니스 플랫폼'과 다른 의미이며, 명확히 구분하기 위해 '공유 플랫폼'이라고 부르기도 한다.

플랫폼 사고는 제품들을 하나의 '가족product family'으로 보는 관점이며, 요소의 공유와 무관한 집합체인 '포트폴리오 사고portfolio thinking'에 대비된다. 플랫폼 사고는 다음과

그림 2 플랫폼 사고와 High Variety 전략

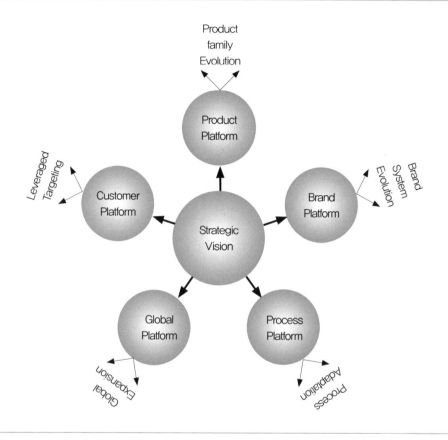

출처: Sawhney(1998).

같은 점에서 매우 유용하다.

첫째, 플랫폼 사고는 장기적 관점에서 제품전략을 수립하게 해준다. 개별 제품보다는 제품 간의 관련성과 전체적인 효율의 관점에서 제품기획이 이루어지므로 핵심 전략비전과 일치하는 제품전략이 나올 가능성이 높아진다. 또, 플랫폼 중심적 사고는 기술 및 시장 변화로 인한 플랫폼 변경의 필요성을 신속히 감지하고 적절히 대처할 수 있게 해 준다.

둘째, 일관성 있고 신속한 신제품 출시가 가능해진다. 고객 니즈의 일시적인 변

화에 대응하기 위한 파생제품derivatives을 출시할 경우, 공통분모인 플랫폼은 그대로 둔 채 일부 요소의 변화만 가하면 되므로 신제품 개발시간을 획기적으로 단축할 수 있다.

셋째, 플랫폼 사고를 통한 '공유sharing'는 제품 디자인, 제조, 영업 및 마케팅 비용을 현저히 줄여준다. 하드디스크 제조업체인 Seagate는 전 제품이 75%의 부품을 공유하므로 모든 제품이 공장의 모든 라인에서 생산이 가능하며, Microsoft의 경우 Windows NT를 설계함에 있어서 4백만 줄에 달하는 코드 중 35%를 이전 버전의 플랫폼에서 그대로 가져옴으로써 상당한 개발비용을 절감한 적이 있다.

넷째, 플랫폼으로 관리할 경우, 관련 제품이나 시장, 산업 등으로의 제품 확장product extension이 쉽고 빠르게, 그리고 일관성 있게 이루어질 수 있다. Canon의 잉크젯, 레이저 프린터와 관련 제품에서의 성공도 이러한 맥락에서 이해될 수 있다.

마지막으로, 플랫폼 사고는 제품 간의 관련성, 고객 간의 공통점에 초점을 맞추므로 시장침투 및 확산의 모멘텀을 만들어 내는 데 용이하다. 서로 관련된 제품과 고객들이 특정 브랜드를 옹호하거나 구전을 만들어 냄으로써 정보의 전달용이성referenceability을 높여주기 때문이다.

2.2 결정기술

제품 플랫폼product platform이란 '여러 제품에 공통적으로 포함된 제품요소의 집합'을 말한다. 제품 플랫폼은 이것저것 만들다가 저절로 갖게 되는 공통요소가 아니라 철저한 계획에 의해 실행된 의도적 전략이어야 한다. 개별 제품의 전략은 이러한 플랫폼 전략에 기반하여 수립되어야 하며, 플랫폼 전략은 핵심전략비전을 명확히 구현한 것이어야 한다.

앞에서 살펴본 것과 같이, 제품 플랫폼은 하이테크 기업에게 상당한 운영상 효율을 제공해 준다. Apple의 iPod, iPhone, iPad는 상당한 부품과 소프트웨어를 공유하고 있으며, Sony도 80년과 90년 사이에 출시한 160개 모델의 Walkman이 단 네 개의 플랫폼에 기반하고 있음을 밝힌 바 있다. Canon은 하나의 레이저프린터 엔진을 다양한 프린터와 스캐너, 팩스와 복사기에 사용하고 있으며, Intel도 반도체칩의 각 세대마다 동

그림 3 플랫폼 기술요소

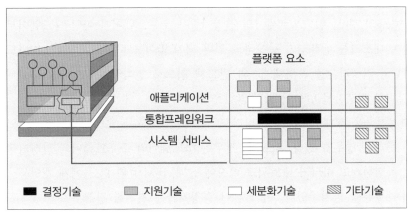

플랫폼 요소

애플리케이션
통합프레임워크
시스템 서비스

■ 결정기술   ■ 지원기술   □ 세분화기술   ▨ 기타기술

효과적으로 제품 플랫폼을 관리하기 위해서는 플랫폼 기술요소와 그 특성을 정확히
이해하고 있어야 한다.

출처: McGrath(2001), p. 124.

일한 플랫폼을 적용하고, 부수적 기술을 활용하여 사용환경이나 속도를 다양화한 파
생제품들을 내놓고 있다. 반면에, 제품 플랫폼 전략을 적절히 사용하지 못한 Motorola
와 같은 기업은 고비용 구조로 인한 다양화 전략 실패로 경쟁자에게 시장을 빼앗
겼다.

제품 플랫폼은 여러 개의 플랫폼 기술요소platform technology elements: PTE로 구성되어 있
다〈그림 3〉참조. '결정기술defining technology'은 플랫폼 요소 중에서 가장 핵심적인 기술로서
제품의 핵심역량core competency을 결정하는 요소로 정의할 수 있다. Intel의 경우 회로 집
적도density를 높이는 기술이 될 것이고, Sony는 소형화 기술, Honda는 엔진관련 기술
등이 결정기술이 될 것이다. 3M은 광산회사를 하면서 습득한 연마 및 접착 기술을 사
무용품 생산의 핵심역량으로 키워 성공한 기업이고, Canon의 결정기술인 광학기술은
복사기, 컴퓨터, 프린터 및 반도체 사업에 있어서도 핵심역량으로 작용하고 있다. 결
정기술이 반드시 '하드웨어 기반'의 핵심경쟁력일 필요는 없는데, Fedex나 Wal-Mart,

Amazon과 같은 기업은 경영이나 고객관리, 재고관리 등 운영operation과 관련된 결정기술을 보유하고 있는 기업들이다.

결정기술을 무엇으로 정의하느냐에 따라 그 제품의 경쟁력과 운명이 달라질 수 있다. Wang의 경우, 워드프로세서의 결정기술을 소프트웨어가 아닌 하드웨어로 잘못 인식하여 데스크톱 컴퓨터가 등장하고 얼마 되지 않아 몰락하고 말았다. IBM도 처음부터 PC의 결정기술을 운영체계OS와 반도체 칩으로 인식하였다면, Microsoft나 Intel 같은 강력한 경쟁자를 만들어 놓지 않았을 것이다.

결정기술을 제대로 파악하였더라도 전략적 실수strategic blunder로 시장에서 성공을 거두지 못하는 경우가 있다. Apple의 경우는 하드웨어와 소프트웨어의 결정기술을 지나치게 독점하려고 하다가 네트워크 확장에 실패, IBM 호환 PC들에게 개인용 컴퓨터 시장의 대부분을 넘겨주었다. 이와 같이 결정기술은 지속적 경쟁우위sustainable competitive advantage의 원천이 되기도 하지만, 잘 관리하고 다루지 못할 경우 성장의 한계나 재앙의 원인이 되기도 한다.

'지원기술supporting technology'은 결정기술 요소를 지원하고 그 성능을 향상시키는 역할을 담당한다. 그 기술 자체의 중요도는 떨어지더라도, 지원기술의 선정은 제품의 전체 성능을 좌우하므로 신중하게 이루어져야 한다.

'세분화기술segmenting technology'은 다양한 세분시장의 개별적인 요구에 대응하기 위한 기술을 말한다. 이는 종종 원가 상승의 요인이 되나, 각 세분시장 고객들이 그에 상응하는 가격을 충분히 지불할 만한 가치상승을 가져올 수 있다면 적극 활용하여야 한다. 태블릿 PC의 경우, 메모리 용량, 통신기능의 지원, 형태 요소Form Factor 등을 위해 다양한 세분화 기술을 활용하고 있다.

2.3 플랫폼 기술요소의 관리

제품 플랫폼을 구성하는 기술요소들PTE은 각각 그 역할에 따라 구분하여 관리할 필요가 있으며, 특히 결정기술의 경우 차별화된 경쟁우위를 지속적으로 유지할 수 있도록 각별한 관리와 투자가 필요하다.

그림4 Technology Trajectory

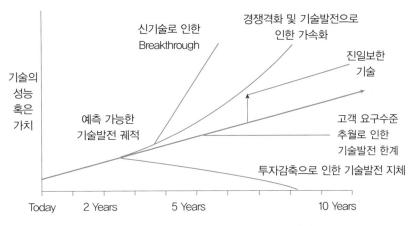

기술발전은 다양한 요인에 의해 가속화할 수도 있고 감속화할 수도 있다.

출처: McGrath(2001), p. 127.

개별기술 관리의 출발점은 해당 기술 발전의 궤적trajectory을 그리는 일이다. 세로 축은 단순히 '성능performance'으로 정의할 수도 있고, 아니면 그 기술이 가진 '가치value'로 정의할 수도 있다. 어쨌든 제품 플랫폼을 구성하는 개별 기술을 제대로 관리하기 위해서는 각각에 대한 발전궤적을 그려봄으로써 발전이 가속화accelerate하고 있거나 '약진breakthrough'을 경험하는 상태인지, 아니면 기술의 가치가 점차 떨어지고 있거나 신기술의 등장으로 '진부화obsolescence' 되고 있는 상태인지 판단하여야 한다〈그림 4〉 참조. 또, 예상한 발전궤적과 실제궤적이 일치하는지, 만약 일치하지 않는다면 그 이유가 무엇인지 파악하여 기술개발을 위한 투자 여부를 결정하여야 한다.

이와 같이 개별 기술요소의 로드맵은 매우 유용한 관리 툴이 될 수 있는데, 제품 플랫폼의 구성요소인 개별 기술이 어떻게 변천할 것인가 하는 것은 제품 플랫폼의 변천, 나아가서는 제품 자체의 변천을 예상할 수 있게 해준다. 사실, 계속해서 발전하는 개별 기술들을 제품 플랫폼에 끼워 대체함으로써 제품 플랫폼의 구조적 변화는 없이 연속적으로 제품성능을 향상시켜 나갈 수 있는데, 경우에 따라서는특히 결정기술의 경우 개별 기술요소의 약진이 제품 플랫폼 자체의 변화를 요구하기도 한다. 즉, 기술 로드맵은 제품 로드맵과 밀접한 관련하에 작성되고 관리되어야 한다.

제품 플랫폼도 제품과 마찬가지로 수명주기를 갖는다. 따라서, 플랫폼 수명주기 관리platform life cycle management가 필요하다. 제품 플랫폼이 계속 주도권을 넓혀가는 단계인지 아니면 다른 플랫폼에 주도권을 내어주면서 서서히 내리막길을 걷는 단계인지에 따라 기술개발 투자의 방향과 기술관리의 초점이 달라져야 한다. 또 플랫폼의 쇠퇴도 그 원인이 신기술의 출현이나 경쟁 플랫폼의 기술적 우위 때문인지, 아니면 시장환경의 변화 때문인지, 그것도 아니면 단순히 제품이 성숙되면서 진부한 '이미지'를 갖게 된 때문인지를 정확히 이해하고 그에 따른 대안을 모색해야 한다.

기존의 제품 플랫폼을 포기하고 차세대 플랫폼으로 이행migration해야 하는 경우, 어떻게 해야 성공가능성을 높일 수 있을까? Tabrizi & Walleigh1997는 14개 하이테크 기업의 28개 플랫폼 개발 프로젝트를 대상으로 사례분석을 하고 Best Practice를 제안하였는데 그 중 몇 가지만 소개하면 다음과 같다.

첫째, 성공한 기업들은 모두 최소 2년 내에 개발할 제품을 포함한 제품 로드맵 product roadmap을 가지고 있었다. 앞에서도 여러 번 강조하였지만 로드맵은 기술요소와 시장환경의 변화에 따라 자주 수정 보완되어야 하나, 로드맵의 작성은 기업으로 하여금 보다 명확하고 구체적인 아이디어를 가지고 소요자원을 파악하고 투자할 수 있게 해 준다.

둘째, 성공기업들은 대부분 새로운 플랫폼으로 이행할 경우에 종종 발생하는 '틈hole' 혹은 갭gap을 적절히 채워 넣었다. 하이테크 기업의 경우 차세대 플랫폼들은 성능 대비 가격이 높아지는 경향이 있다. 따라서, 차세대 플랫폼을 통해 고성능을 요구하는 'high-end' 고객들의 니즈를 만족시켜 주는 효과는 있으나 'low-end' 고객들을 버려두고 상향이동하게 됨으로써 경쟁자들이 그 시장을 공략할 경우 low-end 시장에서 상당한 희생을 감수해야 하는 경우가 발생할 수 있다. 성공적인 기업들의 경우, 이러한 갭을 이른바 '파생상품derivative product'으로 채우는 일을 결코 소홀히 하지 않았다. 예를 들어, Intel의 경우 고성능의 Pentium 칩으로 플랫폼을 이행하면서 생긴 틈을 Celeron 칩이라고 하는 성능 대비 가격이 낮은 파생상품으로 막음으로써 경쟁자인 AMD의 low-end 시장 공세를 효과적으로 저지할 수 있었고, Pentium Pro로 이전할 때에는 기존 Pentium 칩을 위해 만들어진 소프트웨어들을 계속해서 사용할 수 있도록 하는 '이

동경로migration path'를 제공하고, 또 멀티미디어와 관련하여 생긴 갭을 막기 위해 MMX 기술을 개발하기도 하였다.

프로젝트 조직의 운영 측면도 차세대 플랫폼 개발의 중요한 성공요인으로 나타났다. 성공기업들은 마케팅과 엔지니어링 부서의 '사이클 불일치'cycle mismatch, 제품 정의-개발-출시로 이어지는 과정에서 업무량이 달라 생기는 문제를 제품 플랫폼과 파생상품의 개발을 병행하는 등의 방식으로 해결하고 있었으며, 조기에 제품 플랫폼의 컨셉과 정의를 확정하고 진행단계와 일정을 엄수하는 등의 실행상의 노하우를 가지고 있는 것으로 밝혀졌다.

2.4 제품라인 전략

제품라인 전략은 하나의 공통된 플랫폼으로부터 어떠한 순서로 언제 어떠한 제품을 개발, 출시할 것인가에 대한 조건부 실행계획conditional plan이라고 할 수 있다. 즉, 제품라인 전략의 수립은 기본적인 제품 플랫폼을 가정하되, 시장상황과 경쟁상황을 고려한 최적의 제품 로드맵을 작성하는 단계이다. 앞에서도 말한 바 있지만 플랫폼 사고가 결여된 제품라인 전략은 그때그때의 시장 및 경쟁상황에 휩쓸려 수립되기 쉬우므로 시장의 선택과 집중이 제대로 이루어지지 않아 자칫하면 비체계적인 '상품증식product proliferation' 상황을 초래할 수 있다'상품증식이 가져온 문제' 참조.

제품라인 전략의 수립과 관련하여 신중하게 고려되어야 하는 핵심 이슈는 다음과 같다.

첫째, 각 제품은 구체적인 표적 세분시장을 겨냥하여야 하며, 제품라인은 '주요한major' 세분시장을 모두 커버해야 한다. 특히 시장이 확대되는 시점에는 주류시장의 주요 세분시장을 빠뜨리는 오류를 범하지 않도록 유의하여야 하며, 각 세분시장에 '완전완비제품'을 제공할 수 있도록 제품의 변경을 실시해야 한다. '모든' 세분시장을 커버할 필요는 없지만, 떠오르는 주요 시장을 간과하지 않도록 각별히 주의해야 한다. 이 경우에는 소비자 응답에 기반한 지각도perceptual map 등의 분석기법을 활용하거나 제품 포트폴리오 분석을 통해 주요 세분시장에 제품이 적절히 배치되어 있는지 확인해야 한다.

두 번째 이슈는 시장의 '동태성dynamics'이다. 처음에 설정한 가정들이 잘못 되지는 않았는지, 세분시장의 크기나 특징이 변화하고 있지는 않은지 수시로 점검하고 수정된 사항을 제품라인 전략에 반영해야 한다. 특히, 제품확장이나 신규시장 진입 시에는 과거의 경험으로부터 도출된 가정이 그대로 적용될 수 있는지 반드시 점검하여야 한다.

세 번째 이슈는 '타이밍timing'과 '순서sequence'의 문제이다. 하이테크 제품의 경우 새로운 버전의 출시는 그것이 설사 다른 표적시장을 겨냥하더라도 기술 발전으로 인한 제품력 차이로 어느 정도의 기존제품 잠식cannibalization을 가져올 수밖에 없다. 따라서, 라인 확장의 시기와 개수, 즉 라인의 길이line length는 신중하게 결정되어야 한다. 또 제3장의 캐즘 극복 전략에서 논의된 '볼링 앨리' 전략과 마찬가지로 세분시장의 공략 순서도 그 파급효과와 속도를 감안하여 합리적으로 결정되어야 한다. 즉, 제품의 관련성과 고객의 관련성을 분석하여 그 우선순위와 침투순서를 결정해야 하는데, 물론 이 때에는 시장과 기술의 준비 정도, 가용 자원, 전략적 목표 등도 함께 고려되어야 한다.

마지막으로, 가끔은 플랫폼의 한계로 인해 제품라인의 확장이 불가능한 경우가

그림 5 Model T 분석

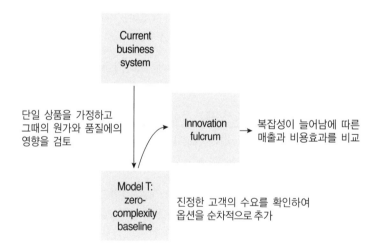

출처: Gottfredson and Aspinall (2005), p. 69.

있다. 시장의 시급한 요구에 의해 라인 확장이 불가피할 경우, 기존의 제품 플랫폼으로 대응할 수 없다면 새로운 플랫폼 개발을 추진해야 한다. 그러나, 만약 새로운 플랫폼 개발이 전략비전이나 제품가족product family 내의 다른 제품과 관련성이 낮다면, 아웃소싱 등의 다른 대안을 우선 고려해야 한다. 그렇지 않고 새로운 플랫폼 개발이 바람직하다는 판단이 내려진 경우에는 신속하고 과감하게 투자하되, 석설한 플랫폼 이행계획transition plan이 함께 마련되어야 한다.

날로 다양해지는 소비자의 니즈에 대응하기 위해 계속해서 신제품을 출시하고 제품라인을 늘려가다 보면 어느 순간 복잡한 제품라인을 관리하기 위한 비용이 급증하여 수익성을 크게 악화시키게 된다. 그렇다면 가능한 한 많은 세분시장의 니즈에 대응하면서 매출과 수익성을 극대화할 수 있는 방법은 없을까? Bain & Company의 두 컨설턴트는 이 문제를 해결하기 위해 이른바 'Model T 분석' 기법을 제안했다. 1920년대 포드자동차의 유일한 차종이었던 Model T에서 이름을 따온 이 기법은 다음과 같은 2단계 분석을 통해 혁신과 복잡성 사이의 최적 균형점innovation fulcrum을 찾는다〈그림 5〉 참조. 첫 단계는 '우리 회사의 Model T는 무엇인가?'라는 질문에 답하는 것이다. 즉, 가장 단순한 표준제품zero-complexity baseline을 선정하라는 것이다이것이 어려우면 가장 많이 팔리는 하나의 제품을

상품증식(Product Proliferation)이 가져온 문제

네덜란드의 가전업체 필립스(Philips)는 한때 중독적으로 신상품 개발에 몰두하며 제품 포트폴리오를 계속해서 넓혀가던 시절이 있었다. 2011년경에는 무려 60개 이상의 상품군에 필립스의 제품이 포진해 있었는데, 이처럼 과도한 상품증식으로 사업 복잡도가 높아지자 회사 안팎에서 문제점이 점점 드러나기 시작했다. 가장 큰 문제는 고객과 직원의 불만이 높아진 것이었다. 직원들은 고객 응대를 위해 1만여 개가 넘는 애플리케이션 속에서 적합한 솔루션을 찾아 헤매야 했고 고객 정보도 여기저기에 흩어져 있어 장기적인 관점에서 고객을 관리하거나 서비스 품질을 유지하는 것이 거의 불가능했다. 필립스의 최고 모토였던 혁신정신이 오히려 이들의 발목을 잡은 셈이었다. 완구용품을 제조하는 레고(Lego)도 이와 비슷한 어려움을 겪었다. 컴퓨터 게임의 성장에 불안을 느낀 레고는 레고 블록에 사용되는 독특한 장난감 조각의 수를 두 배 가까이 늘리는 한편, 테마파크, 아동의류, 컴퓨터 게임 등

새로운 분야에도 진출했는데, 이러한 결정으로 인해 회사의 운영이 전반적으로 복잡해지는 문제가 생겼다. 주력 상품인 완구 제품만 하더라도 독특한 조각 한두 개 때문에 인기 있는 레고 블록이 제때 공급되지 못하는 사태가 빚어졌으며 기업의 운영능력에 과부하가 걸리면서 공급망 관리도 체계성을 잃었다.

두 회사는 이러한 상황을 어떻게 타개했을까? 결론적으로, 필립스와 레고 모두 비핵심 상품군을 정리하고 핵심 상품군 내에서도 제품 라인을 최대한 단순하게 정리함으로써 운영을 정상화할 수 있었다. 상품증식이 초래한 문제를 해결하는 데에 있어 중요한 사실은 결코 '혁신을 중단하는 것'이 능사는 아니라는 점이다. 어떠한 상황에서도 혁신은 여전히 기업의 성장에 있어 필수적이다. 다만, 혁신 자체에 심취해 과도하게 상품을 증식해나가는 우를 피하려면 상품 개발에 있어 다음의 두 가지 원칙을 유념할 필요가 있다.

첫째, 다양성 보다는 '통합'에 집중하라. 무조건 제품 수를 늘릴 것이 아니라 제품 라인을 통합적으로 관리하는 것이 필요하다. 이를 위해서는 재무, 운영, 개발 등 다양한 부서의 팀원들이 모인 일명 '교차 기능 팀(cross-functional teams)'을 통해 하나의 신제품이 다른 부서, 그리고 회사 전체에 가져올 영향—위험요소를 중심으로—을 넓은 관점에서 생각해 보는 것도 좋은 방법이다. 디지털 경제 하에서는 신상품 출시의 영향이 순식간에 다가오기 때문에 제품 개발 단계에서부터 해당 제품이 기업에 가져올 '복잡성'에 대해 정교하게 예측할 필요가 있다.

둘째, 상품 개발과 관련된 뚜렷한 비전을 수립하라. 명확한 비전 없이 혁신 자체에만 몰두하는 기업은 무분별한 상품증식을 피할 수 없다. 상품 개발에 대한 구체적인 목표는 혁신의 우선순위를 판단하는 데에 도움이 될 뿐 아니라 제반 시설에 대한 투자의 방향을 결정하는 가이드 역할도 한다. 혁신 비전은 그야말로 수많은 혁신 아이디어 중 옥석을 가리는 리트머스 테스트지라 할 수 있다.

디지털 경제는 수많은 혁신의 기회를 제공한다. 어떤 혁신은 고객과 직원의 삶을 개선하고 지속 가능한 혜택을 안겨주는 반면, 어떤 혁신은 오히려 고객과 직원을 힘들게 하고 기업의 운영 효율성만 악화시킨다. 무분별한 상품증식을 피하고 장기적으로 혁신의 이점을 누리기 위해서는 위의 두 원칙을 명심해야 할 것이다.

출처: Mocker & Ross (2017), HBR 재정리.

선택해도 되며 경우에 따라서는 표준제품이 하나 이상이 될 수도 있다. 2단계는 필요한 기능을 추가한 제품을 하나씩 늘려 가는 단계인데, 하나의 제품이 추가될 때마다 그것이 가져올 고객매출과 가치사슬상의 비용상승을 비교해야 한다. 비용상승이 매출증가분을 넘어서는 순간 이 프로세스는 종료되고 최적 라인이 결정되게 된다.

3 제품 차별화 전략

실제로 많은 기업들이 아직도 '플랫폼 사고'를 하지 않고 처음부터 개별 제품의 개발과 마케팅에 매달리고 있다. 하이테크 마켓은 기술과 시장고객의 측면에서 불확실성이 매우 높고 또 급격한 변화가 이루어지기 때문에 신제품 개발이나 제품 확장 등의 대응도 신속하게 이루어져야 한다. 게다가 고객을 선점하기 위한 치열한 제품 경쟁은 기업들로 하여금 장기적 안목에서 플랫폼 사고를 하기 매우 어렵게 한다. 그러나, 단기적 제품 대응은 궁극적으로 마구잡이 식의 상품증식proliferation을 가져오고 이것은 원가상승의 원인이 되어 정작 대규모 수요에 대응해야 하는 주류시장에서 실패하는 원인이 된다.

본 절에서는 플랫폼 사고를 전제로 한 제품 로드맵에 입각하여 하나의 개별 제품이 개발, 출시되었다고 가정하고, 이들 개별 제품전략의 핵심이라 할 수 있는 '차별화 differentiation' 전략에 대해 논의하고자 한다.

3.1 범용화의 위험

차별화의 반대말은 범용화commoditization라고 할 수 있다. 하이테크 제품의 경우 '표준전쟁standards war'이 끝나고 나면 범용화가 급속하게 진행되어 '가격전쟁price war'이 시작되는 것이 매우 보편적이다. 가격의 하락은 시장을 확대시키는 긍정적인 측면도 있으나 막대한 연구개발비를 투자했던 기업으로서는 고통스러운 일이 아닐 수 없다.

범용화의 위험을 가장 잘 보여주는 사례는 미국 전체 인구의 주소와 전화번호를

CD 한 장에 수록한 제품인 Pro CD이다Shapiro & Varian(1998). FBI나 IRS미 국세청에 뉴욕 주민의 전화번호 CD를 장당 1만불에 납품하던 Nynex라는 회사의 중역이던 James Bryant는 미국 전체의 전화번호 CD를 개발, 판매하려는 생각으로 Pro CD를 설립하였고, 중국으로 건너가 3.5불의 일당으로 중국인들을 고용하여 전화번호부의 숫자들을 컴퓨터로 입력하게 하였다. 완성된 CD는 7천만 명의 전화번호를 수록하고 있었고, 원가가 1불도 되지 않는 CD가 수백불에 팔려나가 Pro CD는 상당한 이익을 남겼다.

문제는 이 산업의 매력에 고무된 Digital Directory Assistance나 American Business Information과 같은 다수 기업들의 참여였다. 근본적으로 '차별화'가 불가능한 제품이었던 전화번호부 CD는 가격전쟁으로 인해 결국 값싼 '범용제품'으로 전락하였고, 가격은 원가 이하로까지 떨어지고 말았다.

최근에는 부품의 표준화와 생산의 모듈화modularization로 제품의 범용화가 더욱 가속화되고 있는데, '범용화'를 막기 위한 유일한 방법은 '차별화'이다. 한두 가지 '기능'에만 초점을 맞추어 제품전략을 수립하다가는 동일한 기능을 가진 수많은 경쟁제품에 의해 순식간에 범용제품으로 전락할 수 있다. 무엇으로 차별화할 것인가를 논의하기에 앞서 차별화의 기본원칙부터 알아보자.

3.2 차별화의 기본원칙

차별화에 대한 개념을 좀더 명확하게 하기 위해 다음과 같은 몇 가지 사실을 이해하고 넘어갈 필요가 있다.

첫째, 차별화는 제품의 전략적 위치를 결정한다. 여기서 '전략적 위치'란 마케팅전략에서 말하는 '포지셔닝positioning', 즉 소비자들의 생각mind 속에 차지하고 있는 경쟁제품들과 구별된 상대적relative 위치를 의미한다.

하이테크 제품의 차별화는 소비자의 마음 속에 혁신과 기술 리더로서의 이미지를 심기 위해 노력하는 등 선택된 전략적 포지셔닝을 제품 속에 구체적으로 구현하는 과정을 필요로 한다. 이는 단순히 광고 등의 커뮤니케이션 활동으로 제품의 이미지를 만들어 내는 것에 그치지 않고 구체적으로 자사의 제품가치를 높이는 중요한 차원을 설정하고 이 차원에서 제품을 지속적으로 개선하는 활동을 포함한다.

둘째로, 차별화는 시장을 세분화한다. 하이테크 제품의 경우, 제품에 대해 느끼는 가치가 소비자들 간에 매우 이질적이라고 앞에서 말한바 있다. 제품에 대한 지식이 많은 사용자와 그렇지 않은 사용자, 또 자기자신의 문제해결을 위해 실용가치를 중시하는 고객과 남에게 과시하고 싶어하는 욕구가 강한 고객 등 소비자 특성에 따라 그들이 중요하게 생각하는 제품 속성이 달라지고 그 결과 다양한 세분시장이 존재할 가능성이 큰 것이 하이테크 시장이다_{김상훈, 강지윤(2005).}

따라서, 하이테크 제품의 전략수립에 있어서 중요한 포인트 중의 하나는 '무엇으로 차별화할 것인가' 하는 질문이다. 시장의 표준을 장악할 가능성이 높은 경우 그 답은 앞에서 설명한 '결정기술_{defining technology}'과 관련되는 것이 바람직하나, 그렇지 않은 경우에는 그 외의 플랫폼 기술요소 혹은 소비자 측면에서의 '가치요소'에 집중하는 것이 효과적일 것이다.

셋째로, 차별화는 시장의 수명주기_{market life cycle: MLC}에 따라 진화해야 한다_{시장수명주기는 제품군(product category)의 수명주기로 보는 것이 타당하며 개별 제품의 수명주기인 PLC와 차이가 있다.} 시장이 처음 형성되는 단계에는 하이테크 제품의 경우 어느 속성이 중요한지 소비자도 생산자도 잘 모른다. 그러나, 표준전쟁을 통해 지배적 디자인이 형성되고 수확체증의 효과를 누리는 고릴라가 출현하는 과정에서 마케터는 어떠한 기술 혹은 제품요소가 가장 중요한_{critical} 차별화 요소인지 알게 된다. 이 때에는 대개 성능_{performance} 혹은 안정성_{reliability} 정도와 관련된 기술요소가 차별화 요소가 되는 경우가 많다.

시장이 성숙기에 도달하게 되면, 차별화는 핵심기술요소뿐 아니라 다른 2차적인 제품 속성에서도 동시에 이루어지게 된다. 이때 업계의 리더는 핵심적인 성능을 지속적으로 개선해 나가면서 파생상품 등을 통해 다양한 고객의 니즈에 대응해 나가야 한다. 후발 주자들은 핵심기술 측면에서 어느 정도의 동등성_{parity}을 확보하는 수준으로 투자하고 남은 여력을 디자인, 서비스, 가격 등의 다른 부분에 집중하게 된다.

대체기술이나 차세대 하이테크 제품의 출현으로 시장이 쇠퇴하는 시기에는 주로 가격과 구매조건 및 브랜드를 통한 차별화가 많이 활용된다. 때로는 기술의 획기적인 개선_{breakthrough}으로 재차별화_{re-differentiation}가 이루어지기도 한다.

마지막 넷째로, 차별화는 점_{points}이 아닌 벡터_{vectors}로 관리되어야 한다. 차별화를 벡터로 관리한다는 것은 차별화 기준으로 선정한 하나의 요소에 대해 지속적인 개선이 이루어지도록 관리되어야 한다는 것을 의미한다. 그때그때의 상황에 따른 제품전

그림6 **차별화 벡터**

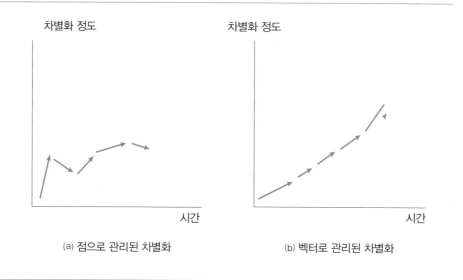

(a) 점으로 관리된 차별화   (b) 벡터로 관리된 차별화

략을 내놓다가 보면 〈그림 6〉의 (a)와 같이 차별화 축에서의 위치가 별로 개선되지 않거나 오히려 일시적으로 후퇴하기도 하는데 이를 경계하고 지속적인 관심과 투자가 중요한 차별화 축에 집중될 수 있도록 하자는 것이다. 〈그림 6〉의 (b)는 벡터로 관리된 차별화의 궤적을 보여준다.

차별화 벡터VOD: Vector of Differentiation를 추구하는 것은 플랫폼 사고와도 연관성이 있다. 왜냐하면 차별화 벡터의 추구는 결정기술과 같은 차별화의 핵심요소를 결정하고 여기에 대한 가치를 인정하는 표적 세분시장을 찾아 '경쟁자보다 항상 앞서서 지속적으로 만족시키고자' 하는 것이기 때문이다.

벡터는 방향direction을 의미한다. 따라서, 차별화 벡터를 추구할 경우 제품이 나아가야 할 방향과 추구해야 할 지점을 분명히 하게 되고 일시적 유행이나 사소한 것에 마음과 시간을 빼앗기지 않게 한다. 다시 말해 차별화 벡터는 '전략적strategic'인 것들과 '전술적tactical'인 것들을 구분할 수 있게 해 준다.

또 한 가지 차별화 벡터를 추구할 때 고려하여야 하는 중요한 요소는 경쟁자competitor이다. 벡터를 추구하는 근본적인 이유는 추구하는 목표지점에 남들보다 빨리 도달하기 위해서다. 그렇게 하기 위해서는 투자가 '집중적으로' 이루어져야 하고, 또

그림 7 VOD의 추구와 Fast Follower 전략

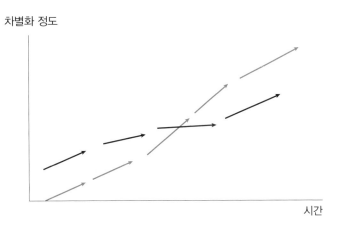

색 화살표가 집중적으로 차별화 벡터를 추구하는 Fast Follower 전략을 나타낸다.

'지속적으로' 이루어져야 한다. 벡터의 길이와 기울기는 이러한 제품노력이 얼마나 지속적으로 또 빨리 이루어졌는가를 각각 보여 준다. 〈그림 7〉에 예시된 것처럼 후 발 주자라 하더라도 집중적인 차별화 노력을 기울인다면 전세를 역전하고 시장의 리 더가 될 수 있다. 소프트웨어 업계의 Microsoft와 전자 업계의 삼성전자가 이러한 Fast Follower 전략을 구사하여 성공한 대표적 기업이다.

3.3 차별화 전략의 유형

하이테크 제품의 차별화는 매우 다양한 차원에서 이루어질 수 있다.

제품 성능

제품 성능performance은 하이테크 제품의 일차적인 차별화 요소라고 할 수 있다. 성 능은 제품에 따라 다르게 정의될 수 있는데, 주로 처리 용량capability이나 속도speed를 중 심으로 평가된다. 제품 성능은 기술 수준의 영향을 받으므로 기술이 개선되거나 신

기술이 등장하는 경우 최신 기술을 누가 먼저 제품에 도입하느냐가 성능 차별화의 관건이 된다. 하이테크 제품의 소개에 사양specification이 빠지지 않고, 통신 서비스 광고가 대부분 성능을 강조한다는 점만 보더라도, 하이테크 제품의 차별화에 있어서 성능이 차지하는 비중이 절대적임을 알 수 있다.

성능 혹은 기술의 차별성을 부각시키기 위해 사용하는 기법으로 '범주적 차별화 categorical differentiation'라는 것이 있다. 삼성전자가 광원으로 CCFL 대신 LED를 사용한 LCD TV를 출시하면서 'LED TV'로 발표한 것이 그 예다. 발전된 LCD TV라고 말하기 보다 'LED TV'라는 새로운 제품 범주를 제시함으로써 새로운 수요를 창출하는데 성공한 것이다. 컨버전스convergence 제품의 출시도 새로운 카테고리를 만들어 내는 범주적 차별화 전략의 하나로 볼 수 있다.

다양한 기능

하이테크 제품들은 새롭고 독특한 기능unique features을 통해 차별화할 수 있다. 일본의 전자업체 Sharp는 LCD 패널을 캠코더에 장착한 후 시장점유율을 3%에서 20%로 끌어올린 적이 있고, Microsoft의 워드프로세서인 Word는 자동수정 기능과 'undo', 'drag' 등의 기능을 통해 기존의 워드프로세서와 차별화하는 데 성공하였다. 그러나 기능을 통한 차별화는 모방이 용이하다는 것과 장기적인 차별화 벡터로서 부적합하다는 단점을 가지고 있다.

기능을 통한 차별화의 또 한 가지 문제점은 소비자들이 '기능피로감feature fatigue'을 느낄 수 있다는 것이다. 기능피로감이란 Roland Rust 교수와 그의 동료들(2006)이 실증조사를 통해 입증한 현상인데 한 제품에 포함된 기능의 수가 증가할 때 어느 지점에 이르러 소비자가 느끼는 효용이 오히려 떨어지는 현상을 말한다. 너무 기능의 수가 많아지면 사람들은 오히려 사용하기 불편하다고 생각하게 된다는 것이다. 연구자들은 속성의 수가 증가할수록 소비자가 느끼는 제품의 성능capability은 증가하지만, 제품의 사용성usability을 떨어뜨린다는 점에 착안, 두 요소의 상충관계로 인해 제품기능의 수에 있어 최적 포인트가 있음을 밝혀 내었다. 또 한가지 재미있는 사실은, 제품 구입이전에 형성된 기대효용expected utility을 최대화하는 기능의 수와 제품 사용 이후에 형성된 경험효용experienced utility을 최대화하는 기능의 수가 다르다는 것인데 전자가 후자보다 큰 것으로 나타났다. 제품을 구입하기 전에는 보다 많은 기능을 원하지만, 일단 써보고 나면 불필요한 기능을 인식하게 된다는 것이다. 따라서, 고객의 생애가치lifetime value를 극대화하기 위해서는 특정 제품이 가지게 될 기능의 수를 그 중간지점"Happy Medium"에서 결정해야 한다〈그림 8〉 참조.

한편, Hamilton, Rust, Dev(2017)는 신규 고객과 기존 고객이 중시하는 제품 기능이 다르기 때문에 새로운 기능을 추가할 때에 해당 기능이 신규 고객을 획득하는 데에 유리한지, 아니면 기존 고객을 유지하는 데에 유리한지를 고려해야 한다고 주장했다. 즉, 새로운 기능이 신규 또는 기존 고객 각각으로부터 얼마 만큼의 수익을 발생시킬지Return on Features를 면밀히 따져보아야 한다는 것이다. 이들에 따르면, 반복구매에서 대부분의 매출이 발생하는 제품군은 기존 고객의 선호 기능을 중심으로,

그림 8 기능 피로감과 최적 기능 수

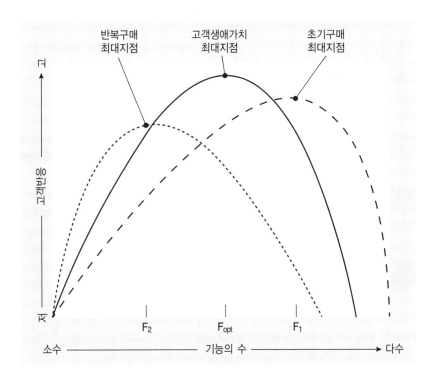

출처: Rust, Thompson, and Hamilton(2006), p. 105.

그리고 반복구매가 거의 없는 제품군은 신규 고객의 선호 기능을 중심으로 제품을 설계하는 것이 바람직하다.

사용의 편의성과 유저 경험

사용의 편의성ease of use도 중요한 차별화 도구가 될 수 있다. 하이테크 제품의 수용 장벽 중의 하나인 사용장벽usage barrier은 제품의 복잡성complexity에 기인하는 경우가 많다. 따라서, 사용의 편의성은 하이테크 제품에 궁극적으로 요구되는 본질적 가치의 하나이다. Apple은 컴퓨터를 개발한 직후부터 마우스나 아이콘, GUI를 도입하는 등 유저 경험UX 측면에서 사용자의 사용 편의성을 개선하기 위한 부단한 혁신을 이루어 왔다. MIT 미디어랩의 Nicholas Negroponte 교수는 "미래 디지털 산업의 성패를 결정하는 것은 '단순성'이다"라고 역설한 바 있으며 SUN의 CEO인 Scott McNealy는 "복잡함이 사람을 미치게 한다"고 말한 적이 있다. 또, Philips는 단순성을 기업 DNA로 만들기 위해 외부 전문가들을 영입하여 'Simplicity Advisory Board'라는 자문단을 만들기도 했다. 첨단기술 애호가의 손에서 일반 대중 소비자의 손으로 옮겨가기 위해서는 단순성과 사용 용이성이 확보되어야 하며 그런 측면에서 차별화 노력을 계속해 가는 것도 중요한 제품전략이 될 수 있다.

10 Laws of Simplicity

그래픽 디자이너이며 로드 아일랜드 디자인 스쿨 총장인 John Maeda는 그의 책 〈The Laws of Simplicity〉에서 10가지 '단순함의 법칙'을 소개한 바 있다. 기술 및 상품 디자인, 비즈니스와 삶을 단순하게 해준다는 그의 10가지 법칙과 3대 비법은 아래와 같다.

＊ 10가지 법칙

1. REDUCE(축소) – 신중하게 줄여나가는 것은 단순함을 추구하는데 가장 손쉬운 방법이다.
2. ORGANIZE(조직) – 조직하면 많은 것도 적게 보이도록 만들 수 있다.
3. TIME(시간) – 시간을 절약하면 단순함이 보인다.

4. LEARN(학습) – 알면 모든 것이 더 간단해진다.

5. DIFFERENCES(차이) – 단순함과 복잡함은 떼려야 뗄 수 없는 사이다.

6. CONTEXT(문맥) – 주변에 흩어져 있는 것들도 결코 하찮게 볼 수 없다.

7. EMOTION(감성) – 감성은 풍부할수록 좋다.

8. TRUST(신뢰) – 단순함의 이름으로 서로 하나된다.

9. FAILURE(실패) – 절대로 단순하게 만들 수 없는 것들도 있다.

10. THE ONE(하나) – 단순함은 명백한 것을 제거하고 의미 있는 것을 더하는 것이다.

＊ 3대 비법

1. AWAY(멀리 보내기) – 멀리 보내면 많은 것도 적어 보인다.

2. OPEN(개방) – 개방은 복잡성을 단순화한다.

3. POWER(힘) – 적게 쓰고, 많이 모으라.

출처: Maeda(2006).

비용절감

고객 비용절감이라는 편익benefit을 차별화의 축으로 삼을 수 있다. 비용절감cost reduction은 작업시간과 노력절감을 통한 생산성의 향상, 제품구매를 위한 초기투자의 감소, 내구성 향상을 통한 유지비용 감소, 그리고 각종 보완재와 소모품을 포함한 전체 시스템을 갖추기 위한 총 소유비용total cost of ownership: TCO 감소 등의 다양한 형태로 이루어질 수 있다.

디자인

하이테크 제품에 있어서 디자인은 매우 중요하고 효과적인 차별화 수단이 된다. 특히 최근 들어 '감성 마케팅'이 중요한 화두로 등장하면서 디자인은 기술과 감성을 융합하는 매개가 되고 있다. 디자인을 통한 하이테크 제품의 차별화 전략에 대해서는 다음 절에서 상세히 논의하도록 하자.

형태 요소(Form Factors)

제품의 구조와 외관을 결정하는 형태 요소form factors 역시 좋은 차별화 수단이 될 수 있다. 디스플레이를 위아래로 접는 '갤럭시 Z 플립'이나 좌우로 접는 '갤럭시 Z폴드'는 대표적으로 독특한 형태 요소를 지닌 제품이다. 모바일 기기에서는 '화면 크기'도 중요한 형태 요소가 될 수 있는데, 애플은 스마트폰은 3.5인치, 태블릿 PC는 9.7인치의 크기라는 원칙을 고수했지만 삼성전자가 다양한 크기의 화면을 시장에 내놓으며 맹공을 펼치자 iPhone과 iPad의 화면 크기를 다양화하는 방향으로 전략을 조정했다. 제품의 독특한 형태 요소는 심미적 가치를 통해 제품의 차별성을 부각시킬 뿐 아니라 그 자체로 새로운 쓰임새를 발굴할 수 있기 때문에 시장 내의 다양한 고객 니즈를 흡수하는 데에 유리하다.

3.4 하이테크 제품과 디자인

하이테크 제품의 디자인 프로세스가 이른바 'Design First'로 바뀌고 있다. 기술과 제품을 개발하고 마케팅 전략을 수립한 다음 비로소 디자인을 구상하던 기존 프로세스를 통해서는 고객의 마음을 사로잡는 혁신적 디자인이 나오기 힘들기 때문이다. 이제는 고객이 원하는 다양한 니즈와 감성을 파악하여 먼저 디자인으로 표현하고, 그 다음에 제품의 사양spec을 결정하는 순서로 진행이 된다. 프리즘 형태의 iRiver MP3 플레이어, Apple의 iPod, LG전자의 초콜릿폰, 삼성전자의 보르도 TV 등은 이렇게 아이콘icon이 될 만한 제품의 외형을 먼저 디자인한 후 제품개발을 진행하는 'Design First'의 성공 사례이다. Motorola의 Razr 폰의 경우, 이름과 같이 면도날처럼 얇은 초슬림 디자인이 먼저 결정되었기 때문에 카메라와 MP3 기능 등 기술적인 사양에 있어 상당한 양보를 하지 않을 수 없었다. 아무리 첨단 요소라도 디자인을 망칠 수 있는 요인들을 과감히 제거한 Razr 폰은 출시 2년 만에 5,000만 대가 판매되어 저사양 논란에 종지부를 찍었다.

디자인이 단순한 차별화 전략을 넘어 하이테크 제품의 핵심 아이덴티티 요소가 되면서, 제품 간 일관성 있는 디자인이 중요해졌으며, 그 결과 굳이 제조사를 보지 않고 제품의 외형만 보아도 브랜드를 알아 볼 수 있는 이른바 'CIPDCorporate Identity through

Product Design'가 대세가 되어가고 있다.

Apple, Sony, Logitech 등은 제품개발에 있어 디자인에 총력을 기울이는 대표적인 기업이다. Apple이 PC의 개념을 바꾸었다는 평가를 받는 사탕색깔의 컴퓨터 iMac과 90년대 최고의 히트상품 iPod의 성공은 디자인의 완벽성을 추구한 Steve Jobs와

Jonathan Ive

Apple의 혁신적 디자인은 누구의 작품일까? Apple의 대표 제품인 iMac과 iPod, iPhone, 그리고 iPad를 탄생시킨 인물은 바로 Jonathan Ive이다. 타계한 Steve Jobs 다음으로 Apple 마니아들이 사랑한다는 '디자인의 신' "Jony" Ive는 Jobs의 혁신을 현실화시킨 장본인이라 할 수 있다. 영국 출신인 Ive는 1992년 Apple에 입사했고 1997년 Jobs의 귀환 이후 수석 디자이너에서 디자인 부문 부사장으로 승진, Jobs와 환상의 호흡을 자랑했다. 티셔츠 차림을 즐기고 대외활동을 꺼리는 등 닮은 꼴이었던 두 사람은 하루에 한 번은 대화할 정도로 커뮤니케이션이 활발했고 이는 Jobs가 지향하는 바를 Ive가 독특한 애플만의 형상으로 디자인하는 데 영감을 주었다. Ive는 30~40명 규모의 디자인 팀을 운영하며 뛰어난 리더십으로 강도 높은 팀워크를 구축했고, 디자인 프로세스 중 프로토타입(prototype)을 제작하는 작업에 가장 중점을 두었다. 이에 디자인 예산을 과감히 프로토타이핑 장비에 쏟아부었으며 제조 현장에서 많은 시간을 보내는 등 단순한 stylist가 아닌 진정한 innovator로서 모든 작업을 주도하였다. 20년간 하드웨어 디자인을 맡아온 수석 부사장 Ive는 2012년 말 단행된 인사에서 핵심 경영진으로 부상했으며 향후 소프트웨어 디자인도 함께 책임질 것으로 알려졌다. Apple에서 이 두 가지 업무를 병행한 사람은 Jobs가 유일하다.

디자인 어워드

디자인 어워드는 기업 입장에서 제품 디자인의 우수성을 검증 받을 수 있는 좋은 기회가 된다. 과거에는 제품의 외관을 위주로 심사가 이루어졌다면, 요즘은 기능이나 사회적 영향까지 고려해 보다 넓은 범위에서 우수 디자인에 대한 종합적인 평가가 이루어지고 있다. 세계적으로 권위 있는 디자인 어워드에는 iF(International Forum Design GmbH), 레드닷 디자인 어워드, IDEA(International Design Excellence Awards) 등이 있다.

iF 디자인 어워드는 60년 이상 진행되어 온 유럽의 대표적인 국제 디자인 공모전으로, 최근 출시되었거나 3년 이내 출시 예정인 제품에 대해 혁신성, 기능, 심미성, 사회적 책임, 포지셔닝 등을 종합적으로 평가하여 가장 우수한 제품을 선정한다. 20여개 국가의 60여 명의 디자인 전문가들이 엄격한 기준에서 심사를 하며 iF 어워드 수상은 그 자체로도 중요한 마케팅 수단이 될 수 있어 세계 각국의 우수 디자이너들이 이에 도전하고 있다.

레드닷 디자인 어워드는 1955년에 시작된 이래 매년 지속적인 혁신과 업계에 미친 영향 등을 바탕으로 실력이 뛰어난 디자인을 시상해왔다. 레드닷 어워드에서는 방대한 디자인 분야를 체계적으로 평가하기 위해 세 가지 부문□제품 디자인, 디자인 컨셉, 커뮤니케이션 디자인□으로 나누어 우수 작품을 선정한다. 독일과 싱가폴에 위치한 Red Dot Design Museum에는 어워드 수상작을 포함한 우수 디자인 작품을 전시하고 있다.

IDEA는 1980년부터 이어져 온, IDSA(Industrial Designers Society of America)가 주관하는 미국 최고의 디자인 공모전이다. 자동차, 패키지제품 등과 함께 최근에는 주방, 가구와 조명, 라이프스타일 등을 추가하여 총 20개 부문에 걸쳐 우수 디자인을 선정한다. 매년 1600여 개의 디자인 제품이 IDEA 수상에 도전하고 있으며 금상 수상작에게는 Henry Ford Museum에 영구적으로 전시되는 기회가 주어진다.

Apple의 수석 디자이너 Jonathan Ive가 없었다면 불가능했을 것이고, Sony의 VAIO 노트북 컴퓨터도 엔터테인먼트를 위한 컴퓨터로 포지셔닝하면서 독특한 색상과 감성적인 디자인으로 고객에게 크게 어필하여 시장 안착에 성공했다. 키보드와 마우스, 그리고 Zune 뮤직 플레이어에 이르기까지 하드웨어 디자인에 상당한 노력을 기울여온 Microsoft는 디자인 인력을 두 배로 늘리고 유저 인터페이스 디자인에 힘을 쏟고 있다. 최근에는 삼성전자, LG전자 등 국내 기업들도 디자인의 중요성을 인식하고 투자를 아끼지 않고 있다.

삼성전자는 1994년 컴퓨터 모니터 디자인을 위해 IDEO와 관계를 맺은 이후 디자인에 깊은 관심을 갖기 시작했는데 LA, 샌프란시스코, 런던, 도쿄, 상하이, 밀라노 등 전 세계에 디자인연구소를 가지고 있으며 미국 산업디자이너협회IDSA가 수여하는 국제디자인최우수상IDEA의 단골 수상자가 되면서 Apple을 제치고 기업체 종합순위 1위를 차지하고 있다'삼성전자는 어떻게 디자인 강자가 되었는가' 참조. LG전자의 경우에도 글로벌 역량을 가진 '슈퍼 디자이너'를 선정하여 파격적인 대우를 해주는 등 휴대폰과 가전을 중심으로 디자인 경영을 적극적으로 전개하고 있다.

하이테크 제품의 디자인은 소비자를 감성적으로 유인하는 수단이기도 하지만, 제품에 대한 정보를 전달하는 수단의 역할도 한다. Creusen & Schoormans는 2005년에 발표한 논문에서 제품 외관이 소비자의 선택에 작용하는 역할을 6개 항목으로 정리했는데, 이는 심미적 가치aesthetic product value, 상징적 가치symbolic product value, 기능적 가치functional product value, 인체공학적 가치ergonomic product value, 주의 집중attention-drawing, 그리고 범주화categorization이다. 소비자들은 제품의 디자인으로부터 성능이나 기능, 내구성 등 다양한 제품 속성에 대한 추론을 하게 되므로 하이테크 제품을 디자인할 때에는 단순한 미학적 매력뿐 아니라 소비자들이 인식할 총체적 제품가치에 초점을 두고 디자인해야 한다.

한편, 제품개발에 있어 디자인의 역할이 커짐에 따라 이제는 다양한 문제의 해결에 디자이너의 사고방식을 적용하는 '디자인 씽킹Design Thinking'이 주목 받고 있다. 디자인 씽킹은 공감과 관찰을 기반으로 찾아낸 문제점을 창의적으로 해결해나가는 사고과정을 뜻한다. 디자인 씽킹을 적용하는 과정은 미래의 고객이 제품을 사용하는 상황을 상상하며 그들과 공감하는 것으로부터 시작된다. 그들에게 무엇이 필요한지, 제품 사용을 통해 어떤 경험을 하고 어떤 감정을 느낄지를 상상해보는 것이다. 재무관리

삼성전자는 어떻게 디자인 강자가 되었는가

1990년대 초반만 해도 삼성전자는 적당한 가격에 남들과 유사한 제품을 시장에 내놓는 기업이었다. 제품 개발에 있어 속도와 규모, 내구성을 우선 원칙으로 강조했으며 디자이너는 마지막 단계에서 그저 '볼만한 수준'으로 제품 외양을 다듬는 역할을 했을 뿐이다. 삼성이 디자인에 관심을 갖기 시작한 것은 1996년, 이건희 회장이 '21세기의 경쟁력은 디자인 전문성으로부터 온다'는 신념을 선포하면서부터다. 이 때를 기점으로 이 회장의 지시 하에 자체적으로 디자인 역량을 키워나가기 위한 프로젝트가 시작되었다. 유수 대학의 디자인 전문가를 영입해 사내에 디자인 교육 시스템을 구축하는 한편, 디자이너들에게는 최대 2년까지 휴직하고 디자인 스쿨에서 공부하거나 인턴십에 참여할 수 있는 기회를 주었다. 이러한 노력으로 디자인 부서의 역량이 높아졌고 사람 중심의 디자인, 미래를 위한 디자인이라는 구체적인 비전도 수립할 수 있었다.

그럼에도 불구하고 오랜 기간 효율성 중심의 문화에 익숙해있던 회사 구성원들에게 실질적으로 디자인 중심의 사고를 납득시키는 것은 생각만큼 쉬운 일이 아니었다. 혁신적인 디자인 아이디어가 있더라도 이를 실제로 제품화하기 까지는 서로 다른 이해관계의 타 부서, 때로는 외부 공급업체의 반발을 이겨내야 했다. 이에 디자인 부서는 다음의 방식으로 갈등을 최소화하고 의견을 조율해 나갔다. 첫째, 다양한 부서의 입장을 고려해 공감(empathy)을 불러일으킬 수 있는 디자인을 내놓았다. 2003년, 외부 안테나가 없는 휴대폰 '벤츠폰'을 출시하는 과정에서는 전파 수신율이 낮아질 것을 우려하는 엔지니어들의 심한 반발이 있었다. 이에 디자인 부서는 단순히 외부 안테나를 없애는 대신 기기 내부에 더 크고 성능이 좋은 안테나를 수납하는 공간을 확보한다는 아이디어로 엔지니어 부서를 설득하는 데 성공해, 결국 판매량 1000만대 이상의 히트 상품을 탄생시킬 수 있었다.

또한 디자인 아이디어를 '시각화(visualization)' 하는 방법도 적극 활용했다. 대화면 스마트폰 '갤럭시 노트'에 대한 아이디어를 처음 내놓았을 때만 하더라도 사내에서는 한 손으로 잡기 버거운 투박한 스마트폰을 아무도 원치 않을 것이라는 반대의견이 대세였다. 이에 디자인 부서는 5.5인치 화면의 기기 시제품과 함께 '스마트 커버'라 불리는 액세서리까지 직접 만들었는데, 이를 통해 다이어리처럼 쓸 수 있는 사용 상황을 구체적으로 시연함으로써 관리자들을 설득할 수 있었다.

뿐만 아니라, 내부의 협조를 얻기 위해 선도적 디자인의 제품을 일단 소량으로 생산해서 일부 시장에서 실험(experimentation)하는 방식도 적용되었다. 2003년경, TV 디자인 부서는 TV는 켜져있는 시간보다 꺼져있는 시간이 훨씬 긴 만큼, 거실에 놓인 멋진 '가구'의 개념으로 접근해야 한다는 생각에서 스피커를 화면 아래의 테두리와 뒷부분으로 옮겨 스피커를 숨기는 형태의 아이디어를 내놓았다. 그러나 이러한 아이디어는 TV의 화질과 음질을 중시하는 기존의 통념에 어긋나는 것이었고, 역시나 새로운 디자인으로 인한 음질 저하를 우려하는 목소리가 컸다. 이에 삼성은 새로운 디자인을 먼저 유럽시장에서 선보이는 전략을 택했는데, 해당 모델이 유럽에서 큰 성공을 거두자 비로소 내부에서도 인식이 바뀌기 시작했다. 이러한 과정을 거쳐 보르도 TV라는 새로운 디자인이 대량생산될 수 있었고, 보르도 TV는 혁신적인 디자인으로 출시 6개월만에 백만 대가 판매되었다.

이처럼 삼성이 디자인 강자가 되기까지는 디자인 부서에 대한 지속적인 투자뿐 아니라 내부의 지지와 협조를 얻어내는 쉽지 않은 과정이 있었다. 이제는 회사 전체가 디자인의 중요성을 공감하고 우수한 디자인을 위해 적극 협조하고 있다. TV 부문의 엔지니어는 자신들의 역할을 디자이너의 비전을 현실화시키는 것으로 정의하고 있으며 갤럭시S 시리즈가 부진을 겪을 때에는 비난의 화살이 '디자인'으로 몰릴 만큼 회사 전체에서 디자인 의존도가 높아졌다. 오늘날 삼성전자에는 1,600명이 넘는 디자이너가 일하고 있으며 디자이너, 엔지니어, 마케터, 음악가, 작가 등 다양한 분야의 사람들이 모여 충족되지 않은 고객 니즈를 찾아내고 문화적, 기술적, 경제적 트렌드를 파악해 혁신적 디자인을 위한 아이디어를 모으는 데에 힘쓰고 있다.

출처: Yoo & Kim(2015) HBR 재정리.

소프트웨어 회사 Intuit에서는 '고객을 기쁘게 하는 방법'을 찾기 위해 디자인 씽킹을 적극 활용했다. 이들은 대부분의 가정에서 배우자 중 한 명이 세무관리를 담당하고 상대 배우자는 매번 "대체 왜 작년이랑 금액이 다르지?"라는 질문을 한다는 사실에서 착안하여 세금관리 프로그램 TurboTax에 과거 년도의 데이터를 자동으로 불러와 매해 달라지는 변동추이를 명확하게 보여주는 기능을 추가했다. SnapTax라는 모바일 앱에서는 월급 및 세금정산서를 스마트폰으로 촬영하면 데이터를 자동 변환하여 TurboTax로 끌어올 수 있다. 이는 사람들이 세금정산을 위해 정보를 일일이 입력하는 데에 많은 시간을 쓰고 있으며 그 일을 매우 소모적이고 짜증나는 작업이라 여긴다는 점에서 착안한 것이다. Intuit는 제품 개발부서뿐 아니라 디자인, 재무, 마케팅, HR 등 사내 전 부서에 디자인 씽킹을 확산시킴으로써 예상하지 못한 부분에서까지 고객경험을 향상시키는 방향으로 제품을 개선시켜 나갔다. 디자인 씽킹은 제품 외형의 설계뿐 아니라 기획, 마케팅, 고객서비스 등 비즈니스 전반의 문제를 해결하는 데에 폭넓게 적용될 수 있다.

3.5 차별화의 성공과 실패

시장이 어느 정도 성숙되어 앞에서 말한 여러 가지 요소의 차별화가 어렵다면, 차별화 아이디어를 얻기 위한 방법으로 MacMillan & McGrath(1997)가 제안한 '소비사슬consumption chain' 기법을 사용해 볼 수 있다. 이들이 제안한 방법은 기본적으로 소비자들의 제품사용과 관련된 '총체적 경험'에 대한 철저한 검토를 기반으로 한다. 즉, '필요의 인식-제품탐색-선택-구매주문-배달-설치-대금지불-배치-이동-실제사용-도움-교환이나 반품-수리-처분'으로 이어지는 일련의 제품 소비사슬을 상세히 정의하고, 각 단계에서 이루어지는 소비관련 행위들을 누가who, 언제when, 어디서where, 무엇을what, 어떻게how 하는가의 관점에서 분석함으로써 '미충족 니즈'를 발견하는 것이다. Compaq 컴퓨터의 경우, 소비자들이 구입한 후 설치과정에서 매우 어려움을 겪는 것으로부터 착안하여, 설치과정을 쉽게 설명한 비디오 테이프를 제공하는 아이디어를 통해 컴퓨터를 처음으로 구입한 소비자들로부터 호평을 받은 적이 있으며, UPS도 발송한 자신의 우편물이 어디쯤 가고 있는지 또 제대로 전달되었는지 확인하고 싶어하는 고객의 니즈를 만족시키기 위한 트래킹 시스템tracking system을 구축하여 경쟁사들과 차별화하는 데 성공한 바 있다.

차별화가 성공하기 위해서는 다음과 같은 사항에 대해 유의하여야 한다.

첫째, 장기적으로 유지 가능한sustainable 경쟁우위를 확보할 가능성이 있는 차별화 벡터를 추구하는 것이 바람직하다. 즉, '선도유지 가능성'이 차별화 축 선택의 중요한 기준이 되어야 한다는 말이다. 선도적 기술로 서비스 초반 시장을 휩쓸더라도 단기간에 '범용화'의 함정에 빠지기도 한다. 미국의 모바일 메신저 '스냅챗Snapchat'은 사진이나 동영상을 상대방이 보고 나면 사라지게 하는 일명 '사라짐' 기능으로 단기간에 인기를 끌었으나 막대한 사용자 기반을 지닌 인스타그램Instagram이 이와 유사한 기능의 '스토리'라는 서비스를 소개하면서 순식간에 많은 이용자들을 빼앗기고 말았다. 스냅챗이 내세운 '사라짐' 기능은 경쟁업체가 너무 쉽게 따라 할 수 있는 기술이었던 것이다. 초소형 액션 카메라라는 새로운 컨셉으로 선풍적인 인기를 끌었던 고프로GoPro 역시 카메라업계의 강자 소니Sony가 하드웨어 기술을 앞세워 액션캠 시장에 등장하고 저가 액션캠까지 우후죽순으로 등장함에 따라 차별성을 잃고 위기에 몰렸다. 이러한 예에서 보듯이, 범용화를 피하기 위해서는 기술적 리더십을 유지하기 위한 지속적인 투자와 함께 특허를 통한 기술보호에 각별한 노력을 기울여야 한다.

둘째, 차별화는 적절한 가격전략과 병행되어야 한다. 차별화에 따른 프리미엄을 적절히 가격에 반영하여 기술 리더 이미지를 형성하여야 하고, 경쟁 기업들과의 차별화의 정도가 좁혀질 경우 가격 프리미엄을 포기할 줄도 알아야 한다. IBM 호환기종들의 약진으로 성능의 차이가 거의 없어진 이후에도 고가격을 고수하던 IBM이 PC 시장의 대부분을 잃었던 선례가 있다.

셋째, 추구하는 차별화의 축이 소비자에게 중요한 것이어야 한다. 단지 기술상의 획기적 발전에 고무되어 그것을 차별화 벡터로 선정하게 되는 우愚를 범하지 말아야 한다. 이를 위해서는 고객의 구매행위나 선호함수에 대한 깊은 통찰력이 필요하다.

넷째, 차별화 하는 데에 너무 많은 투자와 비용이 들어가는 경우에는 차별화에 성공하기 쉽지 않다. Apple이 개발한 LISA컴퓨터는 여러 가지 측면에서 혁신적인 개념을 도입하였으나 커다란 비용증가 요인이 발생하는 바람에 시장에서 실패하고 말았다. 각 기업마다 비용구조가 다르므로, 자신에게 유리한, 즉 경쟁자에 비해 상대적으로 비용이 덜 드는 차별화 방법을 강구하여야 한다.

다섯째, 시장의 변화로 새로운 차별화 벡터가 등장하여 시장을 추가세분화sub-segment 할 우려는 없는지, 또 신기술의 등장으로 현재의 차별화 벡터가 무의미해지지는 않는지 계속 점검하고 확인하여야 한다. 예를 들어, 하드웨어상의 어떤 문제를 지속적으로 해결해 나가고 있는데 새로운 소프트웨어 기술이 개발되어 하드웨어가 더 이상 불필요해진다면 현재의 차별화 벡터는 순식간에 무의미한 것이 될 수 있다.

마지막으로, 차별화 벡터가 소비자에게 매우 중요한 것임에도 불구하고, 마케팅 커뮤니케이션 역량의 부족으로 이를 제대로 전달하지 못할 경우 차별화에 실패할 수 있다. 때로는 소비자들에게 특정 부품이나 제품 평가기준의 중요성을 정확히 알리고 제품 간 차이에 집중할 수 있도록 하는 효과적인 커뮤니케이션을 위해 마케팅 예산을 집행하여야 한다. Intel의 경우는 마이크로프로세서라고 하는 부품이 컴퓨터의 두뇌역할을 한다는 사실을 알리기 위해 'Intel Inside' 캠페인을 대대적으로 실시하여 차별화 전략에 성공하였다.

참고문헌

김상훈, 강지윤 (2005), "소비자 특성이 추구편익 및 내구재 속성 중요도 인식에 미치는 영향," 마케팅연구, 제20권 4호, 209-230.

Creusen, Marielle E. H., and Jan P. L. Schoormans (2005), "The Different Roles of Product Appearance in Consumer Choice," The Journal of Product Innovation Management, Vol. 22, 63-81.

Gottfredson, Mark, and Keith Aspinall (2005), "Innovation vs. Complexity: What is Too Much of a Good Thing?" Harvard Business Review, Nov, 62-71.

Hamilton, Rebecca W., Rust, Ronald T., and Dev, Chekitan S. (2017), "Which Features Increase Customer Retention?," MIT Sloan Management Review, Vol. 58. No. 2, 79-84.

MacMillan, Ian C. and Rita Gunther McGrath (1997), "Discovering New Points of Differentiation," Harvard Business Review, July-August, 133-145.

McGrath, Michael E. (2001), Product Strategy for High-Technology Companies, 2nd edition, Chapter 5 "Addressing Market Realities: The MPP Framework," McGraw Hill.

McGrath, Michael E. (2001), Product Strategy for High-Technology Companies, 2nd edition, Chapter 7 "Achieving Sustained Differentiation Using Vectors of Differentiation," McGraw Hill.

Mocker, Martin, and Ross Jeanne W. (2017), "The Problem with Product Proliferation," Harvard Business Review, May-June, 105-110.

Rust, Roland T., Debora Viana Thompson, and Rebecca W. Hamilton (2006), "Defeating Feature Fatigue," Harvard Business Review, Feb, 98-107.

Sawhney, Mohanbir (1998), "Leveraged High-Variety Strategies: From Portfolio Thinking to Platform Thinking," Journal of the Academy of Marketing Science, Vol. 26, Issue 1, 54-61.

Shapiro, Carl and Hal R. Varian (1998), "Versioning: The Smart Way to Sell Information," Harvard Business Review, Nov-Dec, 106-114.

Tabrizi, Behnam and Rick Walleigh (1997), "Defining Next-Generation Products: An Inside

Look," Harvard Business Review, Nov-Dec, 116-124.

Tribune, (2001) "Motorola Fights to Bounce Back from Missteps: Lack of Strategic Vision Rings in Losses, Job Cuts."

Yoo, Youngjin, and Kim Kyungmook (2015), "How Samsung Became a Design Powerhouse," Harvard Business Review, September, 73-78.

CHAPTER

11

하이테크 상품의 가격전략

일정금액을 내고 상품이나 서비스를 주기적으로 제공받는 구독형 서비스가 많은 소비자들의 일상에 자리잡았다. 직장인 A씨는 출근길에 유튜브 뮤직을 이용해 음악을 듣고, 퇴근길 붐비는 지하철 안에서 윌라의 오디오북으로 책 읽어주는 오디오를 듣는다. 퇴근 후에는 디즈니+로 보고싶었던 예능 프로그램을 보고 반찬 구독 서비스로 배달 받은 찌개와 반찬을 꺼내 먹으며, 지난 달 오픈갤러리에서 대여받아 거실에 걸어 둔 그림을 이번엔 어떤 작품으로 바꿀까 고민한다.

음원, 웹툰, 영화와 같은 디지털 콘텐츠를 중심으로 시작한 구독 경제가 식품, 가전, 인테리어, 교육, 헬스케어 등 다양한 분야로 확산되고 있는 가운데, 구독 경제와는 좀처럼 어울릴 것 같지 않던 자동차 업계에도 구독형 서비스가 등장했다. 자동차 제조사들이 무선통신으로 소프트웨어를 업데이트하는 OTAOver The Air 기술로 조정 가능한 일부 기능에 대해 구독형 요금제를 선보인 것이다. 자동차 옵션 구독모델의 시초는 2021년 테슬라가 선보인 자율주행 기능 구독형 옵션이다. 테슬라는 모든 차량에 오토파일럿자율주행 기능을 탑재하고 있는데, 여기에 소비자가 추가로 매달 199달러를 내면 자동 차선변경과 신호등 인식 등의 고급 자율주행 기능을 추가로 이용할 수 있다. 테슬라에 이어 메르세데스 벤츠는 전기차에 적용된 후륜 조향 시스템 기능을 구독상품으로 이용하도록 했다. 기본적으로 4.5도까지 회전하는 뒷바퀴 각도를 추가 금액을 낸 경우 최대 10도까지 회전할 수 있도록 하는 방식이다. BMW, 현대자동차, 기아자동차 등 다른 제조사들도 구독형 서비스 적용을 검토중이다. 그러나 일부 자

동차 소비자들은 이와 같은 자동차 업계의 구독형 서비스에 적지 않은 반감을 보이고 있다. 자동차가 이미 충분한 하드웨어를 갖추고 있음에도 구독형 서비스로 추가 이익을 얻기 위해 일부 기능에 제한을 두는 것에 반발하는 것이다. 특히 자동차의 경우 초기 구매비용이 높은데, 제조사가 구매자들에게 일부 기능을 활성화하기 위해 추가 과금을 유도하는 것은 구독형 모델로 지나친 돈벌이를 꾀하는 것 아니냐는 의견이 다수다.

위 사례에서 보는 것처럼 제품의 가격은 소비자들에게 직접적이고 즉각적인 영향을 미치기 때문에 매우 신중한 접근이 요구된다. 자동차에 포함된 기능이 완전히 고정된 상태로 출고되는 기존 내연기관차에 익숙한 자동차 소비자들은 원격으로 자동차 기능을 수시로 변경할 수 있는 커넥티드 카Connected Car에 아직은 익숙하지 않아 구독형 옵션정책에 반감을 갖게 된다. 제품 가격을 조정하거나 새로운 가격체계를 적용하는 과정에서 발생할 수 있는 소비자와의 충돌을 최소화하고 안정적으로 가격 모델을 꾸려 나가기 위해서는 소비자들이 어떠한 기준으로 상품의 가격을 평가하는지를 이해하는 것이 매우 중요하다. 본 장에서는 하이테크 상품의 가격을 결정하는 접근법과 구체적인 가격전략에 대해 학습하기로 한다.

1 하이테크 상품과 가격

1.1 가격전략의 중요성

가격책정pricing은 매우 중요한 전략적 요소임에도 불구하고 하이테크 기업들이 자주 간과하는 마케팅 변수 중의 하나이다. 기술과 제품 개발을 위해 노력하는 것에 비한다면, 가격은 출시 직전에 잠깐 고민하고 결정하면 되는 손쉬운 마케팅 요소로 생각하는 경향이 많다는 얘기다. 그러나, 출시된 상품이 시장에서 수용되기 위해서는 가격price이 소비자가 느끼는 가치value보다 크지 않아야 하기 때문에, 궁극적으로 특정 가격대를 맞출 수 있는지 제품개발 이전부터 고민하지 않으면 안 된다. Apple LISA 컴퓨터는 이와 같이 전략적 마인드 없이 가격결정을 내림으로써 실패를 경험한 대표적인 사례이다'LISA 컴퓨터 실패의 진짜 이유' 참조.

하이테크 상품의 경우 전통적 소비재보다 가격책정에 더욱 큰 어려움이 따른다. 특히 혁신적인 신제품인 경우, 과거 유사 상품의 경험적 데이터나 참고할 자료가 없으므로 가격책정은 상당한 통찰력을 필요로 한다. 소비자가 신상품에 대하여 얼마만큼의 가치를 느낄 것인지 소비자조사를 하는 것이 거의 유일한 방법이지만, 가격에 관한 한 고객의 응답을 전적으로 신뢰하기는 어렵다. 응답자들이 대개 실제로 자신이 느끼는 가치보다 매우 낮은 가격을 '적정하다'고 응답하는 경향이 있고, 또 하이테크 상품의 경우 소비자가 느끼는 가치는 천차만별이기 때문이다.

하이테크 상품의 가격책정이 어려운 또 한 가지 이유는 경쟁 제품이 언제 등장할지, 또 그것이 얼마나 큰 대체효과를 가져올지 예측하기 어렵기 때문이다. 때로는 경쟁 기업의 획기적 제품 출시나 새로운 비즈니스 모델이 산업구조 자체에 큰 영향을 미쳐 수익성을 크게 악화시킬 수 있다. 온라인에서 손쉽게 거래될 수 있는 상품의 경우 가격에 민감한 인터넷 고객들을 상대로 가격정책을 펴는 것에는 많은 한계가 있다.

또, 하이테크 상품의 경우 시간에 따라 급격한 가격변동을 보이는 것이 일반적이어서, 이러한 상황을 감안해야 한다는 점도 가격책정을 어렵게 만드는 요인 중 하나이다. 처음에 가격을 너무 높게 책정할 경우, 초기 고객 기반을 마련하는 데에 어려움을 겪을 수 있다. 반면, 초기 가격을 너무 낮게 책정할 경우에는 품질에 대한 의심과 추가적 가격인하 부담이 불리하게 작용할 수 있어, 초기 가격의 책정 시에는 이러한 딜레마를 어떻게 극복할 것인가가 관건이 된다.

하이테크 상품의 가격책정은 어렵기도 하지만 다음과 같은 점에서 매우 중요한 전략적 의미를 가진다.

첫째, 가격은 다른 마케팅 활동과 달리 수익에 '직접적direct'이고 '즉각적instant'인 영향을 준다. 수익revenue, 즉 매출액은 가격과 판매량의 곱이며 가격변동은 두 항목, 즉 가격과 판매량 모두를 즉각 변화시킨다. 브랜딩과 광고 등의 마케팅 효과가 간접적이고 시간적으로 지연되어 나타나는 것과 대조된다. 제품가치에 대한 부정확한 정보로 인해 고객이 느끼는 가치보다 매우 낮은 가격으로 가격을 책정하는 경우가 종종 있는데, 이럴 경우 불필요한 기회손실을 가져오게 된다. 특히 시장이 성장하고 있는 중에는 이러한 기회손실이 눈에 잘 보이지 않기 때문에 더 큰 심각성이 있다.

둘째, 하이테크 상품은 가격의 동태적dynamic 관리가 필수적이다. 여타 상품과 달리, 첨단기술을 활용한 하이테크 상품은 가격변동이 자주 일어나며 가격변화의 폭도 크다. 업그레이드 제품이 출시될 때마다 기존 버전의 가격은 하락하며, 수시로 가격조정이 이루어진다. 개인용 비디오 레코더의 선도브랜드인 TiVo의 경우에는 획기적으로 녹화시간이 늘어난 새 버전을 출시하면서 기존제품의 가치가 떨어지자 20시간 녹화용 PVR을 무료로 배부하기도 하였다. 가격은 다른 마케팅 요소에 비해 변경이 용이하다는 특징도 있다. 따라서, 하이테크 상품의 가격은 상품의 확산diffusion 속도와 범위를 고려하여 지속적으로 조정되어야 한다.

셋째, 시장의 성장, 확대가 어느 정도 정리되는 메인스트리트 단계에 도달하면, 기술의 범용화commoditization가 신속하게 진행된다. 범용화는 가격을 한계원가marginal cost 에 이를 때까지 추락시킬 수 있다. 따라서 차별화를 통해 범용화를 막고 가격하락을 최대한 저지해야 하는데, 그것도 그리 쉽지는 않다. 결국 성숙기의 가격전략은 '원가구조'에 초점을 맞추어야 한다는 말이다. 지속 가능한 원가경쟁력cost leadership을 누가 먼저 확보하느냐 하는 것이 성숙기 가격전략의 핵심이다.

마지막으로, 하이테크 시장에서는 가격전쟁price war이 매우 보편적이다. 그 이유 중의 하나를 설명하면 다음과 같다. 하이테크 상품은 대개 연구개발 투자에 막대한 자금이 소요된다. 따라서 첫 번째 단위의 생산원가, 즉 'unit one cost'가 매우 높다. 그러므로 초기가격은 아주 높은 수준에서 책정되는 것이 일반적이다. 그러나, 하이테

우리가 '맥(Mac)'이라고 부르는 Macintosh 컴퓨터는 Apple 컴퓨터의 대표적인 성공 브랜드이다. 그러나, 맥의 성공에는 Apple로서는 다시 생각하고 싶지 않은 LISA의 실패가 밑거름이 되었다.

LISA(Local Integrated Software Architecture)는 혁신적 사양을 가지고 태어난 Apple 의 야심작이었다. 최초로 마우스를 장착했고, 지금은 모든 컴퓨터의 표준이 된 그래픽 유저 인터페이스(GUI), 그리고 동시에 두 가지 이상의 작업을 처리할 수 있는 멀티태스킹(multi-tasking) 운영체제를 갖춘, 1983년 출시 당시로서는 정말 획기적인 개인용 컴퓨터였다. '더블클릭'이나 '드래그 앤 드롭'과 같은 용어가 처음으로 사용된 것도 LISA 때문이었다.

그러나, LISA는 출시 1년만인 1984년 1월에 단종의 운명을 맞이한다. 컴퓨터 전문잡지들의 찬사와 매니아들의 긍정적 평가에도 불구하고, 고작 2만 여대의 판매로 삶을 마감한 LISA의 실패 원인은 무엇일까?

LISA는 최대 1MB의 메인 메모리와 양면 860K 5.25인치 플로피 드라이브 두 대를 내장하고 있었다. 당시의 일반적인 사양은 두 대의 플로피 드라이브나 한 대의 플로피 드라이브 및 내장형 하드 드라이브였다. 그런데, LISA의 경우는 이상하게도 두 대의 내장 플로피 드라이브와 함께 한 대의 외장형 하드 드라이브가 기본 저장장치로 갖추어져 있었다. 애플이 새로 개발한 최고 사양의 플로피 드라이브인 Twiggy를 두 대나 장착하고도 외장 하드가 필요했던 이유는 무엇인가?

그것은 LISA 컴퓨터 하드웨어 디자인을 마치고 소프트웨어를 개발하는 과정에서 발생한 문제 때문이었다. 즉, LISA의 화려한 기능을 드러내 줄 통합 오피스 시스템(LisaWrite, LisaList, LisaCalc, LisaDraw & LisaGraph, LisaProject로 구성)이 Twiggy 저장 용량 이상

을 필요로 하게 된 것이다. 애플의 엔지니어들은 LISA의 발표시기에 맞추기 위해서는 LISA의 하드웨어를 새로 설계할 수 없다고 결정하고 그 대안으로 애플Ⅲ의 하드 드라이브를 LISA에 함께 사용하는 방법을 선택했다. 결국 내장된 두 대의 플로피 드라이브와 함께 거추장스런 외장 하드 드라이브가 하나 더 붙게 된 것이다. 그러나 더 큰 문제는 거추장스런 외모가 아니라 가격이었다.

제품변경 이후 원가 상승은 생각보다 훨씬 커서 LISA의 가격은 결국 10,000달러에 가까운 엄청난 수준에서 결정되고 말았던 것이다. 전문잡지들과 매니아들의 찬사에 고무된 애플의 자만심은 가격을 조정할 기회조차 놓치게 하였고, 결국 가격정책의 실패는 개인용 컴퓨터 역사에 획을 그을 수 있었던 LISA 컴퓨터의 단종을 초래한 중요한 원인이 되었다.

애플은 1984년 1월 LISA를 개선한 고사양의 컴퓨터 'LISA2'와, 사양과 가격을 대폭 낮춘 보급형 컴퓨터 'Macintosh'를 발표한다. 알다시피 '맥(Mac)'은 대성공을 거두었고 LISA2는 다시 한번 실패를 경험하였다. LISA2의 가격은 '맥'보다 2~3배 정도 비싸게 책정되었는데 이는 '고사양의 확장된 맥'으로 포지셔닝하려고 했던 애플의 희망을 반영한 것이었다(나중에 Macintosh XL로 변경됨). 후대의 소비자들이 LISA를 '실패한 맥'으로 부르게 된 것과 대조적이다. 애플은 포기하지 않고 LISA2에 대한 수많은 계획을 발표했으나 LISA2는 결코 긴 수명을 누리지 못했고, 결국 '맥'을 통해 그 명맥을 이어가야 했다.

크 상품의 경우 두 번째 단위부터는 생산원가가 급격히 낮아지는 특성이 있다. 특히 디지털 콘텐츠 상품의 경우에 'unit two cost'는 제로에 가깝다. 따라서 가격을 내릴 수 있는 여지가 많다. 게다가 본 서의 여러 곳에서 강조했듯이 초기 시장의 사용자 기반 installed base 확보는 생존의 필요조건이므로 하이테크 기업들은 원가 이하의 가격책정도 서슴지 않는다.

1.2 하이테크 상품 가격의 핵심법칙

이미 앞에서 설명한 내용도 있지만, 하이테크 상품 가격과 관련된 핵심적인 법칙들을 다시 한번 정리하면 다음과 같다.

첫째, 가격은 소비자들의 생각mind 속에서 특정 상품의 위치를 결정짓는 가장 중요한 요소 중의 하나이다. 가격은 차별화 정도와 상당한 상관관계를 가지고 있다. 즉, 차별화 정도가 낮은 제품은 낮은 가격을, 차별화 정도가 높은 제품은 대체로 높은 가격을 받는다. 그래서 제품기술에 대해 잘 모르는 일반 소비자들은 가격을 통해 그 제품의 기술적 차별화 정도, 즉 품질이나 성능을 추론하는 경향이 있다. 그러므로, 혁신적인 기업 이미지 그리고 차별화된 상품으로 시장에 자리매김하고자 한다면, 경쟁제품에 비해 어느 정도의 프리미엄을 누리는 수준의 가격을 유지해 주어야 한다. 한편, 가성비cost-per-performance의 우위를 내세워 low-end 시장을 장악하려면, 기술 리더에 크게 뒤떨어지지 않는 품질과 확실하게 낮은 가격으로 합리적인 고객에게 어필하여야 한다.

둘째, 가격은 초기시장의 사용자 기반installed base을 확대하기 위한 가장 효과적인 수단이다. 새로운 혁신제품이 시장에 소개된 직후, 즉 고객들이 무엇을 기준으로 제품을 선택해야 하는지 잘 모르는 초기 시장단계에서 사용자 기반을 급속하게 확대하기 원한다면, 공격적인 침투가격penetration pricing 전략이 효과적인 수단이 될 수 있다. 가격에 상대적으로 덜 민감한 혁신수용자와 얼리어답터의 수가 상당하다면 처음부터 프리미엄premium 전략을 구사하는 것이 좋을 수도 있지만, 그렇지 않은 경우 충분히 낮은 가격을 처음부터 제시하면 빠른 시간 내에 사용자 기반의 임계치critical mass에 도달할 수 있다. 사용자 기반이 임계치를 넘게 되면 부익부 빈익빈의 긍정적 피드백 루프를 통해 시장에서의 우위를 지속적으로 누릴 수 있고, 규모의 경제나 학습곡선 효과 등으로 원가 상의 장점도 누릴 수 있게 된다. 통신기업들이 사업 초기에 '몇 백만 가입자 확보' 등을 절대적인 마케팅 목표로 삼는 것도 이런 이유에서다. Palm Pilot을 시장에서 성공시켰던 Palm Computing이 당시 PDA 개발의 목표 중 하나로 최초 PDA 가격의 3분의 1에 해당하는 '200달러 대의 PDA'를 제시하였던 것도 같은 맥락이다.

셋째, 하이테크 상품의 급격한 가격하락은 매우 보편적인 현상이다. 초기의 전자계산기는 1,200달러이었지만 지금은 단돈 몇 불에 살 수 있다. VCR도 처음에는 4만 달러를 호가하였으나 그 가격은 99% 이상 하락했다. 이와 같이 극적인 경우는 아니더라도 대부분의 하이테크 제품들은 시장이 확대되면서 급격하게 가격이 하락하는 동일한 패턴을 보여준다.

가격하락의 일차적인 원인은 생산원가의 급격한 하락과 경쟁이라고 할 수 있다. 특히 표준전쟁이 끝나는 시점에서 일단 하나의 표준이 시장에서 선택되고 나면 급격한 범용화가 진행되며, 차별화에 한계를 느낀 기업들이 가격전쟁을 시작하게 된다. 기술혁신에 의한 성능개선도 급격한 가격하락의 원인이 될 수 있다.

그러나, 가격하락의 가장 중요한 원인 중 하나는 하이테크 시장의 고객분포와 관련이 있다. 첨단기술에 기반한 혁신제품에 대해 느끼는 '가치value'는 하이테크 소비자들 간에 많은 차이가 있다고 앞에서 설명한 바 있다. 따라서, 얼리어답터 고객들이 기꺼이 지불하고자 하는 금액과 주류시장 고객들이 이들 제품에 대해 지불하고자 하는 금액 사이에는 커다란 차이가 있다. 그래서 캐즘을 넘어 주류시장에 진입하기 위한 기업들은 주류시장 고객들이 만족할 만큼 낮은 가격을 제시하지 않으면 안 되는 것이다.

이러한 논리는 가격이 급속하게 떨어지는 시점에 비로소 산업이 급성장한다는

그림 1 Technology Paradox

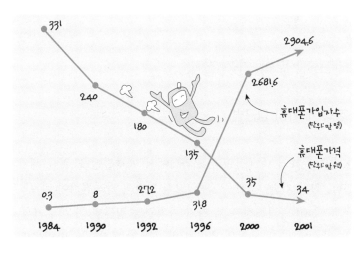

휴대폰 가격과 가입자 수의 변화

출처: 통계속의 재미있는 이야기, 통계청(2003).

이른바 'Technology Paradox'를 설명해 준다. 즉, 가격이 하락하여 어느 선을 깨게 되면 가격하락 폭을 상쇄할 만한 폭발적 수요증가가 이루어져 산업이 급팽창한다는 것이다. 국내의 휴대폰 단말기 산업의 역사를 잠깐 살펴보더라도, 1996년에서 2000년 사이에 가격이 4분의 1로 떨어졌으며, 바로 그 기간에 가입자가 80배 증가함으로써 이동통신 산업이 토네이도를 경험할 수 있게 해 주었다〈그림 1〉참조. 물론 다른 이유도 있었으나, 주류시장 고객의 참여를 유도하는데 가격하락이 결정적 역할을 수행했음은 부인하기 어렵다.

엄청난 가격하락 국면에 접어들게 되면, 기업들의 원가경쟁력이 성패의 관건이 된다. 이 때 하이테크 기업들이 고려할 수 있는 대안은 어떤 것들이 있을까? 가장 자연스런 대안은 당연히 적극적인 원가 비효율의 제거이다. 지속적으로 원가절감의 요인을 발견하여 개선하고, 고객의 입장에서 가격 대비 성능을 최대한 높일 수 있도록 기술혁신을 이루어야 한다. 한편, 원가경쟁력을 높이는 동시에 범용화를 가능한 한 회피할 수 있도록 차별화 노력을 경주해야 한다. 신상품을 계속 내놓고, 고객의 마음을 사로잡을 수 있는 디자인과 기능, 그리고 브랜드에 투자해야 한다. 이미 가격하락이 충분히 이루어진 프린터 시장에 뒤늦게 뛰어든 Samsung이 메이저 브랜드로 성장할 수 있었던 것도 꾸준한 차별화 노력의 결과이다.

② 하이테크 상품의 가격결정

2.1 가격결정의 세 가지 접근법

Philip Kotler는 그의 마케팅관리 교과서에서 가격결정을 위한 세가지 접근법을 설명한 바 있다. 원가 기반, 경쟁자 기반, 고객 기반의 가격결정이 바로 그것이다.

원가 기반cost-based 가격책정은 세 가지 가격결정 접근법 가운데 가장 많이 사용되는 방법인데, 원가에 일정 마진을 추가하여 가격을 책정하는 방법이므로 'Cost-plus Pricing'이라 부르기도 한다. 제품원가에 대한 정보는 기업이 내부적으로 관리하므로 경쟁자나 고객에 대한 정보보다 정확하고 비교적 다루기 용이하기 때문에 원가 기반 가격책정은 많은 제조기업들이 선호하는 가격결정 방법이 되고 있으며, 경험곡선 experience curve과 같은 원가하락 요인이 발생할 경우 가격에 즉시 반영할 수 있다는 장점을 가지고 있다. 또한, '적정마진'을 붙여 판다는 것이 공정하다fair고 인식되어 고객들로부터의 가격저항을 줄일 수 있는 장점도 있다. 그러나, 하이테크 상품의 경우에는 비용 발생이 연구개발 단계 등 초기에 집중되어 개별 제품 단위원가의 정확한 산정이 쉽지 않고, 통신 서비스나 디지털 상품과 같이 고정비가 원가의 대부분을 차지하는 경우에는 경쟁이 있을 경우 적정마진의 보호도 잘 되지 않아 원가 기반의 가격책정은 많은 한계를 가지고 있다.

경쟁자 기반competitor-based 가격책정은 'Benchmark Pricing'이라고도 하는데, 경쟁 제품과의 상대적 시장지위를 고려하여 가격을 결정하는 방법이다. 품질이나 브랜드 파워 등 종합적인 제품의 가치가 경쟁제품보다 높다면 프리미엄을, 낮다면 그 정도에 따라 상대적으로 낮은 가격을 제시하는 것이다. 산업에 따라서는 확고한 시장의 리더가 있어 후발업체들이 시장리더의 가격을 따르는 암묵적 담합implicit collusion이 이루어지기도 한다. 리더가 가격을 올리면 따라서 올리고, 리더가 가격을 내리면 따라서 내리는 식이다. 명시적인 가격담합 행위는 법으로 금지하고 있으며 원자재 상승 등의 뚜렷한 명분 없이 가격을 집단으로 조정하는 것은 별로 바람직하지 않다.

마지막으로 고객 기반customer-based 가격책정에 대해 이야기해 보자. 고객 기반의 가격결정은 '가치 기반value-based 가격책정'으로 더 많이 알려져 있는데, 고객이 제품으로부터 얻는 가치에 비례하여 가격을 책정하는 방법을 말한다. 체계적인 고객 기반 가격책정 방법으로 EVAeconomic value analysis라는 것이 있는데, 이 방법을 사용하기 위해서는 유사한 기능을 수행하는 기존제품을 비교 기준으로 선정하고, 대상 제품으로부터 고객이 얻는 상대적 '효익benefits'과 '비용costs'을 정확히 평가하여 고객이 느끼는 경제적 가치를 산정하여야 한다'EVA에 의한 가치 기반 가격책정' 참조.

고객이 얻는 효익은 제품의 기능으로부터 얻는 '기능적 효익functional benefit', 제품의 안정성 및 내구성과 관련 있는 '운영적 효익operational benefit', 신용구매 등의 구매조건으로부터 얻는 '재무적 효익financial benefit' 그리고 브랜드 등으로부터 얻는 심리적인 보상이라 할 수 있는 '개인적 효익personal benefit'을 모두 포함한다. 그리고 비용은 구매로 인한 지불대금, 운송 및 설치 비용 등 '금전적인 비용monetary costs'과, 배달 및 서비스, 고장 위험, 진부화 가능성, 호환성 등의 '비금전적 비용non-monetary costs'으로 나누어 생각해 볼 수 있다. 비용을 산정할 때에는 이러한 요소를 제품 소유 전 기간에 걸쳐 산정한 '총 소유 비용total cost of ownership: TCO'으로 계산하여야 한다.

참고로, 1995년에 수학자들이 계산한 PC 한 대의 총 소유 비용은 구매가격의 10배가 넘는 약 4만달러에 달했는데, 이는 소프트웨어를 사용하기 위한 학습비용과 PC의 고장으로 소중한 자료를 날리거나 A/S를 위해 전화하거나 방문할 때 발생하는 고통까지 모두 합산한 것이었다. 그래도 여전히 많은 사람들이 PC를 구입하는 것을 보면, PC의 'TBOtotal benefit of ownership'는 그것보다 큰 모양이다.

EVA에 의한 가치 기반 가격책정

Economic Value Analysis는 아래 그림에서 보듯이 '준거 상품(reference product)'의 가치에 '긍정적 차별화 가치'를 합산하고 '부정적 차별화 가치'를 차감하여 소비자 경제 가치(economic value to the customer: EVC)를 계산해 내는 분석방법을 말한다. 여기서 '준거 상품'이란 소비자 입장에서 대상 제품의 최선의 대안(best alternative)이 될 수 있는 상품을 말하며, 차별화 가치는 대상 제품을 준거가 되는 상품과 비교하였을 때 가치의 차이를 가져오는 부분을 말한다.

예를 들어, 태블릿 PC의 가격을 책정할 때 EVA를 사용한다고 하면, 노트북 컴퓨터를 준거 상품으로 사용할 수 있으며 준거 가치는 노트북의 평균 가격이 될 것이다. 이 경우 긍정적 차별화 가치는 터치 입력, 다양한 애플리케이션, 이동성과 단순한 디자인 등이 될 것이고, 부정적 차별화 가치는 업무용 애플리케이션 사용의 불편함 등을 생각해 볼 수 있다. 이 사례의 경우와 달리 설치비나 구매 후 유지비용이 드는 경우에는 이런 것들도 모두 준거 상품의 가치에 포함시켜야 하며, 관련 비용의 절감 혹은 증대를 긍정적, 부정적 차별화 가치에 반영하여야 한다.

EVA에 의해 계산된 소비자 경제 가치(EVC)는 합리적 소비자가 지불하고자 하는 최대 가격이 될 것이고, 실제로 대상 제품의 가격은 EVC 범위 내에서 브랜드 파워, 공급자와의 협상력, 혹은 소비자에의 유인(incentive) 제공 정도를 감안하여 결정된다.

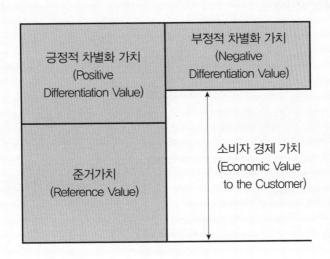

2.2 하이테크 가격환경

하이테크 상품의 가격을 확정하고자 할 때에는 〈그림 2〉에 나와 있는 요소들을 충분히 검토한 후에 결정해야 한다. 이 중 어떤 것들은 가격을 높이는 원인이 되고, 또 다른 것들은 가격 인하의 압력으로 작용한다.

연구개발R&D에 대한 투자금액이 막대할 경우에는 이를 회수하기 위해 가격을 높게 책정하고자 하는 동기motivation가 발생한다. 연구개발 투자 결과는 제품의 품질과 성능에 반영되므로 이미 집행된 비용sunk cost의 규모를 가격결정에 반영시키는 것은 별로 합리적으로 보이지 않는다. 그러나, 경쟁이 비교적 덜 치열하고 가격결정력을 가지고 있는 선도 기업이라면 이를 가격에 반영할 수 있다.

제품 수명주기가 짧아 '기회의 창window of opportunity'이 작다면 가능한 한 높은 가격을 책정하여 투자회수 기간을 줄이는 것이 바람직하다. 반대로 진부화obsolescence나 기술 대체의 위험이 적다면 장기적인 이익을 극대화하기 위해 침투가격 정책을 고려해 볼 만하다.

공격적인 제품 라인전략을 펼친 결과 다양한 파생상품derivatives을 가지게 되었다

그림 2 하이테크 가격환경

면, 최적 라인구성을 위해 가격을 조정할 필요가 있다. 파생상품 간의 가격 차이가 적정하지 않을 경우 자기잠식cannibalization이 일어날 수 있고, 그것도 수익성이 낮은 제품으로 수요가 집중될 가능성이 크기 때문이다.

네트워크 효과를 고려한다면, 초기가격을 낮게 책정하는 것이 좋다. 처음에는 고객 네트워크가 작아 고객들이 제품으로부터 얻는 네트워크 외부성network externality이 미미할 것이기 때문이다. 네트워크가 확대되어 고객이 느끼는 가치가 증가하면 가격을 인상하거나 가격하락 폭을 줄이는 것이 좋다. Microsoft는 응용 소프트웨어들의 초기가격을 비교적 낮게 책정한 후 사용자 네트워크가 커지는 본격 성장기가 되면 가격을 서서히 인상하는 전략을 자주 구사해 왔다.

경쟁자의 잠재적 위협은 가격결정시 고려하여야 하는 중요한 요소 중의 하나이다. 특히, 기술혁신으로 인한 진부화나 파괴적 기술로 인한 시장 교란이 예상될 경우, 공격적인 가격정책을 통해 자사 제품의 매력도를 높여야 한다. 또, 저가격정책은 잠재적인 경쟁자의 진입을 막기 위한 매우 효과적인 진입장벽entry barrier으로 활용될 수 있다.

유통채널, 특히 인터넷으로 대표되는 디지털 유통채널의 존재 및 성장가능성도 가격결정시 고려할 중요한 요인 중의 하나이다. 온라인 쇼핑이나 모바일 쇼핑으로 구매하는 고객들의 가격민감도는 전통적인 채널을 통해 구매하는 고객의 가격민감도보다 상대적으로 높은 것으로 알려져 있다. 따라서, 디지털 유통채널 상에서의 경쟁상황을 감안하여 가격을 책정하되, 오프라인과 온라인의 가격 차이로 인한 고객의 혼동과 불만을 예방하기 위하여 서비스 차별화 요소를 만드는 등 다채널 간 갈등multichannel conflict을 최소화하고 더 나아가서 채널 간 시너지synergy를 낼 수 있도록 노력하여야 한다.

2.3 신제품 가격정책

신제품의 가격결정은 초기가격을 높게 책정하여 우량 수요cream of demand만을 취하는 'Skimming' 가격 전략과 저가격을 통해 고객기반을 신속히 확대하는 '침투Penetration' 가격 전략의 둘 중 하나를 택하는 문제로 귀결된다.

기존제품과 매우 다른 혁신제품, 즉 RNPReally New Product의 경우 Skimming 가격 전략과 강력한 판촉활동을 병행하는 것이 매우 효과적인 것으로 밝혀졌는데 그 이유는 다음과 같다. 즉, 매우 혁신적인 제품의 경우 가격을 비교할 대상이 없어 시장 초기에는 소비자들이 '적정한' 가격이 얼마인지 알기 어렵고, 가격탄력성도 낮다. 따라서 일단 높은 가격을 제시하여 고품질에 대한 시그널링을 하는 한편, 혁신제품 자체에 대한 매력은 충분히 느끼나 고가이기 때문에 구입을 망설이는 고객을 유도하기 위해 판촉sales promotion 등의 촉진활동을 병행하는 것이 좋다.

Skimming 가격 전략은 또한 시장 세분화에 유리하다. 즉, 가격에 대해 덜 민감한 고객들이 초기에 제품을 구매할 것이고, 추후에 가격을 인하하게 되면 그때 가격에 민감하고 실용적인 성향을 가진 고객들이 구매하게 될 것이기 때문이다. 또, Skimming 가격 전략은 가격탄력성이 불확실한 초기시장에서 비교적 '안전한' 전략으로 볼 수 있다. 가격을 낮게 책정했다가 올리는 것보다는 높은 가격에서 시작하여 내려오는 것이 상대적으로 쉽기 때문이다.

반면에, 침투Penetration 가격 전략은 시장확대를 앞당겨 빨리 시장을 장악할 수 있다는 장점을 가진다. 특히 기회의 창이 넓어 장기적인 이익을 기대할 수 있는 경우에 시장점유율 확대를 위한 침투가격 전략은 설득력을 갖는다. 사실 침투가격 전략은 시장의 초기뿐 아니라 제품 수명주기상 여러 단계에서 검토될 수 있는 전략이다.

'Technology Paradox'와 관련해서 생각해보면 시장의 티핑 포인트tipping point가 다가왔다고 판단되면 언제라도 침투가격 정책을 통해 시장의 팽창을 실현시킬 수 있는 것이다. 때로는 대대적인 가격 인하라는 최후의 수단이 부진이 이어지던 시장을 살리는 원동력이 되기도 한다.

침투가격 전략은 Skimming 가격 전략과 반대로 대체재의 존재 등의 이유로 초기 시장에서의 가격탄력성이 크거나, 규모의 경제 효과가 큰 경우, 그리고 잠재적 경쟁자의 위협이 강력한 경우에 바람직한 가격정책이라고 할 수 있다.

③ 전략적 가격정책과 가격전쟁

3.1 공격적 가격전략

가격전략은 그 상황에 따라 '공격적offensive'인 가격전략과 '방어적defensive'인 가격전략으로 나누어 생각해 볼 수 있는데, 공격적인 가격전략은 자사제품의 수용을 앞당겨 시장점유율market share을 증가시키거나 잠재시장의 규모market potential를 확대하기 위한 목적으로 활용되는 가격정책을 말한다. 한편, 수익성profitability을 최우선시 하는 다소 소극적인 가격전략을 방어적인 가격전략이라 부른다.

초기시장의 공격적인 가격전략은 침투가격 전략과 거의 동의어로 사용된다. 즉, 초기시장의 사용자 기반을 신속하게 확보하기 위해 낮은 가격을 제시하고, 원가가 상대적으로 높은 경쟁자들의 퇴출을 유도하는 동시에 잠재적 경쟁자의 시장진입을 봉쇄하는 전략이다.

제품 수명 주기 상의 성숙기에 접어들었을 때에 가격전략은 훨씬 공격적인 목적으로 활용된다. 성숙기가 되면 품질의 차이가 좁혀져서 경쟁의 축이 급격히 가격쪽으로 이동하기 때문이다. 이 때 가격 선도기업들은 자신의 원가우위를 최대한 활용하여 매우 위협적인 가격정책을 사용하기도 하는데, 예를 들면 '경험곡선 가격전략experience-curve pricing' 같은 것이 있다. 이는 〈그림 3〉이 보여주듯이 경험곡선 효과에 의해 자신의 원가가 내려갈 것을 미리 계산하여, 가격을 원가 이하로 내림으로써 원가부담을 견

디지 못하는 경쟁사들이 도태되도록 하는 방법이다. 공격적인 가격전략은 대개 대규모의 일시적 가격할인과 같은 판촉활동promotional discount과 병행하여 전개됨으로써 소비자에게는 좋은 구입기회를 제공하지만 당사자인 기업들에게는 매우 치명적인 결과를 가져올 수 있다.

기술적인 우위에 있는 기업들은 공격적인 가격전쟁이 시작되면 차세대 제품을 재빨리 내놓으면서 국면 전환을 시도하는 경우가 많다. Intel은 486칩이 성숙기에 접어들면서 AMD와 Cyrix가 가격전쟁을 시작하자, 이 시장을 앞당겨 정리하고 펜티엄Pentium으로 옮겨가는 전략을 펼쳤다. 한편, Compaq은 Intel과 달리 정면으로 승부하는 방식을 택했다. 즉, Compaq은 데스크톱 PC 시장이 성숙기에 접어들 때 '경쟁력 있는 가격'을 전략비전으로 선택하고, 원가경쟁력을 높이기 위해 지속적으로 제품을 개선하고 유통 지배력을 높임으로써 90년대 중반에 PC 제조업체 1위로서의 위치를 차지할 수 있었다.

공격적인 가격정책의 가장 큰 위험성은 가격 선도기업의 지위를 유지하기 위한

그림3 **경험곡선 가격전략**

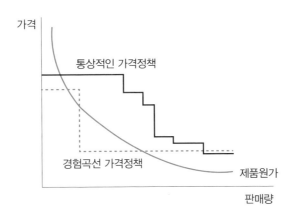

경험곡선 가격정책은 경험곡선을 통해 원가우위를 달성한 기업이 원가가 하락할 때 계단식으로 가격을 인하하는 통상적인 가격정책을 사용하지 않고 일시적으로 원가 이하까지 가격을 급격히 인하함으로써 경쟁제품을 퇴출시키고 신규진입을 억제하는 공격적인 가격정책이다.

출처: McGrath(2001), p. 199.

원가우위cost leadership를 한 순간에 **빼앗길** 수 있다는 점이다. 기술적 차별화를 통한 리더십은 여러 기업이 동시에 가질 수 있으나, 원가에 기반한 리더십은 오직 하나의 기업만이 누릴 수 있기 때문이다. Compaq의 경우도 Dell 컴퓨터의 등장과 함께 가격 리더의 지위를 순식간에 박탈당했다. Dell은 온라인 판매를 통해 중간경로를 제거disintermediation함으로써 누구도 모방하기 어려운 — 특히 기존의 소매유통에 크게 의존하고 있던 Compaq이 절대로 모방할 수 없는 — 엄청난 원가우위를 실현하였으며, 90년대 후반에 Compaq을 제치고 PC 제조업체 1위의 자리를 차지했다. 그 후 Dell과 HP가 차지했던 PC 시장리더의 지위는 원가경쟁력을 내세운 중국 업체들에 의해 다시 한번 교체되었다.

3.2 방어적 가격전략

방어적 가격전략의 목적은 단 한 가지, 즉 '이익의 극대화'이다. 처음부터 신제품의 높은 가격을 유지하는 Skimming 가격 전략은 방어적 가격전략의 대표적인 형태이다. Intel이나 IBM은 줄곧 이와 같은 방어적 가격전략을 고수해 온 기업들인데, 항상 업계의 최고가격을 고수함으로써 수익을 극대화하는 동시에 혁신기업과 기술리더의 이미지를 유지하고자 한다.

방어적 가격전략을 사용하는 기업들은 경쟁자의 출현으로 부득이 가격을 내려야 하는 경우, 어느 정도의 프리미엄을 감안하여 최소한의 가격을 인하하는 이른바 '적응적 가격책정adaptive pricing'을 실시하기도 하나, 경쟁기업의 공격적인 가격전략에 말려들지 않고자 최대한 노력한다.

선도 기업들이 자사제품의 가격을 방어하기 위해 자주 사용하는 한 가지 방법은 '가격계층price tier' 전략이다. 이는 가격에 따라 시장을 고가high-end, 중가middle-end, 저가low-end시장으로 세분화하여 개별적인 대응을 한다는 뜻이다. 즉, 경쟁자가 저가격 제품을 가지고 공격적인 가격전략을 펼치게 되면, 가격인하로 맞대응 하기보다 저가시장을 상대할 별도의 상품을 개발하여 대응한다. 이러한 대응제품을 'fighting brand'라고 부르는데, AMD의 저가 칩에 대응하기 위해 Intel이 만들었던 'Celeron' 칩, 일본 기업 Kao의 저가격 공세에 대응하기 위해 3M이 출시했던 'Highland'라는 브랜드의 컴퓨터 디스켓이 그 예다. 2003년 여름에 삼성전자에서 출시했던 초저가 PC 브랜드 '크러시Crush'도 '매직스테이션'의 브랜드 파워를 지키면서 가격파괴 경쟁에 돌입한 보급형 PC에 대응하기 위한 일종의 fighting brand였다.

3.3 가격전쟁과 대처방안

'초저가 모델 출시', '가격전쟁 선언', '가격파괴', '제품값 절반으로' 등은 하이테크 시장에서 빈번히 관찰되는 '가격전쟁price wars'의 단면을 보여주는 신문기사 제목들이다. 사실, 가격전쟁은 어느 산업에서보다 하이테크 산업에서 더 자주 일어나는 현상이다'VR기기의 가격전쟁' 참조. 그렇다면, 가격전쟁이 시작되었을 때에는 어떻게 대처해야 할까?

우선, 가격전쟁이 시작되면 성급한 대응을 하기 전에 차분하게 그 상황을 분석하여야 한다. 정확한 상황인식이 최적의 대안을 보장하기 때문이다. Rao, Bergen, Davis2000는 'How to Fight a Price War'라는 제목의 논문에서 이러한 분석을 위한 매우 유용한 틀을 제시하였는데 이를 〈그림 4〉에 제시하였다.

〈그림 4〉에는 4개의 C가 있는데, 마케팅에서 흔히 말하는 3C, 즉 Customer, Competitor, Company 외에 Contributor라고 하는 하나의 C가 더 있다. 첫째로 고객의 측면을 분석해야 한다. 이는 일차적으로 고객의 가격탄력성과 가격에 민감한 세분시장의 크기에 대한 것이다. 만약 대부분의 소비자가 가격보다 품질에 관심을 가지고 있다면 가격전쟁은 그리 염려하지 않아도 된다. 대응이 필요하다고 해도 품질이나 서비스와 같은 비가격적 대응으로 해결될 수 있다. 둘째로 경쟁자의 측면에서는, 경쟁기업 특히 가격전쟁을 시작한 기업의 원가정보를 최대한 알아내어 원가구조를 분석해야 한다. 경쟁자의 원가구조상 우위의 원천을 알아내면 그 기업이 지속 가능한 원가경쟁력을 가지고 있는지, 또 가격전쟁을 어디까지 끌고 갈 수 있는지에 대한 통찰력을 얻을 수 있다. 그리고, 경쟁기업의 전략적 포지션을 파악하여 표적시장 고객이 중복되는지 보아야 한다. 우리와 전혀 다른 세분시장을 공략하고 있다면 굳이 가격대응에 나설 이유가 없다. 셋째로 다름아닌 자기 자신을 분석해야 한다. 경쟁자 분석에서 사용했던 원가구조, 전략적 포지셔닝 등에 대한 내용을 자신에게 적용해 봄으로

가상현실(Virtual Reality) 시대의 막을 연 제품은 Facebook의 자회사 Oculus VR이 개발한 Oculus Rift다. 크라우드펀딩(crowdfunding)을 통해 개발단계에서부터 큰 화제를 모았던 Oculus Rift는 기대와 달리 2016년 3월 출시와 함께 비판적인 여론에 시달리게 되었다. 300달러 선에서 판매가 될 것이라는 당초의 발표와 달리 599달러라는 높은 가격이 책정되었기 때문이다. 2016년 4월에 연이어 출시된 경쟁제품 HTC의 VIVE에는 무려 799달러라는 가격이 매겨졌다. 두 제품 모두 가상현실 게임을 구현하기 위한 고사양의 PC도 필요하다는 점까지 고려하면 당시까지만 해도 가상현실 기술의 확산은 매우 요원해 보였다.

그러나, 2016년 10월에 출시된 Sony의 PlayStation VR이 399달러라는 현격히 낮은 가격을 책정하면서 가상현실 시장에 큰 반향을 불러 일으켰다. PlayStation VR은 Sony의 게임 콘솔인 PlayStation 4에서만 동작이 가능하다는 제한이 있었지만, 이미 PlayStation 4를 보유하고 있던 소비자들 입장에서는 Oculus Rift나 HTC VIVE에 비해 비용 측면에서 큰 장점이 있었다. 예상하지 못했던 저가 경쟁제품의 출시로 인해 활로를 찾지 못하던 Oculus Rift는 2017년 3월부로 컨트롤러가 포함된 번들 제품을 기존 가격에서 200달러 인하된 599달러에 판매하기 시작했다. 더 나아가, 2017년 7월부터는 여름 한정으로 동일한 번들 제품을 399달러에 판매하는 프로모션을 진행하기도 했다. Sony의 PlayStation VR과 동일한 수준까지 가격 인하를 단행한 것이다. Oculus Rift의 공격적인 행보가 이어지자, HTC도 뒤따라 VIVE의 가격을 799달러에서 599달러로 하향 조정했다. HTC의 대응이 있은 지 두 달도 채 되지않아 Oculus Rift는 프로모션 가격이었던 399달러를 상시 적용한다는 추가 가격 인하를 발표했다. 출혈 경쟁이 잦아드는 듯하던 2018년 3월, HTC는 고사양의 신제품 VIVE Pro의 출시를 예고함과 동시에 기존의 VIVE 가격을 499달러로 재차 인하했다. 가상현실이라는 무한한 가능성을 담보한 미래시장을 선점하기 위해 경쟁 기업들 간의 끝없는 가격전쟁이 발발한 것이다.

그림4 가격전쟁의 상황분석

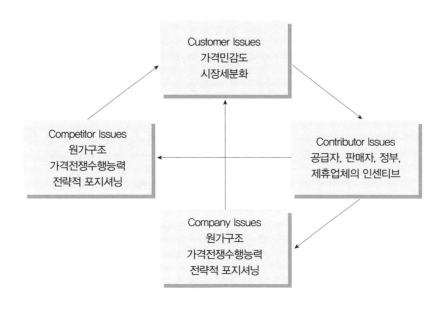

출처: Rao, Bergen, and Davis(2000), p. 109.

써, 가격전쟁에서 과연 승리할 수 있는지, 아니면 자신에게 유리한 대응방안은 무엇인지 점검해 보아야 한다. 넷째로 산업 내의 여러 이해관계자 집단, 즉 Contributor의 관점에서 가격전쟁을 이해해 보려는 시도가 필요하다. 공급업자, 유통업자, 그리고 협력업체와 정부에 이르기까지 다양한 시장 참여자들의 입장에서 가격전쟁이 미칠 파장이 어떠한지 살펴봄으로써, 가격전쟁을 미연에 방지하기 위한 방안을 도출하게 될 수도 있고 만약 가격전쟁이 시작된다면 자사의 입장을 옹호해 줄 상대가 누구인지 확인해 둘 수 있다.

가격전쟁에 대한 대응은 3단계로 이루어진다. 1단계는 가격전쟁을 미연에 방지하는 것으로서 가격전쟁에 대한 최선의 대응이라고 할 수 있다. 가격전쟁은 일단 시작하게 되면 상승작용에 의해 출혈경쟁으로 이어져서 산업 전체의 수익성에 큰 타격을 입힐 수 있기 때문이다. 결국 모두가 손해 보는 마이너스섬 게임minus−sum game이 될 가능성이 많다는 얘기다. 그러므로, 가격전쟁이 시작될 조짐이 보이면, 가격전쟁을 준비하는 경쟁자를 설득하고, 만에 하나 가격전쟁이 시작되면 '동일가격제시price matching', '최저가 보상' 등의 강수로 대응할 것이라는 의지를 보여주어 가격전쟁의 전의를 꺾어 놓아야 한다. 자신이 실제로 원가상의 우위를 가지고 있을 경우 자사의 원가구조를 공개하는 것도 한 가지 방법이 될 수 있다.

가격전쟁을 예방하는 것에 실패하여 가격전쟁이 시작되었다면, 2단계 대응방안은 '비가격 대응nonprice reactions'이다. 비가격 대응이 가격대응보다 항상 우선적으로 고려되어야 한다는 의미이다. 시장을 분석해 보면 언제나 가격에 덜 민감한 세분시장이 존재한다. 만약 그 세분시장의 크기가 상당하다면, 가격에 민감한 세분시장을 일부 희생하더라도 그 시장을 지키는 것이 수익성의 측면에서 더 바람직할 것이다. 따라서, 비가격적 요소, 즉 품질이나 서비스, 브랜드 등의 제품요소를 강화하여 가격전쟁을 일으킨 경쟁자의 제품과 명확한 차별화 포인트를 만드는 것이 적절한 대응이 될 수 있다.

비가격 대응의 또 다른 형태는 고객을 상대로 한 캠페인을 실시하는 것인데 이는 가격전쟁이 가져올 잠재적 위험을 적극적으로 알리는 것을 말한다. 가격전쟁은 수익구조를 악화시켜 산업 전체를 교란하고 궁극적으로 기업의 도산으로 연결될 수 있다. 또 살아남는 기업이 있다고 하더라도 소비자의 선택의 폭이 극도로 제한될 수 있고, 낮은 가격으로 수익을 내기 위해서는 낮은 품질의 제품을 공급할 수밖에 없다. 이와 같은 메시지를 여러 경로를 통해 소비자에게 전달하고, 가능하다면 산업 내 다른 구성원들과 합동으로 이러한 캠페인을 전개하여 신뢰를 얻도록 해야 한다.

만약 비가격 대응도 별 효과가 없어 전면적인 가격전쟁에 돌입하게 된다면, 결국은 마지막 3단계인 '가격대응price reactions'에 나설 수밖에 없다. 가격대응에 나서더라도 그 부정적 효과를 최소화하기 위한 노력은 계속되어야 한다. 한 가지 방법은 고객들이 제품의 가격을 일대일로 비교할 수 없도록 일종의 '가격 프레이밍price framing'을 해야 한다. 묶음 가격을 제시한다든지 수량할인이나 로열티 프로그램 등을 통해 가격인하 혜택을 주는 방안을 일차적으로 검토하는 것이 좋다. 하이테크 사례는 아니지만 미국에서 버거킹이 햄버거 가격전쟁을 시작했을 때 맥도날드의 첫 대응은 '세트메뉴value meals'였다. 가격을 비교하기 어렵게 한 것이다. 다음으로 생각해 볼 수 있는 가격대응전략은 유통경로에 따른 '가격차별화'이다. 특정 유통경로를 통해서 구입할 경우 가격을 할인해 주는 것을 말한다. 가격대응은 특히 가격민감도가 높은 고객이 자주 이용하는 홈쇼핑이나 온라인 채널로부터 시작하는 것이 좋다. 가격대응의 또 다른 변형은 앞에서 설명한 바 있는 fighting brand 전략이다. 마켓 리더의 경우 섣불리 가격인하에 대응했다가 프리미엄 브랜드로서의 이미지가 실추될 수 있으므로, 저가격 제품에 대응하기 위한 별도의 브랜드를 만들어 대응하는 방법이다.

비가격적 대응이나 변형된 가격대응이 어려운 상황이라면 결국 죽기 살기로 가격만 가지고 싸움을 벌일 수밖에 없다. 유동성을 유지하면서, 최대한 원가를 낮추어 가격전쟁에서 살아남아야 한다. 시장의 성숙기에는 가격 외에 별다른 경쟁전략이 없

표 1 가격전쟁 대처방안 요약

비가격 대응	
전략적 대응의도 노출	경쟁사가 가격을 인하하면 즉각 대응하여 가격을 인하하거나 최저가보상제도 등을 실시할 것임을 알리고, 원가우위 정보를 공개함
품질 경쟁	사양을 고급화하여 차별화 수준을 높이고, 저가 제품의 품질상 문제점을 집중 홍보
산업 내 공동전선 구축	공급업자, 재판매 사업자(VAR), 관련 서비스 제공자들과의 전략적 파트너링을 통해 가격전쟁에 공동 대응하고 공동 프로모션을 실시

가격 대응	
복잡한 가격제 도입	번들링, 이중요율(two-part tariff), 수량할인, 가격촉진, 로열티 프로그램 등을 활용하여 가격의 직접 비교를 어렵게 함
신제품 출시	가격전쟁을 통해 경쟁자가 공략하고자 하는 세분시장을 겨냥한 신제품을 출시하여 대응
가격 조정	경쟁사의 가격 변동에 대응하여 적절한 가격 조정

출처: Rao, Bergen, and Davis(2000), p. 109.

디지털 산업에서 나날이 등장하는 '공짜 제품(free offering)'으로 인해 기존 기업들이 느끼는 위협이 커지고 있다. 공짜 제품에 대해 섣불리 대응했다가는 과열된 공짜 경쟁으로 인해 수익성이 극도로 악화될 수 있으며, 방관하였다가는 기존 고객을 모두 잃게 되는 결과를 초래할 수도 있다. 따라서 기존 기업들은 공짜 제품이 지니는 위협의 본질을 제대로 파악하여 각 기업이 처한 상황에 따라 적절한 방안과 대응 시기를 결정해야만 한다.

Bryce, Dyer & Hatch(2011)는 "Competing Against Free"라는 아티클에서 공짜 제품이 지니는 위협을 자사고객 이탈율과 공짜 산업의 성장률에 따라 네 가지 유형으로 분류했다.

첫째, 자사 고객 이탈율과 공짜 산업 성장률이 모두 높은 경우, 공짜 제품은 심각한 '비즈니스 모델 위협(Business Model Threat)'으로 분류된다. 이와 같은 상황에 처한 기업은 공짜 제품에 적극적으로 대응해야 할 뿐 아니라 2~3년 내로 기존의 비즈니스 모델을 변화시켜야 한다.

둘째로, 공짜 산업 성장률이 연 40%를 넘더라도 자사 고객 이탈율이 연 5% 미만이면 해당 공짜 제품은 '지연된 위협(Delayed Threat)'이 된다. 공짜 제품이 현재는 자사가 아닌 다른 경쟁 회사의 고객을 빼앗거나 신규 고객층을 창출하고 있는 상태로 볼 수 있기 때문이다. 위협이 어느 정도 '지연된' 상태이므로 무료 제품 출시를 연기하고 당분간 공존(coexist)할 수 있지만, 언제든 위협을 맞이할 수 있기 때문에 향후에 무료 버전을 출시하여 대응하는 것을 고려해야 한다.

반대로, 공짜 산업 성장률이 연 40% 미만으로 낮더라도 자사 고객 이탈율이 연 5% 이상으로 높다면 '즉각적 위협(Immediate Threat)'으로 분류된다. 이 경우 아직까지는 공짜 제품이 대다수의 사람들을 유인하지 못했지만 자사의 기존 고객이 불만을 가지고 다른 곳으로 이탈하고 있으므로 자사의 이윤이 급격히 감소하는 심각한 상황에 처하게 된다. 이러한 위협에 대응하기 위해서는 공짜 제품을 즉시 출시하여 더 이상의 고객이탈을 막아야 한다.

마지막으로, 자사 고객 이탈율과 공짜 산업 성장률이 모두 낮은 경우, 해당 공짜 제품은 '소소한 위협(Minor threat)'으로 볼 수 있다. 이 경우에는 섣부른 공짜 전략으로 대응할 것이 아니라 현 상황을 지속적으로 모니터링 함으로써 공짜 제품이 다른 형태의 위협으로 발전할 위험은 없는지 살피면서 대응 여부를 추후에 결정하는 것이 바람직하다.

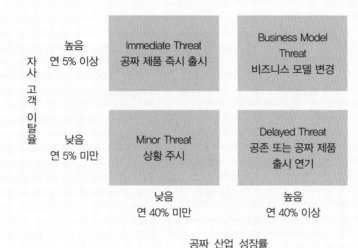

높음 연 5% 이상	Immediate Threat 공짜 제품 즉시 출시	Business Model Threat 비즈니스 모델 변경
낮음 연 5% 미만	Minor Threat 상황 주시	Delayed Threat 공존 또는 공짜 제품 출시 연기

자사 고객 이탈율

낮음
연 40% 미만　　　　높음
연 40% 이상

공짜 산업 성장률

출처: Bryce, Dyer, & Hatch(2011, HBR).

는 경우도 있다. 이 때에는 자신의 원가구조를 면밀히 점검해 보고 끝까지 싸울 것인지 아니면 출혈을 중지하고 재빨리 시장에서 빠져 나올 것인지 판단해야 한다. Intel도 이런 상황에서 DRAM 사업을 접은 적이 있고, 3M도 자신이 처음으로 개발한 제품인 비디오테이프 시장에서 가격전쟁이 시작되자 시장을 포기하였다.

　　지금까지는 주로 마켓 리더의 입장에서 가격전쟁으로부터 자사 제품을 보호하기 위해 가격전쟁을 피하거나 그 영향을 최소화하는 방향으로 논의를 전개했다. 그러나, 입장에 따라서는 가격전쟁을 선도하는 것도 훌륭한 전략이 될 수 있다. 시장이 포화 상태가 되어 어느 정도의 구조조정이 불가피한 상황인 경우, 질적 경쟁이나 차별화가 자사에 유리한 대안이 되지 않는다면, 가격전쟁을 선도하여 저가시장을 파고 드는 것도 고려해 볼 만하다. 과거 국내 기업의 투자로 설립된 eMachines는 미국 내에서 초저가 PC 돌풍을 일으켜 상당한 시장을 점유하기도 하였고, 최근의 중국 기업들은 어느 정도 기술이 표준화된 제품시장에서 생산요소 등의 장점을 내세워 원가경쟁력과 제품 단순화를 통해 가격전쟁을 선도하고 있다.

4 버저닝 전략

하이테크 제품, 그 중에서도 디지털 제품은 '범용화commoditization'의 위험에 심하게 노출되어 있다. 제8장에서 범용화의 위험을 얘기하면서 들었던 전화번호 CD의 사례처럼 음악, 영화, 소프트웨어 등의 디지털 콘텐츠 제품은 추가 생산에 드는 한계생산비용과 유통비용이 제로에 가깝기 때문에 가격전쟁이 벌어질 경우 가격이 어디까지 떨어질지 알 수 없다. 인터넷에서 제공하는 무료상품의 대부분이 콘텐츠인 것만 보아도 문제의 심각성을 잘 알 수 있다. 따라서, 디지털 상품은 그 특징에 맞는 가격전략이 필요하다. 본 절과 다음 절에서는 정보재information goods의 대표적 가격전략으로 거론되고 있는 '버저닝'과 '번들링'에 대해 이야기 하고자 한다.

4.1 버저닝의 원리

버저닝versioning은 일종의 가치 기반value-based 가격정책이다. 왜냐하면 버저닝은 하나의 정보 혹은 디지털 상품에 대한 소비자의 가치인식에 따라 시장을 세분화하고, 각각의 세분시장에 맞도록 상품과 가격을 제시하는 가격전략이기 때문이다. 예를 들어 안랩의 경우 백신 프로그램인 V3를 개인 PC용과 기관공급용으로 나누어 제공하고 있으며, 그 안에서도 용도별, 성능별로 차별화된 여러 버전의 상품을 서로 다른 가격에 판매하고 있다.

이와 같은 버저닝은 제품 차별화를 통해 범용화를 회피하는 동시에 가격 차별화price discrimination를 통해 이익을 극대화 할 수 있어 공급자 측면에서 상당한 매력을 가지고 있다. 또한 소비자 측면에서도, 불필요한 기능들을 제거하고 자신에게 꼭 필요한 부분만으로 구성된 제품을 자신이 적절하다고 생각하는 가격에 구매할 수 있게 해 주므로 도움이 된다. 버저닝의 가장 큰 특징은 이와 같이 공급자가 다양한 메뉴menu의 상품을 제공하면 소비자가 스스로 자신의 가치에 맞는 상품을 선택한다는 '자기 선택self selection'의 원리이다. 동일한 정보에 대해서도 사람들이 느끼는 가치는 천지차이다. 그러나, 공급자 입장에서는 특정 디지털 상품에 대해 고객들이 얼마만큼의 가치를 느끼는지 알아낼 방법이 없고 사전적인a priori 가격차별화도 불가능하다. 이때 이와 같이 상품을 여러 버전으로 차별화하여 별도의 가격으로 제시하면 고객들이 스스로 자신에게 맞는 상품을 선택함으로써 자신이 그 상품에 대해 얼마만큼의 가치를 느끼는지 스스로 드러내게 된다.

4.2 버저닝의 기준

하이테크 상품의 버저닝은 다음과 같은 여러 기준에 의해 이루어질 수 있다.

시간을 이용한 버저닝

시간을 이용한 버저닝은 이미 오래 전부터 미국을 포함한 구미 각국의 출판계에서 이용하고 있는 전략이다. 소설류나 비즈니스 서적 등 오랜 기간에 걸쳐 판매가 지속되는 책들은 처음에 양장본의 하드커버로 발행된다. 초기에 책을 사는 사람들은 대개 관심도가 높고 책을 소장하려는 경향이 있어 높은 가격을 지불할 용의가 있기 때문이다. 어느 정도 판매가 이루어지고 나면 독자층을 넓히고자 동일 제목의 책을 양장본이 아닌 소프트커버로, 그리고 파격적으로 낮은 가격으로 출판한다. 영화의 경우도 상영관, IPTV, 유료 케이블 채널, 무료 케이블 채널의 순으로 자리를 옮겨가며 보다 넓은 층의 고객으로 확산되어 가는데, 이 역시 적절한 시간의 지연delay을 통한 버저닝으로 볼 수 있다. 인터넷 등을 통한 서비스도 이러한 차원에서 시간을 이용한 버저닝이 가능한데, 온라인 주식정보 서비스 같은 경우 어떤 이들은 30분 먼저 실시간으로 정보를 제공받기 위해 기꺼이 추가적인 비용을 지불하려고 할 것이고 그렇지 않은 소비자들은 무료 서비스에 만족할 것이다.

사용의 제약을 이용한 버저닝

시간이나 장소, 혹은 서비스의 형태를 제한하여 사용 편의성의 차이를 만듦으로써 버저닝할 수 있다. 무제한 정액제 서비스를 환영하는 소비자도 있지만 서비스의 가치를 크게 못 느끼는 소비자는 어느 정도의 제약을 즐거운 마음으로 감수하며 상대적으로 저렴한 요금을 지불하고자 할 것이다. New York Times와 같은 언론 매체들은 이용의 포괄성comprehensiveness을 통해 버저닝한다. 무료 독자들은 당일의 기사를 읽어볼 수 있지만 보다 전문적인 이유로 검색, 분류 등을 하고자 하는 고객들에게는 그러한 서비스를 유료로 제공한다. 오래된 자료의 복사나 저장, 인쇄 등을 제한하고, 그러한 서비스를 원하는 고객에게 특별히 높은 요금을 부과하는 인터넷 사이트도 많이 있다.

성능에 의한 버저닝

제품의 성능에 따라 여러 버전으로 만들어 별도의 가격을 책정하는 것은 기술제품에 있어 매우 자연스러운 일이다. 특히 제품의 기능, 속도 등 특정 성능에 대한 고객들의 인식이 다양할 경우 이는 매우 효과적인 버저닝 기준이 될 수 있다. 응용 소프트웨어의 경우 대부분 그 기능과 성능에 따라 다양한 버전을 내놓고 있다. Kurzweil이라는 회사가 만드는 음성인식 소프트웨어의 경우 단어의 수와 전문용어의 종류에 따라 7가지 버전을 내놓고 있는데 79불의 최저 버전과 8천불의 최고 버전은 무려 100배의 가격차이를 보인다. 미국에서 전자 가계부로 많이 이용되는 Quicken의 경우도 뮤추얼펀드 찾기, 모기지mortgage 계산기, 보험사 검색 등의 추가 기능을 포함한 Quicken Deluxe라는 버전을 추가로 출시하여 판매하고 있다. 고성능의 제품을 먼저 출시한 경우에는 오히려 성능을 떨어뜨린 '가치첨삭 버전value-subtracted version'을 나중에 출시하기도 한다'가치첨삭 버전' 참조.

유저 인터페이스에 의한 버저닝

유저user의 능력과 전문성에 따라 여러 종류의 유저 인터페이스user interface: UI를 제공하는 것도 효과적인 버저닝의 한 방법이 될 수 있다. 전문가는 다양한 작업을 하기 위해 비교적 복잡한 UI를 선호할 것이고 일반인은 간단하고 보기 좋은 UI를 선호할 것이기 때문이다. 대부분의 소프트웨어 상품은 기본기능 위주의 일반인용과 복잡한 기능을 추가한 전문가용 등을 별개의 상품으로 제공하고 있으며, 학생용과 기업용으로 나누기도 한다. 핵심 유료고객을 위해 첫 메인 화면을 분리해 놓은 인터넷 포털이나 금융기관들도 점점 늘어나는 추세다.

위험에 의한 버저닝

고객은 자신의 다양한 위험risks을 감소시키기 위해 일정 금액의 프리미엄을 지불할 용의가 있다. 따라서 기업은 고객이 위험에 노출되는 정도, 그들이 느끼는 위험의 크기,

위험을 감수하는 정도tolerance에 따라 맞춤형 패키지를 만들어 줄 수도 있고, 위험 축소 혹은 제거를 위한 서비스 패키지를 다양한 가격에 제시할 수도 있다. 하이테크 제품에 빈번하게 활용되는 고가의 'warranty' 혹은 보험 상품도 이러한 위험 기반 시장세분화risk-based segmentation의 결과물로 볼 수 있다. 위험에 의한 버저닝을 하기 위해서는 개별 고객의 지각된 위험을 정확히 파악해야 하며, 소비자들이 위험에 대한 자신의 정보를 제공하는 것을 싫어하므로 매우 면밀하고 조심스런 조사 역량이 요구된다.

이외에도 서비스나 지원support 여부에 따른 버저닝, 음질이나 화질, 선명도에 따른 버저닝, 조작방식이나 사용용도의 제한에 의한 버저닝주로 커뮤니티 사이트 등 다양한 버저닝 기준이 있을 수 있다. 마케터는 이러한 다양한 버저닝 기준 중에서 자사 제품

가치삭감 버전

IBM은 수년 전에 두 개의 프린터를 출시하였다. 하나는 고가의 레이저 프린터였고 다른 하나는 가격이 낮은 E라는 모델이었다. 두 개는 모양도 비슷하고 기능도 유사했으나 한 가지만 달랐는데, 그것은 고가 모델의 경우 분당 10장을 인쇄할 수 있는 반면 E 버전의 경우 5장 밖에 할 수 없다는 것이었다. IBM이 E 버전을 만들면서 한 것은 사실상 '가치의 삭감(value subtraction)'이었다고 볼 수 있다. 왜냐하면 속도가 떨어지는 E 버전 레이저 프린터는 고가 모델에 속도를 떨어뜨리는 칩을 추가로 삽입하여 만든 것이었기 때문이다. 사실 이와 같은 이유로 저가 제품인 E 버전의 원가는 오히려 고가 제품보다도 높았다고 한다.

대부분의 경우 저가 버전에 새로운 기술을 추가하거나 저가 버전을 발전시켜 고가 버전을 만드는 것이 일반적이나, IBM프린터의 경우처럼 하이엔드 제품의 성능을 일부러 떨어뜨려 로우엔드 제품을 만들기도 한다. 특히 디지털 제품의 경우에 이러한 '가치삭감'은 더욱 빈번히 이루어진다. 예를 들어 Getty Images는 고화질의 다양한 사진을 인터넷을 통해 유료로 제공하는 사이트인데, 해상도를 낮춘 다양한 버전을 적정한 가격에 판매하고 있다.

가치삭감을 통한 버저닝이 이루어지기 위해서는 하나의 전제가 필요한데, 이는 기술적으로 재능 있는 사용자가 저사양화된(degraded) 제품을 변경하여 원래의 고사양 제품으로 만들 수 없어야 한다는 것이다.

출처: Shapiro and Varian(1998).

의 특징과 소비자 환경, 기업의 자원을 고려할 때 효과를 극대화할 수 있는 버저닝 기준을 택해야 한다.

4.3 Freemium

일반적인 버저닝은 기업이 상품을 출시하는 단계에서부터 가치가 상이한 여러 종류의 상품 구색을 갖추고, 소비자에게 스스로 자신의 가치에 맞는 상품을 선택하는 방식으로 이해할 수 있다. 그러나, 소비자는 상품을 경험하기 이전에 자신에게 적합한 가치 수준을 확실히 판단하기 어려울 뿐만 아니라 사용 과정에서 가치를 더하거나 덜어내고 싶은 욕구를 가질 수도 있다. 이와 같은 기존 버저닝의 한계를 극복하고 상품을 경험하는 데에 장벽을 제거한 새로운 가격 전략이 바로 'Freemium'이다.

Freemium은 'Free'와 'Premium'의 합성어로 기본 상품을 무료로 제공하되, 추가적인 기능이나 서비스를 사용하기 위해서는 비용을 지불해야 하는 가격 정책을 의미한다. Freemium 비즈니스 모델은 1980년대 소프트웨어 산업에서 라이선스 비용의 형태로 개발되었다가, 스마트폰의 보급과 함께 디지털 애플리케이션의 지배적인 가격 전략으로 새롭게 주목 받고 있다. Freemium 전략은 상품의 일부 기능을 무료로 제공함으로써 광고나 영업과 같이 많은 비용을 요구하는 전통적인 마케팅 활동 없이도 초기 사용자 기반을 확보할 수 있는 효율적인 대안이다. 또한, 전체 상품을 무료로 제공하고 이용자들에게 광고를 노출함으로써 수익을 창출하는 과거의 수익 모델과 달리 안정적이고 지속적인 수익을 창출할 수 있다는 점에서도 많은 벤처 기업들의 선택을 받고 있다.

그러나, 이러한 다양한 장점에도 불구하고 Freemium 전략을 효과적으로 수립하지 못한다면 처음부터 소비자들의 관심을 끌지 못하거나 무료 고객을 유료 고객으로 전환하는 데에 실패할 수도 있다. Harvard 경영대학원 교수 Kumar[2014]는 Freemium 전략을 성공적으로 이행하기 위해 고려해야 할 사항들을 다음과 같이 정리하였다. 첫째, 어떤 가치를 무료로 제공할 것인가? 무료로 제공되는 가치가 적다면 사용자 기반을 형성하기 어렵지만, 지나치게 많은 가치를 무료로 제공할 경우 유료 서비스에 지갑을 여는 고객을 만나기 어렵다. New York Times도 2011년부터 무료이던 온라인 기사 열람을 월 20회로 제한하였는데, 그 이상 기사를 읽기 위해 유료 서비스를 신청하는 고객은 많지 않았다. 2012년부터는 무료 기사 열람을 월 10회로 제한하면서 무료 고객과 유료 고객의 균형을 찾아 나가기 시작했다. 둘째, 고객이 유료로 제공되는 가치를 명확히 이해하고 있는가? 비용을 지불함으로써 얻을 수 있는 추가적인 효용을 고객들에게 분명하게 전달해야 한다. Dropbox가 무료로 제공하는 클라우드 기반 저장 공간은 2기가바이트이다. 이는 사진이나 동영상을 저장하고자 하는 고객들에게는 턱없이 부족한 공간으로, 월 9.99달러의 이용료를 지불하면 100기가바이트의 여유로운 저장 공간을 사용할 수 있다. 셋째, 얼마나 많은 고객을 유료화할 것인가? Freemium 모델의 장점이 신속한 이용자 기반의 확보라는 점을 고려하면, 높은 유료 고객 전환률이 항상 바람직한 것은 아니다. 2백만 명의 사용자 중 5%가 유료 고객인 경우와 10만 명의 사용자 중 50%가 유료 고객인 경우를 비교해보면 그 의미를 이해할 수 있다.

이 외에도 Freemium 상품을 채택하는 소비자 집단 사이에 이질성이 존재한다는 점도 간과해서는 안된다. 초기에 유입되는 얼리어답터 성향의 고객들은 가격 민감도가 낮기 때문에 유료 고객으로 전환될 가능성이 높다. 그러나, 상품 출시 후 시간이 경과되면서 유입되는 고객들은 상대적으로 가격 민감도가 높아 무료 고객으로 남을 가능성이 높다. 다시 말하면, 시간이 경과함에 따라 유료 고객 전환률은 감소하는 것이 일반적이다. 따라서, 기업들은 초기의 높은 전환율에 안주해서는 안 되고, 보수적인 성향의 고객들도 관심을 가질 수 있는 새로운 가치들을 추가적으로 선보여야 한다. Dropbox의 경우에도 단순히 온라인 저장 공간을 제공하는 것에 그치지 않고, 스마트폰의 데이터를 자동 동기화하거나 사진을 자동 업로드하는 기능을 개발하여 유료화 하였다.

4.4 버저닝 관련 이슈

버저닝과 관련된 몇 가지 이슈를 정리해 보자. 우선, 버저닝은 본 장에서 가격전략의 하나로 제시되었지만 제품전략과 밀접한 관련성을 가지고 있다. 버저닝은 고객에게 중요한 하나의 차원을 찾아내어 이에 따라 여러 버전의 상품을 구성하고 관리한다는 점에서 시장세분화와 관련되며, 결국 다양한 세분시장을 공략하기 위한 제품라인 전략product line strategy과 궤를 같이 한다. 제8장에서 이미 논의된 바와 같이 제품라인 전략은 제품 플랫폼 전략의 기반 위에 수립되어야 하며, 더 나아가서는 기업의 전략 비전과도 일관성을 가져야 한다. 따라서, 버저닝을 할 경우 가격이라는 측면뿐 아니라 기업의 제품전략의 측면에서 면밀히 검토된 후에 시행되어야 한다.

　　버저닝과 관련된 중요한 이슈 중의 하나는 버전 간의 자기잠식인데, 온라인 버전과 오프라인 버전의 문제가 가장 큰 관심의 대상이다. 온라인 버전과 오프라인 버전은 본질적으로 동일한 상품을 파는 것이므로 언제나 대체substitution와 갈등의 가능성을 안고 있다. 게다가, 현대의 소비자는 온·오프라인을 넘나들며 소비하므로 두 버전 간에 가격 외의 차이가 없다면 가격이 낮은 한쪽으로 고객들이 몰릴 것은 당연하다. 따라서, 이 두 버전을 어떻게 관리하느냐에 따라 둘 중의 하나가 죽을 수도 있고 둘 다 살 수도 있다. 원론적으로 말해서 두 버전의 관계를 대체재substitution goods가 아닌 보완재complementary goods의 관계로 정립하는 능력이 성공의 키이다. 의류 브랜드인 Gap은 온라인을 통한 사전쇼핑pre-shopping, 매장에서 원하는 아이템을 찾지 못했을 때 소비자가 매장에 설치된 컴퓨터로 주문하는 시스템, 온라인으로 구매한 상품을 가까운 오프라인 상점에서 교환 혹은 환불할 수 있게 해주는 'hassle-free return' 등의 제도를 통해 온라인과 오프라인의 관계를 보완적으로 정립하고 시너지synergy를 내는 데 성공하였다. 신문사나 다수의 잡지사들도 온라인과 오프라인의 차별화와 역할 분담예: 직업이나 사람 찾기을 통해 보완적인 관계를 정립해 가고 있으며, 무료 온라인 서비스를 통해 특정 잡지를 처음 접한 고객들을 오프라인 구독자로 끌어들인 사례도 늘어가고 있다.

　　마지막으로 버저닝과 관련하여 중요한 이슈는 버전을 도대체 몇 개로 하는 것이 가장 바람직한가 하는 것이다. 버전의 개수를 정하려면 제품의 특성도 분석하여야 하지만, 사용자의 특성을 잘 분석해 보아야 한다. 디지털 상품 사용과 관련하여 어떤 속성에 대한 니즈가 폭넓게 분포하고 있는지, 또 특정 기능이나 사양에 대해 인식하고 있는 가치가 얼마나 다양한지를 파악하는 것이 버전 개수 결정의 핵심이다. 만약 대부분의 사용자가 같은 효용함수를 가지고 있다면 버저닝의 효과는 반감될 것이고, 서너 개 이상의 부류로 나누어질 만큼 뚜렷한 차이를 보인다면 버저닝의 효과는 극대화될 것이다. 아무래도 몇 개로 해야 할지 감이 오지 않는다면 일반적으로 사용되는 3분법이 무난할 것이다. 즉, 고급, 중급, 저급의 세 가지 버전으로 나누는 것이다. 소비자들은 대개 이와 같은 3등급에 익숙해 있고 세 가지 정도의 등급이면 대부분의 차이를 커버하는 것으로 알려져 있다. 틈새시장을 남겨놓지 않으려고 너무 많은 버전을 만들다 보면 소비자의 혼란을 유발할 수 있다.

5 번들링

5.1 번들링의 근거

번들링bundling이란 둘 이상의 상품을 하나로 묶어서 패키지로 제공하는 것을 말한다. 전통적인 번들링의 예로 일반인들이 가장 먼저 떠올리는 것은 오페라 시즌티켓이나 레스토랑의 세트메뉴일 것이다. 하지만 번들링의 사례를 찾아보기 가장 쉬운 산업은 사실 하이테크 산업이다. 인터넷 포털은 이메일, 콘텐츠, 검색, 엔터테인먼트 등의 서비스를 모두 묶어놓은 대표적 번들 상품이다. 멀티미디어 기능을 강화한 PC도 스피커, DVD ROM 등을 포함하는 일종의 번들이며, 홈씨어터 시스템도 TV를 중심으로 다양한 AV기기를 묶어놓은 번들이다. 많은 통신상품들이 유무선 번들로 제공되고 있으며, 인터넷 통신을 위한 초고속 유선 서비스와 와이파이 서비스가 번들로 제공되고 있다. 그렇다면 이러한 번들링은 공급자 측면에서 어떠한 장점이 있기에 이토록 하이테크 기업들이 자주 이용하는 것일까?

서로 다른 상품이 적절히 결합될 경우, 최적의 번들링optimal bundling은 수익을 최대화할 수 있는 전략적 수단이 된다. 이를 확인하기 위해 아래의 간단한 예를 살펴보자. 아래 표에는 Word와 Excel이라는 두 개의 소프트웨어 제품이 나와 있고, 각각의 제품에 대한 두 소비자의 '최대지불금액willingness to pay'이 제시되어 있다. 즉, 박하이 양은 워드를 즐겨 사용하는 편이라 워드에 대해서는 12만원을, 엑셀에 대해서는 그보다 조금 적은 10만원을 지불할 의향이 있다. 반면에, 김태구 군은 엑셀을 더 많이 사용하므로 워드에 10만원, 엑셀에 12만원까지 쓸 생각이 있다. 이 두 소비자를 대상으로 두 제품을 판다고 가정할 때 가격을 어떻게 제시하는 것이 최대의 수익profit을 가져다 줄 것인가?

	Word	Excel
박하이	12만원	10만원
김태구	10만원	12만원

번들링을 고려하지 않고 개별 제품의 가격을 책정한다면, 워드와 엑셀을 각각 12만원에 책정하는 경우_{매출=24만원}보다 각각 10만원으로 결정하는 것이 더 많은 매출 _{40만원}을 가져다 줄 것이다. 그러나, 만일 번들을 판매할 수 있다면 워드와 엑셀을 묶어서 22만원에 제시하여 박하이, 김태구 모두 구매하게 함으로써 4만원이 더 많은 총 44만원의 매출을 올릴 수 있다.

이와 같이 번들링을 하면 수익이 늘어나는데, 이러한 수익증가의 조건은 바로 최대지불금액, 즉 고객이 느끼는 제품가치의 분산_{value dispersion}이다. 번들은 여러 상품에 대한 가치를 합해 줌으로써 가치인식의 개인편차를 줄여주고, 그럼으로써 하나의 가격으로 제시된 번들을 더 많이 구매하게 하는 것이다. 앞서 예에서 워드와 엑셀에 대한 가치인식의 차가 크면 클수록 번들의 효과는 더욱 커진다. 이것이 바로 Microsoft가 Word, Excel, PowerPoint 등의 여러 응용소프트웨어를 하나로 묶어 Office라는 제품을 판매하는 이유이다.

번들링은 그 외에도 다양한 이유에서 시행된다. 개별제품으로 잘 선택하지 않는 제품을 번들에 포함시킴으로써 고객들의 시용_{trial}을 유도할 수 있고, 또 번들에 포함된 제품 간의 호환성과 연결성을 향상시켜 제품경쟁력을 높일 수도 있다. 앞에서 설명한 바 있는 전환비용의 관점에서도 번들링은 효과적인 전환비용 제고의 수단이 된다.

5.2 번들링 전략의 유형

번들링의 개념과 다양한 유형에 대해서는 아직도 학계에서 분분한 의견이 있으나, 비교적 무리 없이 받아들일 수 있는 몇 가지 유형을 논의해 보도록 하자.

우선 번들링은 '가격 번들링_{price bundling}'과 '상품 번들링_{product bundling}'으로 구분할 수 있다. 가격 번들링은 서로 다른 별개의 상품들을 하나의 패키지로 팔되 가격을 할인

표 2 번들링의 유형과 예

번들 유형	정의	예
가격 번들링 (price bundling)	두 개 혹은 그 이상의 개별 상품을 기능상의 통합 없이 가격을 할인하여 하나의 패키지로 판매하는 것	화장품 세트 게임 혹은 DVD 패키지 판매
상품 번들링 (product bundling)	두 개 혹은 그 이상의 개별 상품을 기능적으로 통합하여 판매하는 것	멀티미디어 PC 홈 씨어터 시스템
순수 번들링 (pure bundling)	번들 제공자가 번들만 제공하고 개별 제품으로 분리하여 판매하지 않는 것	IBM의 사무용 기기와 카드판매
혼합 번들링 (mixed bundling)	번들 제공자가 번들도 판매하고 개별 제품으로도 판매하는 것	통신 상품 번들 (예: 초고속 인터넷 + IPTV)

출처: Stremersch and Tellis(2002), p. 57.

해 주는 방식을 말한다. 가격 번들링의 경우 포함되는 상품들은 단순히 합쳐서 판매될 뿐 상품 간의 결합은 전혀 이루어지지 않는다. 오페라 시즌티켓이나 PC+프린터+스피커 등의 번들이 그 예이다.

상품 번들링의 경우에는 가격 번들링과 달리 둘 이상의 상품들이 서로 다양한 형태로 결합integrate된다. 예를 들어, 멀티미디어 PC나 홈 씨어터 시스템, 디지털 복합기(=복사기+스캐너+프린터) 등은 개별 상품들이 여러 형태로 결합되어 있으며 소비자가 별도로 분리하여 사용하기 어려운 번들 제품들이다. 가격 번들의 경우 가격이 개별 상품 가격의 합에 비해 항상 작지만, 상품 번들의 경우에는 성능향상이나 부피감소 등의 추가적인 효용의 발생으로 인해 가격이 더 높아질 수도 있다.

가격 번들링은 하나의 가격전략 혹은 판촉수단에 국한되지만, 상품 번들링은 버저닝의 경우와 마찬가지로 하나의 제품전략으로 볼 수 있다. 상품 번들링은 대개 새로운 '가치'를 창조하므로 다분히 전략적인 의미를 가질 수 있다는 말이다. 상품 번들링은 이른바 '통합 아키텍처integral architecture'의 설계를 요구하며Ulrich and Eppinger(1995) 최적의 디자인과 제조설비의 변경이 필요한 경우도 많아, 일종의 신상품 개발 프로젝트로 간주되기도 한다.

표 3 번들링 전략의 분류

형태＼초점	Price	Product
Unbundling	X Y	
Pure Bundling	(X, Y)	(X+Y)
Mixed Bundling	(X, Y) X Y	(X+Y) X Y

출처: Stremersch and Tellis(2002), p. 58.

번들링을 구분하는 또 하나의 기준은 번들 상품과 개별 상품을 고객에게 모두 제공하는가 아니면 그 중의 하나만 제공하는가 하는 것이다. '순수 번들링pure bundling'이란 기업이 오직 번들 상품만 판매하고 번들을 구성하는 개별 상품을 판매하지 않는 것을 말하는데, 종종 'Tying'이라고 불린다. 순수 번들링의 경우 어느 제품에 어느 제품을 묶느냐에 따라 주 제품primary product과 이차적인 제품secondary product, 혹은 tie-in으로 구분할 수 있는데, 이차적인 제품의 판매신장을 목적으로 시행되는 경우가 많아 경우에 따라 법적인 제한을 받기도 한다.

번들 상품도 판매하고 개별 상품도 판매하는 경우 이를 '혼합 번들링mixed bundling'이라고 부르는데, 통신 서비스와 같이 하나의 서비스에만 가입할 수도 있고 여러 서비스에 동시에 가입할 수 있는 경우를 말한다. 〈표 2〉는 위에서 설명한 번들링 유형들과 사례를 정리한 것이다.

가격 번들링과 상품 번들링은 각각 순수 번들링 혹은 혼합 번들링의 형태를 취할 수 있으므로 번들링의 전략은 번들하지 않는 경우Unbundling를 포함하여 모두 5가지가 된다. 〈표 3〉은 이와 같은 번들링 전략을 표로 나타내고 있는데, X와 Y는 개별 제품을 말하고 (X,Y)는 가격 번들, (X+Y)는 통합된 상품 번들을 의미한다.

순수 가격 번들링pure price bundling은 레스토랑 등에서 세트메뉴만을 제공하는 경우를 하나의 예로 들 수 있으나, 대부분의 산업에서 시장지배적 기업의 경우 대개 불법으로 규정하고 있으며, 순수 상품 번들pure product bundling의 경우도 경쟁을 저해할 우려가 있는 경우 금지되는 경우가 많다. Apple 컴퓨터의 경우 순수 상품 번들을 사용한 대표적인 사례라고 할 수 있는데, Apple은 컴퓨터 하드웨어와 소프트웨어를 하나의 패키지로 제공하여 시장에서의 성과를 극대화하려고 하다가 오히려 IBM PC와 호환되지 않는 소프트웨어, MS DOS와 호환되지 않는 하드웨어의 한계로 결국 개인용 컴퓨터의 니치 플레이어로 전락하고 말았다.

혼합 가격 번들링의 대표적인 사례는 Microsoft의 Office이다. MS Office는 Word, Excel, PowerPoint, Access, Outlook 등을 모두 묶어 할인된 금액에 팔고 있지만 소비자들이 각각의 응용 소프트웨어를 별개로 구매하는 것도 허용하고 있다. 혼합 상품 번들링의 사례는 디지털 가전제품의 패키지 판매를 예로 들 수 있는데, 홈 씨어터 등을 구성하는 AV 제품들을 통합된 패키지로도 판매하지만 개별적으로도 판매한다.

 참고문헌

Baker, Walter, Mike Marn, and Craig Zawada (2001), "Price Smarter on the Net," Harvard Business Review, Feb, 122-127.

Bryce, David J., Jeffrey H. Dyer, and Nile W. Hatch (2011), "Competing Against Free," Harvard Business Review, June, 104-111.

Dean, Joel (1976), "Pricing Policies for New Products," Harvard Business Review, Nov-Dec, 141-153.

Kotler, Philip (2000), Marketing Management, 11th edition, Prentice Hall.

Kumar, Vineet (2014), "Making 'Freemium' Work," Harvard Business Review, May, 27-29.

Rao, Akshay R., Mark E. Bergen, and Scott Davis (2000), "How to Fight a Price War," Harvard Business Review, Mar-Apr, 107-116.

Shapiro, Carl and Hal R. Varian (1998), "Versioning: The Smart Way to Sell Information," Harvard Business Review, November-December, 106-114.

Stremersch, Stefan, and Gerard J. Tellis (2002), "Strategic Bundling of Products and Prices: A New Synthesis for Marketing," Journal of Marketing, Vol. 66 (Jan), 55-72.

Ulrich, Karl T. and Steven D. Eppinger (1995), Product Design and Development, McGraw-Hill.

하이테크 상품의 커뮤니케이션 전략

브랜드

조사기관 Interbrand가 매년 발표하는 'Best Global Brand' 보고서에 따르면, 2022년 브랜드 가치가 높은 기업 Top5에 애플, 마이크로소프트, 아마존, 구글, 삼성이 선정되었다. 이외에도 테슬라12위, 페이스북17위, IBM18위, 인텔19위과 같은 주요 하이테크 기업이 순위권에 포진해 있는데, 이는 하이테크 기업의 경우에도 브랜드가 매우 중요하며 그 가치가 여느 소비재 기업에 못지 않음을 보여준다

이 리스트에서 가장 눈에 띄는 기업은 애플이다. 애플은 2011년 8위로 10위권 안에 첫 진입, 2012년에 2위로 단숨에 점프한 이래로 2013년부터는 줄곧 1위 자리를 유지하고 있다. 이처럼 애플이 전 세계에서 가장 높은 가치의 브랜드가 될 수 있었던 비결은 무엇일까? 많은 요인을 들 수 있지만 그 중에서도 '혁신적인 제품'이야말로 오늘날 애플을 만든 일등공신이라 할 수 있다. 애플은 기존의 상식을 깨는 신선한 제품들을 줄곧 선보여왔다. 데스크톱 컴퓨터 iMac은 모니터와 본체가 하나로 결합된 일체형 디자인으로 기존의 투박하고 복잡한 데스크톱 컴퓨터와는 차원이 다른 디자인으로 화제가 되었고, 콘텐츠 저장 및 재생용 기기인 iPod은 휠을 사용한 간편한 조작방법을 통해 여러 개의 조잡한 버튼을 지닌 mp3플레이어를 단숨에 압도했다. 뿐만 아니라, 와이드 터치 스크린과 단순한 디자인에 인터넷 연결이 가능한 iPhone은 스마트폰 혁명을 이끌었고 이후로도 iPad, 에어팟 등이 기존에 생각지 못한 사용자 경험UX을 선사했다.

이처럼 애플은 혁신적 제품을 기반으로 빠른 성장을 이루었다. 일단 좋은 제품을

만들고 애플에 걸맞은 방식으로 고객과 커뮤니케이션하는 것이 애플의 전략이었다. 애플의 커뮤니케이션은 광고, PR 메시지, 홈페이지 등 모든 수단에 '단순함'으로 요약되는 그들의 철학을 일관되게 담고 있다. 일단 네이밍 측면에서 애플의 컴퓨터에는 iMac, MacBook, MacPro와 같이 모두 'Mac'이 붙는다. 또한 서로 다른 카테고리의 제품도 iMac, iPhone, iPod과 같이 공통적으로 'i'라는 소문자가 붙은 네이밍을 고수한다. 이와 같은 네이밍 체계는 기억하기에도 쉽고 누가 들어도 그것이 애플의 제품임을 알기 쉽게 하는 역할을 한다. 애플은 제품 디자인뿐 아니라 홈페이지 형태나 애플스토어의 인테리어에 있어서도 복잡한 모든 기능을 배제하고 단순함에 집중했다. 이처럼 고객과의 모든 접점에 있어서 일관성있는 브랜드 아이덴티티를 표방해왔고, 그 결과 이제는 애플의 브랜드 심벌만 보더라도 창의적이고 심플한 이미지를 떠올릴 수 있게 되었다.

한편, 삼성전자는 제품의 기술력을 알리는 커뮤니케이션에 주력하여 꾸준히 브랜드 가치를 올려 나간 사례라 할 수 있다. 2000년 Interbrand 100대 브랜드 리스트에 첫 진입한 이래 2012년에는 Top10 진입에 성공, 이후 차례차례 순위를 높여 2020년에는 5위까지 올랐고 2022년까지 3년 연속 5위 자리를 유지했다. Interbrand 기준 2022년 삼성의 브랜드 가치는 877억 달러에 달한다. 삼성전자가 과거 '빠른 추종자' 이미지를 탈피하고 IT를 선도하는 현재의 이미지를 갖기까지는 우수한 기술력뿐 아니라 브랜드 이상Brand Ideal을 정립하고 이를 알리기 위한 필사적인 커뮤니케이션 전략이 있었다. 일단, 삼성은 휴대폰 분야에서 오랫동안 사용되던 '애니콜'이라는 브랜드를 버리고 '갤럭시'라는 새로운 브랜드를 채택했다. 삼성이 보유한 디스플레이 기술력을 집약한 첫 스마트폰인 갤럭시 시리즈는 'super smart'를 슬로건으로 내세우며 당시 기존의 강자인 iPhone을 겨냥했다. 초창기 갤럭시 S의 광고에서는 iPhone이 오히려 구시대의 상징이며 갤럭시 S가 신세대에 걸맞는 제품이라는 메시지를 강조한다. 업계 후발주자임에도 불구하고 iPhone과 겨루는 위치로 자신들을 포지셔닝한 것이다. 갤럭시 노트의 홍보에는 유명인들을 동원했다. 2014년 아카데미 시상식에서는 사회자 엘렌 드제리너스가 신제품 갤럭시 노트3를 들고 다니며 시상식장 곳곳에서 배우들과 함께 사진을 촬영하는 모습이 생중계되었는데, 특히 그가 제니퍼 로렌스, 줄리아 로버츠, 브래들리 쿠퍼 등과 함께 찍은 사진은 트위터에서 백만번이 넘게 '리트윗'되면서 큰 화제가 되었다. 2019년 첫 폴더블 스마트폰 갤럭시 폴드 출시는 삼성전자의 우수한 디스플레이 기술력을 알리는 중요한 계기가 되었다. 삼성전자는 접을 수 있는 디스플레이라는 폴더블 폰의 특징을 알리기 위해 폴더블 전광판부터 폴더블 드론쇼까지 전 세계 각지에 독창적인 광고를 선보였다 이와 같은 홍보전략이 잠재 소비자들의 구매결정을 도왔고, 단기간에 삼성전자 스마트폰의 판매량이 급증하면서 강력한 브랜드로 자리잡을 수 있었다.

이처럼 애플과 삼성은 각자의 방식으로 현재의 브랜드를 구축했다. 이들은 먼저 우수한 제품을 개발했고, 여기에 영리한 커뮤니케이션 전략을 더하여 강력한 힘을 발휘했다. 하이테크 제품은 불확실성이 높기 때문에 그만큼 제품의 강점을 소비자에게 '잘 알리는' 것이 중요하다. 새로운 하이테크 상품에 대한 소비자들의 마음은 어찌 보면 백지상태와 같다. 백지상태와 같은 그들의 마음에 그 상품이 '과연 무엇'이고 '어떻게 사용되어야 하는지' 알려주는 것은 마케터가 해야 하는 가장 중요한 일 중의 하나이다. 혁신제품의 수용이 어느 정도 이루어지고 나면 소비자들은 복잡한 하이테크 상품의 구매를 단순화하기 위해 각자가 가지고 있는 '브랜드 이미지'에 따라 행동하는 경향이 있다. 하이테크 상품의 브랜드는 그 역할에 대해 다양한 의견이 있지만, 어떻게 브랜딩을 정의하느냐에 따라 전통적인 소비재에서보다 그 중요성이 오히려 더 클 수도 있다.

본 장에서는 이와 같은 하이테크 브랜딩 이슈를 먼저 논의하고, 하이테크 상품의 성패를 결정하기도 하는 커뮤니케이션 전략을 Framing과 사전예고, PPL이라는 주제 하에 살펴보겠다. 마지막으로, 입소문을 통해 소비자의 반응이 퍼져나가는 원리와 함께 e-WOM 마케팅의 실전전략을 소개하도록 한다.

그림 1 Apple과 삼성의 브랜드 가치

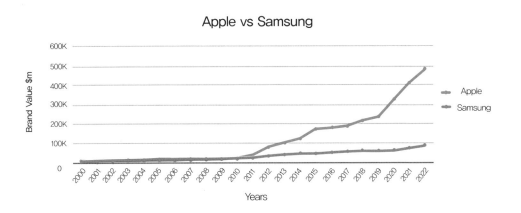

연도		2000	2005	2010	2015	2020	2021	2022
Apple	브랜드 가치 (억 달러)	65.94	78.95	211.43	1702.76	3229.99	4082.51	4822.15
	순위	36	41	17	1	1	1	1
삼성	브랜드 가치 (억 달러)	52.23	149.56	194.91	452.97	622.89	746.35	876.89
	순위	43	20	19	7	5	5	5

출처: Interbrand.

1 하이테크 브랜딩

1.1 하이테크 상품의 브랜딩에 대한 오해

과연 하이테크 상품에 있어서 브랜드가 중요한가? 많은 하이테크 기업의 관리자들이 다음과 같은 이유에서 하이테크 상품의 경우 브랜드brand 혹은 브랜딩branding이 중요한 관리요소가 되지 못한다고 주장한다.

첫째, 하이테크 상품의 구매자들은 소비재 구매자들과 달리 매우 '합리적'인 구매과정을 거친다. 구매를 결정하는 기간도 길고, '가격 대비 성능price-performance ratio'이라고 하는 객관적 기준에 의해 구매결정을 내리는 경우가 많다. 브랜딩은 '이미지'를 만드는 작업이고 이러한 비합리적, 감성적 구매요인은 하이테크 상품과 별로 상관이 없다.

둘째, 하이테크 산업의 경우 구체적인 브랜딩을 위한 노력이라고 해 보아야 광고와 전시회, 인쇄물 제작 등 매우 제한적인 일밖에 없고 효과를 측정하기도 어렵다. 소비재와 같이 소비자들과 만나는 접점이 많아야 브랜딩도 가능한데 하이테크 상품들은 산업재가 많아 브랜딩 활동이라고 할 것이 거의 없는 경우가 대부분이다.

셋째, 하이테크 상품은 상품수명주기가 상대적으로 짧아 많은 비용과 노력을 들여 만들어 놓은 브랜드의 효과를 볼 수 있는 기간이 얼마 되지 않는다. 또 브랜드의 진가를 발휘할 수 있는 성숙기가 되면 가격전쟁 등으로 인해 수익성이 급격하게 악화되어 브랜드 프리미엄을 누리기도 전에 시장이 사라져 버리곤 한다. 수익에 도움이 되는 전략은 사용자 기반의 확대와 Lock-in이지, 브랜드가 아니다.

당신은 위의 세 가지 주장에 동의하는가? 사실 위의 주장들을 언뜻 들어보면 일리가 없는 것도 아니다. 하이테크 마케팅의 대가인 Regis McKenna도 "Branding is dead"라고 여러 번 말한 바 있다. 그렇다면 정말 하이테크 상품의 경우에는 브랜딩이 의미가 없는 것일까?

브랜드 전문가인 Scott Ward, Larry Light, 그리고 Jonathan Goldstine 세 사람은 성공적인 하이테크 기업과 그렇지 못한 하이테크 기업들에 대한 비교연구(1999)결과를 토대로, 위의 주장이 옳지 않으며 하이테크 마케팅 관리자들이 가진 엄청난 오해misconception라고 반박한다. 그들은 오히려 브랜딩이야말로 하이테크 마케터가 가장 관심을 두어야 하는 요소라고 주장한다. 그 이유는 무엇일까?

우선 브랜딩은 하이테크 상품의 범용화를 막는 가장 강력한 대안이다. "프린터는 프린트하고 컴퓨터는 계산한다Printers print and computers compute"는 말이 있듯이 하이테크 제품은 대개 동일한 기술에 의존하는 경우가 많으며 누군가 새로운 사양이나 기술로 차별화하더라도 금방 모방되고 만다. 따라서 브랜딩을 통한 혁신적 이미지와 '신뢰'의 제공은 전 상품수명주기에 걸쳐 가장 확실한 차별화 요소로 작용한다.

하이테크 상품 구매자가 가격 대비 성능을 중요시한다는 사실은 일리가 있지만 과연 '성능performance'이 무엇을 의미하는지는 분명하지 않다. 구매고객마다 자신이 생각하는 '성능'이 다를 수 있고, 또 그 '성능'은 대개 여러 기능적 요소의 결합일 가능성이 많다. 이런 경우 다수의 하이테크 소비자들이 '브랜드'를 보고 성능을 유추하게 된다. 따라서 브랜드는 단순히 상품의 이름이 아니라 상품의 통합된 가치를 표현하는 커뮤니케이션 수단으로 보아야 한다.

하이테크 브랜딩의 본질은 고객으로부터의 신뢰의 획득이며 그런 의미에서 'Relationship Branding'이라고 부를 수 있다. 이와 같은 맥락에서 Larry Light는 브랜드를 '가치에 대한 약속promise of value'이라고 정의한 바 있다. 브랜딩은 일종의 포지셔닝 전략인 것이다. 우리는 우리의 상품, 서비스 등에 대해 고객에게 어떤 약속을 할 것인가? 그 약속은 고객에게 의미 있고relevant, 지속적인 가치를 제공하며enduring, 믿을 만한 credible 약속인가? 또 우리는 그 약속을 어떻게 지킬 것인가? 이와 같은 질문이 하이테크 브랜딩의 핵심 질문이 된다. IBM은 지금까지 '확실하고 우월한 서비스와 지원'이라고 하는 약속을 성실히 이행해 오고 있으며, Apple은 '사용하기 쉽고 탁월한 디자인의 하이테크 명품'이라는 약속을 Macintosh와 iMac, iPod, iPhone 등의 제품을 통해 지켜오고 있다.

브랜딩이 하이테크 기업의 수익에 별 도움이 되지 않는다는 말은 사실이 아니다. Techtel이라는 전문조사기관은 하이테크 기업의 브랜딩 노력과 주가수익률stock return 과의 관계를 파악하기 위해 1988년 이후로 Apple, Borland, Compaq, Dell, HP, IBM, Microsoft, Oracle 등의 하이테크 기업을 대상으로 조사를 했는데, 조사결과는 이 두 변수 간의 매우 높은 상관관계를 입증하고 있다. 즉, 개별 기업의 브랜딩 노력의 결과를 요약하는 '브랜드 자산brand equity'이 투자수익률ROI만큼이나 주가수익률에 중요한 영향을 미치는 것으로 나타난 것이다.

1.2 하이테크 기업의 브랜드 자산

앞에서 말했듯이, 하이테크 기업에게도 브랜드는 중요하며 기업이 지닌 브랜드 자산은 막대한 금액으로 환산될 수 있다. 그렇다면, 하이테크 기업의 브랜드 가치에 영향을 주는 요인은 어떤 것들일까? 지속적으로 브랜드 가치를 높이기 위해서는 다음의 요소에 대한 정확한 이해와 관리가 필요하다.

첫째, 하이테크 기업의 브랜드 가치에 가장 큰 영향을 주는 것은 당연히 그 기업의 상품이다. 특히 혁신적인 신제품의 출시는 브랜드 자산의 상승에 결정적으로 기여한다. 신제품에 대한 고객들의 기대, 그리고 기업의 분명한 메시지약속는 브랜드의 가치를 더욱 높여주며, 반대로 신제품에 대한 실망, 그리고 약속의 불이행은 곧바로 브랜드 가치의 하락을 가져온다. Dell 노트북 컴퓨터에 사용된 리튬이온 배터리의 폭발 사고는 제조사인 Sony는 물론, Dell에 대한 브랜드 가치도 함께 하락시켰다. Intel은 2017년 CPU 내에 버그가 있어 해커들의 공격을 막기 어렵다는 결함을 인지했으면서도 거의 반년이 지나서야 이 사실을 공식 인정했는데, 이 사건으로 소비자들의 공분을 사면서 브랜드 신뢰도가 추락했다. 반면, 삼성은 2016년 '갤럭시 노트 7'의 출시 초기에 배터리 발화사고로 곤란을 겪었을 당시, 사고 원인을 신속하게 밝히고 대규모 리콜과 보상안까지 주요 과정을 대중에게 공개하는 등의 노력을 통해 가까스로 '갤럭시' 브랜드의 추락을 막을 수 있었다.

둘째, 하이테크 기업의 브랜드 자산에 상품에 버금가는 영향을 끼치는 요소는 다름아닌 CEO이다. 유난히 하이테크 기업의 CEO들이 유명세를 타는 것도 이와 맥을 같이 한다. Steve Jobs의 말과 행동, 심지어 그의 건강에 대한 소식은 즉각 Apple의 브랜드 가치에 영향을 주었다. 하이테크 기업 수장의 말과 행동은 바로 그 기업의 브랜드 가치에 연결되며, 그들이 회사를 떠나거나 또 새로운 CEO가 누가 되는가 하는 것은 그 기업의 브랜드 자산을 결정하는 중요한 변수가 된다.

셋째, 하이테크 기업의 브랜드 자산은 전통적 소비재에 비해 경쟁기업의 활동에 의한 영향을 더욱 크게 받는다. 특히 파괴적 기술이나 혁신적인 대체기술을 가진 경쟁자의 출현은 기존 선도기업의 수익 불확실성을 급격하게 증가시켜 브랜드 자산에 타격을 입히는 주 원인이 된다. 90년대 중반 Apple의 브랜드 자산이 급격하게 떨어지기 시작한 것은 Microsoft의 Windows 95 출시 시점과 정확히 일치하며 Windows 95의 성장과 함께 Apple의 브랜드 자산도 지속적으로 감소하였다.

넷째, 하이테크 기업의 브랜드 자산은 비 마케팅적인 요소에 의해서도 많은 영향을 받는다. 하이테크 산업의 특성상 반독점anti-trust 법안이나 정부의 각종 규제를 받는 경우가 많고, 기술 및 시장경쟁 측면에서 경쟁사 혹은 고객으로부터의 법적인 소송이 빈번하다. 2012년 Apple과 삼성전자의 특허 분쟁은 양사 브랜드 자산에 변화를 가져왔다. 따라서, 브랜드 자산을 키우고 지키기 위해서는 비 마케팅적인 요인들에 대해서도 주의가 필요하다.

 후속세대 제품 브랜딩

업그레이드된 후속세대 제품을 어떻게 네이밍(naming) 할 것인가는 하이테크 기업이 자주 직면하는 문제이다. 예를 들어 Sony는 자사 게임기에 PlayStation, PlayStation 2, PlayStation 3와 같이 연속성을 갖는 이름을 붙이고 있으며, Nintendo는 Nintendo 64, GameCube, Wii와 같이 완전히 새로운 이름을 붙인다.

이 두 가지 전략은 각기 다른 효과를 갖는다. 즉, 전자는 소비자들로 하여금 업그레이드 제품이 기존 제품과 동일한 기능을 가지면서 보다 향상된 성능을 가지고 있을 것이라 기대하게 하는 반면, 후자는 후속 제품이 기존 제품과 차별화된 획기적 기능을 가지고 있을 것이라 생각하게 한다.

두 전략의 장단점을 살펴보자. 연속성을 강조하는 브랜드 네이밍은 기존 버전의 제품과 큰 차이점을 인식시키지 못해 소비자들의 전환을 유도하기 어렵다. 또한 경쟁브랜드와의 차별화를 꾀하기도 어렵다. 하지만, 예상치 못한 결함이나 추가적인 학습에 대한 소비자들의 우려와 부담을 완화시켜주는 장점도 있다. 반대로, 새로운 제품명은 소비자들로 하여금 새로운 기능에 결함이 있지는 않을지, 또 새로운 기능을 익히는 데에 상당한 시간과 노력이 필요한 것은 아닐지 걱정하게 한다. 특히 소비자들은 후속 제품이 새로운 이름일 경우 이전 제품과의 호환성을 의심하게 된다. 실제로 Intel이 출시한 64비트 프로세서 이타늄(Itanium)은 이전 버전인 32비트 프로세서 제온(Xeon)과 확연히 구분되는 이름을 갖게 되었는데, 많은 기업체에서 호환성을 문제 삼아 이타늄 구입을 꺼린 사례가 있다. 새로운 브랜드 네임이 소비자들에게 지나친 기대를 심어준다는 것도 위험요인이 될 수 있다. 완전히 새로운 이름은 상당한 수의 새로운 기능을 기대하게 만드는데, 이러한 기대를 충족시키지 못한다면 오히려 소비자들의 실망을 불러오게 된다.

다소 이례적인 사례도 있다. 마이크로소프트사는 콘솔 게임기 Xbox의 두 번째 버전을 시장에 출시할 때, 경쟁브랜드인 PlayStation과의 차별화를 시도하였다. 비슷한 시기에 출시된 PlayStation의 세 번째 제품이 PlayStation 3이었던 것에 반해, Xbox의 후속 제품에는 Xbox 360이라는 이름을 붙인 것이다. 이는 기존 제품과의 연속성을 보여줌과 동시에 상당한 수준의 진보를 상징하는 영리한 브랜드 네이밍 전략이라 할 수 있다. 한편, Microsoft는 지금까지 Windows 시리즈를 출시하면서 두 가지 네이밍 전략을 혼용하는 모습을 보였다. Windows 98, Windows 2000의 순서로 연속적인 이름을 부여하다가 Windows XP, Windows Vista처럼 전혀 새로운 브랜드 네임을 선보이기도 했으며, 그 이후에 다시 기존의 전략으로 회귀하여 Windows 7, Windows 8과 같은 네이밍 방법을 유지하고 있다.

출처: HBS Working Knowledge(2012. 4. 23)

1.3 강력한 하이테크 브랜드의 구축

강력한 파워를 갖는 브랜드를 만들기 위해서는 무엇을 해야 할까? 강력한 하이테크 브랜드는 이른바 '브랜드 피라미드Brand Pyramid'라고 하는 과정을 거쳐서 구축된다〈그림 2〉 참조.

브랜드 피라미드의 가장 아래에 위치한 Level 1은 유형의tangible 객관적 특징으로 묘사되는 '핵심 제품core product'의 단계이다. 특정 브랜드의 상품을 어떠한 부품과 기술로 어떠한 사양을 갖추어 만들 것인가 하는 제품중심의 사고는 이 단계에 머문다.

Level 2는 이러한 제품의 특징이 고객의 언어로 다시 표현되는 단계인데, '상품'을 파는 것이 아니라 '효익benefit' 혹은 '해결책solution'을 파는 것으로 이해하고 브랜드의 정체성identity을 정립하는 것을 말한다.

브랜드 피라미드의 세 번째 레벨은 사용자들에게 단순히 효익을 제공하는 것에 머무르지 않고 '심리적psychological' 혹은 '감성적emotional' 보상을 제공하는 수준을 말한다. 특정 브랜드를 접할 때 소비자들이 어떤 'Feel'을 공유하지 못한다면 브랜드 구축이 아직 이 단계에 도달하지 못했다는 증거이다. 감성적인 브랜딩을 통한 마니아mania층의 확보는 브랜드 피라미드의 Level 3과 밀접하게 관련되어 있다.

그림 2 브랜드 피라미드

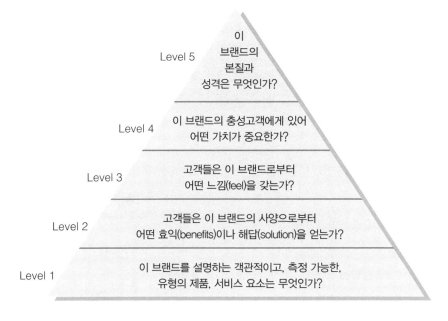

강력한 하이테크 브랜드를 구축하기 위해서는 위의 질문에 답할 수 있어야 한다.

출처: Ward, Light, and Goldstine(1999), p. 91.

브랜드 피라미드의 Level 4는 앞에서 설명한 바 있는 '가치의 약속'과 관련이 있다. '가치'는 표적시장 고객의 니즈에 부합하는 것이어야 하며 남들이 선점하지 않은 독특한 가치일수록 강력한 브랜드를 구축할 수 있다. 약속은 복잡하지 않고 간단명료할수록 좋고, 반복해서 지켜질 때 비로소 고객들에게 받아들여진다.

마지막 Level 5는 이러한 약속의 준수가 지속적으로 이루어지고 감성적 브랜드 이미지가 제품을 통해 계속해서 전달됨으로써 비로소 브랜드 퍼스낼리티brand personality가 형성되는 단계이다. 브랜드 퍼스낼리티는 사람의 성격 혹은 인성과 마찬가지로 특정 브랜드에 대해서 사용자들이 공통적으로 연상하는 이미지를 말하는데, "아 맞아 그 브랜드. 그 회사는 이러이러하지"하고 말할 수 있을 정도로 소비자들이 공감하는 분명한 특징을 말한다.

브랜드에 관한 6가지 미신

Winkler는 그의 책 〈Warp-Speed Branding〉에서 브랜드에 관한 잘못된 기존의 믿음 6가지를 정리하고 최근에 나타난 새로운 현상을 근거로 각각에 상응하는 '새로운 사실(new reality)'을 소개한 바 있다. 잘못된 믿음은 대개가 전통적 소비재 마케팅의 산물이며, 새로운 사실은 대부분 최근의 하이테크 브랜드의 급속한 성장을 설명하기 위한 것들로 보인다. 따라서 하이테크 마케터들은 이러한 새로운 사실들에 주목할 필요가 있다.

미신 No.1:
브랜드는 오랜 기간에 걸쳐 만들어진다.

새로운 사실:
브랜드는 순식간에 만들어질 수 있다.

미신 No.2:
브랜드는 협소한 타깃 고객을 겨냥하여 정교하게 만들어진다.

새로운 사실:
브랜드는 팽창한다.

미신 No.3:

브랜드 창조의 가장 중요한 수단은 광고이다.

새로운 사실:

광고는 브랜드를 위한 여러 화살 중의 하나일 뿐이다.

미신 No.4:

제품에 브랜드를 붙여라.

새로운 사실:

아이디어에 브랜드를 붙여라.

미신 No.5:

브랜드는 관리자가 필요하다.

새로운 사실:

브랜드는 목자가 필요하다.

미신 No.6:

브랜드는 마케팅 개념이다.

새로운 사실:

브랜드는 재무적 개념이다.

Ward와 그의 동료들은 브랜드 피라미드를 낮은 차원의 브랜드 요소관리에서 시작해서 높은 수준의 브랜드 퍼스낼리티 형성의 단계로 나아가는 것으로 설명하였으나, 오히려 브랜드전략의 수립은 최상위 레벨의 브랜드 퍼스낼리티를 먼저 확정하고 그에 맞는 가치의 약속과 제공, 또 감성과 효익의 제공 순으로 구체화 해나가는 것이 바람직하다는 주장도 있다.

이와 같이 강력한 브랜드의 구축은 브랜드 피라미드의 각 Level에서의 브랜드의 정의를 내리고 개념화하는 작업을 통해 시작된다. 그리고, 브랜드 피라미드를 통해 정의된 브랜드 아이덴티티는 후속적인 의사결정 과정을 거친 후 구체적이고 다양한 커뮤니케이션 전략을 통해 소비자에게 전달되게 된다. 예를 들어, 회사 내 여러 상품들의 구조를 감안하여 기업브랜드corporate brand—브랜드brand—서브브랜드subbrand로 이어지는 브랜드 아키텍처brand architecture를 결정하고, 브랜드의 특성에 맞는 개별 브랜드 이름brand name을 선택해야 하며, 광고 등의 여러 커뮤니케이션 채널을 통해 소비자에게 일관성 있는 메시지를 전달해 나가야 한다.

1.4 성분 브랜딩

1990년 Intel의 경쟁사인 AMD는 Intel의 80386과 80486 마이크로프로세서 칩을 복제cloning하였고 이에 격분한 Intel이 AMD를 제소하였으나 법원은 결국 AMD의 손을 들어 주었다. Intel 칩의 복제품clone을 AMD나 Cyrix 같은 기업들이 개발할 수 있도록 허용한 것이다. 그뿐 아니라 경쟁사들은 Intel이 자사의 브랜드라고 주장하는 386 혹은 486 칩의 이름도 사용할 수 있게 되었는데 이는 법원이 그것들을 브랜드가 아닌 부품 번호로 인정하였기 때문이었다.

충격을 받은 Intel의 대응은 매우 현명한 것이었는데 그것은 바로 성분 브랜딩ingredient branding의 원조 격인 "Intel Inside" 캠페인이다. 그것은 Intel 칩을 사용하여 만든 모든 컴퓨터에 "Intel Inside"라고 쓰인 스티커를 붙이는 캠페인이었는데 일종의 '협력 프로그램co-op program'이었다. Compaq과 같은 PC 제조기업들은 자신의 브랜드를 희석시킬 것을 우려하여 처음에 거부하기도 하였으나 Intel Inside 로고를 부착할 경우 TV 광고비의 50%와 인쇄광고의 3분의 2를 지원해 주는 Intel의 매력적인 제안을 마침내 받아들이게 되었다. Intel은 동시에 자체 TV 광고 등을 통해 컴퓨터의 가장 중요한 부품이 마이크로프로세서라는 것을 소비자에게 교육시켰으며, 컴퓨터를 살 때 반드시 Intel 로고를 확인해야 한다는 사실을 주입시키는 데 성공했다. 밖에서는 볼 수도 없는 부품에다가 브랜드를 붙인다는 발상의 전환이 Intel을 최고의 하이테크 브랜드 중의 하나로 만든 것이다.

통신장비 업체인 Cisco가 "Powered by Cisco"를 브랜드로 내세우는 등 Intel Inside 캠페인의 성공에 고무된 많은 기업들이 성분 브랜딩에 나섰다. 부품, 소재 기업들의 브랜드 마케팅은 이제 보편적인 현상으로 자리잡았는데, 삼성전자도 자사의 TFT-LCD를 Wiseview로 브랜딩 한 바 있고 플래시메모리 완제품에 로고를 부착하는 방식

그림3 Intel Inside

Intel Inside 캠페인 초기 광고

의 성분 브랜딩을 실시하고 있다.

하이테크 기업들 특히 B2B 기업들이 고려할 수 있는 효과적인 브랜딩의 옵션은 크게 두 가지이다. 첫째는 기업 브랜딩corporate branding이고, 둘째는 공동 브랜딩co-branding 이다. 기업 브랜딩은 시장에서의 영향력을 극대화하고자 기업광고 등을 통해 장기적인 관점에서 기업 브랜드 자체를 알리는 것인데, 많은 하이테크 기업들이 제품명에 회사명을 함께 사용하는 패밀리 브랜드 전략을 사용하고 있다는 점을 고려할 때 매우 합리적인 방법이라고 할 수 있다.

공동 브랜딩은 브랜드 간의 시너지 효과를 통해 신속하게 브랜드 자산을 구축할 수 있다는 장점을 가지고 있으며, 품질에 대한 긍정적인 시그널 효과를 볼 수 있다는 점에서 매우 바람직한 브랜딩 전략이다. Intel Inside와 같은 성분 브랜딩은 바로 이러한 공동 브랜딩의 특수한 형태로 볼 수 있는데 B2B 기업, 특히 부품 제조업체에게 매우 유용한 브랜딩 전략 중 하나이다. 유명한 성분 브랜딩의 사례로는 의류에 들어가는 Gore-tex와 Lycra, 탄산음료에 들어가는 NutraSweet, 요리도구에 사용되는 Teflon이나 음향시스템 Dolby, 화학제품인 Techron, Microban 등을 들 수 있다.

그림4 Intel의 Push/Pull 전략

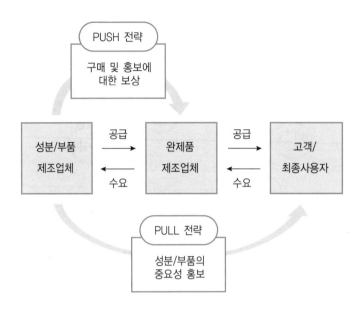

출처: 필립 코틀러, 발데마 푀르치(2007), p. 204.

성분 브랜딩이 효과를 보기 위해서는 두 가지 전제조건을 충족해야 한다. 첫째, 성분 혹은 부품의 품질수준이 탁월해야 한다. 품질수준이 높지 않을 경우 성분 브랜딩 노력은 오히려 그 성분이나 부품에 대한 관여도와 중요도를 높임으로써 경쟁자에게 유리한 방향으로 시장이 전개될 우려가 있다. 성분 브랜딩 성공의 두 번째 전제조건은 완제품 제조업체의 적극적인 협력이다. 이를 위해 '다계층' 브랜딩 노력이 필요한데, Intel은 이른바 '밀기/당기기 전략push/pull strategy'을 적절히 구사함으로써 완제품 제조업체의 적극적 참여를 성공적으로 이끌어 내었다〈그림 4〉 참조. 성분 브랜딩은 시장 지배력이 낮은 기업의 경우 완제품 제조업체들의 반발과 높은 비용으로 실현하기 매우 힘든 전략이다.

성분 브랜딩의 효과는 학자들의 실증연구에 의해 입증되었는데 Venkatesh & Mahajan1997은 성분 브랜딩을 할 경우 소비자들이 프리미엄 가격을 지불하게 되며 그

크기가 파트너 브랜드의 선정과 밀접하게 관련되어 있음을 보였다. 성분 브랜딩은 한 기업이 새로운 제품 영역으로 라인을 확장line extension할 때에도 매우 효과적일 수 있다. Desai & Keller2002는 성분 브랜딩의 범위를 넓혀 타사 부품이나 성분의 브랜드를 사용하는 '공동상표co-branded 성분 브랜딩'뿐 아니라 자사의 부품 명을 사용하는 '자가상표self-branded 성분 브랜딩'을 모두 성분 브랜딩의 범주에 넣고 각각의 효과를 비교하였다. 실험결과 자가상표 성분 브랜딩은 기존제품의 속성수준을 변화시키는 정도의 추가적 라인확장에 상대적으로 효과적인 결과를 가져왔으며, 새로운 속성을 추가하는 다소 혁신적인 라인확장의 경우에는 그 속성의 강점을 가진 전문부품의 브랜드를 사용하는 공동상표 성분 브랜딩이 더욱 효과적인 것으로 밝혀졌다.

2 전략적 커뮤니케이션

2.1 하이테크 상품의 커뮤니케이션 도구

Chuck Pettis는 그의 저서 〈Technobrands〉에서 브랜드 커뮤니케이션의 성공요인을 3C로 요약하였는데 그 세 가지 C는 모두 Consistency일관성, Consistency, Consistency였다. 그만큼 일관성 있는 메시지의 전달이 중요하다는 얘기인데, 이는 최근에 많이 일컬어지는 '통합적 마케팅 커뮤니케이션integrated marketing communication: IMC'과 맥을 같이한다.

통합적 마케팅 커뮤니케이션IMC이란 일관된consistent 메시지를, 반복해서reinforcing, 동시에 여러 경로를 통해simultaneous 전달함으로써 커뮤니케이션 효과를 극대화하는 것을 말하는데, IBM의 IMC 담당 임원인 Dave Sutherland는 미국 마케팅학회에서 IMC를 전략적으로 기획된 순서에 의해 최상의 미디어를 통해 이루어지는 커뮤니케이션 행위라고 정의했다. 고객의 머리 속에 오래 기억되는 효과적인 IMC는 다음의 세 가지 요소로 구성된다. 첫째, 메시지가 분명하고 단순해야 한다. 둘째, 정보수신자의 지적, 감성적 코드를 자극해야 한다. 셋째, 반복해서 여러 번 자극해야 한다. 소비자에게 반복해서 동일한 메시지를 전달하고 강화하기 위해 다음과 같은 다양한 커뮤니케이션 도구가 결합되어 사용된다.

- 광고: 광고는 브랜드의 혈액, 즉 활력의 근원이다.
- 제품 포장과 디자인: 고객의 눈과 마음을 사로잡기 위해서는 디자인이 중요하다. 제품은 커뮤니케이션의 대상인 동시에 매개이다.
- PR: 하이테크 상품의 커뮤니케이션은 신뢰를 전제로 하며 PR이 신뢰구축의 핵심 열쇠다.
- 전시회와 세미나: 하이테크 상품은 설명을 필요로 하는 경우가 많다.
- 인쇄물: 카탈로그나 브로슈어, 책자 등은 시각적인 커뮤니케이션과 함께 효과적인 정보제공의 수단이 된다.
- 텔레마케팅: 인바운드inbound, 혹은 아웃바운드outbound 전화상담은 고객 문제해결의 편리한 도구이다.
- e-WOMelectronic Word-of-Mouth: 하이테크 상품의 구매에는 입소문이 결정적 영향을 미친다. 특히, 인터넷과 모바일 경로를 통한 입소문은 전파력이 매우 강하여 그 중요성이 높아지고 있다.

브랜드 구축을 위한 커뮤니케이션 도구 가운데 가장 많이 사용되는 것은 아직도 광고인 것 같다. 국내의 지상파 TV 광고비 규모만 보더라도 전자 및 통신기업의 광고비가 상당한 비율을 차지하고 있다. 하지만 브랜드가 '가치에 대한 약속'이라는 것을 생각할 때, 보다 다양한 커뮤니케이션 도구를 사용할 필요가 있다. 그 중에서도 특히 PR의 영향력이 커지는 추세인데, 하이테크 기업들은 뉴스나 잡지의 커버 스토리, 신빙성 있는 분석자료 등에 포함됨으로써 매우 큰 홍보효과를 누릴 수 있다. 잘 준비된 전시회 및 세미나는 공급업체나 소비자를 접촉할 수 있는 좋은 기회를 제공할 뿐 아니라 혁신적 신상품의 확산에 장애가 될 수 있는 오해나 인지된 위험을 해소하는 계기로 활용될 수 있다.

LG경제연구소는 한 보고서에서 브랜드 구축의 두 가지 경로를 소개하면서 시간에 따라 광고비 지출의 규모를 조정해야 함을 지적한 바 있다. 즉, 〈그림 5〉에서 보듯이 일시적 유행, 즉 대박을 노리는 'Fad형 브랜드 전략'을 구사하는 경우에는 광고비를 초기에 집중하고, 보다 장기적인 확산을 추구하는 '입소문word-of-mouth형 브랜드 전략'을 펼치고자 하는 경우에는 광고비를 어느 정도의 입소문이 퍼진 이후에 적극적으

그림 5 브랜드 구축의 두 가지 경로

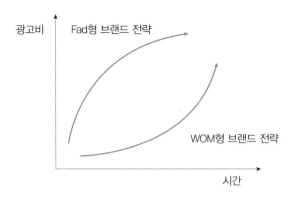

출처: LG경제연구소.

로 지출하는 것이 효과적이라는 것이다. 상품의 특성과 기회의 창을 고려하여 이 둘 중에서 적절한 전략을 선택해야 한다.

2.2 Framing

1999년 일본 NTT DoCoMo가 내놓은 휴대폰 기반의 무선 인터넷 서비스 'i-mode'는 당시 일본 내 유선 인터넷 보급률이 20%에도 미치지 못하는 열악한 상황 속에서도 잘 기획된 커뮤니케이션을 통해 대성공을 거두었다. 당시 NTT는 i-mode라는 세상에 없던 무선 인터넷 서비스를 내놓으면서 이를 '모바일 인터넷'이라 부르는 것과 인포메이션과 엔터테인먼트를 결합한 '인포테인먼트'로 부르는 두 대안 사이에서 고민을 했다. '인터넷'이 되어야 한다는 다수의 의견과 달리, i-mode의 사업화를 위해 영입된 마케팅 고수 Mari Matsunaga와 인터넷 전문가 Takeshi Natsuno는 '인포테인먼트'가 되어야 한다고 강력히 주장했다. 결국 최종적으로는 '인포테인먼트'로 i-mode의 컨

표 1 모바일 인터넷 vs. 인포테인먼트

Mobile Internet Service	Infotainment Service
만약 고객이 이미 PC를 통해 인터넷을 사용하고 있다면 이것은 중복된(redundant) 서비스	PC와 전혀 무관한 완전히 새로운 서비스
파워 유저들의 생산성을 높여주는 진지하고 실용적인(utilitarian) 서비스	최신식 유행을 선도하며 뒤떨어지기 싫어하는 사람들을 위한 재미있고 가벼운(casual) 서비스
사용하기 어렵고 복잡한 정교한 기술	사용하기 쉬운 단순한 서비스
새로운 기술을 불편해하는 사람들에게는 위협적인 서비스	휴대폰은 누구나 사용하는 제품이므로 누구나 이용할 수 있는 서비스
인터넷이 뭔지 모르는 사람에게는 겁을 주는 서비스	정보와 엔터테인먼트는 누구나 즐기는 것
구체적인 니즈를 가지고 있는, 꼭 필요한 사람이 깊이 고민하고 구매할 것 같은 서비스	자발적인 니즈에 의해 충동적으로 사용할 수 있는 서비스

출처: HBS Case 5-503-097 "NTT DoCoMo: Marketing i-mode".

셉이 결정되었고, 이에 맞추어 상품을 설계하고 광고와 홍보 등의 커뮤니케이션 경로를 최대한 가동시켜 10대~20대의 젊은 고객층의 마음을 사로잡는 데 성공하였다.

그렇다면, 휴대폰 무선 인터넷을 '모바일 인터넷'이 아닌, '인포테인먼트'라 부르는 것이 왜 그리 중요한 문제였을까? 〈표 1〉은 이 두 가지 컨셉이 얼마나 커다란 '인식perception'의 차이를 가져오는지를 잘 보여준다. 즉, '모바일 인터넷'으로 보는 경우, 인터넷을 자주 이용하는 특정 사용자 층으로 잠재고객이 국한되는 반면, '인포테인먼트'로 정의할 경우 누구나 쉽게 사용할 수 있는 서비스로 인식된다. 따라서 DoCoMo는 i-mode를 인포테인먼트로 정의함으로써 파워 유저보다는 가벼운 커뮤니케이션 욕구를 가지고 있는 일반인을 대상으로 마케팅하게 되었으며 이는 i-mode의 기술적 한계를 극복하는 데에도 도움이 되었다. 만약 진지한 인터넷 사용자들을 상대로 초기 시장전략을 펼쳤더라면 불완전한 기술에 대한 불만이 i-mode의 실패를 불러왔을지도 모르는 일이다.

Harvard 대학의 Youngme Moon 교수는 이를 "The Art of the Frame"이라 부른다. '틀'이란 뜻의 Frame을 동사화한 'Framing'이란 단어는 소비자들의 '분류의 틀frame of categorization'에 영향을 주어, 새로운 아이디어나 상품을 마케터가 원하는 상품군product category으로 분류하도록 하는 커뮤니케이션 기법이다. 이는 단순히 상품을 어떻게 정의하느냐에 그치는 것이 아니라 구체적인 여러 형태의 신호cues를 통해서 고객들의 머리 속에 있는 분류의 틀과 인식에 영향을 가하는 구체적인 마케팅 노력을 통해 이루어진다. 결국 Framing Management가 노리는 것은 잠재고객들이 새로운 상품에 대해 인식하고 사고하는 자세stance에 영향을 미치고 그 결과 긍정적인 시장 반응을 얻고자 하는 것이다.

Framing과 관련된 연구 중의 하나는 혁신적인 신상품을 설명하기 위해 기존의 상품과 직접 비교explicit comparison하는 커뮤니케이션 전략의 효과에 관한 것인데 간단히 소개하면 다음과 같다. Ziamou & Ratneshwar2003는 실험을 통해 광고 등에서 이러한 식의 직접 비교를 하는 것이 항상 효과적인 것은 아니며, 효과적이기 위한 조건이 있음을 밝혔다.

즉, 혁신적인 기능을 가진 신상품을 기존의 제품과 일대일로 비교할 경우, 어떠한 하드웨어 기기device로 신제품 혹은 서비스를 제시하느냐 하는 것이 문제인데, 이 때 기존제품에 전형적인typical 기기를 가지고 제시하면 소비자가 오히려 신제품과 기존제품의 유사성에 초점을 맞추게 되고 그 결과 일종의 동화assimilation 현상이 나타나 신제품을 기존제품과 같은 제품군으로 분류하게 되며, 그 결과 신제품의 혁신적 기능을 상대적으로 낮게 인식하게 된다는 것이다. 예를 들어 케이블 TV 서비스를 혁신적으로 개선하여 언제나 원하는 시간에 원하는 영화를 선택하여 볼 수 있는 서비스를 만들었다고 하자. 이 경우, 기존의 케이블 TV와 비교하는 광고를 만든다고 할 때 기기의 형태를 TV로 제시하면 신 서비스의 매력도가 떨어지는 반면, 만일 신 서비스의 기기를 케이블 TV의 전형적 단말기인 TV가 아니라 PC로 제시한다면 새로운 서비스에 대한 매력도가 상대적으로 더 높게 나타난다는 것이다.

이 조사결과는 새로운 혁신적 서비스를 기존 기기로 제공하기보다는 보다 새로운 형태의 기기로 제시하는 것이 더 혁신적으로 보이게 하는데 효과적일 수 있다는 구체적인 커뮤니케이션 전략에의 시사점을 제공한다. 그러나, 이 연구는 '차별화'가 언제나 바람직하다는 것을 전제로 하고 있어, '호환성'이나 '연속성'이 중요한 제품이나 시장의 특징을 가지고 있는 상황에서는 이 연구 결과를 보다 신중하게 해석할 필요가 있다.

2.3 사전예고

하이테크 기업들이 자주 사용하는 전략적 커뮤니케이션 수단 중의 하나는 사전예고이다. 사전예고preannouncement란 신제품의 출시, 가격변동, 새로운 광고 캠페인, 제품 라인 변경 등의 특정 마케팅 활동을 시행하기 전에 기업이 미리 기획된deliberate 메시지를 공표하는 것을 말하는데, 광고에 비해 빠르고 저렴하며 더 높은 신뢰를 받는다는 점에서 매우 매력적인 커뮤니케이션 수단이다.

특히 Microsoft와 같은 소프트웨어 업체들은 대부분 새로운 버전의 신상품이 나오기 오래 전부터 이른바 프리마케팅pre-marketing을 하는데, 몇 년 몇 월에 출시한다고 예고하는 시점부터 기대감을 높여가다가 출시 당일에 대대적인 이벤트를 실시하는 경우가 많이 있다. 게임 기업들의 경우도 새로운 게임이나 기존 게임의 버전업을 자주 사전예고하고 있다. 그렇다면 도대체 무엇을 노리고 기업들이 사전예고를 하는 것일까?

사전예고의 효과는 다음과 같이 네 가지로 생각해 볼 수 있다. 첫째, 사전예고는 시장에서의 불확실성uncertainty을 감소시켜 준다. 즉, 대대적인 출시 이전에 미리 시장에서의 반응을 알아봄으로써 필요할 경우 전략을 수정할 수도 있고 시장의 충격을 완화할 수 있다.

사전예고의 두 번째 이유는 오피니언 리더opinion leader들을 통해 유리한 구전효과word-of-mouth effect를 얻어내기 위함이다. 기술이나 하이테크 제품에 대한 칼럼을 쓰는 사용 전문가나 시장 전문가들에게 정보를 주고 그들로 하여금 활발하게 신상품에 대한 이슈를 이야기하게 함으로써 잠재고객의 인지도를 높이고 그들 간에 긍정적인 인식을 확산시킬 뿐 아니라 경우에 따라서는 미리 정확한 사용법을 가르쳐 주는 효과를 얻을 수도 있다.

세 번째 사전예고의 용도는 고객들로 하여금 경쟁 브랜드로 전환switch하지 못하도록 붙잡아 두는 것이다. 경쟁자의 혁신적 신제품 출시나 새로운 마케팅 전술에 즉각 대응할 수 없는 경우, 시간을 벌기 위해 '잠시만 기다리면 더 좋은 제품을 내놓겠다'는 식의 사전예고를 사용한다. 과거 KT가 VDSL을 내세워 하나로텔레콤의 ADSL급 초고속 인터넷 가입자들을 전환시키려는 공격적 마케팅을 실시하자 하나로텔레콤에서 서둘러 주요 일간지에 전면광고를 게재하여 "더 좋은 VDSL이 온다"고 하였던 것도 바로 이러한 이유에서다.

사전예고의 네 번째 효과는 잠재고객들과 유통경로 상의 다양한 구성원들로 하여금 새로운 제품이나 마케팅 활동에 대비하여 준비하게 하는 효과이다. 주로 고가의 하이테크 제품의 경우, 소비자들이 한번 구매하고 나면 상당 기간 동안 교체구매를 하지 않게 되므로 미리 알려 준비시키는 것이 유리한 경우가 많다. 또, 유통업자들의 경우에도 효과적인 영업을 위해 파이프라인을 비워두게 하는 등 준비하게 하여, 출시와 동시에 유통경로에서 막힘 없이 제품이 공급되도록 하는 것이다.

이외에도 사전예고는 혁신기업innovator으로서의 이미지 제고, 고객 및 기회의 선점 등 다양한 긍정적인 효과를 가져다 줄 수 있다. 그렇다고 사전예고가 항상 긍정적인 효과만 가지는 것은 아니다. Palm은 m500이라는 PDA 신모델의 출시를 사전예고하는 바람에 그 모델의 이전 버전이라고 할 수 있는 Palm VII의 엄청난 재고누적과 유동성 위기를 맞은 적이 있다'사전예고의 함정—Palm의 교훈' 참조.

사전예고가 가져올 수 있는 부작용에는 다음과 같은 것들이 있다.

첫째, 사전예고는 경쟁자에게 의도를 노출하게 하여 불필요한 '보복적 반응'을 불러올 수 있다. 예를 들어, 신상품 출시를 미리 알리는 경우 경쟁사는 자신의 신상품 개발 완료시점과 출시를 서두를 수 있다. 이를 'R&D Crash'라고 부른다. 경쟁사가 유사한 프로젝트를 은밀히 진행하고 있었을 경우 오히려 순위가 역전되어 치명적인 손실을 입을 수 있다. 팬택&큐리텔이 2003년 말 100만 화소 카메라 폰을 출시하면서 대대적인 사전예고를 실시하였는데, 곧이어 삼성전자가 130만 화소의 카메라 폰을 개발했다고 발표함으로써 팬택&큐리텔 휴대폰의 시장잠식을 막은 적이 있다.

만약 신제품 개발로 대응하기 어려운 경우라면, 경쟁자가 가격전쟁을 통해 진입장벽 구축을 시도할 수 있다. 이 경우 사전예고를 한 기업은 출시와 동시에 수익성의 압박을 받게 되므로 사전예고를 하지 않았을 경우보다 불리해질 수 있다. Apple이 신제품 발표시기를 매우 신중하게 조정하고, 차세대 버전에 대한 정보공개를 극도로 자제하는 것은 바로 이런 이유 때문이다.

둘째, Palm의 사례에서 보듯이 신상품 출시의 사전예고는 기존제품의 판매감소를 초래할 수 있다. 이는 'Leapfrogging'이라 불리는 소비자의 행동 때문인데, 미래에 새로운 제품이 출시될 것을 알고 있는 소비자는 당장의 제품 구매를 연기함으로써 한 세대 혹은 버전을 건너뛰고 바로 더 나은 다음 세대의 신상품을 구매하고자 하게 된다. 실제로 최고 제품출시 사이클이 점점 빨라지면서 Leapfrogging이 점점 보편화되고 있다.

세 번째 사전예고의 함정은 출시 일자 등 사전에 예고한 내용을 지키지 못할 때 그 기업의 명성reputation이나 신뢰성에 흠이 날 수 있다는 점이다. 오래 전에 예고한 제품일수록 기대수준은 높아가는데 예고한 날짜에 출시되지 않을 경우 기대가 높았던 만큼 실망도 커질 것은 당연하다. 출시의 지연은 좋은 기삿거리가 되어 온갖 언론의 부정적인 여론 조성의 빌미가 될 수 있다.

마지막으로 사전예고는 경우에 따라서 '불공정한 경쟁행위unfair competitive actions'로 간주될 수 있다는 점이 위험요소로 작용한다. 앞에서 설명한 고객전환 억제나 진입장벽 구축의 효과 때문이다. 공정거래법이나 반독점법 등을 위반할 소지가 있고 또 정부의 규제를 받을 수 있으므로 신중하게 접근해야 하며, 그렇지 않더라도 잘못하면 경쟁업체의 제소로 인해 불필요한 법정싸움에 나서야 할지도 모른다.

사전예고를 하기 위해서는 다음과 같은 몇 가지 사항에 대해 미리 신중하게 결정하여야 한다.

첫째, 얼마나 일찍 발표할 것인지 정해야 한다. 일찍 발표할 경우의 이득과 손실을 따져서 최적의 타이밍에 발표할 수 있도록 해야 한다. 둘째, 얼마나 구체적으로 밝힐 것인지를 미리 정해 두어야 한다. 모호하고 짤막하게 정보를 제공할 것인지 아니면 구체적인 내용을 알릴 것인지 결정해야 한다. 셋째, 어떠한 커뮤니케이션 경로를 이용할 것인지 결정해야 한다. 커뮤니케이션 경로에 따라 사전예고의 내용과 포맷, 정보유출 통제 여부가 달라지므로 이를 감안하여 TV 인터뷰를 통할 것인지 전시회 등에서 발표할 것인지, 아니면 광고로 내보낼 것인지 결정해야 한다. 마지막으로 의사전달 대상 청중audience을 결정해야 한다. 폭넓은 일반인을 대상으로 사전예고를 할 것인지 아니면 매우 제한적인 집단에게만 알려줄 것인지를 결정하는 것을 말한다. 일반인들을 제한한 특정 포럼이나 전시회에서 관련자나 협력업체 관계자에게만 사전예고를 하는 경우도 종종 있다.

한편, 공식적인 경로를 통해 제품 정보를 알리는 사전예고와 달리, 비공식적인 경로로 제품 정보를 슬쩍 유출하는 기법도 있다. 소위 '리킹leaking 마케팅' 혹은 '유출 마케팅'이라는 이 기법은 애플의 엔지니어가 제품이 공식출시 되기 전, 한 술집에 놓고 간 'iPhone 4'를 IT 전문 매체가 입수 후 보도해 화제가 되면서 주목 받기 시작했다.

사전예고의 함정 — Palm의 교훈

2001년 3월, Palm의 PDA 매출이 경쟁사인 Handspring의 공격적 마케팅으로 인해 부진하자 긴급 임원회의가 소집되었다. 임원회의에서 결정된 중요한 사안은 빠른 시일 내에 최신 사양의 신모델을 출시한다는 것이었다.

당시의 CEO였던 Carl Yankowski는 개발담당 임원에게 물었다. "신모델 m500을 2주 내에 출시할 수 있겠소?" 개발담당 임원과 그의 팀의 의견은 일치했다. 즉, "할 수 있다"는 것이었다. 그리고 3월 19일, Palm은 신모델이 메모리나 액세서리를 위한 확장 슬롯을 탑재하고 있다는 사실과 함께 m500의 출시를 사전예고 했다.

그러나, 바로 그 순간부터 Palm의 기존 라인 제품들의 매출 감소가 시작되었다. 소비자들은 새로 나올 제품을 기다리기 시작했으며 최고가의 유사 모델인 Palm Ⅶ의 매출은 거의 일어나지 않았다. 그런데 더욱 큰 문제는 바로 그 신모델이 2주 만에 세상에 나오지 못했다는 사실이었다.

예상치 않은 문제로 출시는 한 달이 지연되었고 결국 사전예고 한 지 6주가 지나서야 고객들은 제품을 살 수 있게 되었다. 이는 매출감소와 엄청난 재고 누적을 가져왔고 재고의 상각(write-off)은 바로 순손실(net loss)로 이어졌다. 주가는 바닥을 쳤고 그 결과 전략적으로 매우 중요한 M&A 건이 무산되고 말았다. 한때 촉망 받던 하이테크 기업이 이제는 빠른 속도로 바닥을 향해 돌진하는 기업이 되었다. Palm의 주가는 일 년 사이에 95% 폭락하였다.

출처: The Wall Street Journal 2001.9.7.

이후에도 출시를 앞둔 'iPhone 5'가 유사한 방식으로 유출되었고 출시를 앞둔 '갤럭시 탭' 사진이 트위터에, 그리고 '갤럭시 S9'의 디자인 일부가 공식 앱에 올라왔다가 단시간에 내려진 해프닝도 있었다. 리킹 마케팅의 재미있는 특징은 기업 입장에서 단순한 실수인지 고의적 유출인지 속 시원한 해명을 내놓지 않는다는 점이다. 다만, 이러한 유출이 제품에 대한 관심과 궁금증을 유발한다는 점에서 고의성이 있다고 미루어 짐작할 뿐이다. 이제는 스마트폰 업계를 중심으로 이러한 사전 유출이 공공연한 관행이 됨에 따라 '어떠한' 신선한 방법으로 '어느 수준'의 정보를 슬쩍 유출할지가 리킹 마케팅 성공의 관건이 되고 있다.

2.4 PPL

PPL_{Product placement}은 TV 프로그램이나 영화 속 소품으로 타깃 제품을 등장시켜 자연스럽게 제품을 알리는 마케팅 기법으로, 국내에서는 2010년 개정된 방송법에서 PPL 방식의 간접광고를 허용한 이래 드라마와 예능 프로그램을 중심으로 활발히 활용되고 있다. PPL은 프로그램의 제작비를 일정 부분 지원하는 대가로 제품이나 브랜드 로고를 노출시키는 방식으로 행해지는데, 출시 초기의 제품이나 상용화가 되지 않은 RNP_{Really New Product}의 구체적인 사용 방법을 시연해 줄 수 있기 때문에 하이테크 제품에 있어 매우 유용한 홍보수단이 된다. 실제로 새로 출시된 휴대폰이 드라마 등에 PPL로 등장하는 것은 매우 흔한 일이다_{놀랍게도 모든 등장인물이 동일한 기종의 최신 스마트폰을 들고 나온다}. 영화 '쥬라기 월드'에서는 관람객들이 AR로 공룡을 체험하는 공간으로 '삼성 이노베이션 센터'가 등장하는데, 삼성전자는 이곳에서 웨어러블 기기와 디스플레이를 활용하는 장면을 통해 혁신기술을 홍보할 수 있었다. 최근에는 PPL이 삽입되는 콘텐츠도 점차 다양해져 뮤지컬, 온라인게임, 웹툰 등에서도 PPL을 통한 브랜드 홍보가 이뤄지고 있다.

기본적으로 PPL을 통한 제품의 노출은 브랜드 인지도를 높이는 효과가 있어 매출에 직접적인 도움을 줄 수 있다. PPL이 일반 상업 광고에 비해 갖는 강점은 자의적으로 선택한 프로그램 안에 간접광고가 등장하기 때문에 회피되는_{채널을 바꾸는} 경우가 적고, 상대적으로 낮은 저항감을 가진 시청자들에게 제품을 홍보할 수 있다는 점이다. 또한 등장인물이나 스토리 맥락에 있어서 시청자가 느끼는 긍정적인 감정이 해당 장면에 삽입된 타깃 제품으로 전이됨으로써 제품에 대한 긍정적인 이미지를 심어주는 효과도 기대할 수 있다.

　　그러나 PPL이 항상 좋은 결과를 내는 것은 아니다. 얼마나 타깃 제품이 두드러지게 배치되었는지, 즉 PPL의 '현저함prominence' 수준에 따라 때로는 부정적 결과를 낳을 수도 있다. 타깃 제품이 단순히 프로그램 속의 배경이나 소품으로 짧은 시간 등장하는 'Creative 배치'와 달리, 'On-set 배치'에서는 의도적으로 타깃 제품을 중심으로 특정 장면의 스토리를 전개시켜 나간다. 시청자 입장에서는 당연히 현저함이 높은 On-set 배치의 PPL에서 제품을 더 쉽게 인식하고 브랜드를 잘 기억할 수밖에 없다. 그러나 지나치게 노골적인 PPL은 오히려 제품 태도attitude에 부정적인 영향을 미친다. 일반적으로 사람들은 설득의 의도를 가진 메시지에 대해 반감을 갖는 경향이 있기 때문이다. 관련 연구에 따르면, PPL이 삽입된 프로그램에 대한 관여도involvement나 호감도가 높은 시청자의 경우 이러한 부정적 반응이 더욱 크게 나타난다고 한다Van Reijmersdal(2009).

　　PPL의 효과에 영향을 미치는 또 하나의 요소는 프로그램 내 스토리와의 연계성plot congruency이다. Russell2002에 따르면, 스토리 전개상 자연스럽게 연결되는 PPL은 브랜드 기억brand memory과 브랜드 태도brand attitude 모두에 긍정적인 영향을 미치는 반면, 연계성이 낮은 PPL은 브랜드에 대한 의심과 반발심을 높이는 결과를 낳는다. 즉, 콘텐츠의 흐름과 관련이 없는 PPL은 시청자의 피로도를 증가시키고 오히려 PPL의 홍보효과가 반감될 수 있다. 결국 PPL을 실행함에 있어 시청자의 거부감을 최대한 줄이면서도 긍정적인 홍보효과를 누리기 위해서는 제품의 타깃 고객층과 일치하는 시청자 층을 지닌 콘텐츠를 선정하는 것뿐 아니라 콘텐츠 내에서 제품을 어떠한 방식으로 어떠한 맥락 하에 보여줄 것인지 등을 고려한 정교한 설계가 필수적이다.

③ e-WOM 마케팅

3.1 e-WOM의 역할

e-WOMelectronic-word-of-mouth이란 온라인 상에서 이루어지는 특정 제품이나 서비스 혹은 기업에 대한 대인적 커뮤니케이션의 총합을 뜻한다. 주로 보이지 않는 사회적 네트워크를 타고 번지는 입소문이 전부였던 과거와 달리, 최근에는 온라인 상에 기록이 남는 입소문, 즉 e-WOM이 급증함에 따라 막대한 전파력과 영향력을 지닌 e-WOM에 대한 다양한 분석방법과 노하우가 강조되고 있다. 인터넷 최대의 쇼핑몰 Amazon의 회장인 Jeff Bezos는 모 언론사와 가진 인터뷰에서 Amazon의 성공적 브랜드 구축의 가장 큰 요인으로 '입소문word-of-mouth'을 얘기했다. 이렇듯 일단 훌륭한 제품을 만드는 것만큼이나 그 제품을 경험한 고객이 제품 정보를 남들에게 말하게 하는 것이 중요하게 되었고, e-WOM은 어느덧 인터넷에서의 중요한 확산 전술로 자리잡았다. 온라인 상의 입소문은 오프라인 상의 입소문만큼이나 판매 증진에 기여할 수 있는데, 한 조사에 따르면 음료, 식품, 진통제, 뷰티 등 다른 제품군에 비해 기술 제품군에서 입소문이 제품 판매에 미치는 영향이 가장 높게 나타났다Fay, Larkin, Pauwels, & Keller(2019). 하이테크 제품의 경우, 높은 관여도와 빠른 기술변화로 인해 구매과정에 있어 다른 이의 의견이 매우 중요한 역할을 하기 때문에 기업 차원에서 e-WOM을 적절히 관리하고 활용하는 것이 중요해지고 있다.

온라인 상의 긍정적 입소문이 잠재 고객의 제품 채택 결정에 도움을 주는 것은 자명한 사실이다. 그렇다면, e-WOM의 효과는 어떠한 상황에서 더욱 높게 나타날까? 관련 연구에 따르면, 주류 브랜드에 비해 마케팅 예산이 적은, 소위 비주류 브랜드에 있어 사람들의 긍정적 평가가 제품 판매를 촉진시키는 효과가 더욱 크게 나타난다Yang, Kim, Amblee, & Jeong(2012). 또한, 부정적인 입소문은 긍정적인 입소문에 비해 제품 판매량에 미치는 영향력이 상대적으로 더 크다. 입소문 효과는 제품의 가격대에 따라 다르게 나타나기도 하는데, 긍정적 입소문의 경우 고가 제품보다는 저가 제품의 판매를 끌어올리는 데에 효과적인 반면, 부정적 입소문의 경우 저가제품보다는 고가제품에서 제품 판매량을 감소시키는 영향력이 더 크게 나타난다Shin, Hanssens, Kim, & Chloe(2013). 이는 제품 가격수준에 따라 소비자들이 사전에 제품의 품질에 대해 기대하는 수준이 다르기 때문이

Momenta는 1991년에 컴퓨터 전문잡지인 Byte지의 표지를 화려하게 장식한 날렵한 모양의 컴퓨터이다. Momenta는 피라미드 모양으로 화면 위에 손으로 메모를 적을 수도 있고, 키보드를 연결해 사용할 수도 있는 최초의 펜 컴퓨터이다. 유명 전시회인 Comdex 1991에서도 Momenta는 최고의 인기였으며, 이 회사가 만든 광고도 센세이셔널 했다. 언론도 찬사를 아끼지 않았다. 그러나, Momenta는 무려 4천만불의 손해를 보고나서 1992년에 도산하였다.

왜 그랬을까? 그 이유는 간단하다. 제품이 좋지 않았기 때문이다. 입소문은 사용자의 탁월한 경험(superior user experience)에서 시작되며, 당신의 제품이 그런 경험을 제공하지 않으면 입소문 마케팅은 무용지물이다. 게다가 Momenta 팀은 입소문 마케팅의 중요한 규칙 하나를 위반했는데 그것은 바로 '당신이 능가할 수 없거나 최소한 충족시킬 수 없는 기대감을 주지 말라'는 것이다. Momenta는 느렸으며, 화면을 읽기가 쉽지 않았다. 필체 인식도 나빴고 소프트웨어도 부족했으며 배터리 수명도 짧았다. 이 모든 것들이 흥분보다는 실망을 유발시켰다.

'겸손한 마케팅(humble marketing)'은 모순어법처럼 들리지만 사실은 그렇지 않다. Palm Computing의 PalmPilot 같은 제품의 초기를 보면 바로 그 점을 알 수 있다.

"우리는 늘 이렇게 얘기했다. 적게 약속하고 많이 제공하자(Under-promise and over-deliver)." 이는 Palm Computing에서 마케팅 담당 중역으로 일한 Ed Colligan의 말이다. 물론 Palm의 성공과 Momenta의 실패에는 타이밍, 기술, 그리고 가격 같은 요인들도 일조를 했다. 하지만 이것을 무시할 수는 없다. Momenta 팀은 고객들에게 자사 컴퓨터를 밀려고(push) 한 반면, Palm 팀은 자사 제품이 보이지 않는 네트워크들 속에서 저절로 퍼지게 했다. Palm 팀은 사람들이 그 제품을 발견하고, 그것에 흥분하고, 친구들에게 얘기하도록 만든 것이다. 그들은 고객에게 떠밀지 않았다. 이것은 1990년대 중반에도 올바른 일이었고, 오늘날에는 한층 더 올바른 일이다.

출처: Emmanuel Rosen 지음, 〈버즈 입소문으로 팔아라〉 중에서.

다. 이러한 연구결과는 인지도가 낮거나 가격대가 낮은 브랜드는 긍정적 입소문을 유도하고 이를 독려하는 데에, 반대로 높은 인지도를 지닌 고가의 브랜드는 부정적 입소문을 모니터링하고 관리하는 데에 더욱 큰 힘을 실어야 함을 시사한다. 또한, 충성고객loyal customer보다는 충성도가 낮은 고객에 있어 입소문의 효과가 더 크게 나타나며, 친구 사이보다는 잘 알지 못하는 사이에서 공유되는 입소문이 제품 판매를 높이는 데에 효과적이라는 연구 결과도 있다Godes & Mayzlin(2009).

3.2 e-WOM 마케팅 실전전략

e-WOM 마케팅은 다양한 형태로 실행된다. IT 기업들은 신제품 체험단이나 모니터 요원들을 모집하여 출시 이전에 신제품을 사용할 기회를 주어 인터넷 상에 후기를 올려 제품 정보를 공유하게 한다. 또 블로그, 트위터, 페이스북 등 소셜 미디어의 제품 관련 게시물을 지속적으로 모니터링하여 잘못된 정보가 올라올 경우 적극적으로 해명하기도 한다소셜 미디어를 활용한 마케팅은 다음 절에서 보다 자세히 다루겠다. 그렇다면 성공적인 e-WOM 마케팅을 펼치기 위해서는 어떠한 전략이 유용할까?

첫째, 허브hub를 중심으로 적극적으로 씨를 뿌려라. 허브란 다수의 사회적 네트워크 혹은 클러스터cluster를 연결하는 연결고리 역할을 하는 사람들을 말한다. 이들은 인간관계의 폭이 넓을 뿐만 아니라 오피니언 리더의 특성을 갖기 때문에 e-WOM 마케팅의 첨병이 될 수 있으므로, 이들을 찾아 표적으로 삼고, 말할 거리를 주어 자극하는 것이 중요하다. 이들 허브를 대상으로 체험기회를 충분히 제공함으로써 고객들이 제품의 가치를 발견하도록 하는 것은 하이테크 제품의 초기 시장 확대를 위한 효과적인 방법이다. 특히 제품의 품질과 성능에 자신이 있는 경우 이러한 방법은 제품의 우수성을 신속하게 알리는 유용한 수단이 된다.

허브에는 두 가지 유형이 있는데, 하나는 사회적 허브social hub이고 또 하나는 전문가 허브expert hub이다. 사회적 허브는 쉽게 말해 인맥이 넓은 사람을 말하는데 온라인 상에서는 구독자가 많은 블로거, 트위터나 페이스북, 인스타그램 등에서 팔로워나 친구 수가 많은 사람들이 이에 해당한다. 소셜 미디어에서 수십만 명 이상의 팔로워를 보유한 개인을 소위 '인플루언서influencer'라고 부른다. 인플루언서는 새롭고 멋진 상품에 대해 지인들에게 말하는 것을 좋아하며 관심 분야가 비슷한 사람들과 친구관계를 맺고 있어 마케팅 측면에서 아주 매력적인 대상이다. 인플루언서 마케팅에서는 이런 사람들을 중심으로 '씨뿌리기'를 실행하는데, 일반인 인플루언서를 활용할 경우 친구에게 제품을 소개하듯이 자연스럽게 제품을 홍보할 수 있다는 장점이 있다. 한편, 전문가 허브는 특정 제품이나 서비스 군에 대한 해박한 지식과 경험을 지닌 사람으로, 하이테크 제품군에서는 IT 칼럼니스트, 기자, 전문 블로거 등이 해당된다. 하이테크 제품은 제품의 사양과 용도 등을 충분히 검색해본 뒤에 구매 결정을 내리는 경우가 많기 때문에 전문적 지식을 지닌 전문가 허브의 의견과 리뷰가 많은 사람들의 구매 결정에 영향을 미친다.

둘째, 로컬 네트워크를 공략하라. 앞에서 논의한 바 있지만 하이테크 제품의 채택과 확산에 있어 로컬 네트워크의 역할은 매우 중요하다. 대부분의 하이테크 소비자는 구매의사결정을 내릴 때 제품의 내재적 가치와 더불어 친구나 동료 등 가까운 이웃이 얼마나 그 제품을 사용하고 있는지를 고려하기 때문이다〈그림 6〉 참조. 이는 공동작업의 용이성이나 호환성 등 네트워크 외부성network externality에서 오는 실용적 가치일 수도 있고 단순히 또래집단의 압력peer pressure이나 비교, 동조, 합리화 등과 같은 심리적 요인에서 오는 것일 수도 있다. 과거 SK텔레콤에서 출시한 "T끼리 T내는 요금제"나 카카오게임에서 주로 활용하는 "친구 초대" 기능도 로컬 네트워크 효과를 겨냥했다.

그림6 **로컬 네트워크 효과**

구매저항 수준(유보가격) < 제품의 내재적 가치 + 로컬 네트워크 효과

하이테크 구매자는 제품의 내재적 가치와 더불어 로컬 네트워크 효과를 감안하여 구매 결정을 내리게 되는 경우가 많다.

또 서비스를 신규 가입할 때 '추천인'을 입력하게 해 추천 보너스를 제공해주는 것도 로컬 네트워크의 힘을 이용한 마케팅 전술이다.

셋째, 스토리텔링을 활용하라. 제품에 대한 설명이나 딱딱한 광고문구는 입소문을 타지 않는다. 주인공이 있고 희소성과 기대감을 주는 스토리, 즉 흥미로운 이야기가 입소문을 탄다. 따라서 사용자의 실제 경험을 토대로 한 이야기를 발굴하여 그것이 온라인 상에서 반복해서 공유될 수 있도록 해야 한다. 스토리가 갖추어야 할 또 하나의 중요한 요소는 '진정성'이다. 진정성이 없는 이야기는 이를 퍼다 나름으로써 자신의 신뢰도가 떨어진다고 생각될 수 있어 널리 공유되기 어렵다. 반면에 진정성 있는 이야기는 분명 더 많은 공감을 불러 일으키고 사람들 사이에서 쉽게 퍼져나간다. 메시지에 진정성이 있으려면 기본적으로 진실을 기반으로 하는 것이 좋고, 브랜드와 관련한 가상의 이야기이더라도 소비자가 이미 알고 있는 사실과 일치하거나 납득이 갈 만한 상황적 요소를 갖추어야 한다.

한편, 스토리는 시각적인 사진이나 동영상과 결합될 때 더 참신하게 받아들여지고 오래 기억에 남는다. 그러한 점에서 유튜브Youtube는 흥미로운 스토리를 담는 데에 매우 유용한 수단이다. 삼성전자가 인도의 교외 지역 고객을 위해 직접 찾아가는 출장 서비스 '서비스 밴service van'을 소개한 유튜브 광고는 무려 1억 5천 회가 넘는 조회수를 기록했다. 이 광고는 TV 수리를 위해 오지에 사는 고객을 찾아가는 스토리를 담고 있는데, 그 여정에서 보여지는 인도의 아름다운 풍경과 호스텔의 시각장애우들이 모여앉아 TV를 시청하며 기뻐하는 모습이 인상적이다. 멋진 영상미와 감동적인 스토리를 접목한 이 광고는 2017년 유튜브 최다시청 광고로 뽑혔다.

3.3 소셜 미디어 마케팅

기업이 홍보에 이용할 수 있는 미디어 경로는 크게 Paid media, Owned media, Earned media의 세 종류로 분류된다. 'Paid media'는 TV, 라디오, 페이스북 광고 등 기업이 광고비를 지불하고 구매할 수 있는 미디어 채널을, 'Owned media'는 기업 홈페이지, 페이스북 페이지, 트위터 계정 등 기업이 자체적으로 보유한 미디어를, 그리고 'Earned media'는 리뷰 사이트나 소셜네트워크SNS상의 후기나 댓글 등을 뜻한다. 소셜 미디어 마케팅은 트리플 미디어의 모든 영역에 적용될 수 있는데, 가령 페이스북에 타기팅 광고를 삽입하거나paid, 브랜드 페이지를 개설하는 행위owned, 그리고 페이스북에 올라오는 제품관련 정보를 수집하는 행위earned 등이 그 예다. 제품 홍보측면에서 과거에는 기업이 의도한 정보를 내보낼 수 있는 paid media와 owned media의 영향력이 압도적으로 컸지만 오늘날에는 사람들이 입소문과 같은 개인 간의 정보를 더욱 신뢰함에 따라 earned media의 영향력이 매우 커졌다.

소셜 미디어 마케팅에서 개인의 SNS는 대표적인 earned media 채널이다. 사람들은 자신의 SNS를 통해 제품 리뷰를 자유롭게 공유하고 있는데, 이러한 정보가 기업에게 뜻밖의 홍보효과를 가져다 줄 수 있다. 일례로, 두 바퀴와 발판으로 구성된 전동휠 이동장치 'PhunkeeDuck'은 인스타그램 덕분에 큰 성공을 이루었다. John Legend, Justin Bieber, Missy Elliott 등 유명인들은 자신의 인스타그램에 PhunkeeDuck을 탄 사진을 올렸는데 이 게시물이 폭발적인 '좋아요' 수를 얻으면서 2015년 2사분기의 매출이 단숨에 1사분기 매출의 두 배로 뛰었다. 모든 홍보는 유명인들이 자발적으로 올린 게시물에서 시작되었으며 Phunkeeduck이 지불한 비용은 전혀 없었다.

이와 같이 소셜 미디어 상에서 아무런 이해관계를 가지고 있지 않은 소비자들의 자발적 입소문은 높은 신뢰를 기반으로 바이러스와 같이 급속하게 확산되는 특징이 있다. 그러나 부정적 입소문 역시 빠르게 퍼질 수 있기 때문에 각별한 주의가 필요하다. 특히 특정 제품의 하자defect나 불만족 사례가 있는 경우 개인의 SNS나 리뷰 사이트가 오히려 치명적인 부정적 입소문의 진원지가 될 수도 있다. 과거, 유명 블로거이자 뉴욕대 교수인 Jeff Jarvis는 Dell 컴퓨터의 형편없는 고객 서비스를 지적하며 자신의 블로그에 "거짓말하는 Dell, 형편없는 Dell"이라는 글을 올렸는데, 이 글이 블로거들 사이에서 유명해지며 다른 불만들까지 일파만파로 퍼져나가 급기야 Dell의 주가가 급락했다. Dell은 이 사건을 계기로 소셜 미디어 상의 입소문의 중대함을 깨닫고 적극적인 태세를 취하게 되었다.

이처럼 요즘은 한 개인이 하나의 미디어가 될 수 있기에 기업은 긍정적, 부정적 바이럴viral에 대한 상시 모니터링을 해나가야 한다. 소비자들이 흥미로운 콘텐츠를 생산하고 이를 공유함으로써 자연스러운 홍보가 될 수 있게 장려하고, 부정적 의견이 게재된 경우에는 즉각적인 해명을 하는 등 능동적인 대응을 취해야 한다. 그리고 기업에서 직접 홈페이지나 별도 사이트에 커뮤니티 게시판을 개설하여 고객의 소리를 듣는 것도 좋지만, 자발적인 브랜드 커뮤니티를 찾아내어 음양으로 후원하는 것이 더욱 효과적인 소셜 미디어 마케팅 전술이 될 수 있다.

커뮤니케이션을 위한 새로운 무대: 메타버스 플랫폼

메타버스는 초월을 뜻하는 메타(meta)와 우주를 뜻하는 유니버스(universe)의 합성어로, 세컨드 라이프 같은 게임과 함께 처음 등장한 개념이다. 그 후로 10년이 넘게 지난 지금, 팬데믹 사태로 요구된 디지털 경험의 전환과 기술 발전으로 인해 메타버스가 다시금 새롭게 주목받고 있다. 오늘날 메타버스는 새로운 방식의 소통이며 이제 막 시작된 기회라 할 수 있다. 다양한 분야에서 성장하고 있는 메타버스 플랫폼은 그 유형에 따라 다음과 같이 4가지로 구분할 수 있다.

VR/AR형 메타버스

VR은 HMD(Head Mounted Display) 고글을 쓰고 가상현실을 경험하게 한다. AR은 현실 세계 위에 다양한 가상의 사물을 입혀 보이게 한다. 제주관광공사는 비짓제주(visitjeju.net) 프로젝트를 통해 쇠소깍, 정방폭포 등 제주도 명소 24곳을 VR로 구현했다. VR 기기가 있다면 실제 현장에 있는 것처럼 실감나는 감상이 가능하다. 다만 VR기기가 있어야만 제대로 경험할 수 있다는 단점도 있다. 반면 AR은 스마트폰만으로 구현가능한데, 그 예로 홍콩관광위원회는 '시티 인 타임(City in Time)'을 통해 침사추이의 구룡공원, 시계탑 등 홍콩 내 명소를 AR로 체험할 수 있게 했다. VR/AR형 메타버스의 성공은 콘텐츠에 달려있으므로 흥미로운 콘텐츠를 개발하는 것이 필수다.

SNS형 메타버스

SNS형 메타버스는 페이스북, 트위터, 인스타그램과 같은 SNS를 메타버스로 확장한 것을 말한다. 네이버Z에서 운영하는 제페토의 경우, 자신의 아바타를 만들고 친구들과 대화도 하고 게임도 함께 즐길 수 있다. 제페토에서는 가상의 장소를 실제처럼 구현할 수 있는데, 한강공원, 서울 어린이 대공원, 성산일출봉과 같은 실제 장소가 제페토 내 월드맵에 들어왔다.

게임형 메타버스

대표적인 게임형 메타버스는 로블록스, 마인크래프트, 포트나이트로, 누구나 자신만의 세계를 창조해서 게임을 만든다는 특징이 있다. 2020년 5월 청와대는 마인크래프트로 구현한 청와대에서 어린이날 행사를 진행했다. 현대자동차는 로블록스에 '현대 모빌리티 어드벤처'를 만들어 미래도시를 구현하고 참가자들이 아이오닉5, 자율주행 셔틀버스를 직접 주행할 수 있는 기회를 제공했다. 게임형 메타버스는 참여자들이 게임을 하면서 소통하고 경쟁하는 과정에서 큰 재미를 느낄 수 있다는 장점이 있다.

회의, 업무 및 교육형 메타버스

회의나 업무, 교육에 특화된 메타버스 서비스는 게더타운과 SKT의 이프랜드가 있다. 게더타운은 맵 메이커를 통해 자신만의 행사장을 만들고 행사장 내에서 아바타끼리 영상대화를 나눌 수 있다는 특징이 있어 여러 대기업에서 게더타운을 통해 채용설명회나 입사 환영회를 열고 있다.

다양한 메타버스 플랫폼을 통해 성공적으로 타깃 고객과 소통하기 위해서 무엇보다 중요한 점은 메타버스를 통해 무엇을 하고 싶은지를 명확하게 정리하는 것이다. 그 목적이 홍보인지, 광고인지, 수익 증대인지를 명확히 한 후에, 여러 플랫폼을 경험해보며 자사의 커뮤니케이션에 적절한 플랫폼을 선택할 필요가 있다.

현대자동차가 로블록스에 만든 '현대 모빌리티 어드벤처'

회의, 업무 및 교육에 적합한 메타버스 플랫폼인 '게더타운'(왼쪽)과 이프랜드 화면

출처: 이임복(2021), "정보, 소통, 경험 확대의 신무대 어떤 메타버스 플랫폼을 택할 것인가," 동아비즈니스리뷰, Vol. 332, No. 1.

엠마뉴엘 로젠(2009), <버즈 입소문으로 팔아라>, 송택순 옮김, 해냄출판사.

이임복(2021), "정보, 소통, 경험 확대의 신무대 어떤 메타버스 플랫폼을 택할 것인가," 동아비즈니스리뷰, Vol. 332, No. 1.

필립 코틀러, 발데마 푀르치(2007), <B2B 브랜드 마케팅>, 비즈니스맵.

Aaker, David and Erich Joachimsthaler (2000), Brand Leadership, Free Press.

Carmen Nobel, "How to Brand a Next Generation Product," HBS Working Knowledge, 2012. 4. 23.

Desai, Kalpesh Kaushik, and Kevin Lane Keller (2002), "The Effects of Ingredient Branding Strategies on Host Brand Extendibility," Journal of Marketing, Vol. 66(Jan), 73-93.

Fay, Brad, Keller, ED, Larkin, Rick, and Pauwels, Koen (2019), "Deriving value from conversations about your brand,". MIT Sloan Management Review, Vol. 60, No. 2.

Godes, D., & Mayzlin, D. (2009), "Firm-created Word-of-mouth Communication: Evidence from a Field Test," Marketing Science, Vol. 28, No. 4, 721-739.

Moon, Youngme E. (2002), "NTT DoCoMo: Marketing i-mode," Harvard Business Scholol Case 502-031.

Pettis, Chuck (1995), Technobrands, Authors Choice Press.

Russell, Cristel A. (2002), "Investigating the Effectiveness of Product Placements in Television Shows: The Role of Modality and Plot Connection Congruence on Brand Memory and Attitude," Journal of Consumer Research, Vol. 29 (December), 306-318.

Shin H., Hanssens D.M., Kim K., & Choe J., (2013), "Positive vs. Negative e-Sentiment and the Market Performance of High-tech Products," MSI Working Paper 13-123, University of California, Los Angeles.

The Wall Street Journal, "How Palm Tumbled from Star of Tech to Target of Microsoft," 2001. 9. 7.

Van Reijmersdal, E. A. (2009), "Brand Placement Prominence: Good for Memory! Bad for Attitudes?" Journal of Advertising Research, Vol. 49, 151-153.

Venkatesh, R. and Vijay Mahajan (1997), "Products with Branded Components: An Approach for Premium Pricing and Partner Selection," Marketing Science, Vol. 16, 146-165.

Ward, Scott, Larry Light, and Jonathan Goldstine (1999), "What High-Tech Managers Need to Know about Brands," Harvard Business Review, July-August, 85-95.

Watts, Duncan J. (1999), Small Worlds, Princeton University Press.

Winkler, Agnieszka M. (1999), Warp-Speed Branding, Wiley.

Yang, J., Kim, W., Amblee, N., & Jeong, J. (2012), "The Heterogeneous Effect of WOM on Product Sales: Why the Effect of WOM Valence is Mixed?," European Journal of Marketing, Vol. 46, 1523-1538.

Ziamou, Paschalina (Lilia), and S. Ratneshwar (2003), "Innovations in Product Functionality: When and Why are Explicit Comparions Effective?," Journal of Marketing, Vol. 67(April), 49-61.

찾아보기

공저자 약력

김상훈

김상훈 교수는 서울대학교 경영대학에 교수로 재직하고 있으며, 마케팅 관리, 하이테크 마케팅, 문화예술 마케팅을 강의하고 있다. 서울대 경영학과를 졸업하고 미국 시카고대학에서 경영학석사(MBA) 학위를 취득한 뒤 스탠포드대학에서 마케팅 전공으로 박사학위를 받았다. 한국소비자학회 공동회장, 한국경영학회 부회장, 한국마케팅학회 부회장을 역임했고, 현재 서울대학교 경영대학 학장직을 맡고 있다. 저서 〈하이테크 마케팅〉으로 2005년에 매일경제신문에서 경영경제도서 저자에게 수여하는 정진기언론문화 대상을 수상했고, 2014년에 서울대학교 교육상을 수상했다.

이유석

이유석 교수는 현재 명지대학교 경영대학에 교수로 재직하고 있다. 서울대학교 경영대학에서 학사, 석사, 박사학위를 취득했으며, 마케팅원론, 신상품개발론, 유통관리 등을 강의하고 있다. 주요 연구 분야는 마케팅전략, 하이테크 마케팅, 엔터테인먼트 마케팅 등이다.

이지수

이지수 교수는 현재 가천대학교 경영학부 마케팅 교수로 재직하고 있다. 서울대학교 통계학과(경영학 복수전공)를 졸업하고 국민은행에서 기업고객 마케팅 업무를 담당했으며, 이후 서울대학교 경영대학에서 석사, 박사학위를 취득하고 세종대학교에서 1년간 교수로 재직했다. 2021년 봄부터 가천대학교에 재직하며 신제품 마케팅, 디지털 마케팅, 마케팅 애널리틱스 과목을 강의하고 있다. 주요 연구 분야는 신제품 채택 및 확산, e-WOM 마케팅, 마케팅 빅데이터 분석 등이다.

제5판
하이테크 마케팅

초판 발행	2004년 9월 25일
개정판 발행	2008년 9월 5일
제3판 발행	2013년 3월 15일
제4판 발행	2018년 9월 5일
제5판 발행	2023년 2월 24일

지은이	김상훈 · 이유석 · 이지수
펴낸이	안종만 · 안상준
편 집	배근하
기획/마케팅	조성호
표지디자인	이수빈
제 작	고철민 · 조영환
펴낸곳	㈜ **박영사**
	서울특별시 금천구 가산디지털2로 53, 210호(가산동, 한라시그마밸리)
	등록 1959.3.11. 제300-1959-1호(倫)
전 화	02)733-6771
f a x	02)736-4818
e-mail	pys@pybook.co.kr
homepage	www.pybook.co.kr
ISBN	979 − 11 − 303 − 1725 − 0 93320

copyright©김상훈·이유석·이지수, 2023, Printed in Korea

정 가   29,000원